무협작가를 위한

武林世界 構築教典

무림세계 구축교전

武俠小說話古今
Copyright ⓒ 1990 Liang Shou Zhong
Korean Translation Copyright ⓒ 2017 by DULNYOUK publishing Co.
This translation is published by arrangement with Chung Hwa Book Co.,(H.K.) LTD through SilkRoad Agency,
Seoul, Korea.
All rights reserved.

이 책의 한국어판 저작권은 실크로드 에이전시를 통해 Chung Hwa Book Co.,(H.K.) LTD와 독점 계약한
도서출판 들녘에 있습니다. 저작권법에 의해 한국 내에서 보호를 받는 저작물이므로 무단 전재와 복제를 금합니다.

무협 작가를 위한 무림세계 구축교전 크리에이터스 라이브러리

ⓒ 들녘 2017

초판 1쇄	2017년 12월 24일
초판 3쇄	2024년 10월 7일

지은이	량서우중		
옮긴이	김영수		
출판책임	박성규	펴낸이	이정원
편집주간	선우미정	펴낸곳	도서출판 들녘
기획이사	이지윤	등록일자	1987년 12월 12일
편집	이동하·이수연·김혜민	등록번호	10-156
디자인	하민우	주소	경기도 파주시 회동길 198
마케팅	전병우	전화	031-955-7374 (대표)
경영지원	김은주·나수정		031-955-7381 (편집)
제작관리	구법모	팩스	031-955-7393
물류관리	엄철용	이메일	dulnyouk@dulnyouk.co.kr

ISBN	979-11-5925-297-6 (04080)
	978-89-7527-295-2 (세트)

값은 뒤표지에 있습니다. 잘못된 책은 구입하신 곳에서 바꿔드립니다.

무협작가를 위한

武林世界 構築敎典

무림세계
구축교전

량서우중 지음 · 김영수 옮김

들녘

일러두기

* 이 책은 1990년 홍콩의 中華書局에서 출간된 梁守中의 『武俠小說話古今』을 원본으로 합니다.
* 과거에 이 책의 한국어판은 『무림백과』(1993, 서지원)와 『강호를 건너 무협의 숲을 거닐다』(2004, 김영사)라는 제목으로 출간된 바 있습니다.
* 들녘의 〈크리에이터스 라이브러리〉 시리즈로 소개되는 『무협 작가를 위한 무림세계 구축교전』은 기존의 한국어판들과 몇 가지 차별점을 갖습니다. 먼저, 원본의 본문은 충실히 살리되 각 소항목들을 무협 창작자와 무협소설 애호가들이 쉽게 이해할 수 있도록 3부("무협소설이란 무엇인가" "무림세계의 설계" "무림세계의 구축")로 나누고 내용 흐름의 일관성에 맞게 재구성했습니다. 둘째, 기본 판본에서 확인되는 오류 부분을 바로잡기 위해 최선을 다하였습니다(그럼에도 발견되는 오류에 대해서는 독자 여러분의 지적을 달가이 받겠습니다). 셋째, "찾아보기"의 항목들을 더욱 상세히 하여 독자들의 궁금증을 해소하는 데 도움이 되도록 노력했습니다.
* 무협소설을 다루는 이상 한자어에 대한 이해는 필수적입니다. 그러나 가독성을 위하여 각 장에서 처음 나올 때만 한자를 병기하고 그 이후로는 생략하되 즉시적인 이해에 도움이 된다고 판단할 때만 다시 병기했습니다. 중국 인명과 지명 등의 표기는 중국어가 아닌 우리말 발음으로 통일하였습니다.
* 본문에 실린 각주는 모두 옮긴이가 작성한 것입니다.

제2장

무림 세계의 설계

제3장

무림세계의 구축

第一章

무협소설이란 무엇인가

무협소설의 어제와 오늘

무협 소설은 언제 시작되었는가? 일반적 견해에 따르면 당나라 때의 '전기傳奇'에서 기원한다고 한다.

당나라 이전 춘추전국시대 제자백가들의 책에 '협俠'이나 '검劍'을 이야기한 기록이 있긴 하다. 그러나 이야기 속에 단편적으로 거론된 것일 뿐 소설은 아니었다. 『열자列子』에는 비위飛衛와 기창紀昌이라는 스승과 제자 두 사람이 활쏘기 기예를 겨루는 고사가 기록되어 있는데, 무예를 서로 비교하는 단편적인 우화일 뿐 '협'이라 할 만한 단계에는 이르지 못했다. 그러던 것이 한나라 시대에 이르러 사마천司馬遷의 『사기史記』 중 「유협열전遊俠列傳」이나 「자객열전刺客列傳」에 주가朱家·곽해郭解·전제專諸·섭정攝政 등과 같은 유협자객遊俠刺客이 묘사되기에 이르렀다. 하지만 무협소설과 유사한 점이 보이기는 하나 본격적인 소설이라 말할 수는 없었다.

남북조시대에는 '지괴소설志怪小說'이라는 형식이 유행했는데, 내용 중에는 귀신에 관한 이야기가 많고 기이한 이야기를 수집하여 기록한 것이 있었다. 그중에 호협豪俠과 용감한 무사를 칭송하는 작품이 다소 섞여 있었다. 간보干寶의 『수신기搜神記』 중에 소녀 이기李寄가 꾀를 내어 큰 뱀을 죽이는 내용이라든가, 산중의 이름 없는 객이 명검을 만들었던 부부인 간장干將과 막아莫邪를 대신해 복수한다는 이야기 등에 협기俠氣가 번득인다. 그러나 이러한 호협 이야기는 많지도 않고 줄거리 구성도 비교적 단순하다. 분위기가 아직 무르익지 않았음을 볼 수 있다. 그러다가 당나라 시대에 이르러 '무협전기武俠傳記'가 나타남으로써 비로소 무협소설의 형태가 갖추어졌다.

무협소설의 시초
당나라 시대의 전기

당나라 시대는 국력이 강성하고 경제가 발달하여 문학이 크게 번성했다. 시가詩歌의 발전이 황금시대로 들어섰을 뿐만 아니라, 다른 한편에서는 고문운동古文運動이 일어나 큰 성과를 이루었다. 또 도시가 발전함에 따라 일반 시민의 문학적 욕구도 상승했다. 이에 따라 '전기소설傳奇小說'이 대량 생산되었다.

전기소설은 문체가 화려하면서도 숨은 뜻이 완곡해 훗날 단편소설의 선구가 되었다. 당나라 초기와 중기의 전기소설은 신선과 귀신 이야기, 그리고 애정 문제를 주요한 제재로 삼았다. 작품이 매우 많았고 그 성과 면에서도 최고조에 달했다.

가장 유명한 작품으로는 『고경기古鏡記』『보강총백원전補江總白猿傳』『침중기枕中記』『남가태수전南柯太守傳』『무쌍전無雙傳』『유의전柳毅傳』『이왜전李娃傳』『곽소옥전霍小玉傳』『앵앵전鶯鶯傳』『유씨전柳氏傳』등이 있다. 이에 비해 후기의 전기소설은 호사협객豪士俠客을 표현한 내용이 가장 두드러졌다. 그중 가장 추천할 만한 것으로는 『규염객전虯髥客傳』『홍선전紅綫傳』『섭은낭聶隱娘』『곤륜노崑崙奴』등이 있다.

호협 이야기가 대량 출현한 것은 당나라 중엽 이후 지방 세력인 번진藩鎭이 할거하던 혼란한 국면과도 무관하지 않다. 당시 각지의 번진 세력들은 서로를 적대시하며 자객刺客을 양성해 상대방을 위협하고 견제했다. 자객이 이권 쟁탈의 도구로 이용되고, 사회에는 유협풍이 성행했다. 거기에다 신선방술神仙方術이 유행함으로써 이 협객들에 초현실적인 신비주의 색채가 부여되기에 이르렀다. 사람들은 어지러운 현실에 불만을 느껴 탈출구를 찾지 못하던 차에 강자를 없애고 약자를 도우며 정의를 복돋는 협객들에게 의지하고 싶어 했다. 강하고 포악한 자를 두려워하지 않는 협객은 보통 사람들의 마음속에서 영웅으로 자리 잡아 그들의 사랑을 듬뿍 받기에 이르렀다. 이러한 상황에서 호사협객들의 활약을 반영한 전기가 대량 생산될 수 있었다.

두광정杜光庭의『규염객전』[1]은 이러한 무협전기 중에서도 중요한 작품이다. 작품의 무대는 수나라 말년 천하가 크게 어지러워져 군웅이 할거하던 시기를 묘사하고 있다. 협객 규염객은 훗날 당나라 태종이 된 이세민李世民의 뛰어난 됨됨이를 보고는 크게 감복하여 '진정한 천자天子'라고 탄식하고는, 그와 천하를 다투기를 그만두고 국경을 벗어나 또 다른 왕국 부여국夫餘國을 열었다는 것이 주된 줄거리다. 이야기 속의 세 주인공인 규염객과 홍불紅拂 그리고 이정李靖은 개성이 뚜렷한 협의 인물로 후세에 '풍진삼협風塵三俠'으로 일컬어졌다.

이 고사에는 무협소설에 흔히 등장하는 무술 대결 장면이 그려져 있지 않지만, 전편에 협기가 종횡으로 흘러넘치고 생동감 있는 필치로 현대 무협소설의 길을 열어놓았다는 평가를 받았다. 신파新派 무협소설의 대가인 김용金庸은 이 작품에 대해 다음과 같이 말하고 있다.

역사적 배경이 있으면서도 전적으로 역사에 의지하지 않았다. 젊은

---

1 민족주의 역사학자 단재 신채호 선생은 일찍이 이『규염객전』에 나오는 주인공 규염객(규염이란 말은 구레나룻을 뜻한다. 따라서 규염객은 수염이 많이 난 털보 사나이를 말한다)이 고구려 후기의 실권자 연개소문이며, 이 작품은 연개소문이 젊었을 때 중국을 돌아다니며 남긴 행적이 훗날 사람들의 입을 통해 전해지다가 전기로 남게 된 것이라는 요지의 주장을 펼친 바 있다. 이 주장을 전적으로 믿을 수는 없지만, 규염객이 당 태종이 된 이세민과 함께 천하를 다스리길 사양하고 부여국으로 가겠다고 한 점으로 보아 고구려와의 관련성을 완전 부정할 수는 없을 것 같다. 이 작품에 기본을 둔 역사극이 비디오로 출시되어 인기를 끌었던 〈대운하〉(양조위·진옥련 주연)다.

남녀의 연애가 있고, 남자는 호걸이며 여자는 방년 열여덟 내지 열아홉 살의 미인이며, 깊은 밤의 변장과 도주가 있고, 권력 있는 자의 추적과 체포도 있으며, 작은 객잔의 투숙과 기이한 만남이 있는가 하면, 첫눈에 지기를 만난 듯 의기투합하는 장면도 있고, 원수를 10년 동안 찾아다니다 마침내 그 원수의 심장과 간을 먹어 치우는 사나이 규염객이 있다. 또 신비로우면서도 식견이 높은 도인道人이 등장하고, 술집에서의 약속된 만남과 골목 속 작은 집에서의 은밀한 모의가 있다. 풍부한 재물과 비분강개도 있다. 신기神氣가 맑고 득의만만한 청년 영웅이 있는가 하면, 제왕과 신하도 등장한다. 또 노새와 말, 비수와 사람 머리가 있으며, 장기와 바둑, 흥에 넘치는 음악도 있다. 1천여 척의 배와 10만 병사의 큰 전투도 있고, 병법의 전수도 있다.

김용의 말처럼 이 소설의 모든 내용은 현대 무협소설 속에서 자주 찾아볼 수 있는 것이다. 김용이 『규염객전』을 두고 중국 무협소설의 비조鼻祖라고 한 것은 매우 옳은 견해였다.

원교袁郊의 『홍선전』에서 홍선은 본래 노주潞州 절도사인 설숭薛嵩의 하녀였다. 당시 위박魏博 절도사 전승사田承嗣는 3천 명의 무사를 육성하여 설숭이 관할하고 있던 땅을 빼앗으려 했다. 홍선은 이런 주인의 근심을 알아채고는 밤에 전승사의 내실에 숨어 들어가 그의 침반금합枕畔金盒을 훔쳐 달아난다. 설숭은 그 금합을 그날 밤으로 사신을 보내 전승사에게 돌려준다. 전승사는 금합을 보고 설숭의 수하에 유능한 인물이 있음을 알고 곧 노주 침략의 뜻을 포기한다.

홍선이 금합을 훔침으로써 두 지역의 전쟁을 막아냈으니 협의에 찬 행동이라 할 만하다. 내용 중에 그녀는 "깊은 밤 세 시간 만에 700리를 왕복했다. 위험한 지역에 들어가 대여섯 개의 성을 거쳤다"고 했으니, 경공이 상상을 초월한 신행神行이라 할 만했다.

'홍선도합'과 '풍진삼협'의 인물들은 뚜렷한 개성으로 깊은 인상을 남겨, 후세 화가들이 즐겨 그리는 그림의 제재가 되기도 했다.

배형裵鉶의『곤륜노』는 온몸에 뛰어난 절기를 숨기고 있는 늙은 노비 곤륜마륵崑崙磨勒이란 인물이 최생崔生과 권세가의 희첩이 은밀히 사통하는 것을 돕는다는 이야기다.

최생은 재상집에 인사를 드리러 갔다가 기생 홍초紅綃를 알게 되어 정을 통하게 된다. 홍초는 갇힌 울타리를 벗어나려 하고, 마륵은 그녀가 최생의 집으로 탈출하는 것을 돕는다. 후에 재상은 홍초의 탈출에 마륵이 관여된 것을 알고 병사를 보내 마륵을 체포하려 했다. 그러나 마륵은 비수를 몸에 지니고 높은 담을 뛰어넘는데, 날개가 달린 듯 빠르기가 마치 날쌘 매와 같아서 빗발치는 화살로도 그를 맞히지 못했다. 순식간에 어디로 갔는지 알 수 없을 만큼 그의 무공은 신기에 가까웠다.

배형은 이 밖에도『섭은낭』이란 작품을 남겼다. 이 소설은 무협소설의 형식을 가장 잘 갖추었다는 평가를 받았다. 거기에는 여도사가 제자를 거두고, 심산유곡에서 검술을 익히고, 약물을 복용하여 몸을 가볍게 하고, 수리와 호랑이를 상대로 격투를 하며, 간악한 무리를 주살하고, 새처럼 허공을 날아다니며, 깊은 밤에 두건을 쓰고 잠입하는 등 무협소설의 여러 요소가 등장한다. 이런 요소들은 후

○ '곤륜노'

세의 무협소설에서 부단히 반복되고, 비슷한 형태와 형식으로 나타
나고 있다.

　그중에는 묘수妙手 공공아空空兒가 유창예劉昌裔를 찔러 죽일
때, "공격이 실패하자 즉시 몸을 날려 멀리 사라졌다. 일경一更이 채
못 되어 벌써 천리 밖에 있었다"는 부분도 눈에 띈다. 경공이 신기
에 가까우면서도 신중히 대처하는 모습이 고수의 풍모를 풍긴다.
현재 신파 무협소설 속에 그려지고 있는 고수들의 결투 장면들은
이 공공아와 같은 내사의 풍모를 따르고 있다.

○ '섭은낭'

『곤륜노』와 『섭은낭』은 배형이 남긴 전기소설의 명편名篇이다. 그
의 전기소설은 신선도술의 기이한 이야기를 많이 기록하고 있다.
등장인물의 법력은 무한하며 신통력이 대단하여 후세의 '신마검협
소설神魔劍俠小說'의 선구가 되었다. 당나라 사람들이 소설을 '전
기'란 이름으로 부른 것도 배형의 이 책과 어느 정도 관계가 있다.

『규염객전』『홍선전』『섭은낭』 등 무협의 요소가 농후한 전기 외
에 주로 남녀 간의 애정을 묘사한 전기에도 종종 협기가 번득이고
있음을 볼 수 있다. 『유씨전』의 허준許浚, 『무쌍전』의 압아押衙, 『곽

소옥전』의 황삼객黃衫客 들은 모두 약한 자를 돕고 곤경에 빠진 사람들을 구제하는 호협지사豪俠之士들이었다.

당나라 사람의 필기筆記 속에도 무협 이야기가 적지 않게 눈에 띈다. 단성식段成式의『유양잡조酉陽雜俎』, 강병康駢의『극담록劇談錄』 등에 특히 많이 담겨 있다.

『유양잡조』에는 위생韋生과 도승盜僧 부자가 기예를 겨루는 이야기가 나오는데 그 묘사가 아주 생생하다. 위생이 노승의 뒤통수를 향해 날린 다섯 개의 탄환이 깊게 박혔는데도 전혀 상처가 나지 않을 정도로 노승의 내공은 신묘하기 짝이 없다. 그 아들은 경공이 뛰어나서 벽을 타고 다니는데 민첩하기가 원숭이 같은 신출귀몰한 인물이었다. 위생이 탄환을 쏘고 검으로 찌르려 하나 시종 그를 어쩌지 못한다.

『극담록』에 보이는 "하늘 밖에 또 하늘이 있고, 사람 위에 또 사람이 있다[天外有天 人外有人]"는 대목은 대단히 의미심장하다. 이야기 중에는 어마어마한 힘을 가진 장사 장계홍張季弘이 나온다. 그는 웬 노파가 울며불며 자기 며느리가 너무 드세다고 하소연하는 소리를 한 객점에서 듣고 자진해서 이 새색시의 버릇을 고쳐주기로 마음먹는다. 문제의 며느리가 나무를 하러 갔다가 날이 저물어서야 돌아오자 계홍은 그녀와 논쟁을 벌인다. 며느리는 시어머니에게 더 이상 푸대접당하는 것을 참을 수 없다며 몇 가지 일을 들어 반문한다. 그녀가 저간의 사정을 말하면서 매번 계홍이 앉아 있는 돌 위에 가운뎃손가락으로 그 일들을 쓰는데, 손가락이 그리고 지나간 자리에 흔적이 몇 치씩 깊게 파였다. 이를 보고 계홍은 더 이상

말도 꺼내지 못했다.

손가락 힘으로 사람을 놀라게 한 이 부인은 내력內力이 극히 웅혼하다 하지 않을 수 없다. 김용의 『의천도룡기倚天屠龍記』에서 곤륜삼성崑崙三聖 하족도何足道가 뾰족한 돌로 청석판 위에 반 치 가량의 깊이로 바둑판을 새기는 것과 비교해도 한 수 위라 할 수 있다.

후세 무협소설 속에 나타나는 신기한 무공과 기예의 연원을 당나라 때의 무협 전기와 필기에서 적지 않게 찾을 수 있다. 양우생梁羽生이나 옥령연玉翎燕은 홍선·섭은낭·공공아와 같은 인물들을 적극 수용하여 새롭게 『대당유협전大唐游俠傳』과 『용봉보차록龍鳳寶釵錄』 『천리홍선千里紅線』과 같은 기묘하고 환상 넘치는 이야기를 엮어냈다.

당나라 시대의 전기는 후세 무협소설에 큰 영향을 끼쳤다. 당나라 시대 무협 전기의 출현은 중국 무협소설의 존재와 발전에 충실한 기초가 되었으니, 무협소설의 비조란 말이 결코 틀리지 않는다.

송나라 시대의
화본과 필기

송나라 시대에는 시장이 번창하고 상업이 발달했다. 시민들의 오락거리로 각종 잡기와 기예들이 생겨났다. '설화說話'도 그중의 하나였다. '설화'를 구연하는 연예인의 대본을 화본話本이라 하는데, 화

❍ 수호 영웅 중 '노지심'과 '무송'

본소설은 대부분 구어체에 가까운 백화白話로 쓰여 있어 중하층 민중으로 흡수되었다.

송나라 시대의 화본 중 일부 내용들이 무협의 성격을 띤다. 『양온란로호전楊溫攔路虎傳』『송사공대뇨금혼장宋四公大鬧禁魂張』『왕신지일사구전가汪信之一死救全家』『사홍조용호군신회史弘肇龍虎君臣會』『만수낭구보산정아萬秀娘仇報山亭兒』『정사절입공신비궁鄭使節立功神臂弓』 등이 그러했다. 송나라 사람 나엽羅燁이 편저한 『취옹담록醉翁談錄』에는 당시 화본의 목차를 영괴靈怪·연분烟粉·전기傳奇·공안公案·박도朴刀·곤봉棍棒·신선神仙·요술妖術·기타의 아홉 종류로 나누었는데, 무협 이야기는 대부분 '박도'와 '곤봉' 두 부류에 속했다. 이 유형의 무협 격투는 칼·곤봉·손발을 위주로 사용하는 사실적인 격투기 형태에 속한다. 또 다른 유형이라면 주술이나 법술을 위주로 한 것으로, '영괴' 유형과 '요술' 유형에 속한다. '박도'와 '곤봉' 유형의 화본 중에는 수호지 영웅의 이야기가 적지 않다. '박도' 유형의 『청면수靑面獸』, '곤봉' 유형의 『화화상花和尙』 『무행자武行者』 들은 바로 청면수 양지楊志, 화화상 노지심魯智深과 행자 무송武松 등과 같은 인물들의 의협 이야기를 그린 것이다. 당시 민간에 떠돌던 이러한 이야기들을 뒷날 시내암施耐庵이 정리하고 가공하여 의협소설 『수호전水滸傳』 속의 내용으로 구성했다.

송나라 시대의 필기에도 당나라 시대의 전기와 유사한 무협 이야기가 적지 않다. 오숙吳淑의 『강회이인록江淮異人錄』은 도사·협객·술사의 이야기를 여럿 기록하고 있는 총 25편의 책이다. 그중 「홍주서생洪州書生」은 전형적인 무협 소재다.

홍주에 사는 한 가난한 아이가 진흙투성이인 길에서 신을 팔고 있었다. 그런데 일명 악소惡少라는 자가 무단히 이 아이가 갖고 있는 새 신발을 흙구덩이에 처넣어버린다. 가난한 이 아이는 악소에게 배상을 요구하나 악소는 큰 소리로 욕을 해대며 돈을 주려 하지 않는다. 마침 한 서생이 길을 지나다 그 아이를 가엾게 여겨 대신 돈을 준다. 악소는 서생이 쓸데없는 일에 관여한다며 욕을 퍼붓는다. 서생은 분노했으나 참고 드러내지 않았다. 그러다 밤이 되자 악소의 머리를 벰으로써 징벌했다. 강자를 무찌르고 약자를 돕고, 악을 원수처럼 미워하는 서생의 정신은 가상하나, 사람의 목숨을 그렇게 쉽게 빼앗은 것은 지나치다 싶다.

「홍주서생」 외에도 「이승李勝」 「장훈처張訓妻」 등이 있는데, 그 속의 주인공 세 사람은 모두 어디서 왔다가 어디로 가는지 흔적을 남기지 않는 신출귀몰한 인물들이었다. 호명인胡明人이 『검협전劍俠傳』을 편집할 때 이 세 편을 함께 엮어 넣었다.

이 밖에 손광헌孫光憲의 『북몽쇄언北夢瑣言』, 홍매洪邁의 『이견지夷堅志』 역시 이러한 호협들의 이야기를 싣고 있다. 『북몽쇄언』의 「형십삼낭荊十三娘」 「허적許寂」 「정수재丁秀才」 등과 『이견지』의 「화월신문花月新聞」 「협부인俠婦人」 「해순취부解洵娶婦」 「곽륜관등郭倫觀燈」 등은 비교적 유명한 무협 필기 단편들이다. 나대경羅大經의 필기집인 『학림옥로鶴林玉露』의 내용을 보면 독서를 통해 얻은 잡다한 일들이 많은데, 그 체제는 시화詩話와 어록語錄 사이에 놓인다. 그중 「수주자객秀州刺客」 한 편은 무협소설이라 할 만하다. 내용의 대강은 다음과 같다.

> 병사를 동원하여 난을 일으킨 묘부苗傅 유정언劉正彦이 자객을 수주秀州에 보내 위공魏公 장준張俊을 죽이려 한다. 그러나 고용된 자객은 사리에 밝은 인물로, 시키는 대로 하수인 노릇을 하지 않는다. 오히려 장준에게 방어를 튼튼히 하라고 일러준 다음 유유히 떠나간다.

글 중에 두 사람의 대화는 매우 세련되어 있으며, 자객의 경공은 신비에 가까울 정도로 묘사되어 있다. 문체는 간결하면서 압축되어 있고 생농감이 넘친다. 송나라 시대 무협 필기 중에서도 가작이라 할 만하다.

이상 예를 든 여덟 편의 호협 이야기는 뒷날 명나라 사람에 의해 『검협전』에 편입되었다.

명나라 시대의
장·단편 백화 무협소설

명나라 시대에는 장편 장회소설章回小說이 크게 성행했다. 그중에서도 '강사연의講史演義' 방면의 내용이 다수를 차지했다. 이러한 장편 역사연의들은 왕왕 '강사講史' '영괴靈怪' '호협豪俠', 이 세 가지를 한 솥에 넣고 녹이기도 한다. '영괴' 방면에 치중한 것은 신마소설神魔小說이 되고, '호협' 방면에 치우치면 협의소설俠義小說이 된다. 이 두 유형의 소설은 강자를 무찌르고 약자를 도와주며, 간악한 자를 제거한다는 내용 면에서 무협소설의 범주에 넣을 수 있다.

중국 무협소설은 무협의 결투 장면 묘사에서 '사실'과 '환상'이라는 경향을 보이며, 무협武俠과 검협劍俠이라는 커다란 두 줄기의 유형을 형성했다. 무협은 손발로 기예를 겨루는 사실형에 속하고, 검협은 비검법술飛劍法術이 주류를 이루는 황당하고 낭만적인 유형에 속한다. 이러한 두 가지 경향은 당나라 전기로부터 시작하여 줄곧 함께 발전해왔다.

송나라 시대의 필기소설과 화본 속의 협객 이야기에도 사실과 괴담, 이 두 경향이 공존하고 있다. 명나라 시대에 이르러 대량 생산된 장편 장회소설에도 이러한 상황은 여전했다. 앞에서 언급한 바 있는 『수호전』은 양산박 호한들이 관부에 저항한다는 이야기다. 여기에 나오는 호한들은 힘 있는 자를 무찌르고 약자를 도와주며, 의를 중시하고 재물을 가볍게 여기며, 고강한 무예와 강맹한 성질로 위기와 역경을 헤쳐나간다. 아무리 험난해도 고생으로 여기지 않는 것이 전통적인 협객상과 꼭 맞아떨어진다. 그리고 의기투합하여 관부의 억압에 항거한다는 점에서는 전통적인 협객에 비해 한 걸음 더 나아갔다.

하늘을 대신해 도를 행하고, 힘 있는 자를 물리치고 힘없는 사람들을 돕는 이 양산박의 호한들을 농민봉기의 영웅으로뿐만 아니라 강호를 유랑하는 협객으로 본다면, 『수호전』은 초기의 장편 무협소설이라 하기에 충분하다. 『수호전』에서 무협들의 싸움에 대한 묘사는 비교적 세밀하고 구체적이다. 거기에는 과정이 있고 기복이 있어, 종전처럼 두세 차례 손발을 써서 승부를 내던 싸움에 비한다면 볼거리가 훨씬 많아졌다.

주나라 무왕武王이 은나라 주왕紂王을 정벌하는 이야기를 묘사한 작품으로 『봉신연의封神演義』가 있는데, 이 소설은 황당하면서도 낭만적인 필법을 구사하고 있다. 신마神魔가 서로 싸우는 장면들이 묘사되어 있으며, 비검飛劍 · 도술道術 · 선진仙陣 · 요법妖法이 넘쳐흐른다. 기기묘묘함이나 환변신이幻變神異들은 1930년대 『촉산검협전蜀山劍俠傳』의 선구가 되고 있다.

송나라 태조 조광윤趙匡胤의 성장 과정을 반영한 『비룡전전飛龍

全傳』은 사실과 황당함이 어우러진 작품이다. 특히 전반부는 조광윤이 강호를 떠돌아다니며 널리 친구를 사귀면서 의로운 행동을 하고 나쁜 권세가를 제거하며 선량한 백성을 편안하게 해준다는 이야기를 그리고 있어, 무협소설의 요소를 잘 갖추고 있다.

『비룡전전』에서 무술 싸움에 대한 묘사는 『수호전』보다 더 세밀해진다. '태산압정泰山壓頂'이나 '야차탐해夜叉探海' 등과 같은 무술의 초식招式들이 이미 나타나기 시작한다. 이는 협객들의 경천동지할 무공을 묘사하고 있는 청나라 시대 공안소설公案小說을 위한 실험작이 되었다. 『비룡전전』은 조광윤이 의로운 일을 행할 때는 사실적인 필법으로 묘사하고, 그가 '하늘의 명을 받은 천자'라는 점을 두드러지게 묘사할 때는 신비스럽고 황당한 필법을 구사하고 있다.

이렇듯 사실과 황당무계를 병용한 수법은 거의 모든 강사연의 종류의 장편 장회소설에 채용되고 있다. 명나라 시대의 장편 장회소설에서 『수호전』은 고대 사실형 무협소설의 집대성이라 할 수 있고, 『봉신연의』는 고대의 황당하고 낭만적인 유형의 무협소설의 집대성이라 할 수 있다. 이 두 유형의 필법은 후대 무협소설 창작에 끊임없이 영향을 미쳤다.

장편 장회소설이 대량 출현한 것과 동시에 의화본擬話本소설도 성행했다. 의화본이라는 것은 문인들이 화본을 모방해 창작한 단편 백화白話소설이다. 그중 가장 두드러진 것이 풍몽룡馮夢龍의 '삼언三言', 즉 『성세항언醒世恒言』『유세명언喩世明言』『경세통언警世通言』과 능몽초凌濛初의 '이박二拍', 즉 『박안경기拍案驚奇』『이각

박안경기二刻拍案驚奇』다.

'삼언'과 '이박'에는 자연스럽게 무협적인 내용이 묘사되었다. 예를 들어 「조태조천리송경낭趙太祖千里送京娘」 「이견공궁저우협객李汧公窮邸遇俠客」 「유동산과기순성문劉東山誇技順城門, 십팔형기종촌주사十八兄奇踪村酒肆」 「정원옥점사대상전程元玉店肆代償錢, 십일낭운강종담협十一娘雲崗縱譚俠」 「오장군일반필수烏將軍一飯必酬, 진대랑삼인중회陳大郎三人重會」 「신투기흥일지매神偸寄興一枝梅, 협도관행삼매희俠盜慣行三昧戱」 등은 사실형의 무협 단편에 속한다. 그런가 하면 「여동빈비검참황룡呂洞賓飛劍斬黃龍」 「양겸지객방우협승楊謙之客舫遇俠僧」 등은 황당무계형의 무협 단편에 속한다. '삼언'과 '이박' 외에 『취성석醉醒石』이나 『서호이집西湖二集』과 같은 책에도 무협편이 다소 있으나, 미미하여 여기서 언급하지는 않겠다.

사실, 앞에서 말한 당나라에서 명나라 시대에 이르기까지 무협 제재를 주요 내용으로 한 전기·화본·의화본·필기 및 장회소설은 우리가 무협소설이라 부르기는 하지만 아직은 미완성 형식의 무협소설이었다. 이야기 구성 면에서 사건의 복잡함과 기복이 부족하고, 인물의 성격도 두드러지지 않으며, 무협 결투도 긴장감과 세련미가 부족하다. 청나라 시대에 의협 공안소설이 출현해 강호협객들과 녹림호걸綠林豪傑의 투쟁을 짙게 묘사함으로써 비로소 무협소설이 하나의 정형화된 형식으로 자리 잡게 된다. 이로써 중국 소설에 새로운 국면이 열린다.

청나라 시대의
'협의' 공안소설

『삼국지연의三國志演義』『수호전』『서유기西遊記』『금병매金甁梅』는 한 시대를 풍미한 바 있다. 청나라 시대에는 조설근趙雪芹의 『홍루몽紅樓夢』이 나와 또 일세를 풍미했다. 그러나 노신魯迅이 "시세가 바뀌고 인정이 전과 달라지면서 차츰 싫증을 느껴 다른 종류가 생겨난다"고 지적한 바와 같이, 무협소설도 자루 속의 송곳처럼 새로운 면모를 드러내기에 이르렀다. 이런 무협소설은 협의 행각의 용감함과 호방함을 찬양하는 데 뜻을 두면서 충의에도 위배되지 않았다. 그래서 일반 백성들의 환영을 받았고, 통치자들도 즐겨 보았다.

청나라 시대의 '협의' 소설은 오늘날로 말하자면 범죄사건이라 할 수 있는 이른바 '공안公案 사건'과 연계되어 협의 공안소설을 형성했다. 이러한 유형의 소설은 흔히 역사상 유명한 청백리를 주연으로 하고 비범한 무예의 소유자인 협객을 조연으로 이야기를 끌어나간다.

『삼협오의三俠五儀』의 포증包拯, 『시공안施公案』의 시세륜施世綸(소설에서는 시사륜施仕倫으로 되어 있다)『팽공안彭公案』의 팽붕彭鵬(소설에는 팽붕彭朋으로 되어 있다)은 역사상 명성을 떨친 인물들이었다. 이 청렴결백한 관리들이 순조롭게 큰일을 처리하려면 자연 협객들의 도움이 필요했다. 무예가 고강한 남협南俠 전소展昭 등과 같은 사람들이 가장 좋은 조력자들이 되었다. 노신은 『삼협오의』를 다음과 같이 평한 바 있다.

이런 종류의 저작들은 용감하고 의협심 넘치는 인물들이 성시를 떠돌아다니며 백성을 편안하게 하고 폭력을 제거하며 나라를 위해 공을 세우는 것에 뜻을 두고 서술했다. 그러다 보니 유명한 대신을 축으로 삼고 호걸들을 그에 연루시켜야 했다. 『삼협오의』의 포증 같은 인물이 바로 그러했다.

협의소설 속의 영웅은 민간에서 거칠고 호방하게 행동하며 대부분 녹림, 곧 도적 무리와 결탁되어 있다. 그러나 종국에는 관아에 예속된 관리로 생을 마친다. 사명을 받들어 동분서주하는 것을 영광으로 여기지만, 이는 대개 마음에서 우러나오는 행동이 아니기에 복종에 따른 즐거움을 못 찾는 것이다.

짧게 개괄한 설명이지만, 고대의 협객이 '협의'라는 면도 있는 동시에 '노예적 속성'도 가지고 있다는 것을 드러내주고 있다. 같은 종류의 협의 공안소설들도 대체로 이런 공식에서 벗어나지 않는다.

문강文康의 『아녀영웅전兒女英雄傳』은 『금옥연金玉緣』 또는 『협녀기연俠女奇緣』이라고도 한다. 여기에 등장하는 협녀 하옥봉何玉鳳은 명문가 출신으로 지혜와 용기를 갖춘 여자다. 아버지가 권신 기헌당紀獻唐에게 해를 당하자, 어머니를 모시고 산속으로 도피해 살면서 원수 갚을 기회를 엿보고 있었다. 그녀는 이름을 십삼매十三妹로 바꾸고 호걸들과 두루 사귀며 시정市井에 출몰하기 시작한다. 그러다 우연히 아버지를 구하다 위험에 빠져 도망가는 안기安驥를 만나 의연히 칼을 뽑아 그의 탈출을 돕고, 아울러 그때 함께 구해낸 소녀 장금봉張金鳳을 그와 결혼시킨다.

이야기 사이사이에 묘사되고 있는 그녀의 의협심 넘치는 행동과, 악을 징벌하고 간사함을 뿌리 뽑는 줄거리는 독자들을 감동시킨다. 뒷날 기헌당이 조정에서 죽임을 당하게 되어, 십삼매는 자신의 손으로 부친의 원수를 갚지 못한다. 어머니마저 세상을 떠나자 십삼매는 출가하여 비구니가 된다. 그러나 끝내는 여러 사람들의 권유로 안기에게 시집간다. 하옥봉과 장금봉은 한 지아비를 섬기며 자매처럼 화목하게 지냈다. 이 책의 처음 제목이 『금옥연』이었던 것은 이 때문이다. 이 책 전반부는 강호를 돌아다니는 여협 십삼매의 모습이 다채롭게 묘사되어 있으나, 그녀가 규방으로 들어가 남편을 도와 공명을 얻게 한다는 후반부 줄거리는 덤덤하고 재미가 없다.

석옥곤石玉崑의 『삼협오의』는 원제목이 『충렬협의전忠烈俠義傳』이다. 송나라 진종眞宗 때의 두 왕비 유劉·이李가 동시에 임신을 하자 유비劉妃가 임금의 총애를 독차지하려고 환관 곽괴郭槐와 '살쾡이와 태자를 바꾸는' 흉계를 꾸며 이비李妃를 해친다는 이야기로 시작한다. 이어서 포증이 사건을 맡아 억울함을 깨끗이 씻는 내용이 전개된다. 포증의 충의강직한 행위는 호협을 감동시켜 남협 전소, 북협 구양춘歐陽春, 쌍협雙俠 정조란丁兆蘭과 정조혜丁兆蕙 등 '삼협'과 찬천서鑽天鼠 노방盧方, 철지서徹地鼠 한창韓彰, 천산서穿山鼠 서경徐慶, 번강서翻江鼠 장평蔣平, 금모서錦毛鼠 백옥당白玉堂 등 '오의'가 잇달아 포증에게 투신하여 직책을 얻어 민심을 편안하게 한다.

이 소설은 삼협오의가 강자를 무찌르고 약자를 도우며, 간악한 무리들을 제거하는 이야기를 생기발랄한 필치로 그리고 있다. 당시 『홍루몽』 같은 책이 그저 부드러운 애정사만 이야기하고 『서유기』 같은 종류가 요괴스러운 이야기를 펼친 데 비해, 『삼협오의』는 부드러운 애정사와 요괴스러운 것 외에 다른 분야를 개척했는데, 그것이 바로 '협의'였다. 이 새로운 요소에 사람들은 열광하기에 이르렀다. 노신은 "『삼협오의』가 시정의 백성들을 위해 행동하는 것을 묘사한 필치는 흡사 『수호전』의 여운이 남아 있는 것 같다"고 극찬했다. 그리고 "사건의 구상이 유치하기는 하나 초야의 호걸들에 대한 묘사가 독특하다. 활기 있고, 간혹 세태와 들어맞고 해학이 넘친다. 세간의 요상하고 기이한 이야기와 여인의 이야기도 풍부하다. 그러나 이러한 것들도 호걸의 세계에 구애받지 않는 소탈함과 함께 장점이 되어 소설에서 두각을 나타낸다"고 했다.

이렇듯 "초야 호걸들의 이야기가 활기 있게 흐르기" 때문에 협의 공안소설에서 협객은 독자들에게 깊은 인상을 남긴다. 이 점은 높고 귀한 대신이나 이름난 청백리들의 이야기로는 따라잡을 수 없는 것이다.

『삼협오의』는 명확하게 '협의'를 주제로 삼고 있기 때문에 이런 유형의 의인과 협객을 크게 찬양한다. 『아녀영웅전』이 특별히 '영웅'이란 두 글자를 드러내고 있는 것도 이러한 의인과 협객에 대한 칭송의 의미를 염두에 두었기 때문이다.

청나라 시대의 대학자인 유월俞樾은 『삼협오의』에 대해 칭찬을 아끼지 않았다. 그러나 처음 편인 '살쾡이와 태자를 바꾼' 이야기는 황당하고 불경스럽다고 생각했는지, 역사 기록에 근거하여 속설을 바로잡고, 또 한 차례 고쳐 썼다. 그리고 남협·북협·쌍협은 실제로는 삼협이 아니라 사협이므로 삼협에 포용될 수 없다고 하여, 소협小俠 애호艾虎, 흑요호黑妖狐 지화智化, 소제갈小諸葛 심중원沈仲元을 보태어 모두 칠협이라 하고,『칠협오의七俠五義』로 제목을 고쳐버렸다. 이 개정판도 당초의 판본과 함께 강소성과 절강성 사이에서 크게 유행했다고 한다.

『삼협오의』에는 백옥당이 혼자 형소루衡霄樓로 가서 양양왕襄陽王의 반당맹서叛黨盟書를 훔치려다 잘못하여 동망진銅網陣에 떨어져 죽자, 군웅들이 양양으로 모여 결속했다는 내용이 나온다. 후에『소오의小五義』와『속소오의續小五義』가 나왔다. 서문에서 이 두 책이 "모두 석옥곤의 원고로 그 제자가 완성했다"고 하였는바,『삼협오의』와 함께 상·중·하 3부를 이룬다.

『소오의』에서는 양양왕의 모반 사건을 이어서 쓰고 있는데, 이때쯤 군웅들은 모두 늙고 후진들이 그 뒤를 이어 일어났다. 노방의 아들 노진盧珍, 한창의 아들 한천금韓天錦, 서경의 아들 서량徐良, 백옥당의 조카 백예생白藝生은 소협 애호와 의형제를 맺어, 이들을 소오의라 불렀다. 이 다섯 명은 강호를 떠다니며 간신 서패徐霸를 죽이고, 훗날 무창武昌에서 함께 모여 백옥당의 목숨을 앗아간 동망진을 깨고자 하는데, 이야기는 동망진이 깨지기 직전에서 끝이 난다.

『속소오의』는 앞의 내용을 이어 여러 협객들이 동망진을 깨뜨리고 양양왕이 도망치는 이야기를 그리고 있다. 호걸들은 계속해서 강호를 떠돌아다니며 협의 활동을 벌이고 도적들을 제거한다. 그러다 끝내는 양양왕을 잡게 되고, 천자는 그 공으로 군웅들에게 상을 내리는 것으로 이야기는 끝난다. 노신은 이 두 속편을 다음과 같이 날카롭게 분석한 바 있다.

이 두 책이 모두 석옥곤의 구본이라 하나, 상편 『삼협오의』와 비교하면 중편은 거칠고 하편은 갈수록 엉성하다. 초고는 한 사람의 손으로 쓰여졌을지 모르겠으나, 그 후로는 여러 사람의 손을 통해 윤색을 거쳤기 때문에 기교 면에서 차이가 나는 것이 아닌가 한다.

『삼협오의』와 『아녀영웅전』의 경우, 하나는 설서인說書人 석옥곤의 저본이고 또 하나는 문강이 설서인의 구술에 기초하여 저술한 것이다. 대중들의 구미에 맞는 생기발랄하고 유창한 문체, 생생한 묘사와 서술 면에서 공을 들인 흔적이 역력하다. 그래서인지 노신은 "청나라 시대의 이런 협의소설은 송나라 시대 화본의 정통적인 맥을 이은 것으로 평민문학이 700년을 지나 다시 부활한 것이다"라고 평했다.

『삼협오의』 및 뒤이어 나온 소설들은 사건의 전개가 복잡·변화무쌍하며, 종종 하나의 큰 줄거리에 작은 줄거리가 여러 개 삽입되어 한 사건이 채 마무리되기도 전에 또 다른 사건이 일어나는, 그야말로 기복이 심한 산맥이 천리까지 뻗어나가는 듯한 장관을 이룬다. 그러니 자연 독자들의 구미가 당길 수밖에 없다.

청나라 시대 협의소설이 남긴 가장 큰 공헌이라면 초야에 묻혀 있는 호협에 관심을 두고 그들을 묘사한 것인데, 개성이 뚜렷한 인물상을 빚어내는 데 성공했다. 이를테면 백옥당·구양춘·전소·장평·지화·애호·서량 및 아녀영웅을 포함한 십삼매 등이 그러하다. 모두가 자기만의 독특한 풍채와 면모를 갖추고 있다. 특히 '비단털쥐'라는 별명을 가진 금모서 백옥당은 막강한 무예를 갖추고 있는 교만방자한 인물로서 남에게 지기 싫어하는, 기질이 강한 인물의 전형으로 그려지고 있다.

청나라 시대 협의소설은 초야에 묻혀 있는 호걸들을 서술하는 데 주안점을 두고 있다. 무림 협객들의 결투 장면에 대한 묘사가 매우 세밀하고 정교하여 사람을 끌어들이는 마력을 지녔다. 이는 송나라 시대의 화본이나 명나라 시대의 소설에 비해 크게 진보된 부분이다.

『아녀영웅전』의 십삼매와 같이 열래점悅來店에서 섬섬옥수를 가볍게 뻗어 200근이나 나가는 맷돌을 옮기는 장면이나, 능인사能仁寺에서 신기한 위력을 떨쳐 악독한 승려들을 소탕하는 장면들은 생동감 넘치고 재미가 있다.

『삼협오의』에는 이런 장면이 더욱 많다. 백옥당이 개봉부開封府에 있을 때 야밤을 틈타 전소를 습격하는 대목은 단연 돋보인다.

'팍' 하는 소리만 들리더니, 웬 물체가 창을 때렸다. 전소는 창문을 열어젖히고 재빠르게 몸을 엎드린 채 기다시피 밖으로 나갔다. 얼굴을 때리듯 차가운 바람처럼 휭 하고 지나가는 것은 다름 아닌 칼이었다. 전소는 검을 위쪽으로 들어 올리며 자세를 갖추었다. 그는 검을 옆으로 눕힌 채 상대의 공격을 맞이하는 한편, 별빛 아래 드러나는 상대의 모습을 자세히 살펴보았다. 청색 야행복을 입고 있었다. 걸음걸이가 민첩한 게 어렴풋하지만 일전에 묘가집苗家集에서 본 적이 있는 바로 그자였다.

두 사람은 말을 하지 않았다. 오로지 검과 칼을 쨍쨍 어지럽게 맞부 딪치는 소리만 들려올 뿐이었다. 전소는 초식을 채 갖추지 못한 상황 에서도 손속을 거두어들이지 않았다. 그의 칼은 상대를 강하게 압박 했고 그 방향도 교묘했다. 남협은 속으로 갈채를 보내지 않을 수 없 었다.

'이 친구는 진퇴를 모르는군. 내, 너에게 상처를 입히고 싶지 않은데 매정하게 대할 필요가 있겠는가? 설마 내가 저자를 당해낼 수 없어 겁을 먹고 있는 것은 아니겠지?'라고 생각했다.

전소는 '그를 알고 있다고 소리를 질러볼까?'라고 생각했다. 그러다 가는 곧 검을 비껴들고는 상대의 칼에 바짝 접근하여 '학려장공鶴唳 長空'의 기세로 힘을 주어 위쪽으로 갈라 쳤다. 쩡 하는 소리와 함께 그자의 칼이 두 동강이 났다. 그러나 그는 더 이상 다가서지는 못했 다. 다만 그자의 몸이 어느새 담장에 올라선 것을 바라볼 뿐이었다.

전소도 몸을 솟구쳐 그를 따랐다. 그자는 이미 결채에 이르고 있었고 전소도 곧 뒤따랐다. 그러자 그자는 다시 본채의 지붕 위로 날아 올라 갔다. 전소도 놓칠세라 그의 뒤를 추적했다. 전소가 따라 오르는 순간 그자는 몸을 엎드린 채 지붕의 옆쪽을 비껴 지나가고 있었다. 전소는 더 이상 바짝 다가설 수 없었다. 암기暗器가 날아올지도 몰라 몇 걸음 뒤로 물러섰다. 지붕 옆쪽으로부터 넘어가려는 순간 한 줄기 붉은빛 이 얼핏 눈에 들어왔다. 전소는 황급히 '이크' 하며 머리를 숙여 앞문

쪽으로 몸을 숨겼다. 순간 두건을 떨어뜨렸다. 두건은 지붕 위로 떨어졌고, 그와 동시에 '또르르' 하는 소리가 들려왔다. 돌이었다.

이 두 영웅이 싸우는 장면은 묘사가 구체적이고 상세하여 손에 땀을 쥐게 할 만큼 실감난다. 칼과 검이 부딪치고, 암기의 습격이 있으며, 초식을 겨루고, 경공의 비교가 있다. 실로 문자의 변화가 풍부하고 기복이 분방하여 1911년 이래 강호협객과 녹림호걸이 무예를 겨루는 장편 무협소설이 등장하는 데 초석이 되었다.

무협소설 이야기는 기이한 우여곡절과 거칠면서도 호방한 등장인물들의 성격 때문에 많은 독자들을 사로잡아 당시 대량으로 생산되었다. 앞에서 예로 든 작품들 외에도 『칠검십삼협七劍十三俠』『칠검십팔의七劍十八義』『영웅대팔의英雄大八義』『영웅소팔의英雄小八義』『영경승평永慶昇平』『성조정성만년청聖朝鼎盛萬年靑』『유공안劉公案』『이공안李公案』 등이 그것이다.

이 소설들은 대부분 노신이 말한 "이름난 대신이나 관리를 중추로 하여 호걸과 준걸을 거느리고" "선량한 백성을 편안하게 하고 폭력을 제거하며 나라를 위해 공을 세운다"는 공식에서 벗어나지 않는다. 이른바 "착한 사람은 반드시 복을 받고, 악한 사람은 끝내는 화를 당한다. 사악한 자는 반드시 재앙을 만나며, 정의로운 자는 복과 보호를 받는 등 보응이 분명한"(『삼협오의』 및 『영경승평』 서문) 봉건사상에서 벗어나지 않는다. 그러나 표현과 인물 묘사가 대체로 충분히 성공을 거두지 못했기 때문에 그 영향은 『삼협오의』만큼 크지 못했다.

협의소설이 대량으로 생산된 청나라 시대에는 『수호전』과 견줄 수 있는 『탕구지蕩寇志』도 나왔다. 이 책은 『결수호전結水滸傳』이라고도 부른다. 내용은 무예가 고강한 진희진陳希眞 부녀가 양산박 108명의 호한들을 죽이거나 사로잡아 말끔하게 소탕해버린다는 것이다. 작가 유만춘兪萬春은 통치자를 수호한다는 입장에 서서 송강 등을 불충불의한 도적으로 묘사하여, 농민봉기에 대한 노골적이고도 극단적인 적대감을 표출했다. 그러나 양산박 영웅들의 이야기는 이미 대중들의 마음속에 깊은 인상을 남긴 터라 이 책을 통해 『수호전』이 대중에 미친 영향을 없애버리고자 한 그의 시도는 전혀 효과를 거두지 못했다.

청나라 시대에는 『제공전濟公傳』이란 소설도 있었다. 재주와 꾀가 많은 제공화상濟公和尙이 곤경에 처한 약자를 구하고 악한 사람과 간사한 자를 징벌하여 뿌리 뽑고 관부와 권문세가를 조롱하는 이야기는 민중에게 큰 영향을 주었다. 제공화상은 무예는 부릴 줄 몰랐으나 법력이 무한한, 인간세상을 놀이 삼아 유희하는 괴걸이었다. 신구 양파의 무협소설에서 흔히 제공화상과 같이 꾀 많고 풍류가 넘치는 기협을 볼 수 있다. 『제공전』은 황당무계한 낭만형 무협소설로 분류된다. 제공화상과 같은 괴걸의 형상은 중국 무협소설에서 매우 독특한 캐릭터라 할 수 있다.

협객의 미덕을 갖춘
명·청시대의 무협

명·청나라 시대에는 위에서 거론한 길고 짧은 백화체 무협소설 외에도 대량의 문어체 필기 중에 협객상이 적지 않게 묘사되어 있다. 장조張潮가 편집한 『우초신지虞初新志』와 정성우鄭醒愚가 편집한 『우초속지虞初續志』 중에 있는 「대철추전大鐵椎傳」 「왕십사전汪十四傳」 「진회건아전秦淮健兒傳」 「기도記盜」 「검협전劍俠傳」 「명포전名捕傳」 「염참군전髯參軍傳」 「모생毛生」 「고녀비파기瞽女琵琶記」 등이다. 이 작품들에 묘사된 호협들은 대부분 공평치 못한 일을 보면 분연히 칼을 뽑아 약한 자를 돕고 악한 자와 사악한 자들을 징벌하는 전통적인 협객의 미덕을 갖추고 있다.

청나라 사람 위희魏禧의 「대철추전」과 명나라 사람 낙궁보樂宮譜의 「모생」은 깊은 밤에 협객이 도적을 죽이는 장면을 아주 독특하게 그려내고 있다.

대철추 객인客人은 도적을 죽인 후 큰 소리로 "나, 간다!"라는 말만 남기고 가버리는데, 호기가 어찌나 대단한지 그 목소리가 마치 가까이에서 들리는 듯하다. 모생은 쇠로 만든 우산 하나로 배 위에서 여러 도적들을 때려죽인 후 역시 큰 소리로 "나, 간다!"라고 외친 후 훌쩍 사라져버린다.

이 두 작품은 비슷한 데가 많다. 대철추 객인과 모생은 그저 살인만을 일삼는 일개 무부武夫가 아니었다. 대철추 객인은 서예 중에서도 해서에 아주 능통한 식견을 갖춘 인물이었으며, 모생은 서울

○ '대철추'

에 올라와 과거에 응시할 정도로 문장이 걸출하고 서법 역시 힘차고 교묘한 것이 남달랐다고 한다. 두 사람은 모두 문무를 겸비한 협사였던 것이다. 그러나 나라에 중용되지 못하고 그저 강호를 유랑하고 다녀 독자들을 안타깝게 만들었다.

명나라 사람 송렴宋濂의 『진사록秦士錄』에 등장하는 진인秦人 등필鄧弼 역시 문무를 고루 갖추고, 담력과 식견이 출충한 호협지사로 국가에 보답할 뜻을 늘 갖고 있었으나 끝내 등용되지 못한다. 앞 두 사람의 신세와 똑같아 역시 사람들로 하여금 주먹을 불끈 쥐고 개탄하게 만들었다.

청나라 사람 오진염吳陳琰의 『고녀비파기』는 비파를 몸에 지닌 두 눈이 먼 맹인 협녀가 조정 대신을 징벌한다는 매우 독특한 이야기다. 절기를 품고 있는 그녀는 걷는 것이 마치 나는 듯했고 비파 소리는 신출귀몰하여 사람의 혼을 빼놓았다.

두 눈을 잃은 협녀는 후대 무협소설에 대해 독특한 캐릭터를 제공하고 있다. 신구 무협소설 중에 등장하는 맹인·외팔이·꼽추·절름발이 등 신체적인 장애가 있음에도 불구하고 비범한 무공을 지닌 고수들은 아마 비파를 든 이 맹인 협녀에게서 영감을 받아 창조되었을 것이다.

명나라 사람 송무징宋懋澄의 『구약집九籥集』 「유동산劉東山」 편에는 자신의 고강한 무예에 큰 자부심을 갖고 있던 삼보포쾌三輔捕快 유동산이 일개 소년의 손에 낭패를 당한다는 내용을 담고 있다. 능몽초의 『박안경기』 중의 「유동산과기순성문, 십팔형기종촌주사」는 바로 이 유동산 이야기에 바탕을 두고 있다.

청나라 사람 심기봉沈起鳳의 『해탁諧鐸』도 이런 유형의 무협 이야기다. 그중 「악전惡饞」 편이 흥미로운데, 후세 무협소설 스토리 구상의 표본이 되기도 했다. 그 줄거리는 대강 이렇다.

무예를 좋아하는 노생盧生이 한 노인을 우연히 만난다. 노인은 노생을 몹시 좋아하여 자기 집으로 데리고 와 딸을 주고 사위로 삼는다. 결혼한 지 반년이 지날 무렵, 노생은 장인이 된 이 노인의 행적이 이상하고 비밀스러운 데가 있는 것이 착한 사람 같지 않다는 생각이 들었다. 어느 날, 노인이 외출하여 돌아오지 않고 있는 틈을 타 아내에게 그곳을 떠나자고 권한다. 두 사람은 할머니에게 작별을 고하는데, 할머니는 내일 조전祖餞에 응해 그 관문을 거쳐야만 떠날 수 있다고 말한다. 조전이란, 집안사람 모두가 각각 나름대로의 무기를 지닌 채 문을 지키는 상황에서 집을 떠나고자 하는 사람이 반드시 자신의 실력으로 내방·외실·중실·대문에 이르는 네 관문을 차례로 통과해야만 떠날 수 있는 절차를 말한다. 이 관문들은 노생의 처형과 장모를 비롯하여 아내의 생모 및 할머니가 각각 맡고 있는데, 그 관문들을 통과하는 과정에 대한 묘사가 자못 치밀하다. 그중에서도 아내의 생모가 지키는 관문에서는 생모가 겉으로는 두 사람을 막으면서도 몰래 관문을 통과시켜주는 대목이 아주 인상적이다.

단편소설의 대가 포송령浦松齡은 여우나 귀신을 즐겨 등장시켜 세태를 묘사했다. 그의 대표작 『요재지이聊齋志異』에는 무협 못지않은 좋은 이야기들이 많다. 「노철老饕」「왕자王者」「무기武技」「협녀」「동객佟客」「첩장격적妾杖擊賊」 등은 대단히 재미있는 무협소설들이다. 그중에서도 「노철」과 「무기」 편에 나오는 무림인 중에는 '뛰는 자 위에 나는 자'가 등장한다. 이 두 편은 송무징의 『유동산』과 이어李漁의 『진회건아전』에서 의도하는 바와 같고 스토리도 어느 정도 비슷하다. '걷는 자 위에 뛰는 자 있고, 뛰는 자 위에 나는 자 있다'는 식의 격언은 고금 무협소설에 흔히 보인다.

20세기 초반의
남·북파 무협소설

1930년대 초부터 1950년대 말까지는 무협소설의 극성기였다. 완전
치는 못하지만 위소창魏紹昌이 편집하여 상해문예출판사에서 간행
한 『원앙호접파 연구자료』의 통계에 따르면, 당시 무협소설가는 170
여 명에 이르렀고, 작품 수는 무려 680여 부에 달했을 정도였다. 출
판지는 주로 상해·남경·북경·천진에 집중해 있었다. 당시는 이 지
역들을 근거로 북파와 남파로 구분해 불렀다.

　남파 무협소설가로는 평강平江 불초생不肖生이 가장 유명하다.
그가 쓴 『강호기협전江湖奇俠傳』은 일세를 풍미하며 많은 독자를
확보했다. 이후에 명성영업공사明星影業公司라는 영화사가 그 내용
을 각색해 〈불타는 홍련사[火燒紅蓮寺]〉[2]란 제목으로 영화화할 정
도로 영향력이 대단했다. 『강호기협전』은 1930년대 초에 쓰여졌는
데 근대 무협소설의 선구작으로 평가된다.

　『강호기협전』 외에도 불초생은 『근대협의영웅전近代俠義英雄傳』
『옥결금환록玉玦金環錄』 『반야비두기半夜飛頭記』 『강호괴이전江湖
怪異傳』 『연화여협烟花女俠』 『염탑기艷塔記』 등 모두 13부작에 이
르는 작품들을 남겼다. 그중에서 『근대협의영웅전』이 가장 가치가

2　영화 〈불타는 홍련사〉는 이후 '불타는' 시리즈로 한 시대를 크게 풍미했는데, 〈불
　타는 청룡사〉 〈불타는 구룡사〉 〈불타는 백련암〉 등 10여 편이 제작되었다. 〈불타
　는 홍련사〉는 국내에도 소개된 바 있다.

있다. 작품 속의 인물들, 예를 들어 대도왕오大刀王五,[3] 곽원갑霍元甲,[4] 조옥당趙玉堂, 산서노동山西老董, 농경손農勁蓀, 손록당孫祿堂[5] 등은 역사상 실존했던 인물이다. 그리고 기록된 사건들의 80~90%는 무술가들이 사실로 인정하고 있다. 이 책의 서술 방법은 『강호기협전』과 같아, 모두 『유림외사儒林外史』식의 구도를 채택하고 있다. 하나의 고사에서 다른 고사를 끌어내어 단편으로 구성하고, 다시 이 단편들을 모아 장편으로 만드는 식이다. 이 소설은 『강호기협

---

3 대도왕오의 본명은 왕정의(王正誼, 1854~1900)다. 회족 출신인데, 천생적으로 양 팔의 힘이 무지막지하여 당할 자가 없었다고 한다. 표창을 잘 사용하지만 산서노 동에게 도법을 익힌 후로는 명성이 자자하여 '대도왕오'라 일컬었다. 청나라 말년 에 무술변법운동을 지지하기도 했고, 1900년 연합군이 북경을 공략할 때 의용군으 로 참전하다가 잡혀 사형당했다. 일설에는 의화단에 의해 살해당했다고도 한다.

4 곽원갑(1858~1910)은 일본이 중국을 '아시아의 병든 자[東亞病夫]'라고 놀리는 치 욕을 설욕한 주인공이다. 곽원갑은 어려서 몸이 허약하여 부친이 권법을 어설프게 익히면 몸을 망치고 가문을 욕되게 한다고 가문의 절예인 비종권을 전수하지 않으 려고 했으나, 발분하여 몰래 고된 수련을 통해 부친의 비전을 이어받았다. 당시 청 을 돕고 서양인들을 없애자는 '부청멸양'의 기치를 내세우며 안으로 약한 자를 핍 박하는 의화단에 단신으로 도전하여 그 수령의 목을 베어버림으로써 '대협'이란 명성을 얻기도 했다. 1909년 상해 정무체육회(精武體育會)를 결성하여 권법을 보 급하기도 했다. 42세로 죽었는데 일본인 의사 아키노에게 독살당했다는 설이 있 다. 홍콩 영화 〈정무문〉에서 주인공 이소룡의 스승으로 나온다.

5 본명은 손복전(孫福全, 1860~1933)이다. 중국 하북성 출신으로, 어렸을 때부터 형 의권을 배우고, 후에 북경으로 가서 정정화(程廷華)에게 팔괘장을 배웠다. 50여 세 무렵 그가 북경으로 가 있을 때 마침 무파(無派) 태극권의 대가가 객지에서 병이 나 어려움을 겪는 것을 보고 도와주어 그에 대한 보답으로 태극권의 진전을 이어 받았다. 나중에 '손무태극권(孫武太極拳)'을 창안하기도 했다. 신해혁명 이후 군대 에 머물면서 무술을 적극 주창하였으며, 1928년 이후는 강소성 국술관 교무주임을 역임하기도 했다. 저술로는 『태극권학(太極拳學)』『팔괘검학(八卦劍學)』『권의술진 (拳議述眞)』등이 있다.

전』만큼 환영받지는 못했지만 잠꼬대 같은 엉뚱한 소리가 비교적 적고 사실성이 짙어, 평론가들이 진정한 사실형 기격무협소설技擊武俠小說에 속한다고 본 것은 충분히 수긍이 간다.

불초생 외에 고명도顧明道도 남파 무협소설의 대가였다. 그의 『황강여협荒江女俠』은 상해《신문보新聞報》에 딸린 『쾌활림快活林』에 연재되어 큰 인기를 끌었다. 영화와 경극으로 개편되고 제작된 후 그의 지명도가 더욱 높아져 모르는 사람이 거의 없을 정도였다. 사람들은 너 나 할 것 없이 방옥금方玉琴과 악검추岳劍秋의 '금검이협琴劍二俠'을 입에 올리며 화제로 삼았다. 『황강여협』 외에도 정성공鄭成功의 일대기를 그린 『해상영웅海上英雄』, 의화단義和團운동을 반영한 『초망기인전草莽奇人傳』과 같은 책을 두고 그는 "무협소설을 즐겨 창작하는 것은 국민들의 기상을 드높이고자 함이다"라고 할 정도였으니, 그의 창작 태도가 비교적 엄숙했음을 알 수 있다.

당시 남파 무협소설의 상황은 인재가 넘쳐날 정도였다. 위에 거론한 두 사람 외에도 문공직文公直·강접려江蝶廬·하일봉何一峯·이접장李蝶莊·왕경성汪景星·요민애姚民哀·강협혼姜俠魂·장명비張冥飛·서철신徐哲身·해상수석생海上漱石生·장개농張箇儂·진읍취陳挹翠·육사악陸士諤 등이 명성을 날렸다.

북파 무협소설가는 수적인 면에서는 남파에 미치지 못했지만 그 영향력은 오히려 남파를 능가했다. 조환정趙煥亭·정증인鄭證因·주정목朱貞木·왕도려王度廬·백우白羽·환주루주還珠樓主 등이 명성이 자자했던 작가들이다.

조환정은 불초생과 함께 남북 양웅으로 일컬어졌다. 그의 대표작

『기협정충전奇俠精忠傳』은 당시 『강호기협전』과 쌍벽을 이룰 정도로 영향력이 대단했다.

정증인은 다작으로 이름이 높다. 작품이 대단히 많아 총 88여 부에 이르는데, 그중에서도 가장 장편이면서 명성이 자자했던 작품으로는 『웅조왕鷹爪王』을 들 수 있다. 회양파淮陽派의 장문인 웅조왕 왕도륭王道隆이 봉미방鳳尾幫과 원한 관계가 되는 바람에 그 문하의 제자들이 포로로 잡혀간다. 이에 웅조왕은 서악파西嶽派 자운 암주慈雲庵主와 함께 두 문파의 협의들을 이끌고 봉미방의 총타總舵를 찾아가서 봉미방 방주 천남일수天南逸叟 무유양武維揚 및 그 부하 무리들과 일대 결전을 벌이게 된다는 줄거리다.

그 전개 과정의 변화가 기발하고 돌발적이며, 위험한 고비가 꼬리를 물고 발생하며 곳곳에서 파란만장한 장면이 펼쳐진다. 작가는 기격에 정통하고, 강호에서의 처세술·방규幫規·절구切口, 암호 면에서 묘사가 사실과 부합하는 것으로 미루어보아 그 방면에 상당히 정통했음을 알 수 있다.

『웅조왕』의 인물 및 고사와 연결되는 작품으로는 『천남일수』 『자모이혼권子母離魂圈』 『자도호자屠戶』 『회상풍운淮上風雲』 『철불진鐵拂塵』 『자모금사子母金梭』 『새외호협塞外豪俠』 『오봉조양도五鳳朝陽刀』 등이 있다. 모두가 『웅조왕』의 외집外集으로 부를 수 있는 작품들이다. 『웅조왕』 외에 『파산검객巴山劍客』 『철산선생鐵傘先生』 『용호투삼상龍虎鬪三湘』 등도 비교적 널리 알려진 작품들이다.

한편, 환주루주는 황당무계하고 기묘하며 환상적인 필치로 초특급 장편 거작 『촉산검협전』[6]을 내놓아 전대미문의 놀라운 상상력을 선보였다. 그의 불경과 도교 경전에 대한 깊은 조예와 이해는 소설 속에 그대로 녹아들어 곳곳에서 빛을 발한다.

이 소설은 형상이 기이하고 색채가 다양하며, 기상천외하고 기기묘묘한 우여곡절이 환상적으로 그려지고 있는데, 변화무쌍함은 가히 극치라 할 만하다. 그 신기함과 황당무계함의 정도는 『서유기』와 『봉신연의』를 능가하여, 이 작품은 신마검협소설 중 전인미답의 경지를 개척한 최고봉으로 평가받았다. 『촉산검협전』은 정전正傳 외에 전전前傳인 『장미진인전長眉眞人傳』, 외전外傳인 『아미칠왜峨眉七矮』, 별전別傳인 『청성십구협靑城十九俠』, 신전新傳인 『촉산검협신전』, 외속전外續傳인 『운해쟁기기雲海爭奇記』 등 총 20여 부가 하나의 방대한 '촉산' 시리즈를 이루고 있다. 그중 『청성십구협』은 환주루주의 또 다른 역작으로 작품 속의 인물은 『촉산검협전』과 관련 있다. 비록 기기묘묘하고 신이한 점은 『촉산검협전』에 비할 바는 못 되지만, 묘족의 고술蠱術과 관련된 불가사의함은 『촉산검협전』도 못 따라갈 정도다. 이 두 책은 환상을 초월하면서도 그 심미적 가치가 남다르다. 그가 펼친 상상력은 시공을 뛰어넘고, 신비한 법보法寶와 괴이한 요물들은 사람을 놀라게 한다. 실로 근세의 황당무계한 낭만형 무협소설의 일대 걸작이 아닐 수 없다.

『십이금전표十二金錢鏢』로 한때 이름을 날렸던 백우는 본래 무협소설을 혐오했었다. 그러나 생계 때문에 무협소설계에 발을 들여놓

---

6 그중 일부를 각색하여 영화한 것이 1980년대 초 국내에도 소개된 서극 감독의 〈촉산〉이란 작품이다. 2002년 서극이 또다시 영화로 제작해 화제가 된 바 있다.

왔다가 뜻하지 않게 유명 무협소설가가 되었다.

백우의 무협소설은 불에 익힌, 인간의 음식을 먹지 않는 초세속적인 촉산류 검협에 비해서는 비교적 인간들의 삶에 충실하다. 그의 작품은 무림의 은원을 소재로 하여 인간 세태와 사람의 정에 대한 느낌을 표현하고 있다.

당초 백우는 무협소설 쓰기를 싫어했던 탓인지, 작품 중에는 협객을 비웃는 장면이 간간이 눈에 띈다. 예를 들어 유연청柳姸靑이 무예를 겨루려다가 뜻하지 않게 건달을 불러들여 여협의 눈물을 흘리게 하자 노협老俠이 후회하는 장면이라든가, 남황대협南荒大俠 일진도장一塵道長이 강간범을 잡으려다 되레 적의 '가채화假採花'라는 계략에 걸려들어 죽고 마는 장면 등이 그렇다. 백우의 이런 필법에는 무협에 잘못 빠져 있는 사람들에 대한 경고의 뜻이 담겨 있다.

『무림쟁웅기武林爭雄記』는『십이금전표』의 속편이다. 세련된 표현으로 읽는 이를 감동시킨다. 이 밖에도『연표기聯鏢記』『투권偷拳』『혈척한광검血滌寒光劍』『독사장毒砂掌』등도 당시 큰 명성을 얻었다. 특히,『투권』은 형식적인 '협객'을 조롱하여 무협소설의 상투적인 격식을 단숨에 씻은 작품이었다.

이 소설에서 양로선楊露蟬은 스승을 찾아 무예를 배우는데, 도중에 그는 여러 차례 속임수에 빠진다. 그가 만난 '무림 고수'란 모조리 사기꾼들 아니면 악랄한 불량배였다. 설사 당대의 무학종사武學宗師 태극진太極陳이라 할지라도 작가는 야유의 필치를 유감없이 휘두른다. 태극진은 절기를 몸에 지닌, 그 위세가 당당한 진정한 무림의 고수였다. 그러나 그 역시 악인에게 당해 방 안에서 불타 죽고 마는 험한 꼴을 당한다.

　이러한 것들은 무림 고수도 결코 초인이 아니며 또 무공이 제아무리 고강해도 음모와 계략에는 당할 수 없음을 잘 보여준다. 백우의 무협소설은 알렉상드르 뒤마와 『돈키호테』를 쓴 세르반테스의 수법을 차용하고, 거기에다 근대 소설의 기교를 운용하여 자기만의 독특한 스타일을 만들어냈다. 무협소설에 참신한 기운을 불어넣은 그는 훗날 홍콩과 대만에서 출현한 신파 무협소설의 선구자가 되었다.

　무협을 통해 인간의 정을 잘 표현했던 왕도려의 작품은 언정무협소설言情武俠小說로 분류된다. 그의 대표작으로는 『와호장룡臥虎藏龍』[7]『철기은병鐵騎銀瓶』『보검금차寶劍金釵』『학경곤륜鶴驚崑崙』『자전청상紫電靑霜』 등이 있다. 그의 작품들은 격렬하고도 긴장된 무협 이야기를 빌려 우여곡절이 넘치는 남녀의 정을 묘사하고 있는데, 무협소설의 새로운 국면을 개척한 것으로 평가받는다.

　주정목의 작품 경향은 정증인과 비슷하여, 기격무협소설에 속한다. 그러나 주정목의 작품은 활기 있고 산뜻한 문필 면에서 정증인을 앞지른다. 그의 대표작에는 『칠살비七殺碑』『나찰부인羅刹夫人』『호소용음虎嘯龍吟』『묘강풍운苗彊風雲』 등이 있다.

　앞에서 말한 남북 양파의 무협소설을 전체적으로 살펴보면, 남파

7　〈와호장룡〉은 2000년 미국에서 활약하고 있는 중국계 리안 감독에 의해 영화화되어 전 세계적으로 흥행에 성공했다. 아카데미상도 석권하는 등 한때 〈와호장룡〉 바람을 불러일으켰는데, 특히 영화의 배경이 된 무당산·실크로드 등 중국 대륙의 명승지들이 관객들의 눈길을 사로잡았다.

는 작가는 많았지만 작가와 작품의 영향은 북파만큼 크지 못했다. 마찬가지로 유명도 면에서도 남파의 불초생과 고명도는 북파의 환주루주와 백우에 못 미쳤다. 미학자 장경생張瓊生은 무협소설을 연구하면서 무협소설을 '무림기격소설' '신마검협소설' '신마무협소설' '언정무협소설'의 4대 부류로 구분하는 한편, 각 부류의 대표적인 작가들로 정증인·환주루주·백우·왕도려를 들었다. 그런데 이 네 사람은 공교롭게도 모두 북파에 속한다. 현대의 홍콩과 대만 등지의 무협소설은 어느 정도는 이 네 사람의 영향을 받고 있다. 홍콩 신파 무협소설의 대가인 양우생은 초기 자신의 무협소설에 영향을 준 사람은 백우라고 고백한 바 있다. 일부 논자들은 왕도려나 정증인 등이 훗날 대만 무협소설가의 대표적인 인물인 고룡古龍에 적지 않은 영향을 주었다고 지적한다. 이런 사실들은 북파 무협소설가들이 이룬 성과와 영향이 남파의 그것보다 한결 높았음을 말해준다.

1940년대 말과 1950년대 초에는 아시산인我是山人의 작품이 광동에서 크게 유행했다. 그의 『홍희관대뇨아미산洪熙官大鬧峨眉山』 『삼덕화상삼탐서선사三德和尚三探西禪寺』 등은 광동 본지의 걸출한 무림 인물을 주인공으로 삼은 것이었기 때문에 화제를 모았다. 그러나 그 영향은 광동 지역에만 한정되었고, 다른 지역으로까지는 미치지 못했다. 위소창이 편집한 근대 무협소설의 목록 중에 아시산인의 작품은 들어 있지 않다.

홍콩·대만의
신파 무협소설

1950년대 중반에 들어서면 무협소설은 대륙에서 소리 없이 자취를 감춘다. 그러나 이와는 대조적으로 홍콩에서는 새로운 번영기를 맞이하여 오늘날 사람들이 말하는 신파 무협소설이 형성된다.

신파 무협은 '새롭게' 구소설의 진부한 언어를 털어내고, 새로운 문예수법을 구사하는 한편, 외국 소설 중에서 새롭고 참신한 기교를 흡수하여, 무협·역사·애정이라는 세 가지 요소를 결합시켰다. 전통적인 공안과 현대 추리를 적절히 한데 섞음으로써 무협소설을 참신한 경지로 끌어올린 것이다. 신파 무협소설은 스토리의 전개가 기구하고 우여곡절이 많으며, 인물의 성격은 선명하게 부각된다. 게다가 인물의 심리 묘사에 탁월하고, 주변 환경이나 분위기를 잘 묘사하고 있다는 것을 알 수 있는데, 때문에 소설책을 한번 잡았다하면 손을 놓을 수 없게 만든다. 이전의 무협소설은 대개 지루하고 그 구조가 늘어지는 편이었는데, 신파 무협소설에서는 이러한 경우가 비교적 적다.

신파 무협소설은 기상천외한 필치로 전개되고, 파란만장한 줄거리와 쉴 새 없이 변하는 기교, 그리고 읽는 이의 마음을 쥐락펴락하는 호흡으로 독자들을 황홀한 경지로 이끈다. 일부 이름난 작가들은 고대 협객들의 고사를 사실과 환상이 뒤섞인 광활한 역사의 배경 속으로 몰고 가는 데 아주 탁월하다. 그 속에는 다양한 풍토와 인정, 제도와 문물, 불경과 도교 경전, 시와 노래, 글과 그림, 음률과 악기, 장기와 바둑, 의원과 점복가, 점성술사와 관상가 등등의 내용이 현란하게 수놓아져 있다. 삼교구류三教九流의 잡다한 인물과 다양한 풍물로 독자들의 눈을 어지럽게 만든다.

또 남녀 간의 애정으로 빚어지는 많은 갈등 요소를 수시로 삽입해 그저 단순히 죽고 죽이는 살벌한 분위기의 과거 무협소설과는 차원이 다르다. 운치 있고 정감이 흐르는 수준으로 끌어올려, 당당하게 문학의 전당 한자리를 차지하게 된 것이다.

신파 무협소설은 구상과 수법이 새롭고, 변화무쌍한 스토리와 뛰어난 언어 구사로 참신한 느낌을 주기 때문에 여러 계층의 독자를 끌어들일 수 있었다. 일반 소시민들만 좋아한 것이 아니라 전문가나 학자, 심지어는 정부 요직에 있는 사람들도 흥미롭게 읽었다. 무협소설은 이미 통속적인 읽을거리에서 아속雅俗을 함께 감상하는 것으로 변했다. 그야말로 대아大雅의 전당에 오르기 시작한 것이다.

대륙에서 무협영화 〈소림사〉[8]가 개봉되자, 때맞추어 홍콩의 신파 무협소설이 계속해서 대륙의 신문과 잡지에 연재되기 시작했다. 양우생의 『평종협영록萍蹤俠影錄』과 김용의 『서검은구록書劍恩仇錄』[9]이 먼저 광동에서 정식으로 출간됨으로써, 대륙의 독자들도 비로소 양우생과 김용이라는 두 대가의 이름을 알게 되었다. 종전 구파 무협소설을 읽었던 독자들은 김용과 양우생의 무협소설을 대하면

---

8 이연걸이 주연한 영화 〈소림사〉는 국내에서도 1980년대 초에 개봉되어 인기를 끌었다. 이연걸의 〈황비홍〉 시리즈가 인기를 얻자 1990년대에 재상영되기도 하였다.

9 〈진가락(陳家洛)〉이란 제목으로 국내에 개봉된 바 있다. 대작임에도 불구하고 지나치게 가위질을 해대는 바람에 줄거리조차 제대로 파악할 수 없어 아쉬움을 남겼다.

서 오랜 친구를 다시 만난 듯한 느낌을 받았고, 그 참신한 면모에 놀라지 않을 수 없었다. 무협소설이라면 고개를 설레설레 젓던 젊은이들도 김용과 양우생의 작품을 앞다투어 읽기 시작했다. 독자들은 자신도 모르는 사이 신비한 무림 고수가 된 듯한 착각에 빠졌고, 신천지가 바로 눈앞에 펼쳐지는 듯했다.

김용과 양우생의 무협소설은 홍콩·마카오·대만 및 동남아·북미 등지의 화교가 모여 사는 곳에서 대유행했고, 마침내 중국 본토에서도 읽히기 시작했다. 일설에 따르면 김용과 양우생은 자신들의 소설이 대륙에서 출판되지 못한 것을 유감스럽게 생각했다고 하는데, 이제 그들에게 더 이상의 유감은 없으리라!

김용과 양우생은 나란히 신파 무협소설의 비조로 불린다. 창작 시기로 볼 때, 양우생은 김용에 비해 3년가량 먼저 무협소설계에 발을 들여놓았다. 그러나 성과와 영향 면에서 볼 때는 김용이 양우생을 앞지른다. 혹자는 "김용과 양우생이 나란히 한 시대를 화려하게 장식했다"란 말로 두 사람을 평가했으나, 많은 사람들이 김용을 한 수 위로 생각한다. 홍콩의 베스트셀러 작가 예광倪匡은 "동서고금에 이런 예는 전무후무할 것이다"란 말로 김용의 작품을 칭찬했다. 대만에는 '김학회金學會', 즉 김용학회가 설립되었는가 하면, 『김학연구총서金學研究叢書』까지 출판되었다. 모두 김용 작품의 성과와 영향이 양우생보다 한 수 위였음을 증명하는 예다.

1960년대 대만에서는 무협소설이 크게 유행했다. 그때 고룡이란 독특한 작가가 혜성처럼 등장해 무협 추리소설이란 또 다른 깃발을 꽂음으로써 김용·양우생과 함께 삼두마차를 이루었다.

고룡의 문장은 자유분방하며 간결한 것이 특징이다. 손에 땀을 쥐게 하는 아슬아슬한 장면과 스토리의 전개 면에서 변화무쌍하다. 게다가 결말 부분은 자주 독자의 의표를 찌른다. 그는 등장인물의 창출에 무척 신경을 썼는데, 특히 무협 미스터리를 빚어내는 데 아주 뛰어났다. 칼과 검이 번득이는 가운데 얽히고설킨 사건을 하나하나 걸어내며, 엄밀한 추리와 판단으로 진범을 찾아내어 악의 무리를 제거해나간다. 참신한 내용, 새로운 필법, 형식 또한 신선하다 보니 스토리는 늘 긴장되고 복잡다변했다. 그의 소설은 방대하고 널리 유행했는데, 영화와 TV 연속극으로 방영된 작품도 적지 않은 등 그 영향이 대단했다.[10]

김용·양우생·고룡이라는 세 명의 대가 외에도 홍콩과 대만에서는 무협소설가들이 속속 등장했다. 작품이 다소 많고 비교적 큰 명성을 얻은 작가들로는 소일蕭逸·와룡생臥龍生[11]·사마령司馬翎·제갈청운諸葛靑雲·동방옥東方玉·온서안溫瑞安·주우朱羽 등이 있다. 그들의 작품은 대부분 색다른 스토리와 괴이한 무공이라는 범주를 벗어나지 않았지만, 내용은 강호의 원한에 얽힌 살인이나 무림 쟁패가 아닌, 추리로 사건을 파헤치고 원흉을 찾아내는 것이 주종을 이루었다.

---

10 특히 정소추 주연의 〈초류향(楚留香)〉 시리즈를 말한다. 국내에서도 비디오를 통해 큰 인기를 끈 바 있다.

11 대만 출신 작가 와룡생은 1960~1970년대만 해도 김용·양우생·고룡을 제치고 국내에서 큰 인기를 끌었다. 그러나 당시 홍콩이나 대만 등지에서는 신파 무협소설 3대가로 불리는 세 명에 비해 명성도가 그리 높지 못했다.

소설의 전개 면에서 영웅과 미인이 등장하는가 하면, 협객과 표사鏢師, 화상과 도사, 혼군昏君과 간신, 효웅梟雄과 악패惡霸, 탕녀와 음부, 간사한 자와 소인, 풍진이사風塵異士 등등 다채로운 인물들이 나온다. 뿐만 아니라 무공 대결, 복수, 권력 쟁탈, 변신술, 지혜대결, 악한 징벌, 소인배 척결 등의 스토리가 끼어들며, 거기에 여러 가닥으로 얽히고설킨 애정 갈등까지 겹쳐 선혈이 낭자하고 육감적인 장면들이 연출되어 독자들을 흥분시킨다.

훗날 서로간의 경쟁 때문에 저마다 괴초怪招가 백출하고 기묘한 싸움질이 만연하여 스토리와 무공도 갈수록 괴상해졌다. 이야기의 내용이 그에 따라 황당무계해지고 등장인물의 성격도 괴팍스러워졌음은 물론이다. 신화와도 같은 우연과 기연이 배치되었으며, 겹겹이 복선과 암시가 깔려 있었다. 그 때문에 소설의 흥미는 고조되고 긴장과 자극이 충만했지만, 여러 편을 읽다 보면 일정한 공식과 상투적인 수법에서 벗어나지 못하고 있음을 금방 알아챌 수 있다. 따라서 무협소설에 익숙한 독자라면 몇 페이지를 읽어도 그 뒤의 결말과 변화상은 어렵지 않게 유추해낼 수 있었다.

이런 무협소설들은 역사적 배경이 대부분 모호했다. 쓰고자 하면 마음먹은 대로 얼마든지 아무렇게나 만들어낼 수 있었다. 어떤 작가는 전통문화에 대한 소양이 부족하여, 제도·문물·시가·종교·민속·오행사상에 대해 적절히 그려내지 못했다. 예를 들어 한시의 평측압운平仄押韻을 제대로 이해하지 못해, 소설 속의 인물이 시를 읊조리는 장면에서 종종 허점을 드러내곤 했다. 대개 이런 무협소설들은 전체적으로 쭉 훑어보면 새롭고 기이하기는 하지만 정도가

지나쳐 잠꼬대 같기도 하며, 읽으면 읽을수록 공허할 뿐이다. 그만큼 사람들을 감동시킬 수 있는 요인이 크게 감소하는 것이다.

또, 이런 소설들은 대부분 기기묘묘한 무협 세계를 짜 맞추는 데 힘을 쏟는 바람에 재미는 있으나 깊이는 없다. 인생 문제를 진지하게 표현하고 있는 김용의 작품과는 비교도 안 되고, 그 성과와 영향 면에서도 훨씬 거리가 멀다.

양우생·김용·고룡을 흔히 신파 무협소설의 3대가라 부른다.[12] 아래에서는 이 세 작가에 대해 간단히 알아보겠다.

신파의 비조, 양우생

양우생은 신파 무협소설을 가장 먼저 써냈기 때문에 '신파의 비조'라는 명예스러운 수식어가 따라다닌다. 그의 첫 무협소설 『용호투경화龍虎鬪京華』는 1952년에 발표되었다.

이 소설의 탄생을 촉발시킨 사건은 당시 홍콩 전역을 뒤흔든 권사拳師들의 결투였다. 이 결투는 3분이란 짧은 시간 동안 벌어졌는데, 태극파의 노장문인이 내지른 일 권拳이 백학파白鶴派 장문인의 콧등을 강타하여 코피가 터짐으로써 끝을 맺었다. 이런 대결이 벌어진 뒤 홍콩의 거리는 그 무용담으로 시끌벅적했다. 당시 조·석간

---

12 여기에 흔히 온서안을 포함시켜 '4대 천왕'으로 부르기도 한다.

신문의 편집국에서는 이 사건에서 영감을 얻어 양우생에게 무협소설을 쓰도록 부추겼고, 그리하여 『용호투경화』가 3일 뒤 신문에 연재되기 시작했다. 처녀작이라는 점에서 볼 때, 이 작품은 백우와 정증인 같은 구파 무협소설의 작법에 기초를 두고 있었기 때문에 언어 구사와 스토리 전개가 만족스러울 만큼 치밀하지 못했다. 따라서 나중 작품인 『평종협영록』이나 『운해옥궁연雲海玉弓緣』에는 훨씬 못 미친다. 엄밀히 말해 신파 무협소설이라 할 수 없다. 그러나 그의 처녀작이자 신파 무협소설의 확립을 위한 시도에서 탄생한 작품이므로, 비록 세련되진 못했지만 그 자체로 어느 정도 자리매김을 할 수 있었다.

『칠검하천산七劍下天山』과 『백발마녀전白髮魔女傳』에서 시작하여, 양우생은 외국 소설의 신문예수법을 차용한 글쓰기에 주력했다. 다양하게 변화·교차되는 스토리, 주인공 창출에 대한 세심한 배려, 화려하고 유창한 문체, 생동감 넘치는 분위기들이 어우러져 많은 독자들이 그의 작품에 심취되었다. 『평종협영록』과 『운해옥궁연』은 양우생의 대표작으로, 그 자신도 이 소설들에 비교적 만족한다고 고백한 바 있다.

『평종협영록』은 유학자풍의 풍류 넘치는 명사 스타일을 지닌 협객 장단풍張丹楓의 형상을 성공적으로 그려내고 있다. 장단풍은 무예가 고강하고 곧은 됨됨이와 동정심과 정의감이 풍부한 인물의 전형이었다. 그는 본래 원나라 말기 농민봉기의 우두머리 장사성張士誠의 후손으로 주원장朱元璋이 건립한 명나라에 대해 한을 품고 있었다. 그러나 나라와 민족이 위기에 처하자 그는 지난날의 원한을 깨끗이 털어버리고 대의를 위해 중원과 북방 변경을 오가며 오이라트족을 치고 명나라를 돕는다.

장단풍이야말로 진정한 '협'으로, 그의 모든 행위는 완전히 협의의 표준에 들어맞는 것이었다. 이러한 점은 고강한 무예를 지녔으면서도 정도와 사도를 구분할 줄 모르는 일부 '협객'들과는 확연히 구분되는 것이었다.

『평종협영록』에는 장단풍이 커다란 시빗거리를 놓고 올바르게 처리하는 장면들과 원수 집안의 후손인 운뢰雲蕾와의 뒤엉킨 애정 이야기가 재미있게 묘사되어 있다. 작품 속의 장단풍과 운뢰의 애정 갈등은 나라의 운명과 긴밀하게 연관되어 읽는 사람의 심금을 울리며 감동이 폐부를 찌른다.

『운해옥궁연』에서 김세유金世遺와 여승남厲勝男은 또 다른 유형의 전형적인 캐릭터다. 두 사람의 행동은 괴이하여 하는 짓마다 일반 사람의 상식을 벗어난다. 특히 여승남은 사류邪流에 가까워 거짓과 사기를 잘 치고 기지가 넘치는 정말 못 말리는 인물로 묘사되고 있다. 김세유와 여승남에다 고고하면서 청순한 곡지화谷之華까지 가세하여 삼각관계가 펼쳐진다. 이 삼각관계는 강호상의 원한·복수·살인·결투들과 함께 어우러져 복잡하고도 변화무쌍하게 전개되다가 끝내는 비극적인 종말로 막을 내린다.

양우생의 작품은 지금까지 35부가 나와 있는데, 이를 '양우생 시리즈'라 부른다. '시리즈' 중의 각 부 소설들은 모자이크 형식으로 서로 연결되어 있다.『칠검하천산』을 예로 들면,『백발마녀전』과『새외기협전塞外奇俠傳』은 그것의 전편 격이고,『강호삼여협江湖三女俠』

『빙백한광검冰魄寒光劍』『빙천천녀전冰川天女傳』『운해옥궁연』『협골단심俠骨丹心』은 그것의 속편 격이다. 거기에『평종협영록』『산화여협散花女俠』『환검기정록還劍奇情錄』『광릉검廣陵劍』은 『칠검하천산』의 외집과 별집으로 분류해도 아마 틀리지는 않을 것이다.

요컨대, 양우생의 작품들은 역사의 흐름이 씨줄을 이루고 무학의 사승師承 관계가 날줄을 이루어, 종횡으로 서로 짜 맞추어질 수 있다. 독자들은 한 작품 한 작품 읽어나가다 보면, 작품 속의 인물들이 전체적으로 서로 연결되어 있다는 것을 느낄 수 있고, 그래서 흥미가 더욱 가중되어 끝까지 손을 놓을 수 없게 되는 것이다.

그러나 양우생의 작품에는 새로운 초식이 많지 않아 읽으면 읽을수록 작품들이 대체로 대동소이하고 변화가 적다는 것을 눈치채게 된다. 후기의 작품인『검망진사劍網塵絲』와『환검영기幻劍靈旗』가 서술 면에서 새로운 시도를 했다고는 하지만 그리 큰 성공을 거두지는 못했다. 풍부하고 다채로우며 웅혼하고 스케일이 방대한 김용의 작품과 비교해볼 때, 그에 못 미친다. 그러나 그가 신파 무협소설을 창립했다는 공은 인정해야 할 부분이다.

김용의 방대한
작품 세계

김용의 처녀작『서검은구록』은 1955년에 발표되었고, 마지막 작품인『녹정기鹿鼎記』[13]는 1972년 완성되었다. 17년 동안 그는 총 15부에 달하는 무협소설을 써냈다. 이 15부 중에 권수가 가장 많은 '사조삼부곡射雕三部曲'[14]인 『사조영웅전射雕英雄傳』 『신조협려神雕俠侶』[15] 『의천도룡기』[16]가 우선 손꼽힌다. 그리고 5권 분량의 『천룡팔부天龍八部』[17] 『녹정기』가 있으며, 비교적 짧은 『원앙도鴛鴦刀』와 『월녀검越女劍』[18]도 있다. 그중에서도 4권 분량의 『소오강호笑傲江湖』[19]는 무림인들이 당파를 지어 서로 알력 다툼을 벌이고 투쟁하는 모습을 적나라하게 그려내고 있다. 이 투쟁은 아귀다툼을 벌이는 정치판의 암투와 조금도 다를 바 없이 묘사되고 있다. 『소오강호』는 완전한 정치·사회소설이라 할 수 있다.

김용은 작품을 통해 세상이 깜짝 놀랄 무림 고수들을 등장시키

---

13 같은 제목으로 국내에 비디오로 출시되었다. 주성치는 이 영화에서 위소보 역을 절묘하게 소화해냈다는 평가를 받았다. 특히 밉살스러우면서도 결코 미워할 수 없는 현대의 전형적인 속물 이미지는 향후 그의 영화 세계에 중요한 작용을 한 것으로 보인다. 김용의 작품은 거의 대부분 홍콩에서 TV 드라마로 만들어졌고 국내에도 가장 많이 소개되었다.

14 이 세 작품을 합쳐 고려원에서 『영웅문』이라는 제목으로 출판했다. 저작권 문제나 번역 등 당시 우리 출판계의 문제점들을 고스란히 안고 있었지만 1980년대 우리나라에서의 무협소설 붐을 주도한 사실은 틀림없다. 같은 제목으로 영화가 상영되었으나, 작품성은 형편없었다.

15 이 작품은 홍콩 TV 드라마로 만들어져 국내에 비디오로 보급되었다. 김용이 심혈을 기울인 애정 부분을 현대판으로 완전히 각색하여 영화로도 만들어진 바 있다. 유덕화가 양과 역을 맡았고, 소용녀 역은 1부에서는 매염방이, 2부에서는 관지림이 맡았다.

16 이 세 작품은 국내에 모두 비디오로 나와 많은 인기를 끌었다.

17 1994년 임청하, 공리 주연의 영화로 제작되었고, 이후 TV드라마로도 제작되었다.

18 이 두 작품 역시 같은 제목의 비디오로 나왔다. 다른 작품들에 비해 인기도는 다소 떨어졌다. 주윤발 주연의 비디오로도 출시되었지만 별다른 주목을 받지 못했다.

고 있다. 생각나는 대로 꼽아보면, 무학의 일대종사들로 홍칠공洪七公·황약사黃藥師·구양봉歐陽鋒·일등대사一燈大師·주백통周伯通·금륜법왕金輪法王·장삼풍張三豐·풍청양風淸揚·임아행任我行 등이 그들이다. 그런가 하면 곽정郭靖·양과楊過·장무기張無忌·영호충令狐冲·단예段譽·허죽虛竹 등의 수많은 고난과 우여곡절, 그리고 기연의 만남은 생사의 문턱에서 상상을 초월하는 기묘함을 발한다. 주인공이 계속 괴이한 경험과 고난을 겪고 있기 때문에 예측불허의 스토리 전개에 따라 독자의 흥미는 점점 고조된다. 독자들은 잔뜩 긴장하며 내용에 혼을 빼앗겨 책에서 손을 놓을 수 없게된다. 곽정의 과묵하면서도 진실한 성품, 양과의 깊은 정과 소탈함, 장무기의 정견定見 없는 마음, 영호충의 호방함과 지혜, 단예의 치정癡情, 허죽의 솔직함 등은 깊은 인상을 남긴다.

그중 곽정은 장단풍처럼 진정한 '협'이라 할 수 있다. 그는 작품 곳곳에서 나라와 민족을 중시하고 인자하고 후덕한 마음가짐으로 협의 정신을 드높이고 있는가 하면, 무공은 이미 최고의 경지에 접어든 인물로 묘사되고 있다. '협지대자俠之大者'라 하기에 충분하

---

19 서극 감독의 〈소오강호〉란 영화로 상영되었는데, SF 기법을 빌려 무협소설에서 전개되는 무공 대결을 실감나게 재현하여 상당히 주목을 받았다. 〈소오강호〉 1편이 어느 정도 성공을 거두자 임청하를 내세워 〈동방불패(東方不敗)〉란 제목으로 속편이 만들어져 역시 큰 인기를 끌었다. 〈동방불패〉의 속편도 제작되었지만 실제로는 『소오강호』 3편에 해당된다. 〈촉산〉 이후 홍콩 무협영화가 국내에서 부활된 것은 〈소오강호〉와 〈동방불패〉가 결정적인 역할을 했다. 그 여파는 곧이어 〈신용문객잔新龍門客棧〉의 대성공으로 이어졌는데, 이 시리즈를 통해 한국에 홍콩 여배우 임청하 신드롬이 붙기도 했다. 임청하는 영화 속에서 남자로 분하고 등장해 묘한 매력을 발산하여 남성 관객은 물론, 여성 관객들도 사로잡았다.

다. 반면 양과는 온후한 곽정과 달리 개성 강한 현대 젊은이들처럼 성품이 거칠고 괴이한 행동을 일삼아 양우생이 만들어낸 김세유와 일맥상통한다. 그러나 기이한 만남과 고난, 괴팍한 성품, 세심한 마음 씀씀이 등에서 김세유는 양과와 비교도 안 된다.

또한 김용의 붓끝에서는 신기한 이론이 무궁무진하게 쏟아져 나온다. 『소오강호』에 등장하는 고수 풍청양의 입을 빌려 제기한 '무초가 유초를 이긴다[無招勝有招]'는 논리는 훗날 고룡이 창작해낸 '무초식無招式' 무협소설의 예고편이었다. "세상에서 가장 지독한 초식은 무공에 있는 것이 아니라 음모와 계략 속에 있다"는 그의 말은 경탄스러운 풍자가 아닐 수 없다. 말하자면 독자들을 크게 각성시키는, 그야말로 요즘 세상에 대한 경고와 풍자 역할을 톡톡히 하고 있는 셈이다.

무공과 초식을 '미화'하는 방면에서도 김용은 당연 최고봉이다. 그의 붓끝 아래에서는 강엄江淹의 「별부別賦」를 빌린 '암연소혼黯然銷魂'이라는 유려한 장법이 나왔으며, 조식曹植의 「낙신부洛神賦」에서 따온 '능파미보凌波微步'라는 경공도 있다. 뿐만 아니라 홍칠공의 '황룡십팔장降龍十八掌' 중의 '잠룡물용潛龍勿用' '항룡유회亢龍有悔' 등과 같은 초식은 모두 『역경易經』에서 나왔다. 그런가 하면 신묘하기 이를 데 없는 '북명신공北冥神功'은 다름 아닌 『장자莊子』의 「소요유逍遙遊」 편에서 나왔다.

김용은 자기 작품에 등장하는 인물들의 작명에도 능수능란했다. 그 이름들에는 풍자와 희롱의 뜻이 담겨 있으면서도 각 인물들의 캐릭터와 절묘하게 맞아떨어진다. 『소오강호』에서 마교의 교주로 등장하는 '임아행任我行'이란 이름에서는 강호를 횡행하며 안하무인격인 인물의 성품이 잘 드러난다. 『의천도룡기』에 나오는 '멸절태사滅絶太師'라는 이름에서는 야멸차고 삐뚤어져 있으며 고집불통인 성격도 엿볼 수 있으며, 역시 『의천도룡기』에 나오는 '곤륜삼성崑崙三聖 하족도何足道'라는 일곱 자는 강호 별명과 이름이 한데붙은 것으로, 오만하면서도 겸손함이 어우러져 있는 것이 매우 흥미롭다. 화산논검華山論劍 전후의 5대 고수 이름도 대단히 재미있다. 특히, '동사東邪' '서독西毒'[20] 두 사람은 독자들로 하여금 책상을 치며 경탄을 금치 못하게 한다. 황약사의 사벽邪僻한 행동과 구양봉의 악독한 성격도 달리 비할 데 없는 것들이다.

김용은 독하고 영악한 여자에 대해 특별한 감정을 갖고 있는 것같다. 그래서인지 그의 작품에 등장하는 여주인공들인 황용黃蓉·곽부郭芙·온청청溫青青·조민趙敏·주지약周芷若 들은 모두 빼어나게 묘사되고 있다. 황용의 영악함, 곽부의 사나움, 온청청의 표독함, 조민의 간교함, 주지약의 독함 등이 강하게 표출되고 있어 경탄을 금치 못하게 만든다.

『녹정기』는 김용의 마지막 무협소설이다. 그는 지금까지 무수히많은 발군의 무림 고수들을 만들어냈지만, 최후의 작품인 『녹정기』에서는 최강의 무공이 사회를 좌지우지할 수 없다는 의미심장한결론을 끌어내고 있다.

---

20 이 작품은 홍콩의 감독 왕가위에 의해 〈동사서독(東邪西毒)〉이라는 제목의 영화로 만들어졌다. 소설과 달리 영화의 내용은 상당히 난해하다.

작품 중의 위소보韋小寶는 무공이 보잘것없는 무뢰한이다. 그러나 그는 꾀가 아주 많아, 무림의 고수들도 그의 꾀 앞에서는 속수무책이다. 한바탕 스토리가 전개되고 나면, 위소보는 마침내 부귀와 명성을 얻고, 아울러 여러 명의 미인까지 덤으로 얻는다. 그야말로 꾀로 무공을 이긴 전형적인 인물이다. '해피엔딩'으로 끝난 위소보의 이야기는 여러 가지로 생각해볼 점이 많다. 어째서 무공이 막강한 자가 결국은 꾀 많은 소인배를 당하지 못하고 마는가? 이는, '왜 이 사회에서는 학식 있는 사람이 배우지 못한 놈들에게 조롱을 당하며, 기술 좋은 사람이 무능한 자에게 부림을 당하는 현상이 비일비재한가?'라는 의문으로까지 확대된다.

김용은 『녹정기』에서 위소보라는 그 유례를 찾아보기 힘든 인물의 전형을 창조해냈다. 확실히 그의 면목을 새롭게 내보인 창조였다. 이 작품 속에는 곳곳에 풍자와 해학이 넘치며, 미묘한 언어 구사로 인해 독자들은 책상을 두드리며 요절복통을 터뜨린다. 이 작품은 종전의 필법과는 전혀 다르게 쓰였기 때문에 김용이 아닌 다른 사람이 썼을 것이라는 오해를 불러일으키기도 했다. 김용은 이 소설의 후기에서, 『녹정기』는 무협소설이라기보다는 오히려 역사소설에 가깝다고 했다. 그리고 이 작품의 필법이 다른 작품들과 다른 것은, 일부러 그렇게 썼기 때문이라고 했다. 그는 "작가는 결국 자신의 작품 형식과 서술 스타일 등을 계속 되풀이하기를 원치 않는다. 가능한 한 새로운 창조를 시도한다"고 말한다. 물론 정확한 지적이다. 따라서 말과 행동에서부터 심리적인 면에 이르기까지 어느 것 하나 무뢰한이 아니라고 볼 수 없는 위소보란 인물이 만들어질 수 있었던 것이다. 위소보는 중국 소설에서 보기 드물고 기이한 인물의 전형이 되었다.

『녹정기』를 완성한 후 김용은 더 이상 무협소설을 쓰지 않겠다며 절필을 선언했다. 그리고 그로부터 10여 년의 시간을 들여 지금까지 쓴 작품들을 개정하여 화려한 장정에 글과 그림이 곁들어진 『김용작품집』을 출간했다. 이 작품집에는 지금까지 발표된 15부의 무협소설이 모두 들어 있다. 『월녀검』 한 부를 제외하고 나머지 소설들의 제목 첫 글자들을 모아보면, "하늘 가득히 눈이 휘몰아쳐 하얀 사슴을 쏘아가고, 글을 조롱하는 신비한 협객이 푸른 원앙새에 기댄다[飛雪連天射白鹿 笑書神俠倚碧鴛]"라는 절묘한 시구를 이룬다.

飛『飛狐外傳』

雪『雪山飛狐』

連『連城訣』

天『天龍八部』

射『射雕英雄傳』

白『白馬嘯西風』

鹿『鹿鼎記』

笑『笑傲江湖』

書『書劍恩仇錄』

神『神雕俠侶』

俠『俠客行』

倚『倚天屠龍記』

碧 『碧血劍』

鴛 『鴛鴦刀』

이 시구를 기억하고 있다면, 김용의 상표를 도용하여 독자와 김용을 기만하지는 못할 것이다.

김용은 특히 장편소설을 잘 썼다. 그의 장편은 상상력과 필치에서 중편이나 단편소설들을 훨씬 능가한다. 그는 편이 길어지면 길어질수록 자신의 능력을 더욱더 뚜렷하게 발휘한다. 필치는 종횡으로 거침이 없으며, 무대는 크게 열렸다 닫혔다 파란만장하다. 그러다가 때로는 가는 바늘로 옷을 짓듯 매우 정교한 장면을 연출하기도 한다. 난마와 같이 깔린 복선들과 층층이 겹친 배치와 복선들은 스토리의 변화와 전개를 전혀 예측할 수 없게 만든다. 다 끝난 것 같은데 돌연 국면을 급변시켜 또 다른 기상천외한 장면을 연출하곤 한다. 단적으로 말해 상식적으로는 상상하기 힘든 참으로 기이한 필법이다.

김용은 해박한 지식을 총동원해 웅혼하고 자유분방한 무협 세계를 그려내고 있다. 상상력은 초범입성超凡入聖의 경지라 할 만하며, 캐릭터의 묘사 또한 세밀하다.

변칙 스타일로
성공한 고룡

고룡은 김용이나 양우생보다 늦게 무협소설계에 들어섰다. 사실 무협소설의 여러 수법들은 거의 모두 김용·양우생에 의해 바닥이 난 것처럼 보였다. 양나라 때 소자현蕭子顯이, "새로운 변화가 없으면 영웅이라 내세울 수 없다"고 한 것처럼, 색다르게 등장한 고룡은 또 다른 길을 개척했다.

그의 독특한 변칙 스타일은 '무협 추리'라는 방면을 파고들어 '무협 미스터리물'을 새롭게 개척했다. 그가 그려낸 육소봉陸小鳳과 초류향楚留香 같은 인물은 무공이 비범할 뿐만 아니라 지혜와 재치가 출중하고 주도면밀해 사건을 잘도 파헤친다. 그들은 이리저리 복잡하게 얽힌 사건 속에서 단서를 잡아내고 누구도 주목하지 못한 의외의 곳에서 문제를 발견하여 하나하나 어려운 문제를 풀어내는 데 아주 능숙하다.

고룡의 작품은 전개가 빠르면서 짧은 대화체 문장을 구사하여, 영화 시나리오식의 기법을 보여준다. 그는 영화의 몽타주 기법을 이용하여 시공의 확대와 압축, 장면의 발 빠른 전환, 그리고 다각도에서 시점의 변화를 시도했다. 따라서 사건의 전개가 종전의 소설보다 자유분방하고도 다양하게 제시됨으로써 참신한 맛을 독자들에게 선보였다.

고룡의 무협소설은 독특한 변칙 필법으로 성공한, 이른바 '무협 탐정소설' 또는 '무협 추리소설'이라 부를 수 있다. 그의 무협은 추리를 통해 사건을 파헤치는 데 중점을 두고 있다. 따라서 무협 결투에 대한 묘사는 순간적이다. 대개 2, 3초면 승부가 결정 난다. 그의 소설은 무공 초식에 대한 묘사가 극히 드물고, 결투 장면을 세밀하게 묘사하지도 않는다. 무공 초식은 일찌감치 김용과 양우생에 의해 변화·발전되어 거의 바닥이 났다고 볼 수 있기 때문에, 그들을 따라잡는다는 것은 거의 불가능에 가까웠다. 그래서 그는 "무초가 유초를 이긴다"는 비장의 무기를 들고 나와, 승리는 승리고 패배는 패배인지라 족보에도 없는 초식으로 재빨리 승부를 내버리고 만다.

『다정검객무정검多情劍客無情劍』에서 "소리비도小李飛刀는 결코 빗나가는 적이 없다"고 한 것은 바로 이 비장의 무기를 사용한 예다. 이심환李尋歡의 비도는 도대체 어떻게 발사되었을까? 맞고 죽은 자도 모르고 옆에서 보던 사람도 모른다. 사람의 눈으로 볼 수 없을 정도로 빠르기 때문이다. 따라서 누구도 그 초식을 알아낼 도리가 없다.

고룡은 천명을 부여받은 어린 주인공이 역경을 거쳐 뛰어난 무공을 익히는 과정에 별다른 흥미를 느끼지 않는다. 그의 작품에 등장하는 무림 고수들은 언제나 타고난 것이다. 무공이 신묘하지만 그 출처는 전혀 밝혀지지 않는다. 그리고 이야기의 역사적 배경도 모호하여 어느 시대의 이야기인지 분명치 않다. 그저 마음 내키는 대로 기탄없이 써내려가고 있다. 그의 작품은 김용처럼 방대하지도 않고, 대부분 흩어진 사건들을 조합하는 식이다.

그의 출세작 『초류향』은 「혈해표향血海飄香」「대사막大沙漠」「화미조畵眉鳥」「편복전기蝙蝠傳奇」「도화전기桃花傳奇」의 다섯 가지

이야기가 조합된 것이다. 다섯 이야기를 관통하는 핵심인물로 초류향이 등장하고, 거기에 친구 호철화胡鐵花와 일점홍一點紅 등이 조역으로 등장한다. 이들이 좌충우돌하며 범인을 색출하고 악인을 제거해나가는데, 가히 천하무적이다.

한편 『육소봉陸小鳳』이란 작품은 여섯 개의 기이한 사건이 연결되어 있다. 이 사건들은 모두 재물과 권력의 쟁탈이라는 기본 요소를 벗어나지 않으며, 그 이면에는 역시 거대한 음모가 도사리고 있다. 작품의 내용은 육소봉과 화만루花滿樓 그리고 서문취설西門吹雪 등이 서로 연합하여 음모를 파헤쳐나가는 과정을 그리고 있다.

『초류향』과 『육소봉』에 서술된 각각의 사건은 일정한 독립성을 가지며 단독으로 편·장을 이루기도 한다. 또 소설 속에 등장하는 주요 인물들을 쭉 꿰어보면 하나의 작품이 되기도 한다.

고룡의 문장은 기묘하다. 스토리와 문장 서술, 그리고 장과 절의 구분에서부터 인물의 성격에 이르기까지 모두가 그렇다. 그러나 이러한 기발한 재주가 때로는 지나쳐서 독자들에게 낯선 느낌을 주고 심지어는 정도를 넘어선 주화입마走火入魔의 증세까지 보여 어리둥절하게 만들기도 한다.

고룡의 전통문화에 대한 소양은 김용이나 양우생만큼 깊지 못하기 때문에, 장점을 살리고 단점은 피하면서 오로지 무협 추리소설만을 써왔다. 그의 작품 속에는 예컨대 "너의 목숨을 원하는 적이 때로는 네 곁의 좋은 친구다"라든가 "그 누구도 억울함을 당할 수 있고, 또 다른 사람을 억울하게 만들 수 있다"는 식의 인생철학적 글귀를 도처에서 찾아볼 수 있다.

고룡의 소설은 상업적 요소가 농후하다. 작품의 특색은 단문이 많다는 데 있다. 심지어 두세 글자로 한 문장을 만드는 것이 그야말로 신기에 가깝다. 그러나 솔직히 말해 그것 역시 돈을 벌기 위한 수단의 하나라 할 수 있다. 그렇게 하면 작품의 양이 금세 불어나기 때문이다.

돈벌이를 위해 그는 시속時俗의 구미에 맞추어 포르노식의 색정적인 장면을 많이 집어넣는다. 그의 작품에는 늘 벌거벗은 여인이 등장하며, 작품 속의 영웅적 인물 중에는 풍류아가 적지 않아 남녀 관계에 대해 극히 개방적이다. 마찬가지로 돈벌이를 일삼다 보니 그의 문장은 멋대로 이곳저곳을 왔다 갔다 하며, 장·절의 구분도 일정한 법칙이 없다. 장과 장 사이에 상대적 독립성도 없어 때로는 두 사람의 대화가 상·하편에 각각 나뉘어 등장하는 바람에 독자들을 난감하게 만들기도 한다.

작품 속의 회목回目, 시 형식의 목차는 더 제멋대로다. 『육소봉』 중 「미인청래美人靑睞」라고 제목을 붙인 장에 미인이 전혀 등장하지 않는 것처럼, 때로는 제목과 내용이 일치하지 않는다. 또한 제목이 중복되는 경우도 있다. 『절대쌍교絶代雙驕』[21] 총 20장 중 '농교반졸弄巧反拙'이 세 번씩이나 회목의 제목으로 사용되고 있는 점은 대단히 졸렬하다.

가장 엉망인 것으로는 머리만 있고 꼬리는 없는 용두사미식 작

---

21 극장에서 같은 제목의 영화로 상영되었다. 여배우 임청하가 남장을 하고 등장한다. 원작을 많이 각색하여 진지한 맛은 없다.

품으로 『호화령護花鈴』[22]을 대표적인 예로 들 수 있다. 이 작품은 스토리가 제대로 전개되지 않고 있다. 역할을 다한 인물들이 끝까지 사라지지 않고 그대로 작품을 이끌어나가는가 하면, 늘 무림을 독패獨覇하려는 꿈을 꾸고 있는 사천범상師天帆尙은 마지막 순간까지 나타나지도 않은 채 이야기가 끝나고 만다.

그를 잘 아는 친구의 말에 따르면, 고룡은 원고료를 선불로 지급받고 언제나 원고 마감시간에 쫓기는 습관이 있어서 처음에는 잘 나가다가 끝에 가서는 흐지부지되고 마는 것이 전혀 이상할 게 없다고 한다.

고룡은 『초류향』 서문에서 이미 상투화된 매너리즘에 빠진 작품 경향을 비판하면서 변화와 참신함이 필요하다는 의견을 스스로 내세운 바 있다. 그러면서도 정작 그는 자신이 비판한 그 매너리즘에 빠진 방식을 즐겨 사용하고 있으니 아이러니하다. 한 개인의 창작품이 지나치게 상업적으로 흐르게 될 경우, 입으로는 그 상투성과 매너리즘에 빠진 공식을 비방하면서도 정작 자신은 결국 그것에서 벗어나지 못한다. 왜냐하면 그런 매너리즘에 빠진 공식에 따라 스토리를 써 내려가면 빠르게 쓸 수 있고 작품의 분량도 많아져 돈벌이에 매우 유용하기 때문이다. 그러니 왜 안 쓰겠는가? 고룡이 변화와 참신함을 요구하고도 그와 같은 매너리즘 속에 빠진 이율배반적 태도는 이런 까닭에서 연유한다.

---

22 상당히 오래전에 영화화된 작품으로 국내에도 비디오로 출시된 바 있다.

대륙 무협소설의
부활

대륙은 천안문 사태 이후 10년간의 혼란을 수습하고 개혁개방정책을 실행했다. 금지 대상으로 묶여 있던 무협소설도 점차 해금되어 부활하기 시작했다. 대륙 무협소설의 부활은 무협소설의 재발행과 새로운 작품의 창작이라는 두 방면으로 나타났다.

무협소설의 재발행은 먼저 홍콩 신파 무협소설이 그 첫 테이프를 끊었다. 1980년대 초기 대륙에서 가장 먼저 복권된 작가는 양우생이었고, 그 후 김용의 작품도 대량으로 재발행되었다. 양우생과 김용의 신파 무협소설이 잇달아 출간되어 대륙의 독자들을 신기한 어른들의 동화세계로 끌어들이기 시작했다.

한바탕 무협소설의 열풍이 몰아치기 시작하자 1980년대 중·후반에 들어와서는 대만의 고룡도 한몫 거들기 시작했다. 당대 신파 무협소설의 세 대가의 작품은 마침내 무협소설의 고향으로 되돌아왔다. 이와 동시에 소일·온서안·동방옥·와룡생의 작품들도 속속 대륙에 발을 들여놓았다.

홍콩과 대만 신파 무협소설이 대륙에서 열풍을 일으킴과 동시에 일부 구파 무협소설의 대표작들도 속속 재출간되기 시작했다. 불초생의 『강호기협전』과 『근대협의영웅전』을 비롯해, 고명도의 『황강여협』, 백우의 『십이금전표』, 정증인의 『응조왕』, 주정목의 『칠살비』, 왕도려의 『철기은병』, 환주루주의 『촉산검협전』 등이 몇몇 출판사에 의해 속속 중간되었다. 출판업자들은 절판된 지 오래된 이 구파 무협소설들을 중간하는 목적이, 현대소설 연구자들에게 얻기 어려운 통속문학 연구 자료를 제공하는 동시에, 청소년들에게 순수문학 이외에도 다채롭고 풍부한 통속문학의 큰 보고寶庫가 있으며, 이 보고 속의 무협 세계는 무척이나 다양하고 신기하다는 것을 보여주는 데 있다고 했다. 대륙의 현대 문학사에서 무협소설이 줄곧 거론할 가치가 없는 것으로 여겨지다가 그제야 비로소 새롭게 출간되어 그 존재를 인정받기 시작했던 것이다.

대륙에서 무협소설의 부활은 일부 작가들의 신작 발표로도 나타났다. 이러한 신작 무협소설은 대륙에서는 '무림소설'이라 부르는데, 신구 양파의 무협소설과 구별하기 위해서다. 그러나 강자를 혼내주고 약자를 도와주며 정의를 드높인다는 협의의 주제는 일치한다. 따라서 그것을 무협소설의 범주에 넣어도 이치상 모순되지 않을 것이다.

가장 먼저 무협이라는 금지구역에 뛰어든 이는 왕점군王占君으로, 『백의협녀白衣俠女』란 작품을 선보였다. 이 작품은 청나라 가경嘉慶 황제 때의 여걸 왕총아王聰兒가 이끄는 백련교白蓮教의 봉기를 주제로 삼아 스토리를 전개하고 있다. 사실 역사소설에 가깝다고 할 수 있는데, 작품에 흐르는 무협의 기풍은 그다지 강하지 않고 무공기격의 묘사는 한결 조잡하다. 그러나 제목 자체가 엄연히 '협'자를 표방하고 있기 때문에 대륙 무협소설의 선구가 되었으며 베스트셀러가 되었다.

대륙 무협소설은 그 제재가 대체로 두 방면에 집중되어 있다. 하나는 근대 역사상 유명했던 무술가를 주인공으로 내세우는 것이고, 다른 하나는 국위를 크게 떨치며 외국의 역사力士들을 물리친다는 내용을 주로 묘사하는 것이다. 이 두 가지 제재는 상호 연관되어 떼어놓고 생각할 수 없다.

전자의 성격이 비교적 두드러진 작품으로는 『대도왕오틈류양大刀王五闖瀏陽』『진문대협곽원갑전기津門大俠霍元甲』『연자이삼전기燕子李三傳奇』 등이 있다. 왕오·곽원갑·이삼[23]은 중국 근대사에서 이름을 떨친 인물들이다. 대도왕오는 무술정변의 와중에서 담사동譚嗣同[24]을 구출하려는 시도로 명성을 얻었고, 곽원갑은 외국의 무술가를 격파해 이름을 떨쳤으며, 연자 이삼은 부자의 재물을 훔쳐 가난한 자를 도운 의적으로 이름을 날렸다. 이 세 사람은 무술계의 대표적인 인물들이라 할 수 있다.

중국 권법가가 외국의 역사를 물리치는 내용의 작품들이 한때 유행하기도 했다. 『무림지武林志』는 동방욱東方旭이 러시아 역사를 때려죽인다는 내용이고, 『후협猴俠』은 후우춘候佑春이 영국 권사를 물리친다는 내용이며, 『무혼武魂』은 이모걸李慕傑이 일본 무사를 쳐 죽이는 장면을 그렸다. 『철사장전기鐵砂掌傳奇』는 마초군馬超

---

23 본명은 이경화(李景華, 1898~1936)로 외호가 '연자이삼燕子李三'이다. 대도로서 경공이 뛰어났다고 전한다. 어릴 적 천진에서 살았다고 하나 본적은 미상이다. 1934년 고궁박물관의 국보가 도난당해 외국인의 수중으로 흘러들어가자 위험을 무릅쓰고 이를 되훔쳐 제자리로 돌려놓으려던 차에 불행히도 체포되었다고 한다.

24 담사동(1865~1898)은 중국 근현대사에 적지 않은 영향을 미친 정치개혁 운동가다. 그는 당시 중국이 외세의 침략을 받고 있는 상황을 개탄하고 중국 고유의 무사도 정신으로 외세를 극복하자고 주장한 사람이기도 하다. 그가 강조한 무사도 정신은 바로 '무협'에서의 '협'의 정신과 일치한다.

輩이 독일의 레슬링 챔피언을 격퇴시키는 내용이고, 『양장협종洋場俠踪』은 솔교왕撑跤王 동양걸佟良傑[25]이 서양의 권투선수를 물리치는 내용이다.

이런 작품들은 당시 국민의 사기를 드높이고 국가의 위신을 크게 진작시킨다는 애국주의적 색채가 농후했다. 그러나 이런 것들을 소재나 제재로 삼는 작품이 많아지면서 상투적인 면을 벗어나지 못하고 갈수록 한정된 범위를 맴돌게 되었다. 몇 작품만 읽어도 스토리가 서로 비슷하다는 것을 느낄 수 있어 감동의 정도도 자연 떨어질 수밖에 없었다.

앞의 두 제재 외에도 무림 고수의 활동을 근현대사와 연계시킨 부류도 있다. 경자사변庚子事變 후 금도채金刀寨의 여걸 풍완연馮婉娟[26]의 반제국주의 활동을 그린 『태산여협泰山女俠』, 황흥黃興이 이끄는 화흥회華興會의 반청 이야기를 그린 『북두봉기협北斗峯奇俠』, 채악표사蔡鍔鏢師 일가가 채악을 도와 피비린내 나는 투쟁을 벌이

---

25 실제 인물은 동충의(佟忠義, 1879~1963)로 하북성 출신의 만주족이다. 어릴 때부터 가전의 육합문(六合門) 무예를 전수받아 권법의 요결을 터득했고, 그 후 강호를 유랑하면서 각 명가들의 장점을 취해 권법과 솔각(摔角)에서 명성을 얻게 되었다. 1910년 청나라 황궁의 금위군 무술 교관으로 임명되었으며, 신해혁명 이후로는 여러 군대에서 무술 교관을 역임했다. 54세 때는 상해시 소림문 주임이 되기도 했으며, 정무체육회의 활동에 가담한 적도 있다.

26 실제 모델은 풍완정(馮婉貞, ?~?)으로 산동성 출신이다. 어려서부터 무예를 좋아했고, 마침 당대의 고수인 부친으로부터 진전을 이어받아 여자임에도 불구하고 일신에 절기를 지녔다. 1860년 영국과 프랑스 연합군이 북경을 함락시키자, 의분을 참지 못하고 부친에게 적을 격파할 계략을 올리는 한편, 직접 인근 부락의 장정을 모아 투쟁하여 100여 명의 적을 죽이니, 연합군의 간담이 서늘했다고 한다.

는 『응권왕전鷹拳王傳』 등을 들 수 있다. 특히, 항일전쟁 시기에 무술가가 항일 대열에 참여하여 일본인들을 물리친다는 내용도 있다.

그런데 시대적 배경의 하한선이 갈수록 내려와 『표협은구록豹俠恩仇錄』과 같은 무협소설은 20세기인 1970년대를 시대적 배경으로 삼을 정도였다. 이는 신구 양파 무협소설가들로서는 상상할 수도 없는 것이었다.

대륙 무협소설을 전체적으로 살펴보면, 소재나 제재의 범위가 상당히 확대되었음을 알 수 있다. 작가들은 문파의 분쟁, 강호의 원한에 얽힌 살인, 반청복명反清復明, 강자를 혼내주고 약자를 돕는 등과 같은 구태의연한 것에 얽매이지 않고 의식적으로 제재와 소재의 영역을 개척했다. 현실과 투쟁이라는 측면을 긴밀히 연계시켜 자신도 모르는 사이 '어른의 동화'를 엮어냄으로써, 독자들로 하여금 더 강한 친근감과 신뢰감을 갖게 했다.

대륙에서는 줄곧 문예의 정치적 의무와 작품의 사상성이 갖는 의의를 강조해왔기 때문에 작가들은 현실주의적 창작 태도를 대단히 중시했다. 무림 고수의 활약 시기를 보다 가깝게 당겨놓고, 인민들 속에서 그들의 활동을 적극 표현하는 것이 바로 대륙 무협소설의 특색이다. 거기에는 나름의 긍정적인 측면이 있으나 부정적인 점도 없지 않다.

긍정할 만한 점은 작품의 현실감이 증대되고 짙어졌다는 것이다. 작품 속의 무림 인물과 사회 현실은 상대적으로 긴밀하게 연결되어 있다. 이는 신구파 무협소설처럼 기이하고 환상과 허구에 가득 찬 무협 세계와는 다르다. 그러나 그렇게 됨으로써 무협소설 특유의

'어른들의 동화'라는 색채는 크게 옅어졌다.

대륙의 무협소설에서는 천마가 하늘을 날아다니는 식의 상상력이 결핍되어 있다는 것을 느낀다. 이런 작품들은 대부분 무협소설보다 역사소설에 가깝다. 작가가 현실주의 수법에 얽매여 글을 쓰기 때문에 무공의 묘사는 과장과 낭만이 부족할 수밖에 없다. 특히 근·현대의 이야기를 쓸 때는 총이 이미 출현한 시대기 때문에 무공의 효용성은 상대적으로 떨어진다.

무협소설에서는 무협 결투 장면을 빠뜨릴 수 없다. 그리고 무협의 결투나 대결은 화려하고 신비한 무공을 떠나서는 생각할 수 없다. 무공이 기이하고 환상적일수록 흡인력은 그만큼 커진다. 그러나 절세의 무공이 총구 앞에서 무너져 내릴 때 신비한 무공은 가소로운 것이 되고 만다. 양우생 등이 자신들의 작품에서 시대적 배경의 하한선을 청나라 시대로 잡은 것은 그런 이유에서였다. 즉, 현실 세계와의 거리가 멀어져야 비로소 무공의 신비성이 드러나는 데 유리하기 때문이다.

현재 대륙의 무협소설은 사실성과 현실성이 강조됨으로써 무림 인물의 활동 배경이 점점 근·현대 쪽으로 가까워지고, 그 때문에 낭만적인 색채가 충분히 발휘되지 못하고 있다. 무협소설은 놀라운 환상과 고도의 과장에서 멀어졌고, 신비한 무공과 기이한 스토리로부터 멀어져 어른들 동화로서의 매력을 상실하고 말았다. 대륙의 무협소설에서 아직 시대를 풍미할 만한 역량 있는 작품이 나오지 않고 있는 것은 이와 관련이 있을 것이다.

풍기재馮驥才의 『신편神鞭』, 섭운람聶雲嵐의 『옥교룡玉嬌龍』, 준

양준양陽峻驤의 『협곡방종峽谷芳踪』, 무극戊戟의 『무림전기武林傳奇』 등은 나름 읽을 만하지만, 기발하면서도 박대정심博大精深한 김용의 작품에 비하면 한참 역부족이다.

　대륙 무협소설이 고향에서 실종된 지 30년이 지나 다시 부활하고 있다는 사실은 매우 기쁜 일이 아닐 수 없다. 대륙은 중국 무협소설의 고향이다. 이후 김용을 능가하는 천재가 나와 무협소설 창작에 한결 높은 경지를 열 수 있기를 기대한다.

무협소설은 어른들의 동화

무협소설은 이리저리 뒤얽힌 복잡한 줄거리와 겹겹이 중복된 인물 구성, 그리고 신이한 무공과 손에 땀을 쥐게 하는 긴장된 대결 따위의 흥밋거리로 많은 독자를 사로잡았다. 보통 사람들은 강자를 혼내주고 약자를 돕는 영웅협사에 흠모와 추앙을 보내게 마련이다. 전근대사회에서는 광범위한 하층민들이 특히 무협소설을 즐겨 읽었다. 현실 생활 속에서 박해를 받고도 호소할 길이 없을 때, 부당한 폭력을 제거하고 선량한 하층민을 위안해주는 협사들의 출현은 그들의 마음을 시원하게 해주었다.

세계적으로 이름난 수학자 화라경華羅庚 선생은 무협소설을 '어른들의 동화'라 불렀다. 일리 있는 말이다. 동화는 아동문학의 일종으로, 풍부한 상상과 환상 그리고 과장을 통해 생활을 반영하면서 아동들을 교육한다.

동화는 이야기의 변화가 크고, 신기한 소재를 다루며, 자연물을 의인화하는 수법을 이용하여 어린이의 심리와 기호에 조응한다. 동화가 아이들을 대상으로 한다면, 어른들의 동화는 성인을 대상으로 한다. 무협소설은 신기한 스토리와 풍부한 상상 그리고 놀라운 과장을 통해 수많은 어른들을 책 속으로 끌어들인다. 소설 속의 등장인물들은 무공의 수준을 놓고 볼 때 보통 사람으로서는 도저히 접근하지 못할 불가사의한 경지로 과장되어 있지만, 한편으론 이상하리만큼 모두가 보통 사람의 감정과 성격을 그대로 지니고 있어서 독자들은 거부감 없이 쉽게 받아들인다.

무협소설을 읽는 사람들은 저마다 각기 다른 바람을 갖는다. 인생의 험로에서 갖은 풍상과 고통을 겪은 노인들은 소설 속의 협사가 자기 곁에 있으면서 근심과 어려움을 해결해주길 희망할 것이다. 또한 세상물정 모르고 달콤한 환상에 빠져 있는 청소년들은 자신을 직접 협사로 분장시켜 행세해볼 것이다. 그러나 대다수 사람들은 무협소설을 저녁 식사 후 재미난 소일거리로 삼는다.

그런데 무협소설의 '시대적 배경이 대부분 명·청나라 시대까지만 다루고, 그 이후 근·현대는 왜 다루지 않는가?' 하고 혹자는 의문을 품을지도 모른다. 또, 무협소설 중의 '초식들은 소설가의 발명인가, 아니면 정말 그런 초식들이 실제로 존재하는가?'라고도 물을 수 있을 것이다. 이에 대해서는 신파 무협소설의 대가인 양우생의 말을 빌려 대답하는 게 좋을 듯하다. 그는 첫 번째 문제와 관련하여 다음과 같이 말한다.

근대에 접어들면 이미 총이 나오기 때문에 우리 작품 속의 인물들도 어찌할 수 없다. 총알이 안 들어가는 사람이 있다고 정말 믿는가? 경공이 제아무리 뛰어나도 총알보다 빠를 수 있겠는가? 그렇기 때문에 근대 이후를 시대적 배경으로 삼을 수 없다. 삼는다 해도 황당하고 엉터리가 되기밖에 더하겠는가.

그는 이어 두 번째 의문에 대해서는 다음과 같이 말하고 있다.

소설 속에 등장하는 초식들은 『권경拳經』[27]을 들춰보고 써내는 것이 대부분이다. 이름만 알고 있을 뿐이지 나더러 해보라고 하면 실제로 할 수는 없다. 그러나 점혈點穴하는 것이라든지 혈도穴道는 실제 존재하고 있는 것이다. 시중에 나오는 「침구경락도針灸經絡圖」를 보면 무협소설에 나오는 모든 혈도가 다 나와 있다. 그러나 소설 속의 인물이 바로 그 혈도를 찍었나, 찍지 않았나는 나 자신도 알 수 없다. 솔직히 말해 순전히 멋대로 지껄인 말에 지나지 않는다.

『권경』에 대부분의 초식들이 있다는 것은, 한편으로 그 나머지 일부 초식들은 작가가 만들어낸다는 말이기도 하다.

무협소설에는 옛 시문의 구절을 근거로 창출해낸 신기한 초식들이 적지 않게 보인다. 예를 들어 '항룡유회亢龍有悔'니 '암향소영暗

---

27 명나라 말기에 진송천(陳松泉)으로부터 전해졌다고 하는 권법 책자다. 소림사 전통 권법을 기술했다고 하는데, 일명 『현기비수혈도권결(玄機秘授穴道拳訣)』이라고도 한다.

香疏影'이니 하는 것들이 작가가 창출해낸 초식인데, 그 위력이 대단한 것으로 그려지고 있다. 그러나 작가가 고심 끝에 만들어낸 신기한 무공이라 하더라도, '흡성대법吸星大法'이니 '수라음살공修羅陰煞功'이니 하는 무공들은 솔직히 말해 불가사의에 가까워 도저히 믿기지 않는다. 심지어 어떤 무협소설은 환상적인 신마검협소설로까지 발전하여 가히『서유기』나『촉산검협전』과 견줄 만하다. 김용의『천룡팔부』에서 천산동모天山童姥는 수련을 거친 후 동자와 같이 반로환동返老還童한 경우도 있는데, 이는 환주루주의『촉산검협전』에 나오는 극락동자極樂童子 이정허李靜虛의 경우와 같다.

무협소설 작가들은 표현을 더 실감나게 하기 위해 역사상 인물들을 끄집어내어 여기저기에 등장시키기도 한다, 그래서 진실과 허위, 현실과 환상이 한데 뒤섞여 상호 구분이 모호해진다. 이런 인물들은 대부분 역사 기록에 남아 있으나, 흔히 야사 혹은 전설에서 소재를 따오기 때문에 신빙성이 약하다. 그러나 어떤 측면에서는 진실과 허구가 뒤섞여 허실을 헤아리기 힘들다는 이유로 인해 오히려 사람을 끌어들이는 힘을 가진다. 예컨대『서검은구록』에서 만주족 건륭乾隆 황제를 한족漢族의 후예라고 쓰고 있는데, 이런 이야기는 야사 기록에 남아 있다. 또『칠검하천산』에서 신의국수神醫國手 부청주傅靑主는 역사상 실존 인물이다. 부청주는 부산傅山이란 인물로, 의술에 정통했을 뿐만 아니라 시·그림·글씨에도 조예가 깊었고, 명나라 말에서 청나라 초에 이르는 동안 당대에 이름을 날리던 명사들과 교유를 가졌다고 한다. 명나라가 망한 후 그는 주씨 왕조에 대한 충성심을 표시하기 위해 주朱를 상징하는 붉은색

옷을 입고 노모를 봉양하며 토굴에 숨어 살았다. 청나라 밑에서 벼슬하지 않았음은 물론이다. 강희康熙 황제 때 전국의 박식한 학자들과 이름난 유학자들을 강제로 수도로 끌고 와 과거를 보게 하는 조치가 있었다. 부산은 이에 불응하다가 구속되었으나 마침내 풀려났다.

이 외에도 무협소설에 등장하는 우겸于謙·웅정필熊廷弼·원숭환袁崇煥·구처기丘處機[28]·팽형옥彭瑩玉 같은 인물이나 전진교全眞教·명교明教 같은 종교는 모두 실제 존재한 역사적 사실에서 빌린 것이다.

그런가 하면 일부 무협소설은 독자들의 심리에 영합하기 위해 역사상 실존 인물의 후손을 허구로 조작하여 힘든 역경을 헤쳐나가다 끝내는 일대 무림 고수가 되는 감동적인 이야기를 써내고 있다. 예를 들어 원숭환의 아들 원숭지袁承志, 우겸의 딸 우승주于承珠, 모벽강冒辟疆의 딸 모완련冒浣蓮, 장사성의 후손 장단풍 등이 모두 한때 이름을 떨친 대협으로 그려지고 있다. 반면에 민간 전설 속의 인물을 따다가 무림의 괴걸로 등장시킨 소설도 있다. 『서검은구록』의 아범제阿凡提가 그중에서도 두드러진다.

그리고 적지 않은 무협소설들이 사막과 변경, 기암괴석의 산봉우

---

28 중국 도교사(道教史)에서 여동빈(呂洞賓) 다음으로 유명한 인물이다. 전진교를 세운 왕중양(王重陽)의 7대 제자 중 한 사람으로, 왕중양 생전에는 냉대받다가 나중에 대성한 선인이 된다. 그리고 실제 칭기즈칸과 만나 대담한 역사적 기록이 전한다. 전진교를 중흥시킨 주인공으로 도호는 장춘도인(長春道人)으로 알려져 있다. 김용의 소설에서는 구처기의 활약상이 역사적 기록보다 오히려 축소·폄하된 느낌이 없지 않다.

리, 하늘이 보이지 않는 심산유곡 등을 작품의 지리적 배경으로 즐겨 삼는다. 그 이유는 간단하다. 이런 지역들은 통상 인적이 미치지 않는 곳으로 작가가 마음 내키는 대로 붓을 휘둘러 신비감을 조성하기가 쉬운, 말하자면 작가의 일방통행 공간이기 때문이다. 많은 작품을 써낸 어떤 소설가는 중국이란 광활한 무대만으로도 부족하여 해외로 무대를 넓히기도 했다. 인물 대상과 활동 범위가 인도·일본·페르시아·네팔·러시아로 확대되어 국제적 소설이 되기도 했는데, 쓸수록 무대가 멀어지는 기이한 현상을 빚었다.

통속문학으로서 무협소설은 기구한 사연과 전화위복의 스토리로 현실에 찌든 독자들을 손쉽게 무아의 경지로 끌어들인다. 내용이 반사회적이거나 미풍양속을 해치지 않는 범위 내에서 얼마든지 그 존재가 허용된다. 무협소설은 식사 후 또는 일하는 틈틈이 시간을 내서 읽는 소일거리로 스트레스를 해소하는 데 그만일 뿐만 아니라 심신을 조절하는 데도 도움이 된다.

무협소설은 '성인의 동화'로 보아도 무방하며, 아니면 SF류의 공상과학소설로 보아도 그만이다. 소설 속의 신기한 무공과 기예가 장차 어떤 형식으로 출현할 것이라고는 꼭 집어 말할 수 없지만, 종전의 무협소설에서 언급된 금종조金鐘罩니 철포삼鐵佈杉이니 하는 쿵푸는 오늘날 기공사氣功師의 기공 시범에서 볼 수 있지 않은가. 그리고 저 만리 밖의 일을 꿰뚫어본다는 수정구水晶球는 오늘날의 TV와 다를 바 없지 않은가. 또 천리 밖에 있는 사람의 목숨을 간단히 빼앗는 비검飛劍은 대체로 오늘날의 장거리 유도탄과 같지 않을는지.

아이들에게는
동양 전통문화의 입문서

몇 대에 걸쳐 해외에 나가 살고 있는 화교 자녀들이 어려서부터 그곳의 말을 배우는 바람에 그 나라의 말과 글은 능숙하게 구사하면서도 모국어인 중국 말과 글은 잘 모른다는 유학생들의 말을 들은 적이 있다. 그래서 부모들은 김용과 양우생의 무협소설을 아이들에게 읽혀 중국어를 익히게 하는 동시에 모국 문화를 잊지 않도록 한다고 한다. 아이들은 무협소설을 통해 중국 글을 배울 뿐 아니라, 중국어와 전통문화에 대해서도 상당한 흥미를 보였다. 아이들은 중국 문화에 대한 지식을 선생님이나 부모에게서 배우는 것이 아니라 대부분 무협소설을 읽으면서 얻는다는 것이다.

얼핏 들으면 맹랑한 소리 같지만, 곰곰이 생각해보면 일리가 있다. 무협소설은 스토리가 복잡하게 얽혀 있고 신기한 무공이 등장하며 결투 장면은 손에 땀을 쥐게 하기 때문에 중국어를 제대로 모

更定百子圖

縱橫斜正各
五百零五數

一百子作二
百二十子用

八旁雜系　卷下

青淳堂

○ 백자도

르는 화교 자녀들의 호기심을 끌기에 충분하다.

한 권 한 권 읽어나가다 보면 재미도 붙고 어휘력도 늘게 되며, 그에 따라 중국 전통문화와 자연스럽게 접촉하게 된다. 유교 사상과 노장 철학 그리고 불경과 도장道藏의 지식, 시사와 노래, 음악과 바둑, 서화, 의술, 점복, 음양팔괘와 오행사상 등과 같은 내용을 김용과 양우생의 무협소설에서 흔히 볼 수 있기 때문이다.

『사조영웅전』의 제29회와 제30회를 예로 들어보자. 여기서 황용은 구천인裘千仞의 일 장을 맞고 중상을 입는다. 곽정과 황용은 영고瑛姑의 집으로 잘못 뛰어든다. 영고는 그들에게 멀리 깊은 산중에 있는 일등대사에게 가서 구원을 청하라고 일러준다. 두 사람은 어초경독漁樵耕讀이라는 네 관문을 통과한 후 간신히 일등대사를 만난다. 이 이야기 중에 황용과 영고가 흑소림黑沼林으로 가는 길목에 배치된 신기한 오행기문술五行奇門術과 고대의 불가사의한 어려운 산술 문제를 푸는 대목이 있다. 이 이야기를 읽다 보면『논어』『맹자』의 몇 대목과 송나라 시대의 훌륭한 가사, 원나라 시대의 희곡들을 접할 수 있고, 아울러 수수께끼 같은 시 속에 담긴 뜻과 대구의 묘미 등에 절로 흥미를 갖게 된다. 이 흥미진진한 이야기 속에서 독자들은 자기도 모르는 사이에 중국 전통문화의 냄새를 맡게 될 것이다.

수학에 관심이 있는 사람이라면 작품에 나오는 '구궁도九宮圖' '오오도五五圖' '백자도百子圖'와 '귀곡산제鬼谷算題' '입방초병지은급미제立方招兵支銀給米題' '칠요구집천축필산七曜九執天竺筆算' 등과 같은 고대 산법算法에 흥미를 느껴 즉각 풀어보지 않고는 못

배길 것이다. 시사를 좋아하는 사람이라면 영고가 읊는 「구장기九張機」와 초자樵子가 부르는 「산파양山坡羊」이란 노래를 감상할 것이며, 서생이 낸 문제에 황용이 기가 막히게 대답하는 장면에서는 무릎을 치고 감탄할 것이다. 『논어』나 『맹자』를 읽은 독자라면 황용이 자기 방식으로 공자의 72명 제자 중 어른이 30명, 소년이 42명이라고 해석하는 대목과 맹자가 주나라 천자를 보필하지 않고 양나라 혜왕이나 제나라 선왕을 찾아가 벼슬을 구걸한 것은 성현의 도리에 어긋나는 게 아니냐고 꼬집는 장면에서 실소를 금치 못할 것이다. 이런 내용이 실린 무협소설을 읽노라면 생활의 여유가 생기는 것은 물론, 배우는 바도 적지 않다.

김용과 양우생이 중국 전통문화를 소설에 반영한 예는 대단히 많다. 김용의 작품 『사조영웅전』에 나오는 주백통은 노자의 『도덕경』으로 자신이 창안한 공명권空明拳을 해석해냈으며, 『의천도룡기』에서 장무기는 장자의 『남화경南華經』으로 생사에 관한 자신의 의견을 얘기했고, 『신조협려』에서 강엄의 「별부」의 한 대목인 '암연소혼'은 장법으로 바뀌고 있으며, 『천룡팔부』에서는 조식의 「낙신부」 중 '능파미보'가 경공보법의 이름이 되고 있다. '천룡팔부'는 불경에 나오는 용어이며, 『역경』에 보이는 단어들을 초식의 이름으로 삼은 경우도 있다. 모두 작가의 문학에 대한 깊은 소양을 엿볼 수 있게 한다.

양우생의 작품을 보면 그가 고전 시사에 상당히 조예가 깊었음을 알 수 있다. 그의 소설은 회목이 잘 정제되어 있어 운치가 있다. 소설의 첫머리와 끝은 늘 길거나 짧은 시사로 수식되는데, 서정성이 물씬 풍기는 것이 작가의 장인정신을 엿볼 수 있게 한다. 예컨대 『백발마녀전』의 탁일항卓一航, 『평종협영록』의 장단풍이 모두 시를 통해 자신들의 깊은 감정을 토로하고 있다. 또 『칠검하천산』의 납란 용약納蘭容若과 모완련, 『광릉검』의 진석성陳石星과 갈남위葛南威도 아마추어 수준을 훌쩍 넘어서는 시사를 얘기하고 있다.

양우생은 「문예 관점에서 본 무협소설」이라는 글에서 무협소설의 작가는 지식이 많으면 많을수록 좋다는 견해를 보였다. 모든 것에 정통할 수야 없겠지만 많이 알고 있으면 그만큼 유리하다고 말한다. 무협소설의 시대는 옛날이기 때문에 고대 역사를 어느 정도 알고 있어야 한다. 또한 지리에 대해서도 어느 정도 정통해야 엉뚱한 소리를 하지 않게 되고 천편일률적인 작품을 써내지 않을 수 있다. 좀 더 바라는 점이 있다면 민족학·소수민족에 대한 연구나 민속학에 대해서 알고 있고, 중국의 고대 문학이나 시사에 대해서도 식견을 갖추고 있다면 더 이상 바랄 게 없다. 한 걸음 더 나아가 종교에 대해서도 어느 정도 알고 있으면 금상첨화다. 그래야 허구한 날 '나무아미타불'이나 '선재선재'만 외치는 지루함에서 벗어날 것이 아닌가.

양우생의 말에서 이미 눈치를 챘겠지만, 신파 무협소설은 확실히 전통문화에 대한 풍부한 지식을 그 안에 담고 있다. 그러니 화교 자녀들이 이를 통해 중국 문화를 배운다는 것도 지나친 말이 아니다. 지금까지 고상한 문학의 전당에 오르지 못한 무협소설이 중국 문화를 해외로 전파하는 교량 역할을 하리라고는 작가 자신들도 예상치 못했을 것이다.

솔직히 말해 필자도 중학교 때 김용과 양우생의 무협소설을 통해 전통문화에 대한 지식을 적지 않게 배웠다. 맨 먼저 눈에 들어온 대목이 "백성은 나라가 흥해도 망해도 고달프다"는 글귀였다. 이 「산파양」이란 노래는 『사조영웅전』을 읽을 때 본 것이다. 납란용약과 그 가사를 처음 안 것은 『칠검하천산』을 통해서였다. 그 뒤 진내건陳乃乾 선생의 『원인소령집元人小令集』을 사서 읽고 다시 『납란사納蘭詞』를 빌려다 베껴두었는데, 무협소설을 읽을 때 받은 인상과 함께 느낌이 한결 깊어졌다. 말하자면 김용과 양우생의 무협소설이 필자의 삶을 일깨워준 셈이다.

좋은 무협소설은 한가한 가운데서 유익한 그 무엇을 얻을 수 있는 작용을 한다고 생각한다. 김용과 양우생의 작품에는 중국 고대문화의 빛이 번득이고 있다. 기이한 스토리만 있는 것이 아니다. 그렇기 때문에 여러 계층에서 많은 독자들을 확보하고 있는 것이 아닐까? 특히 김용의 작품은 기발한 상상, 박진감 넘치는 구성, 우아하고 깊이 있는 문장으로 가독성이 강하다. 게다가 인생 문제를 아울러 진지하게 다루고 있어 가히 무협소설의 진수라 할 만하다.

무협소설을 폄하하는
시각의 문제점

무협소설은 예전에는 구문학에 속했고 오늘날에는 통속문학으로 분류되어 순수문학의 고상한 전당에 입장하는 것을 거부당하고 있다. 1930~1940년대 이후 줄곧 신문학가들의 비판을 받아온 이래 무협소설은 1950년대가 되면서 중국 대륙에서는 아예 자취를 감추어버리고 만다. 이 때문에 1980년대 접어들어 대륙에 '신파 무협소설의 열기'가 일어나자 일부 인사가 이를 성토하고 나섰다.

손리孫犁 선생은 「소설과 무협」(1985년 6월 22일자 《양성만보羊城晚報》)이란 글을 발표하여 신파 무협소설의 등장을 "비정상적이고 퇴행적인 현상이며 사람을 미혹하게 하는 현상"이라며 비난했다.

이 소설(무협소설)은 우리 민족의 봉건적이고 비과학적이며 심지어는 우매함을 거듭 찬양하는 것으로, 늘 틀에 박힌 소리만 일삼으며 국내외의 저질 취미와 기호에 영합한다. 청나라 말기 만국 초기에 민족 자존심을 가진 작가도 약간 있었지만, 주도적인 것이 될 수는 없었고 엄정한 지적을 받아야만 하는 것이었다. 그러나 지금 일부 사람들이 여기에 심취해 있다.

필자는 이 글을 보고 손리 선생이 김용이나 양우생의 신파 무협소설을 읽은 적이 없는 것 같다는 생각이 들었다.

김용이나 양우생의 소설은 정의를 부르짖고 사악을 배척하며, 형형색색의 무림 인물을 빚어내는데 모두가 성격이 뚜렷하고 뜨거운 피가 흐르는 모습들이다. 김용이나 양우생은 구소설의 진부한 언어를 털어버리고 서양 문학 기법의 영향을 받고, 신문예의 수법을 사용하여 작중인물을 그려냈다. 깊이 있는 심리 묘사, 시대적 배경에 대한 세심한 배려, 장면 장면의 분위기 배치 등으로 무협소설을 보다 참신한 경지로 끌어올려 우아함과 통속성이 함께 공존하는 새로운 모습으로 탄생시켰다.

아마도 손리 선생의 머릿속에 자리 잡고 있는 무협소설이란 '고관대작과 노예'로 가득 찬 황천패黃天霸[29] 식의 인물에만 머무르고 있던 것은 아닐까? 그렇지 않고서야 어떻게 "이 소설은 우리 민족의 봉건적이고 비과학적이며 심지어는 우매함을 거듭 찬양하는 것"이란 결론이 나올 수 있단 말인가?

김용과 양우생의 소설은 황천패 부류의 인물에 대해서 가차 없

---

29 청조 말기의 공안소설 『시공안(施公案)』에 나오는 인물.

이 채찍질을 가한다. 『서검은구록』 중의 장소중張召重, 『칠검하천산』의 초소남楚昭南은 무림을 팔고 다니며 자신의 이익만을 탐하고 의리를 잊은 관부의 주구들로서, 작가는 이들을 부끄러운 존재로 묘사한다. 반면에 이 관부의 앞잡이들에 대항하는 반청 조직인 '홍화회紅花會' 등에 대해서는 찬양을 아끼지 않는다. 이 밖에도 나라를 위해 충성을 다하고 외적을 물리치는 우겸·웅정필·원숭환 등과 같은 역사적 인물에 대해 높이 평가하고, 민중을 위해 애쓰는 호비胡斐·곽정·장단풍 등과 같은 무림 인물에 대해서 높이 치켜세운다. 아무리 폄하해도 작가가 사회와 역사 그리고 인생 자체에 대해 정확한 시각을 갖고 있음을 부인할 수 없다. 양우생은 다음과 같은 말은 한 바 있다.

구 무협소설에 나오는 협객들은 통치계급의 앞잡이 노릇을 하는 경우가 많았다. 그러나 신 무협소설에 나오는 협객은 사회를 위해 해악을 제거하는 영웅이 많다. 협은 정의로운 행동, 즉 대중에게 이익이 되는 행위와 부합하며 이것이 바로 협객의 행위다. 이른바 '나라와 민중을 위하는 것이 협의 큰 뜻이다'란 말이 그것이다. 이러한 협의를 선전하는 것은 세상인심에 유익하다.

양우생의 이러한 인식은 의심할 바 없이 진보적이고 대중적 의미를 지닌다. 그와 김용의 소설은 기본적으로 이와 같은 창작 태도를 실천하고 있다. 손리 선생도 청나라 시대의 협의소설인 『칠협오의』와 『아녀영웅전』 등을 '그런대로 우수한 작품'이라고 인정했다. 그렇다면 1980년대 대륙에 출현한 신 무협소설에 대해서는 왜 그토록 지나친 혹평을 가한 것일까?

손리 선생은 신 무협소설을 "국내외의 저질 취미와 기호에 영합한다"고 싸잡아 비난했는데, 전혀 근거가 없다. 사람들은 일을 하는 틈틈이 아슬아슬하고 사건의 기복이 많은 '어른들의 동화'를 즐겨 읽는다. 무협소설은 복잡한 스토리와 의외성 그리고 신이한 무공과 손에 땀을 쥐게 하는 무술 대결 등과 같은 요소로 많은 독자를 확보하고 있다. 일반 소시민들만이 좋아하는 데 그치지 않고 고상한 지식인도 즐겨 읽는다. 모르긴 해도 국내외의 전문가·학자·교수·관리들 중에도 신파 무협소설을 좋아하는 사람들이 꽤 많을 것이다. 이들은 결코 무협소설을 수준 낮고 형편없는 것으로 생각하지 않는다. 수학자 화라경과 국무위원 요승지廖承志도 무협소설을 즐겨 읽었다. 그렇다고 해서 이들의 취미가 저질이라고 말할 수 있겠는가.

필자는 손리 선생이 김용이나 양우생의 신파 무협소설을 읽지 않았을 것으로 의심했는데, 위에서 말한 이유 외에도 그가 다음과 같은 말도 했기 때문이다.

사마천이 『사기』에서 묘사한 유협은 모두가 뜨거운 피와 살을 가진 사회적 인물이다. 무협소설 속에 나오는 천박하고 옹졸하며 심지어는 혐오스러운 인물과는 근본적으로 다르다.

그러니까 무협소설에 나오는 인물은 '뜨거운 피와 살'이 없다는 말이다. 사실 김용이나 양우생의 작품을 읽어본 사람이라면 이런 말은 하지 못할 텐데 말이다.

김용과 양우생은 신문예의 표현 기법을 한껏 활용하여 피와 살이 풍부한 인물상을 빚어내고 있다. 특히 김용이 만들어내는 무림 인물들은 다들 개성이 뚜렷하다. 『사조영웅전』에 나오는 인물들을 예로 들어보자.

곽정은 말없는 가운데 소박하고 진실하며, 황용은 총명하고 재치가 흘러넘친다. 홍칠공은 솔직하고 호탕하다. 일등대사는 인자하며, 주백통은 천진난만하다. 황약사의 괴팍스럽고 제멋대로인 행동, 구양봉의 매섭고 독살스러움, 이 모든 것들이 한데 어우러져 독자들을 감탄하게 만든다. 같은 남성이라 할지라도 각 작품마다 서로 달라 결코 부화뇌동하지 않는다. 자유분방하면서도 깊은 정을 가진 양과, 정견定見을 갖고 있지 않은 장무기, 재치 있고 호방한 영호충, 약삭빠르고 염치가 없는 위소보, 강렬한 성격의 소봉蕭峯, 치정에 얽힌 단예, 어리석을 만큼 우직한 허죽……. 이 모든 캐릭터들은 곽정과 확연히 구별된다. 이 인물들은 결코 천박하지도 옹졸하지도 혐오스럽지도 않다. 필자는 소봉이 요와 송, 두 나라 민족의 모순을 해결하기 위해 자신의 한 몸을 기꺼이 바치는 장면을 읽고는 마치 무엇인가를 잃어버린 듯 여러 날 동안 내내 마음이 허전했다. 이렇듯 사람을 감동시키는 힘은 어떤 순수문학 작품도 쉽게 발휘할 수 없는 것이다.

1979년 저명한 수학자 화라경은 영국에서 양우생과 만났다. 그때 그는 양우생에게 다음과 같은 말을 했다.

과거 무협소설이 대부분 좋지 않았다고는 하지만 무협소설을 읽는 것이 저질 취미며 문예가 아니라고 말할 수는 없지 않소. 무협소설에 그런 딱지를 붙일 수는 없지. 무협소설은 안 좋고 다른 소설은 좋다고 하는 것은 형식만 문제 삼고 내용은 문제 삼지 않는 태도가 아니겠소? 만약 내용이 좋지 않다면 다른 장르의 소설도 나쁜 작품이고, 역사소설도 내용이 나쁠 수 있지 않은가. 무조건 무협소설을 나쁜 시각으로 보아서는 안 되죠. 구체적인 분석은 해보지도 않고 내용의 실체는 보지도 않고 말입니다.

내용은 문제 삼지 않고 형식만 가지고 무협소설을 왈가왈부해서는 안 된다는 화라경의 지적은 매우 옳다. 무협소설은 '어른들의 동화'라는 아주 흥미로우면서 적절한 견해를 제기했던 그가 이번에는 무협소설에 가해지는 잘못된 인식에 불만을 터뜨리고 있다.

복단復旦대학 중문과 교수이자 저명한 고전소설 연구자인 장배항張培恒은 1988년 11기 《서림書林》에 「김용의 무협소설과 요설은姚雪垠의 『이자성李自成』」이란 긴 글을 발표해 세인의 눈길을 끌었다.

장배항은 먼저 현재 문단에서 이루어지고 있는 신문학과 구문학, 순수문학과 통속문학이라는 구분에 의심의 눈길을 던진다. 그는 지금의 분류 관습에 따르면 요설은의 『이자성』은 신문학 또는 순수문학에 속하고, 무협소설은 구문학 또는 통속문학에 속한다고 말한다. 그렇다면 김용의 무협소설은 『이자성』에 비하면 분명 한 단계 낮은 작품이 된다.

『이자성』은 고대의 농민봉기를 열정적으로 찬양하는 반봉건적 작품이다. 그러나 인생 문제에 대해서라면 김용의 무협소설만큼 진지하지 않다. 김용의 무협소설은 독립적인 인격을 찬양하고, 딱딱하고 신성불가침인 '사회규범'을 부정하고 있어, 전통적 봉건사상과 날카롭게 대립한다. 『이자성』이 반봉건적이라면 김용의 무협소설도 반봉건적이다. 뿐만 아니라 김용의 작품은 독자에게 『이자성』보다 더 많은 감동을 준다. 따라서 『이자성』을 신문학에 넣고 김용의 무협소설을 구문학에 넣는 것은 사실상 근거가 없다.

장배항은 『소오강호』에서 사교에 속하는 한 소녀가 피살되는 장면을 읽으면서 '문화대혁명' 때 '8대 반동분자'의 자녀라고 해서 박해를 가하던 당시 상황이 떠올라 몸을 떨었다고 한다. 사람을 압살하는 낡아빠진, 그래서 청산해야만 하는 전통적 관념에 생각이 미쳤다는 것이다. 그런데 『이자성』을 읽었을 때는 이런 진한 느낌을 받지 못했다고 한다. 장배항은 또 『이자성』이 이자성을 우두머리로 하는 농민군을 지나치게 미화하고 있어, 기본적으로 역사적 진실에 위배되며 따라서 현실과도 맞지 않는다고 지적한다. 요설은의 『이자성』은 진실된 역사관을 심어주기 위해 상당한 애를 썼지만 그 결과는 늘 사실 속에 거짓을 보는 셈이 되었다.

노신이 지적했듯이 사실 속에서 거짓을 보게 되면 독자들은 환멸감을 느끼게 된다. 그런데 김용의 무협소설은 묘하게도 이와는 반대되는 특징을 지녔다. 즉, 사실 속에 거짓이 보이는 것이 아니라, 거짓 속에 사실이 보이는 것이다. 만약 등장인물이 갖추고 있는 신기한 무공을 굳이 문제 삼지 않는다면, 그들의 성격은 오히려 진실되고 그들이 드러내는 희로애락은 독자들과 충분히 소통하게 된다. 그래서 화라경은 무협소설을 어른들의 동화라고 하지 않았던가.

장배항은 결론에서 분명한 어조로 다음과 같이 말했다.

나는 김용의 무협소설이 『이자성』에 비해 뛰어난 상상력과 긴장감이 도는 구조, 풍부하고도 깊은 감각 등과 같은 장점을 갖추고 있다고 생각한다. 그리고 한가한 가운데 사람들에게 유익한 그 무엇을 주고 있어 분명 수준 높은 작품임에 틀림없다고 생각한다.

장배항은 복단대학 고적古籍정리연구소 소장을 역임했고, 중국 문학사와 소설사 방면에 깊은 조예를 가진 학자다. 그가 김용의 무협소설에 대해 높이 평가하고 있다는 사실은 신파 무협소설이 결코 "천박하지도 옹졸하지도 혐오스럽지 않다"는 것을 말해준다. 물론 "국내외의 저질 취미와 기호에 영합"하지도 않으며, "우리 민족의 봉건적이고 비과학적이며 심지어는 우매함을 찬양"하지도 않는다.

물론 무협소설 중에도 "무력시위만 있고 협의행은 없는" 형편없는 졸작들이 적지 않다. 그러나 이런 졸작들을 가지고 모든 무협소설을 싸잡아 매도할 수는 없다. 솔직히 말해 형편없고 영리에만 목적을 둔 작품은 무협소설이 아닌 이른바 순수문학에 속하는 작품에도 적지 않은데, 왜 이런 작품들은 형편없다고 비난하지 않는가? 양우생은 어째서 무협소설을 문예작품으로 취급하지 않는가라는 문제를 얘기할 때 감개무량한 표정으로 다음과 같이 지적한 바 있다.

무협소설 같지 않은 무협소설들이 많이 있다. 그것들은 근본적으로 의미가 없고 그저 기이하고 황당무계한 이야기에 불과하다. 심지어 어떤 것들은 무도 없고 신이함만 있어 근본적으로 협이 결여되어 있다. 그런가 하면 어떤 것들은 폭력에다 섹스를 보탠 저급한 것으로 변질되어 있다. 이런 것들은 무협소설이라고 할 수 없다. 홍콩과 대만의 문예소설에도 문예소설이라 부르기에 낯 뜨거운 것들이 많다. 회색빛 인생관을 퍼뜨리는가 하면 섹스와 암흑으로 가득 찬 것들이 많기 때문이다. 이런 문예소설들을 믹서기에 넣고 아무리 짜봐야 '문예'라는 두 글자는 나오지 않는다.

양우생의 말에 일리가 있지 않은가. 어떤 작품의 좋고 나쁨은 형식이 아니라 내용에 달려 있다. 내용이 좋지 않은데도 '순수문예 작품'이란 금딱지를 붙여줘봐야 부질없는 것 아닌가.

무림 고수의 비애와
반무협소설

무협소설가들은 신비하고 경이로운 무공을 지닌 무림 고수들을 양산하지만, 이런 고수들이라 해도 개미떼처럼 몰려드는 사람들을 감당하지는 못한다. 게다가 총과 같은 근대 화기의 공격을 받을라치면 피와 살로 뭉쳐진 이 무협의 고수는 더욱 맥을 못 춘다.

김용의 『서검은구록』에는 진가락陳家洛과 문태래文泰來 등 홍화회 영웅들이 청나라 장군 조혜兆惠가 이끄는 수만 대군에 겹겹이 포위당하는 장면이 나온다. 그 영웅들은 비록 상승무공을 지니고 있지만 포위에서 벗어날 길이 없다. 취우황삼翠羽黃衫 곽청동霍靑桐이 이끄는 회족 군대의 도움을 받아 가까스로 탈출에 성공한다. 곽청동은 병법을 활용, 조혜를 유인하여 군대를 흩어놓은 후, 적군의 주력부대인 철갑군을 진흙 구덩이에 몰아넣고 섬멸시킨다. 그런 다음 지형지세를 이용하여 이미 놀란 까마귀떼처럼 흩어진 청나라 군대를 추격하여 각개격파하니 결과적으로 모두 4만 명 이상을 섬멸시켰다. 몇몇 무림 고수들이 치고받고 해서는 상자에 갇힌 생쥐처럼 겹겹이 둘러친 포위망을 뚫고 나올 수는 없었을 것이다. 또 그렇게 많은 적을 죽인다는 일은 더더욱 불가능했을 것이다.

양우생의 『평종협영록』에 나오는 장단풍·담대멸명澹臺滅明·흑백마하黑白摩訶는 무공이 대단히 높은 일류 고수들이다. 그러나 오이라트 대군의 홍의紅衣 대포 앞에서는 속수무책이었다. 그들은 알고 있었다. 자신들의 무공이 지금보다 수십 배, 아니 수백 배 높아진다 해도 대포의 위력을 당해낼 수 없다는 사실을.

김용의 『녹정기』의 쌍아雙兒는 무공이라면 풍제중風際中의 발끝에도 못 미친다. 그러나 짧은 총 한 자루로 '빵' 하는 소리와 함께 풍제중을 간단하게 죽여버린다. 이상 몇 가지 예들은 절세의 무공을 지닌 무림 고수라 할지라도 속수무책일 때가 있다는 것을 보여준다. 자신의 몸을 지키고 나아가 적을 물리칠 수 있는 상승무공을 지니고도 그것을 제대로 펼칠 수 없는 상황에 처했을 때, 그들도 어쩔 수 없이 당하는 것이다. 바로 이것이 무림고수의 비애가 아닐 수 없다. 김용이나 양우생은 이 점을 헤아렸기에 작품의 시대적 배경을 청나라 시대로 한정시켰던 것이다.

1985년 광주廣州에서 《문예와 당신》이란 잡지가 창간되었다. 여기에 두 편의 '신무협소설'이 실렸는데, 사실은 '반무협소설'의 묘미가 짙게 풍기는 작품들이었다. 빙기冰淇(본명은 유사분劉斯奮)의 『제9기서第九奇書』와 무지의武之疑의 『심구尋仇』가 그것이다. 이 작품들의 주제는 무림 고수의 절세신공이 근대 화기 앞에서 맥을 못 춘다는 것이었다.

『제9기서』는 많은 무림 고수들이 무림비급인 '제9기서'를 차지하기 위해 혈전을 벌인다는 내용이다. 그 줄거리를 잠깐 살펴보자. 오랜 옛날 무림계에 상당히 지혜로운 한 인물이 있었다. 그의 무공은 범인의 상상을 초월하여 선인의 경지에 접어들었으며, 또한 박학다식함이 보통 사람으로서는 가늠하기도 어려울 정도였다. 그는 평생 배운 것을 집약하여 아홉 권의 책으로 남겼다. 각 권마다 심오하고 엄청난 위력을 지닌 무공이 기록되어 있었다. 무공의 기초가 조금이라도 있는 사람이라면 그중 삼초양식三招兩式만 배워도 강호를 주름잡을 수 있을 정도였다. 따라서 한 권을 모두 연마한다면 무림의 9분의 1을 장악하는 것이나 마찬가지였다. 만약 하늘이 내린 기연으로 아홉 권 기서 속의 무공을 모두 연마할 수 있다면 천하무적으로 무림을 통치하는 패주가 될 수 있다. 이 장밋빛 미래는 야심만만한 무림인들에게는 아주 매력적인 것이 아닐 수 없었다. 시간이 흐르면서 많은 사람들의 노력을 거쳐 아홉 권 중 여덟 권이 속속 출현했다. 과연 그것은 무림계에 우뚝 솟은 휘황찬란한 시대를 가져다주었다. 그러나 동시에 피비린내 나는 엄청난 살상이 하루도 거르지 않고 계속되어 숱한 영웅호한들이 이 책 때문에 한을 품은 채 황천길로 떠나갔다.

이윽고 마지막 9권이 탈명곡奪命谷에 감추어져 있다는 소문이 퍼졌고 삼산오악, 흑백 양파의 고수들이 속속 탈명곡으로 모여들었다. 7일 낮 밤 동안 천지의 색이 변하고, 해와 달이 빛을 잃는 참혹한 싸움 끝에 무상진인無上眞人과 건곤살수乾坤殺手, 두 사람이 살아남게 되었다. 두 사람은 다시 지혜와 힘을 겨루었다. 건곤살수가 무상진인을 물리치고 마침내 '제9기서'를 손에 넣었다. 그런데 이게 웬일인가? 팔대 기공이 모두 융합되어 있는 것으로 알려진 '제9기서'는 완전히 백지였다. 마지막 장에 다음과 같이 무정하기 짝이 없는 짧막한 글만이 쓰여 있었다.

예언하노라. 미래의 어느 때가 되면 무림인들이 알지 못하는 불을 뿜는 무기가 나타나 절세신공을 지닌 인물도 단 한 번에 쓰러뜨리리라. 쯧쯧, 쯧쯧!

작가는 건곤살수와 무상진인의 혈투 장면에 적지 않은 분량을 할애했다. 그런데 결국은 어처구니없게도 이렇게 끝나고 만다. 이 작품의 결말이 몇 글자의 예언성으로 끝난다면, 또 다른 작품 '원수를 찾아서'라는 뜻의 『심구』는 태현도장太玄道長이 보타노괴普陀老怪에게 원수를 갚기 위해 얼음산 동굴에 숨어 40년의 고된 적공 끝에 현천대법玄天大法이란 비공을 연마하는 것으로 시작된다. 그런데 어느 날, 하늘에서 쇠붙이로 만든 거대한 새 한 마리(비행기)가 태현도장이 있는 동굴 입구에 내려온다. 거대한 새의 배 속에서 청년 하나가 튀어나오더니 조상의 원수를 갚으러 왔노라며 고함을 치고는 부라우닝식 자동소총을 꺼내 '탕'하고 태현도장의 머리를 향해 쏘았다. 태현도장이 40년을 동굴에서 보낸 궁극적인 목적은 절세무공을 수련하여 원수를 갚고자 함이었다. 그런데 허망하게도 순식간에 목숨을 빼앗기고 말았다. 신무기의 위력 앞에 피와 살로 이

뭐진 몸은 결코 당해낼 수 없다는 것을 잘 보여준 대목이다.

신파 무협소설은 스토리 전개가 복잡하고 긴장된 액션으로 여러 계층의 독자들을 끌어들이고 있다. 그러나 오늘날 총을 가지고 싸우는 실전에서는 절세무공도 돈키호테 손에 들린 장창처럼 가소로운 것이 되고 만다. 이와 관련하여 중국 근대사에서 슬프고도 참혹한 역사적 사례가 있다.

19세기 말 서양 8국 연합군이 중국을 침략했을 때, 의화단의 호한들은 용감하고도 굳세게 저항했다. 의화단은 의화권에 뿌리를 두고 있는 민간의 비밀결사 조직이었다. 단원들은 대부분 권술을 알았고, 평소 곤봉이나 칼을 가지고 기공을 수련했다. 그리고 그들 중에는 무예가 뛰어난 고수도 적지 않았다. 그들은 여러 차례 침략자들을 물리쳤다. 그러나 칼이나 검, 곤봉 따위의 낡은 무기로 살상력이 엄청난 신식 무기를 도저히 당해낼 수는 없었다. 무예로 단련된 몸도 총알 앞에서는 속수무책이었던 것이다. 서양의 총과 대포를 무예로써 이길 수 있다고 믿었던 의화단은 근대 화기 앞에서 단 일격도 견뎌내지 못했다.

그래서 김용과 양우생이 근대를 배경으로 하는 작품을 쓰지 않는 것은 현명한 생각이다. 그들은 협객의 무공에 대해서는 신비로울 정도로 과장을 하지만, 어떤 무협과 무공으로도 총과 대포를 이기지는 못한다는 사실을 잘 안다. 『제9기서』와 『심구』는 작가정신이 번득이는 반무협소설로, 바로 이런 생각을 이어받고 있다. 이 두 작가 중 한 사람은 꽤 이름이 나 있고 또 한 사람은 많은 저술을 남긴 학자나. 두 사람 모두 무협소설을 좋아하지만, 우연하게도 동시에 아이러니한 작품을 남긴 것이다. 무협소설과 폭력 무협영화가 넘쳐 흐르는 오늘날 이 무협의 위풍을 압살하는 풍자적인 문장은 활짝 웃음을 터뜨리게 하기에 충분하다.

중국의 무협소설과
서양의 기사도소설

서양의 '무협'소설에 관한 다음과 같은 해석은 어떨까? 여기서 말하는 '무협'은 인용부호인 따옴표 안에 들어가야 한다. 왜냐하면 유럽의 언어나 문자 중에서는 중국어의 '협'에 해당될 만한 단어와 개념이 없기 때문이다. '협'과 뜻이 비교적 가까운 단어라면 '기사 knight' 정도가 있을 뿐이다.

그런데 중국에서는 오광건伍光建이 프랑스 작가 알렉상드르 뒤마의 『삼총사』를 『협은기俠隱記』로 번역했고, 영국 민간에 떠돌던 로빈후드 이야기는 『협도 로빈후드』[30]로 번역했다. 노사老舍 선생이 1946년 미국에 건너가 공부할 때, 청중들에게 좀 더 깊은 이해를

---

[30] 우리나라에서는 '의적 로빈후드'로 번역되기도 했으나, 최근에는 영화 때문인지 그저 '로빈후드'라고만 한다.

심어주기 위해 『수호전』의 영웅과 로빈후드 일당을 같은 선상에 놓고 이야기한 적이 있다. 근래 어떤 중국 학자는 월터 스콧[31]의 『아이반호』를 『수호전』과 비교·연구한 바도 있다. 그런가 하면 미국 카우보이 영화를 '유협전기'라는 중국어 제목으로 바꾸어 말하기도 했다. 이렇게 볼 때 '협은 무武로 법을 초월하는' 것이라는 표준에 따라 평가한다면, 유럽의 기사도나 의적이 등장하는 소설을 '무협'소설로 구분할 수도 있을 것 같다. 여기서는 중국 무협소설과 비교될 수 있는 서양 소설들을 거론해보자.

중국 무협소설에는 걸출한 여협이 많이 등장한다. 서양에는 기본적으로 중국처럼 성숙한 협녀상은 없지만, 그래도 어느 정도 갖다 붙일 만한 인물이라면 영국의 침략에 대항해 싸운 프랑스의 잔 다르크 정도가 있을 뿐이다. 그런데 잔 다르크는 '성녀'로 불린다. 물론 영국에서는 오랫동안 그녀를 마녀라고 여겼다. 심지어는 셰익스피어의 『헨리 6세』에도 그렇게 묘사되어 있다. 성녀가 되었든 마녀가 되었든 분명한 것은 보통 사람은 아니었다는 사실이다. 서양 기사도소설에 나오는 여자 주인공은 일반적으로 예쁘고 연약하며 신분이 높은 처녀이지, 칼이나 검 따위는 절대 휘두르지 않는다. 이런 현상이 나타나게 된 까닭은 서양의 문화 전통으로 거슬러 올라가야 한다. 기독교가 미처 유럽을 지배하기 전 서구 세계는 여성을 생육번식의 상징으로 보아 신성한 존재로 여겼다. 여협의 모습이라고

---

31 월터 스콧(Walter Scott, 1771~1832)은 영국의 시인이자 역사소설가로 그의 작품은 유럽 역사소설의 발전에 영향을 주었다.

해봐야, 맨손의 여자가 전쟁터에 나타나 쌍방의 화해를 호소하는 것이 고작이었다. 여자들의 힘은 바로 그들이 여성이라는 점에 있었다.

프랑스의 화가 다비드[32]는 「사비니 여인들」이란 훌륭한 그림을 그렸는데, 그 내용은 사비니족을 침략해 온 로마 군인들을 맨손의 사비니족 여인들이 막아내고 있는 모습이다. 기독교가 유럽을 지배한 후 성모 마리아상이 숭배되는 바람에 문학 작품 속의 부녀상은 마리아의 모습에 따라 이상화되었다. 중국 무협 냄새가 그런대로 풍기는 뒤마의 소설이라 해도 선량한 여자들은 물론 음탕하고 악랄한 여자들도 근본적으로 칼이나 검과는 거리가 멀다.

중국에서의 상황은 사뭇 다르다. 오랜 옛날 '巫(무당)', '舞(춤)', '武(무력)'는 서로 연결되어 있었다. 무당은 당연히 여자였다. 굴원屈原은 『구가九歌』에서 무녀가 춤을 추는 장면을 그리고 있다. 뒷날 춤은 다시 문무文舞와 무무武舞로 나누어졌다. 당나라 때 공손대낭公孫大娘의 무검기舞劍器는 일종의 무검이었다. 이런 역사적 연원이 있기 때문에 중국 여자들이 무에 익숙한 것도 이상할 게 없다. 중국 부녀들은 지금까지 서양 여성처럼 신격화라는 대우를 받지 못했다. 그래서 무협소설에 등장하는 여성은 그 무엇이 아닌 사람 자체이고, 그것도 피와 살이 있고 애정과 원한이 있는 생생하게 살아 있는 사람이다. 서양 '무협'소설에 등장하는 연약하고 섬세하며 순결

---

32 자크 루이 다비드(Jacques Louis David, 1748~1825)는 신푸생파(Neo Poussinist)의 대표적인 화가로 로마에서 신고전주의 화풍을 발전시킨 인물이다. 대표작으로는 「소크라테스의 죽음」 「마라의 죽음」 등이 있다.

하다 못해 성스러운 빛이 늘 머리 위에 감도는 여주인공과 비교하
자면, 사람들에게 감동을 불러일으키는 중국 협녀상이 한결 넉넉
하다.

이 밖에도 심미적인 각도에서 보자면, 천생이 연약한 여자가 거
친 사나이들과 무술을 겨루고 심지어 그들을 물리치는 장면은 망
나니 같은 사나이 둘이서 치고받는 장면에 비해 한결 대조적인 미
美가 돋보인다고 하겠다. 프랑스의 시인 폴 클로델[33]은 상이한 사물
의 동시성이 시의 미적 내용을 구성할 수 있다고 말한 바 있다. 중
국 무협에 보이는 여협상을 놓고 보면 그것은 이미 서양 '무협'에 비
해 한 단계 높은 수준에 올라 있는 셈이다.

무협소설은 무술 겨루기를 떠나서는 얘기가 안 된다. 서양의 무
공은 주로 도검과 활에 치중되어 있고, 여기에 채찍 정도가 추가될
뿐이다. 이 정도로는 풍부하고 다채롭기 그지없는 중국의 무기와는
비교가 안 된다. 중국 무협소설을 보면 무공은 괴이하며 초식은 풍
부하다 못해 현란하고 사용하는 무기도 각양각색이어서 결투 장면
은 격렬하고 긴장감이 넘치는데, 이는 어휘에 대한 재능이 풍부해
야 표현이 가능하다. 이 방면에서 중국어는 한결 좋은 조건을 갖추
고 있으며, 작가들은 그 조건을 충분히 활용한다. 대략적인 계산에
따르면 『동의사사림同義詞詞林』이란 사전에 수록된 몸동작을 나타

---

33 폴 클루델(Paul Louis Charles Claudel, 1868~1955). 시인이자 극작가, 외교관으로
시작 · 극작 외에도 미술 · 음악에 대해 깊은 시적 직관과 세밀한 문체로 뒷받침
된 뛰어난 에세이를 남겼다. 그의 누이 카미유(Camille, 1856~1943)는 조각가로,
로댕의 모델 겸 조수, 애인이기도 했다.

내는 단어는 무려 100개를 웃돈다. 그러나 영어의 해당 단어는 이보다 훨씬 적다. 검으로 찌르거나 주먹으로 치는 동작을 영어에서는 같은 동사로 표현한다. 좀 복잡한 동작을 묘사하려면 상당히 많은 수식어를 갖다 붙여야 한다. 언어 자체의 한계 때문에 영어로 쓰인 '무협'소설, 예컨대 민간에 유행하던 『협도 로빈후드』, 스콧의 『아이반호』, 스티븐슨[34]의 『검은 화살』 등은 무술 겨루기에 대해 자세하게 묘사하지 못했다. 그러다 보니 중국 무협소설만큼 생동감이 없다.

로빈후드가 이끄는 많은 호한들 중에는 힘이 아주 센 수도승이 있는데, 서양 '무협'소설에서 보기 드문 예라 할 수 있다. 기독교에 귀의한 몸으로 수도승이나 수녀는 하느님의 자손들에게 봉사할 것을 맹세하며 동시에 그들은 하느님과 세속인간을 이어주는 교량 역할을 한다. 세속인들이 양이라고 한다면 수도승이나 수녀는 하느님을 대신해서 양을 돌보는 양치기, 즉 목자가 된다. 그들은 칼이나 검을 잡고 협의를 실행할 필요가 전혀 없다. 세상 사람들을 구하는 것은 하느님 몫이니까. 그렇지 않다면 왜 '구세주'란 단어가 생겨나겠는가? 서양 문학은 종교에 의해 좌우되어왔고, 서양 '무협'소설도 그 예외가 될 수는 없었다.

그러나 중국의 출가인은 전혀 다르다. 불교는 인도에서 들어왔지만 중국식이 되어버렸다. 평민이나 사대부가 가장 환영하는 선종禪

---

34 로버트 스티븐슨(Robert Louis Stevenson, 1850~1894). 스코틀랜드의 소설가이자 수필가. 대표작은 『보물섬』과 『지킬박사와 하이드씨』.

宗(당나라 이후 선종의 정통이 된 남파를 말한다)은 현세적이다. 사람들은 누구나 부처의 성품을 지니고 있으니 '본성이 곧 부처'라고 말한다. 중생과 부처의 구별은 깨달았느냐 그렇지 않느냐에 달려 있다. 즉, "본성을 깨치면 중생이 부처요, 본성이 미혹되면 부처가 중생이다."(『육조대사법보단경六祖大師法寶壇經』) 몸은 비록 속세에 있지만 외부의 영향을 받지 않고 '무념무상'하여 세속의 티끌에 물들지 않는다. 이 경지에 이르면 해탈하게 되어 속세가 곧 천당이 되는 것이다. 그래서 화상이나 비구니는 이러저런 속박에 얽매일 필요 없이 자유스럽게 강호를 주유할 수 있다.

유교 사상은 현세적인데, 이 점에 대해서 아직 뭐라고 말하긴 이르다. 그리고 도교에서는 '보신양생保身養生'을 주창하는데, 역시 현세를 초월할 수 없다. 그래서 유교·불교·도교 모두 협의를 행하면서 민중을 구하는 사람이 있게 마련이다. 무협으로서 유협·승려·도사들의 모습은 일반 사람과는 다르며, 중국 무협소설에서는 기이한 색채가 더욱 강하다.

유교·불교·도교 모두에 협이 있을 뿐만 아니라, 이 삼교의 사상은 반드시 약방의 감초처럼 중국 무협소설 속에 반영되어 나타난다. 예컨대 최상승의 무공들은 어떤 무학의 비급들에서 나오는데, 이 무학비급들은 불경과 도교 경전 그리고 유교의 경전과 불가분의 관계를 맺고 있다.

'구음진경九陰眞經'은 『노자』에 뿌리를 두고 있으며, '북명신공'은 『장자』에서 나온다. '항룡십팔장降龍十八掌'이란 초식은 『역경』에서, '염화지拈花指' '다라엽지多羅葉指' '무상겁지無相劫指' 등과 같은 소림사의 절기는 불경에 보이는 단어들이다. 심지어는 이태백의 「협객행俠客行」이란 시와 『장자』의 '포정해우庖丁解牛' 이야기도 대단한 무공심법이 되어 나타난다. 정말 상상을 초월해 신묘하기까지 하다. 『사조영웅전』의 결말 부분을 보면, 나쁜 짓만 일삼던 구천인이 화산華山 꼭대기에서 홍칠공의 근엄한 충고의 말을 들은 뒤 크게 깨달은 바가 있어 일등대사에게 감화를 받는다. 이는 선종에서 말하는 "소 잡는 칼을 놓으면 곧 그 자리에서 부처가 된다"는 설법과 꼭 맞아떨어진다. 일부 협사들은 상승무공을 단시일에 터득하여 무림에 우뚝 자리를 틀기도 하는데, 이 역시 선종의 '돈오頓悟'라는 수양법에서 나온 것이다. 도가의 '무위無爲' 사상은 이른바 무초식이면서도 매우 비범한 무공으로 나타난다. 또 '무초가 유초를 이긴다'는 논리는 바로 "아무것도 하지 않으나 못하는 것이 없다[無爲而無不爲]"의 뜻이다.

서양 '무협'소설은 많은 모험과 기이한 만남이 있긴 하지만, 중국 무협소설에 비한다면 창작 기법이 좀 더 현실주의를 추구하며 등장인물도 현실 속 인물들과 다를 바가 없다. 화라경 선생이 무협소설을 '어른들의 동화'라고 말한 게 관건이 될 것 같다. 동화에는 동화의 세계가 있고 공상과학소설에는 공상과학의 세계가 있듯이, 중국무협소설에도 독특한 무협세계가 있다.

이 무협세계 속에서 인간의 가치는 무공의 수준에 따라 평가된다. 무공이 높은 인재는 세간에서 당당히 그 재능을 뽐내며, 무공을 모르거나 별 볼 일 없으면 벌레와 같이 취급당해 인간으로서 존재 가치를 싱실한 자가 된다. 부협소설의 세계를 현실 세계와 멀리 떨어뜨려놓으려면 시대적 배경을 더 멀리 배치해야 한다. 양우생이 무협소설의 배경을 청나라 시대에 한정하고 그 이후로 나아가지 않은 것은, 근대에 오면 이미 신식 무기가 출현하여 무공이 제대로 씨가 먹히지 않기 때문이라고 했다.

  사실 작품 속에서 하나의 새로운 세계를 창조하는 데 유리하다는 점에서 볼 때 양우생의 이 말은 상당히 일리가 있다. 그런데 묘하게도 서양 '무협'소설의 대표적 작가인 알렉상드르 뒤마도 "역사란 무엇인가? 역사는 못과도 같아서 내 소설을 걸어둘 수 있게 한다"는 말을 남긴 적이 있다. 그도 어느 정도 거리를 두고 있는 것 같다. 이 점에서 중국과 서양이 어렵게 일치를 보고 있다.

第二章

무림세계의 설계

'협'과 '무'

두광정杜光庭의 『규염객전虬髯客傳』은 당나라 전기傳奇 중에서도 아주 중요한 작품이다. 양우생梁羽生은 중국 무협소설이 바로 이 『규염객전』을 비롯하여 『섭은낭聶隱娘』 『홍선전紅綫傳』과 같은 당나라 전기에서 시작한다고 했다. 김용金庸은 『규염객전』에 대해 생기발랄한 묘사가 가히 중국 무협소설의 비조라 할 만하다고 칭찬을 아끼지 않았다. 제1장에서도 소개한 그의 말을 다시 한 번 인용한다.

이 전기(『규염객전』)는 현대 무협소설을 위해 많은 길을 열어놓았다고 할 수 있다. 역사적 배경이 있으면서도 전적으로 역사에 의지하지 않았다. 젊은 남녀의 연애가 있고, 남자는 호걸이며 여자는 방년 열여덟 내지 열아홉 살의 미인이며, 깊은 밤의 변장과 도주가 있고, 권력 있는 자의 추적과 세포도 있으며, 작은 객잔의 투숙과 기이한 만남이 있는가 하면, 첫눈에 지기를 만난 듯 의기투합하는 장면도 있고, 원수를 10년 동안 찾아다니다 마침내 그 원수의 심장과 간을 먹어 치우는 사나이 규염객이 있다. 또 신비로우면서도 식견이 높은 도인道人이 등장하고, 술집에서의 약속된 만남과 골목 속 작은 집에서의 은밀한 모의가 있다. 풍부한 재물과 비분강개도 있다. 신기神氣가 맑고 득의만만한 청년 영웅이 있는가 하면, 제왕과 신하도 등장한다. 또 노새와 말, 비수와 사람 머리가 있으며, 장기와 바둑, 흥에 넘치는 음악도 있다. 1천여 척의 배와 10만 병사의 큰 전투도 있고, 병법의 전수도 있다. ……이 모든 것들은 우리가 그 당시 무협소설에서는 쉽게 볼 수 없는 것들이 아니던가.

이 모든 것들은 확실히 무협소설의 기본 요소이자 내용들이다. 이러한 것들이 2천 자가 채 안 되는 짧은 문장 속에 인물과 사건, 사실과 허구가 한데 어우러져 생동감 넘치게 묘사되고 있어 아무리 읽어도 싫증이 나지 않는다.

규염객은 정의의 협기로 가득 찬 인물이다. 적당한 몸집에 붉은 수염이 무성한 털보다. 그는 늙고 게으른 나귀를 타고 등장하여 가죽 주머니를 화롯불 앞에 아무렇지도 않게 던지는데, 가죽 주머니 속에는 사람의 머리와 심장이 들어 있었다.

그는 이렇게 말한다. "이자는 천하의 배은망덕한 놈이지. 10년을 찾아 헤매다 이제야 잡았으니 정말 유감스러운 일이야!"

그러나 이자가 왜 배은망덕한지 별다른 설명이 없어 독자가 상상할 수밖에 없다. 규염객이 '10년을 찾아 헤맸다'는 말에서도 이자가 죽어 마땅한 자임을 익히 짐작케 한다. 그러나 이자를 어떻게 잡았는지에 대해서도 시원한 설명이 없다. 『규염객전』은 협기만을 그리고 있지, 무공에 대해서는 전혀 언급이 없다. 유일하게 무공의 냄새를 풍기는 장면이라면 규염객이 "말을 마치고 나귀에 올라 떠나가는데 그 행동이 마치 나는 것 같았다. 돌아보니 어느새 사라지고 없었다"는 정도다. 비록 몇 구절 안 되지만 규염객의 경공과 기마술이 매우 뛰어났음을 알 수 있다. 명나라 말기에서 청나라 초기에 걸쳐 활약한 영남嶺南의 시인 진공윤陳恭尹은 「제규염객도題虬髯客圖」라는 시를 지은 바 있다. 그 시에는 다음과 같이 묘사되어 있다.

천하를 건넬 수 있는데	九州可贈
어찌 백만금을 아끼랴.	百萬何惜
나귀 타고 떠나가니	騎驢出門
서생이 대경실색하네.	書生失色

단지 16자로 규염객의 호방한 기질을 개괄하고 있는데, 마지막 두 구절은 '그 행동이 마치 나는 것 같았다'는 놀라운 기마술을 묘사하고 있다.

『규염객전』에는 주요 인물로 세 사람이 등장하고 있다. 웅지를 품고 있는 영웅 규염객, 세상사에 두려움이라곤 전혀 모르는 이정李靖,[35] 영웅을 알아보는 지혜로운 눈을 가진 홍불紅拂이 그들로, 이

---

35 이정은 당나라를 세우는 데 큰 공을 세운 실존 인물로 중국의 역사 기록에도 나온다.

◐ '풍진삼협'

세 사람을 합쳐 '풍진삼협風塵三俠'이라 부른다. '풍진삼협'에 얽힌 이야기들은 화가들이 즐겨 그리는 소재가 되기도 한다. 이 이야기에 근거를 둔 희곡으로는 명나라 사람 장봉익張鳳翼과 장태화張太和의 같은 제목인『홍불기紅拂記』, 능몽초凌濛初의『규염옹虯髯翁』, 근래 사람이 지은『홍불야분紅拂夜奔』등이 있다.『규염객전』이 중국 문화사에서 차지하는 비중은 대단하다. 호적胡適 선생은 이 작품을 두고 "당대 최초의 단편소설"이라고 했으며, 노신魯迅은 당나라 전기 중 이 작품이 "가장 널리 유행했다"고 했다. 문학사 연구가 정진탁鄭振鐸 선생은 청나라 시대 진침陳忱이 쓴『수호후전水滸後

傳』의 결말 부분에 이준李俊 등이 해외로 나가 왕이 되었다는 내용은 『규염객전』의 영향을 받은 것이라고 지적했다. 양우생의 『평종협영록萍踪俠影錄』도 이 작품에서 영향을 받은 흔적이 보인다. 팔도범畢道凡과 장단풍張丹楓이 내기바둑을 두면서 천하를 다투는 장면이 나오는데, 판이 절반도 진행되지 않았는데 돌을 던지며 패배를 인정한다. 이 장면은 『규염객전』에서 힌트를 얻은 것이다.

양우생은 무협소설에 '무'와 '협'이 있다고 한다. '무'는 일종의 수단이며 '협'은 목적이다. 무력이라는 수단을 통하여 협의俠義라는 목적을 달성하는 것이다. 따라서 협이 가장 중요한 것이며 무는 부차적인 것이다. 무공은 전혀 없어도 상관없지만 협이 없어서는 안 된다. 양우생의 이러한 견해에 따른다면 『규염객전』은 '협은 있되 무는 없는' 무협소설이라 할 수 있다. 이 작품은, 최근의 협기俠氣는 적고 비기匪氣만 충만하여 그저 자극적인 것만 추구하는, 무는 있으나 협은 찾아볼 수 없는 소설들과는 큰 차이가 있다. 혹자는 무는 있으나 협은 없는 이런 소설을 다음과 같은 하나의 공식으로 귀결지어버린다.

1. 정신상태가 불건전한 인물이 남보다 잘난 영웅이 되기 위해,
2. 갖은 굴욕을 견디며 무공을 닦는다.
3. 그런 다음 그는 사방으로 고수들을 찾아다니며 결투를 신청하고,
4. 만나는 사람마다 마구 죽여버린다.
5. 동시에 수많은 여자를 유혹하여 무절제한 관계를 맺는다.
6. 그러다 보니 애정 싸움과 무예 대결에서 늘 좌절을 맛본다.

7. 그의 정신적인 병폐는 더욱 심해지고,

8. 그에 따라 무공도 더 지독하게 연마한다.

9. 그의 손에 죽는 자는 더욱더 늘어나고, 피비린내가 갈수록 진해진다!

위와 같은 공식에 따라 '제조'된 무협은 살인광과 색골의 전형이 된다. 이런 식의 무협소설은 선정적이고 폭력적이어서 읽으면 읽을수록 자극적이다. 그러나 근본적으로 정의와 협기가 부재하기 때문에 아무리 자극적이라도 소금물로 갈증을 달래는 것과 같이 항상 저질이란 평가를 면치 못한다.

칼 그림자 속의 풍아함;
박학다식함의 묘미

김용의 무협소설은 풍부한 지식을 바탕으로 스토리 전개가 다양할 뿐만 아니라, 칼과 검이 번뜩이고 피비린내가 코를 찌르는 가운데서도 우아한 필치가 돋보인다. 특히 의술과 술, 그림과 바둑, 불경과 도교 경전, 음악과 희곡에 관한 이야기들이 자유자재로 구사되어 곳곳에서 빛을 발하고 있다. 독자들은 바로 이 때문에 감탄을 금치 못하고 그의 작품 속으로 빠져들게 된다.

김용의 친구들 말에 따르면, 실제 김용은 결코 주량이 센 사람이 아니며 술을 그리 즐기는 편도 아니다. 그런 그가 『소오강호笑傲江湖』에서 술에 대해 묘사하면서 다양한 술의 종류를 소개하고 그 맛을 평가하기도 한다. 독자들은 술에 대한 그의 해박한 지식에 감탄하며 그를 이 방면의 대가로 여길 수밖에 없게 된다. 알다시피 『소오강호』의 영호충令狐冲은 술 마시는 것을 좋아하는 인물이다.

그러나 그는 본래 주도를 전혀 몰랐다. 그런 그가 낙양 뒷골목의 대나무집에서 녹죽옹綠竹翁이 비파와 술에 대해 이야기하는 것을 듣고는 그 방면에 눈을 뜨게 된다. 그도 이 일을 두고 평생에 아주 유쾌한 일이라고 여겼을 정도다. 책 중에 다음과 같은 말이 나온다.

녹죽옹의 주량은 그다지 세지는 않았지만, 그가 갖추고 있는 술은 최고품이었다. 그는 주도에 대해 해박했고, 천하의 좋은 술에 대해서도 그 내력을 훤히 꿰고 있었다. 뿐만 아니라, 그 생산지와 묵은 정도를 맛만 보고도 금방 알아냈다. 영호충은 여태껏 듣도 보도 못한 많은 것들을 알게 되었다. 비파에 대해서도 배웠지만 그보다는 술에 대해 많은 것을 배우고는 술에도 학문이 있다는 사실을 깨달았다. 그리고 그것은 검도나 비파의 이치에 비해 조금도 손색이 없는 것이었다.

김용은 이 장면에서 짐짓 개괄적인 이야기로 잔뜩 뜸을 들여놓고 정작 궁금한 대목은 자세하게 기술하지 않았다. 그것은 훗날 영호충이 서호西湖 매장梅莊에서 단청생丹靑生을 만나 술을 논하는 장면을 위해 복선을 깔아놓자는 의도에서였다.

영호충이 매장에 도착할 무렵, 그는 이미 천하 미주의 내력과 맛, 그리고 빚고 저장하는 법에 대해 훤히 꿰고 있는 상태가 되어 있었다. 그래서 단청생의 술 창고에 들어서자마자, 냄새만으로 삼과두三鍋頭·백초주百草酒·후아주喉兒酒란 세 종류의 이름난 술이 있다는 사실을 알아낸다. 그러고는 다시 나무통에 밀봉되어 있는 투루판의 포도주를 알아냄과 동시에, 맛을 본 다음 그 포도주가 네 번 거르고 다시 네 번 빚은 것으로 이미 120년 묵었다는 사실을 이야기한다. 한술 더 떠 120년 된 술이긴 하지만 그 맛은 마치 12~13년밖에 안 된 것처럼 마실수록 새로운 맛 속에서 오랜 맛이 느껴지며, 그 오랜 맛 속에서 새로운 맛이 느껴지는 별미를 갖고 있다는 사실도 알아낸다.

사실, 단청생이 이 술을 얻었을 당시는 세 번 거르고 다시 세 번 빚은 120년 묵은 오랜 술이었는데, 12년 전에 제조법에 따라 다시 한 번 거르고 빚었던 사실이 있었기 때문에 이런 맛이 나게 된 것이다. 단청생은 자신만 알고 아무에게도 그 사실을 알리지 않았는데 뜻밖에 영호충에게 이 사실을 들켜버렸다. 영호충은 또 단청생에게 무더운 여름날 음빙진飮冰鎭 포도주의 기막힌 맛을 이야기하는데 고개가 절로 끄덕여지고 군침이 돌게 만든다.

영호충의 술에 대한 이론이 이미 사람들을 감탄시킬 경지에 접어들었다고 한다면, 조천추祖千秋의 술잔에 대한 해박한 지식은 영호충보다 한 수 위라 말할 수 있다. 그는 영호충이 좋은 술을 뚝배기 같은 평범한 잔에 따라 마시려 하는 것을 보고 좋은 술은 그렇게 마시는 것이 아니라고 고개를 설레설레 젓고는 다음과 같이 자신의 주도를 늘어놓는다.

자네처럼 그렇게 술을 아무 데나 따라 마시면 주도가 형편없다고 이를 만하지. 암, 그렇고말고. 음주는 반드시 술잔을 따져야 해. 무슨 술을 마시느냐에 따라 무슨 술잔을 사용할 것이냐를 결정해야 한단 말씀이야.

이렇게 말한 다음 조천추는 아홉 종류의 이름난 술을 거론하고 일일이 자세한 설명을 곁들인다. 원작의 멋이 다소 떨어지긴 하겠지만 그가 한 말을 간추려서 아래에 인용해본다.

분주汾酒(산서성의 명주)를 마실 때는 당연히 옥배玉杯를 사용해야지. 당나라 시인이 한 말도 있지 않은가. "옥잔에 호박빛을 가득 담아온다"고. 옥배와 옥잔은 술의 빛깔을 한층 높여주지. 그리고 이 관외백주關外白酒는 술 맛이 아주 기가 막히지. 그러나 안타깝게도 향이 너무 독해. 그래서 물소의 뿔로 만든 잔에다 따라 마시는 것이 가장 좋지. 그러면 그 맛이 기막혀! 옥잔은 술의 빛깔을 높이고 뿔잔은 술의 향기를 높인다는 사실을 꼭 기억해둬. 고인古人들은 결코 우리들을 속이지 않았지. 포도주는 당연히 야광배夜光杯에다 마셔야 그만이야.

옛사람의 시에 "향기롭고 맛있는 포도주는 야광배요"란 구절도 있잖은가. 그리고 이 사실도 알아야 해. 좋은 포도주는 그 색이 새빨간 홍색을 띠기 때문에 우리같이 수염 난 남자에게는 호기가 부족함을 면할 수 없지. 좋은 포도주는 야광배에다 가득 따르면 술 빛깔이 선혈과 같이 붉어지기 때문에 마치 피를 마시는 것과 같지. 악무목岳武穆도 "장사의 뜻은 주리면 오랑캐의 살로 배를 채우고, 웃으며 떠들 때는 흉노의 피로 갈증을 달랜다"고 하지 않았던가! 얼마나 기개가 넘치는가.

고량주도 있지. 이 술이야말로 가장 오래된 술이지. 전설시대인 하우夏禹 때 의적儀狄이란 친구가 이 술을 바치니 우 임금이 맛을 보고는 고량주라 했다고 하지. ……그러니 이 고량주를 마실 때는 청동 술잔을 사용해야 본래의 뜻을 살리게 되는 셈이야. 쌀로 빚는 미주米酒에 대해 알아볼까? 좋은 미주는 그 맛이 아름답지만 다만 좀 달착지근한 게 흠이라면 흠이지. 담백하게 마시려면 큰 바가지에 가득 담아 마셔야 제 맛이 나!

이 백초주는 백 가지 풀을 뜯어 좋은 술에 담가 만들기 때문에 향기와 맛이 맑지. 마치 봄날 야외에 나온 것처럼 마시기도 전에 사람을 취하게 만들지. 이 술은 오래된 등나무로 만든 잔에다 마셔야 제 맛이 나. 백년 묵은 등나무를 다듬어 잔을 만들고 거기에다 이 술을 부어 마시면 향기가 한결 진하다네.

그리고 이 소흥장원홍紹興壯元紅을 마시려면 반드시 고풍스런 자기瓷器 술잔이 제격이야. 북송 때의 자기 잔이 제일 좋고, 남송의 자기 잔도 괜찮지. 기상이 쇠락한 것이 마음에 걸리지만, 원나라 시대 자기 술잔도 그런대로 조야함을 면할 수 있다네.

자, 이 이화주梨花酒는 어떨까? 비취잔, 그래 비취잔이 제격이야. 백낙천白樂天의 시 「항주춘망杭州春望」에 보면 "붉은 비단 소매에 감잎을 휘감으며, 푸른 깃발 나부끼는 주막으로 이화주를 쫓아간다"는 구절이 있지. 생각해보라고. 항주杭州의 이 술을 파는 주막에는 비취색이 뚝뚝 흐르는 듯한 푸른 깃발을 꽂아놓고 있지 않던가. 바로 이 이화의 정신을 반영하고 있는 것이야. 그러니 이화주는 비취잔에다 마셔야지, 암!

이 옥로주玉露酒는 어떨까? 물론 유리잔이야. 옥로주 안에는 마치 구슬과 같은 미세한 기포가 생기지. 그렇기 때문에 투명한 유리잔에 따라 마시면 그 아름다움이 한결 돋보일밖에.

　참으로 친절하게도 진기한 사실을 세세히 설명하여 읽는 이로
하여금 술을 마시지도 않았는데 저절로 취하게 만들고 있다. 술과
술을 담는 술잔 사이에 대단한 학문이 있는 것처럼 느껴져, 이 말
을 듣고 있는 소설 속의 주인공 영호충뿐만 아니라 독자도 무릎을
치고 감탄하게 만든다.

　술이나 술잔을 논하는 장면 외에도 김용은 음률과 서화를 비롯
하여 바둑·의약·수학 등에 대해서도 작품 속 인물의 입을 빌려 자
신의 박학다식함을 뽐내고 있다.

　『소오강호』에서 녹죽옹이 음악의 율律과 오음五音 및 오조五調
를 이야기하는 장면, 곡양曲洋과 유정풍劉正風이 「소오강호곡」을
이야기하고 또 막대선생莫大先生의 호금곡조胡琴曲調에 대해 평가
하는 장면, 향문천向問天이 바둑을 이야기하는 장면, 독필옹禿筆翁
이 서법을 이야기하는 장면 등등이 모두 독자들로 하여금 마치 예
술의 전당에 들어와 있는 듯한 착각을 불러일으킬 정도로 아름다
움을 만끽하게 한다. 독자들은 이 정교하고도 독특한 묘사로부터
시야를 넓혀 옛 비파곡인 「벽소음碧嘯吟」의 드넓은 공간과 「유소사
有所思」의 면면함과도 접촉할 수 있고, 북송 시대의 명화 「계산행려
도谿山行旅圖」의 필묵의 운치와 웅혼한 기세를 감상할 수도 있다.
그런가 하면 '난가보爛柯譜'와 '구혈보嘔血譜'와 같은 진기한 바둑
기보와 장욱張旭의 '솔의첩率意帖', 회소懷素의 '자서첩自敍帖'과 안
노공顔魯公(안진경顔眞卿)의 '배장군시裵將軍詩' 등과 같은 당나라

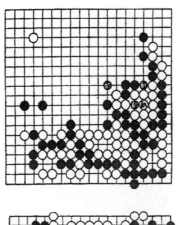

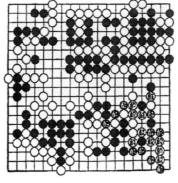

○ '구혈보'와 '난가보'

서법을 알아볼 수도 있다.

김용은 박학다식함과 깊은 사색을 통해 중국 전통문화와 무학을 한데 녹여 참신한 무공을 많이 창조해냈다. 그의 작품에 나오는 '강남사우江南四友'는 글·그림·음악·바둑을 좋아하는 인물들이다. 그들은 자신들이 각각 좋아하는 네 가지 기예를 무공으로 연결

○ '배장군시'

시키고 있다. 황종공黃鐘公은 비파 소리로 적을 굴복시키는 '칠현무형검법七絃無形劍法'을 창조했으며, 단청생은 서화 기법을 무공에주입시켜 '발묵피마검법潑墨披麻劍法'을 만들어냈다. 한편 독필옹은 판관필判官筆[36]을 무기로 삼아 석고문필石鼓文筆의 뜻과 안진경의 필치에 의거해 '석고타혈필법石鼓打穴筆法'과 '배장군시필법'을만들어냈고, 흑백자黑白子는 무공을 창조해내지는 않았지만 바둑

---

36 모양이 붓과 같은 짧은 고대 무기의 일종으로 일명 장원필壯元筆이라고 한다. 붓
자루 중간에 둥근 고리가 달려 있는데, 사용 시에는 중지를 둥근 고리에 끼우고
양끝으로 공방의 동작을 취한다.

돌을 무기로 삼고 바둑 용어로 초식을 만들어냈으니 역시 출중하다 하지 않을 수 없다.

또한 그는 바둑을 좋아했는데 반상에서 대마를 잡는 장면에 대한 묘사는 대단히 흥미진진하여 결코 아마추어 수준으로 볼 수 없다. 서법에 대해서도 그 자신은 "전혀 아는 바가 없다"(『천룡팔부』 후기)고 하지만, 작품에 대한 평을 보면 그런 것 같지만은 않다. 그 방면에 관한 공부가 결코 적지 않았음을 알 수 있다. 그는 독필옹의 입을 빌려 장욱의 '솔의첩'을 이렇게 평하고 있다.

보라고, 이 '솔의첩'을 보면 그가 왕년에 술을 마시며 붓을 휘두르던 모습을 상상할 수 있지. 아하! 정말 천마가 하늘을 가로질러 나는 것처럼 세속에 얽매임이 없어. 훌륭해, 훌륭해!

한유韓愈가 장욱을 평가하길 "기쁨과 노여움과 곤궁함 그리고 근심과 슬픔과 즐거움, 원한과 그리움에 더하여, 거나하게 취하여 무료해지다가도 불편한 마음이 일면 초서草書를 통하여 밖으로 발산했다"고 했지. 이는 마치 우리 같은 사람이 마음에 불평이 일면 마구 초서를 휘갈기듯 검을 휘두른다는 뜻이니 이 또한 통쾌하지 아니한가!

그는 독필옹이 붓을 휘두르며 싸우는 장면에서는 무공과 서법을 한데 섞어 표현하고 있는데 아주 이채롭다. 그중 한 장면을 보자.

독필옹이 큰 붓을 휘둘러 영호충의 왼쪽 볼에 연속 세 번 점을 찍었다. 바로 '배裵'자를 처음 쓸 때 찍는 왼쪽 점 3획이었다. 그러나 이 세 점은 허초虛招였다. 곧장 붓을 높이 들어 위로부터 아래로 한 획을 그어 내리는데, 영호충은 장검을 뻗어 기선을 제압하며 빠르게 그의 오른쪽 어깨를 찔러갔다. 독필옹은 어쩔 수 없이 붓을 가로로 하여 그 공격을 막으니 영호충의 장검은 이미 거두어졌다.

두 사람은 무기를 서로 맞부딪치지 않는 허초를 서로 교환하고 있었다. 그러나 독필옹의 '배장군시필법' 제1식은 반 초만 구사한 것으로 초식 전부를 구사할 수 없었다. 그는 큰 붓을 허공을 향해 찌르듯 세워 제2식을 구사했다. 영호충은 자기 붓이 뾰족하게 서기 전에 장검으로 선제공격했다. 독필옹은 즉각 붓을 휘돌려 막았고 영호충은 장검을 또 거두어들일 수밖에 없었다. 독필옹의 이 제1식도 반 초만 구사된 것이었다.

……그는 고함을 크게 지르며 필법을 변화시켰다. 이제는 때맞추어 그렇게 멋대로 흘러가는 필법이 아니라 강하고도 묵직한 필치였다. 붓끝은 각이 져 검을 뽑고 활을 당기는 듯한 '뇌락파책磊落波磔'의 필법으로 전개되고 있었다. 영호충은 이 필법이 촉한의 대장군 장비張飛가 쓴 '팔몽산명八濛山銘'에서 그 뜻을 따온 것이라는 사실을 몰랐다. 그러나 그는 이 필법이 그 전과는 크게 다르다는 사실은 알 수 있었다. 영호충은 상대방이 구사하는 초식이 어떤 것인지 몰라, 한참 판관필의 움직임을 관찰한 다음 그 허점을 향해 공격해나갔다. 독필옹은 큰 소리로 웃으며 공격을 받고 다양하게 초식을 펼치는데 어떤 변화가 되었든 간에 반 초만 구사하고 초식 전체는 구사하지 않았다. 독필옹의 필법은 또 '회소자서첩' 중의 초서로 변하여, 종횡으로 방향을

종잡을 수 없이 번득이며 영호충을 압박해 왔다. 그러면서 독필옹은 속으로, '회소의 초서는 본래 난해하여 분별해내기 힘들지. 거기에 내가 몇 획을 더 보태 이 어린 친구로 하여금 내가 창안한 광초狂草라는 사실을 모르게 해야지'라고 생각했다.

……독필옹의 이 광초 역시 반 초만 구사되었다. 그러다 보니 독필옹의 심중에 갈수록 울화가 쌓여 돌연, "그만, 그만 싸우자!"라고 고함을 지르며 싸움을 끝내고 말았다.

그 후 단청생의 술을 생각해내고는 석판 위에 술을 엎지른 다음 붓을 적셔 하얀 벽에다 '배장군시'를 써내려갔다. 도합 스물석 자인데 글자 하나하나마다 정신이 충만했고, 특히 '여如'자는 벽을 깨고 날아갈 것 같았다. 독필옹은 글을 다 쓴 후 한숨을 내쉬더니, 돌연 "하하하" 하며 크게 웃어젖혔다. 그리고 벽 위의 피같이 붉은 색의 글자를 감상하더니 "좋아! 내 평생에 이 글씨가 가장 마음에 드는군" 하며 기뻐했다.

……독필옹은 자신이 쓴 글씨를 바라보고는 자화자찬을 늘어놓았다. "노공 안진경이 다시 살아난다 해도 이만큼은 쓰지 못할 것이야."
그러고는 영호충을 돌아보고 "이봐, 형제! 자네가 워낙 세차게 몰아붙이는 바람에 나의 충만한 필법을 다 펼칠 수 없었는데, 돌연 손끝에서 힘이 솟아 이렇게 전대미문의 걸작을 남겼군. 자네의 검법도 좋았고 나의 글씨도 좋았으니 각자의 장점이 있다고 할 수 있겠지. 무승부인 셈인가?"라며 웃었다.

이 장면의 묘사는 운치가 넘쳐흐르고 있어 김용의 공력이 얼마나 대단한가를 볼 수 있다. 무림 고수의 무시무시한 결투 장면에 서예가가 한가롭게 글씨를 써내려가는 모습이 절묘하게 끼어들어 있으니 일찍이 이런 예는 없었다.

김용은 '행운유수처럼 마음 가는 데로 흘러가는' 검법을 최고로 치고 있는데, 사실 그의 소설 필법도 이와 마찬가지다. 작가의 가슴속에 수많은 지식과 학문적 소양이 없었다면 이렇듯 마음먹은 대로 붓을 휘두를 수는 결코 없었을 것이다.

김용은 의사도 아니고 수학자도 아니지만 중국 의학과 수학에 대해 꽤 연구를 한 것 같다. 그는 『사조영웅전射雕英雄傳』에서 영고瑛姑와 황용黃蓉이 어려운 수학 문제를 푸는 장면을 그리고 있으며, 『의천도룡기倚天屠龍記』에서는 호청우胡靑牛가 약으로 병을 치료하는 장면을 아주 생생하게 묘사하고 있고, 『소오강호』에서는 평일지平一指가 칼로 수술하는 장면을 묘사하고 있다. 그런가 하면 『비호외전飛狐外傳』에는 정영소程靈素가 독으로 악한 자를 응징하는 장면이 나오기도 한다. 모두가 이치에 맞아떨어지고, 어찌나 실감 나는지 감탄사가 절로 나온다.

한 폭의 그림이 무협소설이 되다

김용은 『협객행俠客行』 뒤에다 청나라 때의 유명한 인물화가인 임
웅任熊(자는 위장渭長)이 그린 「삼십삼검객도三十三劍客圖」를 부록
으로 붙였다. 이 그림은 모두 33폭인데 『검협전劍俠傳』 중의 고사를
근거로 그린 것이다.

『검협전』은 두 권으로 구성된 책이다. 총 33편의 고사를 당·송나
라 때의 전기소설에서 발췌하여 수록한 것으로 인구에 널리 회자
되었다. 『사고전서총목四庫全書總目』에는 이 작품이 자부子部 소설
가류로 분류되어 있다. 거기에 보면 "옛 본은 당나라 때 사람이 편
찬했다고만 되어 있고 이름은 밝혀져 있지 않다. 명나라 오관吳琯
의 『고금일사古今逸史』 중에는 당나라 때의 검협에 관한 이야기가
기록되어 있는데, 『태평광기太平廣記』 196권에 실린 호협 4권의 문
징과 모두 같다"고 되어 있다. 여가석余嘉錫은 『사고제요변증四庫提

要辯證』에서 명나라 사람 왕세정王世貞이 편찬한 책이라고 밝혔다.

임웅이 그린 『삼십삼검객도』는 붓의 터치가 고고하여 진노련陳
老蓮[37]의 화풍을 연상케 할 뿐만 아니라, 진노련의 「고사도高士圖」나
「선현도先賢圖」와 함께 세상에 널리 이름을 떨치고 있다.

김용은 「삼십삼검객도」[38]에 근거하여, 자신만의 장인정신을 교묘
하게 발휘하여 그림을 글로 바꾸어놓았다. 그가 써낸 33편의 글은
그림 속의 인물들에 얽힌 이야기를 다소 길거나 짧은 고증과 평으
로 서술한 것이다. 「규염객」 「섭은낭」 「홍선전」 「곤륜노崑崙奴」 네 편
은 원문을 그대로 수록하여 원문의 운치를 그대로 보존하고 있지
만, 나머지는 현대 중국어로 번역했다.

위에서 언급했다시피 『검협전』과 「삼십삼검객도」의 편목은 완전
히 일치한다. 다만 편목의 제목이 다소 차이가 있을 뿐이다. 그런데
그중에서도 네 편은 특별히 몇 마디 덧붙이지 않을 수 없다. 왜냐하
면 김용의 「삼십삼검객도」에 딸린 각 편의 문장은 김용이 그림을 토
대로 당·송 시대의 필기나 잡록을 뒤져 쓴 것인데, 『검협전』은 입
수하지 못한 것 같다. 그래서인지 스물한 번째 그림인 「사행자寺行

---

37 청나라 화가 진홍수(陳洪綬)를 가리킨다. 노련(老連)은 그의 호다.

38 『검협전』의 편목은 다음과 같다(괄호 안은 「삼십삼검객도」 중의 편명이다). 1.老
人化猿(趙處女) 2.扶餘國王(虬髯客) 3.嘉興繩技(繩技) 4.車中女子 5.僧俠(汝州僧)
6.西京店老人(京西店老人) 7.蘭陵老人 8.盧生 9.聶隱娘 10.荊十三娘 11.紅綫 12.田
膨郞(王敬宏僕) 13.崑崙奴(崑崙磨勒) 14.許寂(四明頭陀) 15.丁秀才 16.潘將軍(紉針
女) 17.宣慈寺門子 18.李龜壽 19.賈人妻 20.虬髯叟(淮揚河街上叟) 21.韋洵美(寺行者)
22.李勝 23.乘崖劍術(張忠定) 24.秀州刺客 25.張訓妻 26.潘扆 27.洪州書生 28.義俠
29.任願(靑巾者) 30.花月新聞(淄川道士) 31.俠婦人 32.解洵娶婦(解洵婦) 33.郭倫觀燈
(角巾道人)

者」와 그다음 그림인 「이승李勝」의 출처는 조사되어 있지 않았다. 그러다 보니 자연 그 이야기의 내용도 빠질 수밖에 없었다. 그리고 스물세 번째 그림인 「장충정張忠定」과 마지막 그림인 「각건도인角巾道人」의 이야기도 원문과 맞지 않는다. 그래서 필자가 이 네 편의 이야기를 아래에 소개하여 김용이 빠뜨린 부분을 보완하고자 한다.

「사행자」는 『검협전』에서는 「위순미韋洵美」란 제목으로 나온다. 송나라 때 무명씨가 지은 『등하한담燈下閒談』이 원전이다.

그 내용을 보면, 위순미는 오나라(907~923년) 후량後梁 개평開平 연간에 과거에 응시하여 업도종사鄴都從事로 임명된다. 업왕 나소위羅紹威는 위순미가 사랑하는 여자 소아素娥가 미모와 재능을 겸비한 인물이란 것을 듣고, 사람을 보내 비단 200필과 가축 등을 위순미에게 주며 소아를 자신에게 넘기라는 뜻을 넌지시 전했다. 힘이 없는 위순미는 하는 수 없이 소아를 화장시켜 나소위에게 넘겨주었다. 그 후 위순미는 너무도 한스러워 업도로 부임할 생각을 버리고 그날 밤 강을 건너 떠나버렸다. 도중에 날이 저물자 어느 이름 모를 절에 묵게 되었다. 잠을 이루지 못한 채 위순미는 "아! 누가 이 억울함을 해결해준단 말인가!" 하며 한숨만 쉬고 있었다. 이때 절에서 잡일을 하고 있는 한 행자가 위순미의 하소연을 듣고는 문을 열어 "선생, 무슨 억울한 일이라도 있소이까?"라고 물었다.

위순미는 자신의 처지를 말해주었다. 행자는 위순미의 말을 다 듣고는 말없이 어디론가 가버렸다. 삼경이 되었을까. 갑자기 가죽 자루 하나가 위순미가 자는 방으로 던져졌다. 위순미가 그 자루를 열어보니 사랑하는 여인 소아가 있지 않은가. 이튿날 위순미는 감사의 말을 전하려고 행자를 찾았다. 그러나 그 절의 주지가 하는 말이, 그 행자는 지난 30년 동안 종을 치는 일을 해왔는데 오늘 아침 무렵 어디론가 가고 보이지 않는다는 것이었다. 위순미는 하는 수 없이 소아와 함께 또 다른 곳으로 피신할 수밖에 없었다. 이 절의 행자는 자신의 막강한 무공을 숨긴 채 30년 동안 종을 치는 잡일을 하며 살아왔던 것이다.

김용의 『천룡팔부天龍八部』를 보면 절세의 무공을 지니고도 소림사少林寺에서 잡역을 하며 살아온 청포노승靑袍老僧이 나오는데, 그가 이와 비슷한 경우다.

'이승'은 송나라 사람 오숙吳淑의 『강회이인록江淮異人錄』에 나온다. 이승은 일찍이 홍주洪州(지금의 강서성 남창시) 서쪽 산으로 놀러 갔다가 처사處士 노제盧齊 등 대여섯 명과 눈 오는 밤에 어울려 술을 마시게 되었다. 술자리가 무르익을 즈음 한 사람이 "눈이 이렇게 쏟아져 내리니 정말 밖으로 나가긴 다 틀렸군" 하고 말했다. 그러자 이승은 "어딜 가고 싶으신가? 내가 나갔다 올 테니"라고 응수했다. 그러자 그 사람이 "성자진星子鎭에 있는 책 몇 권만 갖다줄 수 있겠소?"라고 물었다. 이승은 그러겠노라고 대답하고는 문을 열고 나갔다.

이윽고 이승은 책을 끼고 돌아왔는데 그때까지 술자리는 아직 끝나지 않았다.

성자진과 홍주는 300리 정도 떨어져 있었으니 이승이 무슨 신기한 재주로 그렇게 빨리 갔다 올 수 있었단 말인가?

이승은 또 언젠가 한 도관道觀에서 웬 도사에게 불손한 대우를 받은 적이 있었다. 이승은 이 도사가 악질이라는 것을 알고는 무고하게 죽일 수는 없지만 적어도 그자를 혼내어 징계할 필요는 있다고 생각했다. 하루는 도사가 방에서 자고 있었는데 이승은 동자를 시켜 도사가 자는 방문을 두드려 깨우게 하고, 이 선생이 자기 비수를 가져오란다고 시켰다. 도사가 일어나 머리맡을 보니, 난데없는 비수 한 자루가 베개 옆에 꽂혀 아직도 바르르 떨고 있었다. 혼비백산한 도사는 이승의 행동임을 알고는 더 이상 감히 이승에게 무례할 수 없었다.

임웅은 이 검객도에 '살인하는 것 또한 진정한 무武가 아니니, 황차 두려움을 알게 한다'고 썼다. 이 말은 이승이 도사를 혼낸 내면의 세계를 표현한 것이다.

이승은 짧은 시간 안에 300리를 왕복할 만큼 경공이 절세였으니 신행神行이라 할 만하다. 또 자신에게 무례를 범한 도사를 함부로 죽이지 않고 그저 겁을 주어 징벌한 것은 자못 분별력이 있다고 하겠다.

「장충정」은 『검협전』에서의 제목이 「괴애검술乖崖劍術」이다. 출처는 송나라 사람 하원何薳이 지은 『춘저기문春渚紀聞』이다. 장충정은 장영張詠으로, 스스로를 괴애乖崖라 부른 북송 때의 유명한 신하다. 정치 분야에 많은 공적을 세워 죽은 후 충정忠定이란 시호를 받았다.

「괴애검술」의 한 부분을 보자. 축순유찰원祝舜兪察院의 백조伯祖 축은거祝隱居는 장괴애의 거처와 가까운 곳에 살았는데, 두 사람은 친분이 매우 두터웠다. 장괴애의 시집 첫 두 수의 제목이 '기축은거

寄祝隱居'인데, 축은거의 동쪽 담장에는 대추나무가 자라 키가 아주 컸다. 하루는 장괴애가 대추나무를 가리키며 축은거에게 느닷없이 말했다. "이 대추나무를 나한테 줘도 아깝지 않겠지?"

축은거는 좋다고 했다. 장괴애는 천천히 오른손을 뻗어 왼쪽 옷자락 속에서 납작한 단검을 뽑아서는 단숨에 대추나무를 반으로 갈라버렸다. 축은거는 깜짝 놀라며 그런 기술을 어디서 배웠냐고 물었다. 장괴애는 자신의 검술은 진박노조陳搏老祖에게서 배운 것인데 여태껏 아무에게도 말하지 않았노라고 답했다.

또 하루는 장괴애가 복수濮水에 갔다가 집으로 돌아오는 중이었다. 길에서 한 서생을 만났는데 그 모습이 날렵했으며 노새를 타고 곧장 앞으로 다가오고 있었다. 장괴애는 내심 화가 치밀었다. 그런데 100보 정도 앞에서 서생은 길옆으로 비켜섰다. 장괴애는 서생을 향해 고개를 숙여 인사를 하며 이름을 물었더니, 다름 아닌 시인 왕원지王元之(우칭禹稱)였다. 장괴애가 길옆으로 비켜선 까닭을 물었더니, 왕원지는 "선생의 날 듯한 걸음걸이와 자태를 보니 보통 사람이 아니라는 것을 알 수 있었지요. 그래서 존경을 표하기 위해서 비켜선 것이지요"라고 답하는 것이 아닌가. 장괴애도 "처음 그대의 가벼운 자태를 보고는 속으로 화가 나서 양보할 생각이 없었소. 그런데 지금은 그렇지 않으니 나와 함께 마을로 가서 마음을 터놓고 마셔봅시다!"라고 말했다. 그래서 두 사람은 손을 잡고 집으로 돌아와 밤새 대작하며 마침내는 좋은 친구가 되었다고 한다.

장괴애의 검술은 정말로 고명했으나 성격이 매우 괴팍스러웠던 것 같다. 지나가는 사람을 보고는 그 모습이 가볍다 하여 속으로

◎ '장괴애'

화를 내고는 상대에게 '불리不利'하게 하겠다고 원문에 나와 있는데, 이 '불리'의 뜻이 분명치는 않으나 상대를 한바탕 징벌하겠다는 뜻을 포함하고 있음에 틀림없는 것 같다. 장괴애의 괴이한 기질과 알려지지 않은 일화는 김용이 「삼십삼검객도」에 많이 실어놓았으므로 이 정도로 줄인다.

「각건도인」은 『검협전』에서 「곽륜관등郭倫觀燈」이란 제목으로 나온다. 그 출처는 송나라 사람 홍매洪邁의 『이견지보夷堅志補』다.

경성京城에 곽륜이란 사람이 있었다. 정월 대보름날 밤 가족을 데리고 달구경을 갔다가 귀가가 좀 늦어졌다. 돌아오는 길에 좁은 골목을 지나게 되었는데, 10여 명의 불량배들이 노래를 부르며 왁자지껄하며 지나다 곽륜 일행과 마주치게 되었다. 이 악동들은 서로를 밀고 당기며 그 행동이 안하무인이었다. 그들은 아름다운 곽륜의 처를 보자 낄낄대며 희롱하기 시작했다. 그러나 이 악동들의 행패를 막을 힘이 없는 곽륜은 마음만 초조하고 난감한 채 어찌할 바를 몰랐다. 이 위기의 순간에 푸른 옷을 입고 머리에는 각건을 쓴 도사가 홀연히 나타나 악동들을 저지하며 "밤늦게 집으로 돌아가는 가족들에게 이 무슨 무례한 짓이냐!"라며 혼을 냈다. 이 말을 들은 악동들은 화를 내며 "우리가 우리끼리 장난치는데 거지 같은 도사가 무슨 참견이냐!" 하고 고함을 질렀다.

그러고는 우르르 몰려 도사를 에워싸고는 고함을 지르고 몰매를 가했다. 그 틈을 타 여자들은 자리를 피하고 곽륜만은 남아 있었다.

도사는 악동들이 자신의 충고를 듣지 않는 것을 보고는 크게 화가 나 "끝내 너희들 멋대로 하겠단 말이지? 오늘 내, 네 놈들 교육 좀 시켜야겠다!"고 호통을 쳤다. 말이 끝나기 무섭게 팔을 휘두르며 악동들과 어울려 한바탕 싸우기 시작했다. 도사는 어린애를 데리고 놀 듯이 기운의 절반도 쓰지 않는 것 같았다.

싸움이 끝나자 악동들은 죄다 땅바닥에 구르며 비명을 지르다 머리를 움켜쥐고는 쥐가 쥐구멍을 찾듯 줄행랑을 쳤다.

도사는 아무 일도 없었다는 듯 유유히 걸음을 옮겨 그 자리를 떠나려 했다. 곽륜은 황급히 도사의 뒤를 쫓아가 절을 올리고는 "소인과 선생은 평생 얼굴 한 번 대한 적이 없는데 이렇게 홀연히 나타나 위험에 처한 처자를 구해주셨으니, 정말로 선생은 귀인이십니다! 어떻게 선생의 은혜를 갚아야 할지 모르겠습니다"라고 말했다. 곽륜의 말에 도사는 "나는 본래 이런 일에 간섭하는 사람이 아니오. 그러나 지나가다 옳지 못한 일을 보고 의기 때문에 손을 좀 썼을 뿐이오. 나, 세상일에 대해 바라는 것은 아무것도 없소. 그러니 당신에게 무슨 보답을 바라겠소? 다만 한바탕 취했으면 좋겠소이다!"라고 말하는 게 아닌가.

곽륜은 이 말을 듣고 매우 기뻐 도사를 자신의 집으로 모셨다. 도사는 한바탕 통쾌하게 마신 후 이내 작별을 고했다. 곽륜은 어딜 가면 도사를 찾을 수 있냐고 물었다. 도사는 "나는 검객이지 세상의 보통 사람이 아니오"라고 대답했다. 말을 마치고는 잔을 내던지고 길게 읍을 한 후 몸을 돌렸다. 도사는 몇 발자국 걷다가 귓속에서 보검 한 자루를 꺼내더니 그 보검을 밟고 공중으로 날아가버렸다.

이 각건도사는 길에서 악동들이 나쁜 짓을 하는 것을 보고 그들을 막고 징벌을 가했으니 의협다운 행동이 아닐 수 없다. 다만 결말부분에 가서 귀에서 검을 꺼내고 그것을 타고 날아갔다는 것은 신기하고 괴이한 내용에 속한다. 사실 말미의 이 부분은 실패다. 인간 세상의 호협을 하늘나라의 검선으로 만들어버렸으니 신뢰성이 크게 떨어질 수밖에!

이 밖에 '수주자객秀州刺客'은 『검협전』이 송나라 사람 나대경羅大經의 『학림옥로鶴林玉露』에서 따온 것이다. 그런데 김용의 「삼십삼검객도」에 인용된 문장은 『송사宋史』 「장준전張浚傳」에서 따왔다. 두 문장의 내용이 서로 같긴 하지만 역사서인 『송사』의 서술은 비교적 평이하여 필기체 문장인 『학림옥로』의 생생한 표현을 따르지는 못한다. 그래서 『학림옥로』 중 「수주자객」의 원문을 초록해서

⊙ '각건도사'   ⊙ '수주자객'

비교하겠다. 괄호 안의 구절은 원문에는 있으나 『검협전』에는 생략
되어 있다.

묘부苗傅와 유정언劉正彦이 난을 일으킬 무렵 장위공張魏公은 수주
에서 왕에게 군사를 일으킬 것을 권했다. 어느 날 밤, 하인들도 모두
잠들고 장위공 혼자 방에 앉아 있었다. 홀연히 칼을 쥔 자가 등잔불
뒤에 서 있었다. 공은 그가 자객임을 알고는 천천히 물었다.

"묘부와 유정언이 나를 죽이려고 보냈더냐?"

"그렇소"

공이 말했다.

"그렇다면 무얼 주저하는가? 내 목을 가져가면 될 터인데."

자객이 말했다.

"소인도 글을 아는데 어찌 도적에게 이용당하겠습니까? 하물며 공이 이렇듯 충의로우신데 제가 어떻게 공을 해친단 말입니까? 저 말고 다른 자객이 올지도 몰라 방비가 허술한 것을 알리러 온 것입니다."

공이 물었다.

"재물이 필요한가?"

자객이 웃으며 "공을 죽이면 어디 재물뿐이겠습니까?"라고 답하고는 이어서, "늙으신 어머님이 하북에 계시기 때문에 더 이상 머무를 수 없습니다"라고 말했다.

공이 이름을 물었지만 엎드려 대답하지 않고 옷매무새를 가다듬고는 지붕으로 뛰어올라 가는데 소리 없이 밝은 달빛 속으로 사라졌다.

(이튿날 공은 사형수 하나의 목을 베고는 "간밤에 첩자 하나를 잡았다"고 말했다. 공은 훗날 하북에 가서 그를 찾았으나 찾지 못했다. 이 어찌 저예鉏麑[39]보다 현명하지 않은가! 누가 세상에 이렇듯 기이한 남자가 없다고 말하는가? 자못 당나라 검객류에 가깝다.)

---

39 저예는 춘추시대 진나라의 역사였는데, 진나라 영공(靈公)이 조순(趙盾)을 죽이라고 그를 보냈으나 차마 손을 쓰지 못하고 정원의 회화나무에 목을 매 자살했다고 한다.

시와 가사로 운치를 자아내다

양우생의 무협소설을 읽노라면 그가 중국 고전 시나 가사의 영향을 비교적 깊게 받고 있음을 느낀다. 그의 작품에 보이는 회목回目은 대체로 평범하면서도 공을 많이 들인 흔적이 보이는데, 운치가 강한 것도 있고 시정이 충만한 것도 있다. 몇 가지 예를 감상해 보자.

천하에 지기知己가 적음에 한숨짓고	太息知交天下少
신세를 한탄하니 눈물 자국만 얼룩진다.	傷心身世淚痕多
먼 하늘을 쳐다보니 수심만 깊어가고	望極遙天愁黯黯
안중眼中의 봉래도는 길이 아득하구나.	眼中蓬島路漫漫

이것은 『운해옥궁연雲海玉弓緣』의 한 회목이다.

빙설의 선인仙人 자태, 긴 노래로 협기를 씻고   冰雪仙姿長歌消俠氣
바람과 번개의 붓 끝에 산하가 그려진다.   風雪手筆一畫卷河山
검기劍氣는 무지개처럼 20년이 몽환이요,   劍氣如虹廿年眞夢幻
부드러운 정은 물과 같아 한번 웃음에   柔情似水一笑解恩仇
은원을 해소한다.

이것은 『평종협영록』의 회목이다. 그리고 다음은 『칠검하천산七
劍下天山』의 회목이다.

목야牧野에 내린 서리,   牧野飛霜
벽혈碧血과 금빛 창은 천고의 한이요   碧血金戈千古恨
빙하에 검을 씻고,   冰河洗劍
푸른 도롱이에 철마鐵馬 탄 일평생이 시름겹다.   青蓑鐵馬一生愁

이상의 회목들은 대구가 잘 짜여 있고 시적인 의미가 고상하다.
자세히 보면 분위기를 잘 파악하여 삼매경에 빠질 줄 아는 사람이
아니면 이를 수 없는 경지라는 느낌이 든다. 그중에서도 '목야에 내
린 서리……' '빙하에 검을 씻고……'와 같은 대목은 작가의 특별
한 감회를 표현한 것일 가능성이 크다. 왜냐하면 그 단어들은 그의
두 작품, 즉 『목야유성牧野流星』과 『빙하세검록冰河洗劍錄』의 일부
분을 이루고 있기 때문이다.

양우생은 자신의 작품에 고전 시가를 즐겨 인용한다. 적당하다
고 생각되기만 하면 자주 끌어다 소설에 활용한다. 예컨대 『평종협

영록』에서 장단풍이 운뢰雲蕾를 가슴 아프게 사모하면서 난간을 가볍게 두드리며 낮은 목소리로 뇌까리는 대목이 대표적이다.

홀로 높은 누각에 기대이니 바람은 잔잔한데,	獨倚危樓風細細
이별의 시름은	望極離愁
참담하게 하늘 끝에서 피어오른다.	黯黯生天際
풀색과 산빛에 석양이 비추이고	草色山光殘照裏
난간에 기대인 마음 아무도 몰라.	無人會得憑欄意
소광도疏狂圖 그림을 앞에 놓고	也擬疏狂圖一醉
잔 잡아 권하며 노래 부르지만	對酒當歌
억지 즐거움은 도리어 흥이 없어	强樂還無味
의복과 허리띠가 헐렁해져도 후회없는데,	衣帶漸寬終不悔
그대는 남을 초췌하게 하는구려.	爲伊消得人憔悴

위의 시는 유영(柳永, 987?~1053?)의 「접련화蝶戀花」라는 가사다. 이 장면에다 장단풍의 쓰라린 심정을 옮겨 잘 대변하고 있다. 운뢰는 원수 집안의 딸로, 두 집안은 원한이 뼛속까지 사무쳐 두 사람이 합쳐지기란 하늘의 별 따기보다 더 어려웠다. 장단풍은 도저히 가망이 없다는 것을 알면서도 가슴 아프게 그리워하며 간절히 그녀를 원하다 초췌해진다. 그럼에도 끝내 포기하지 못하고 사모의 마음은 더욱 사무쳐만 간다. 따라서 이 가사가 그 장면에 들어간 것은 아주 적절하다 하겠다.

그런가 하면 장단풍과 운뢰가 8월 보름 달빛 아래에서 함께 말을 달리며 나누는 대화가 나온다. 두 사람 모두 소식蘇軾의 「영월사詠月詞」를 인용해가며 서로의 감정을 토로하는데 대단히 절묘하다.

장단풍은 말고삐를 당기며 웃는 듯 화를 내는 듯 이상야릇한 표정으로 운뢰를 돌아보았다. 몸과 마음이 마치 술에 취한 것 같기도 했다. 순간 8월 보름달을 읊은 수많은 미사여구들이 머릿속에 마구 떠올랐다.

운뢰가 말했다.

"오빠, 왜 그렇게 멍청하게 있어요?"

장단풍은 손가락으로 밝은 달을 가리키며 느릿느릿 말했다.

"다만 사람이 장구하기만 바랄 뿐, 천리 만리 함께 아름답구나."

그것은 소동파의 「수조가두水調歌頭」의 한 구절이었다. 운뢰는 그것을 받아 이렇게 읊었다.

"사람에게는 이별의 슬픔과 만남의 기쁨이 있고, 달은 차고 이지러짐이 있는데, 이는 예부터 온전하기 어려워요. 마지막 그 두 구절은 기억하지 말아요. 그리고 이 구절도요!"

말끝을 흐리는 그녀의 표정이 어두웠다.

장단풍은 본래 "다만 사람이 장구하기만 바랄 뿐, 천리 만리 함께 아름답구나"란 구절을 빌려 운뢰와 백년해로하며 잘 살기를 바라는 마음을 표현한 것이었다. 운뢰는 마음속으로 감동을 받았지만 자기 오빠인 운중雲重이 장단풍과의 결혼을 반대하면서 한 말이 생각나 "사람에게는 이별의 슬픔과 만남의 기쁨이 있고, 달은 차고 이지러짐이 있는데, 이는 예부터 온전하기 어렵다"란 구절을 인용하여 막막한 앞날과 예측할 수 없는 미래를 암시한 것이다. 아름다운 풍경을 즐기는

마음이라는 것이 자고로 온전히 지키기 힘들다는 사실에 두렵기조차
했던 것이다.

본래 감정이 풍부한 운뢰는 말을 끝낸 후 밀려오는 슬픔을 참을 수 없
었다.

위 장면에서는 소식의 가사가 앞뒤 바뀌어 있는데, 그것이 오히
려 두 사람의 심정을 아주 잘 나타내주고 있다.

옛사람의 시나 가사를 인용하는 것 외에 양우생은 등장인물들
로 하여금 직접 시나 글을 지어 그 자신의 심정을 나타내기도 한다.
『백발마녀전白髮魔女傳』[40]을 보면, 주인공 탁일항卓一航과 백발마
녀는 서로 깊이 사랑하지만 몇 차례의 오해로 인해 많은 우여곡절
을 겪는데, 두 사람의 애정관계가 작품이 끝나도록 결말이 나지 않
는다. 유감스럽기까지 한 이러한 결말은 상습적인 틀에서 벗어나 있
다. 결말 부분에서 탁일항은 홀로 천산타봉天山駝峯에 서서 처연한
심정으로 백발마녀가 은거한 남쪽 높은 봉우리를 바라보다가 슬픈
마음을 견디지 못해 검끝으로 벽에다 다음과 같은 시 한 수를 새
긴다.

이별 후 소식을 서로 듣지 못해 別後音書兩下閒

---

40 시리즈물로 시중에 비디오로 출시되었다. 전개가 다소 느리고 등장인물들의 연기
도 평이해 별다른 재미는 없었다. 다만 영화로 만들어진 〈백발마녀전〉은 임청하
의 카리스마 넘치는 연기와 장국영의 섬세한 감정 연기가 돋보이며 연출력도 볼
만하다. 탁일항이 읊은 시는 이 영화의 주제가로 사용되기도 했다.

풍문이 분분함을 미리 알았네.	預知謠諑必紛紜
다만 천하에 지기知己가 있음에 인연하여,	只緣海內存知己
비로소 천애天涯가 이웃임을 믿노라.	始信天涯若比鄰
몇 겁을 지내니 생사의 애착이 사라지고	歷劫了無生死念
서리가 내린 뒤 오만한 한심寒心이 드러나는데,	經霜方顯傲寒心
차가운 겨울바람에 천 그루 나무의 꽃이 다 져도	冬風盡折花千樹
그윽한 향기는 숲속에 아직도 남아 있구나.	尚有幽香放上林

이 시는 평범하지만 내면의 심정을 표현하는 면에서는 괜찮은 편이다. 양우생이 시사를 좋아하기 때문에 작품에 나오는 인물도 시를 좋아한다. 『칠검하천산』에서 납란용약納蘭容若과 모완련冒浣蓮이 시를 평가하는 장면이 나오는데 아주 좋다. 납란용약은 청나라 초기의 걸출한 가사 작가다. 작품에 인용된 납란의 가사는 대부분 명작으로, 고사와 함께 연관지어 감상하면 더욱 감동적이다. 다만 양우생의 작품에는 시나 가사에 대한 이야기가 너무 많이 나오고 있어 다소 지루하게 만드는 면도 있다. 예를 들어 『광릉검廣陵劍』에서는 협객들이 시를 이야기하는 장면이 반복해서 나와 짜증스럽기까지 하다. 필자도 시가를 좋아하지만 너무 많이 나오게 되면 흥미가 반감되게 마련이다. 시가를 모르는 독자가 볼 때에는 오죽하겠는가.

양우생의 작품은 대체로 시가로 연결되어 시작과 결말을 장식하는데, 전통적인 장회章回소설과 비슷하다. 재치와 정감이 넘치는 이런 시가들이 전 작품을 연결시켜주는 작용을 하고 있어 읽으면 읽

을수록 감칠맛이 난다. 『칠검하천산』 첫머리에 나오는 가사 「팔성
감주八聲甘州」를 한번 보자.

강호를 조롱하며 쏘다닌 지 10년,	笑江湖浪迹十年遊
언제나 청춘인 줄 믿어왔다네.	空負少年頭
……	
술은 차고 시구는 흩어져 꿈이 끊기니	酒冷詩殘夢斷
남쪽 나라에 가을이 돌아왔네.	南國正淸秋
검을 쥐고 처연히 바라보니	把劍凄然望
돌아갈 배 부를 데 아무 곳도 없어라.	無處招歸舟
……	
낙엽이 지는 대로 쓸려다니다	飄零慣
금빛 창과 철마鐵馬도,	金戈鐵馬
거친 구렁에 내다버려 묻혀버릴 것을!	抔葬荒丘

이 가사는 호방하면서도 처량하여 강호 협사의 얽히고설킨 가운
데 상처받은 비장한 심경을 잘 나타내고 있다. 결말부의 「완계사浣
溪沙」란 가사도 한번 감상해보자.

이미 강호에 유랑하기로 작정했었고	已慣江湖作浪遊
또 장차 은원恩怨은 어찌 말해도,	且將恩怨說從頭
사랑은 한스러워 밀물처럼 그칠 줄 모르네.	如潮愛恨總難休
넓은 바다 구름과 연기가 눈앞을 흐려서	瀚海雲煙迷望眼

천산天山의 검기劍氣로 가을을 무찔러도,   天山劍氣盪寒秋

아미산의 험준한 봉우리는 시름을 더한다.   峨眉絕寒有人愁

이 가사는 작품 전체를 총괄해주고 있다. 즉, 강호의 은원, 영웅들의 애증이 이 장면에 와서 대단원을 이루며 끝이 나는데, 여기서 첫머리의 시를 다시 음미하면 그 맛이 여간 새롭지 않다. 또 『평종 협영록』의 권두시인 「완계사」와 『강호삼여협江湖三女俠』의 권두시인 「보살만菩薩蠻」을 한번 보자.

창망하게 홀로 서니 매번 한스러워   獨立蒼茫每悵然

은인과 원수를 구름과 연기에 붙이고   恩仇一例付雲煙

기러기 날아간 곳에 여운만 남네.   斷鴻零雁剩殘篇

부평초가 물 따라 흘러간다 이르지 말라.   草道浮萍隋逝水

협협의 그림자는 영원히 마음속에 있지만,   永存俠影在心田

남 모르는 이 심정을 누가 전하랴.   此中心事倩誰傳

                                        「완계사」 중에서

검담금심劍膽琴心을 누가 말로 다하리.   劍膽琴心誰可語

강호를 떠도는 세 여인을 동정하네.   江湖飄泊憐三女

손가락 튕길 사이 꽃다운 세월 흐르고,   彈指數華年

꽃다운 세월 꿈도 연기 같아라.   華年夢似煙

먼 하늘 차가운 황혼 무렵   遙天寒日暮

텅 빈 산속 적막한 길이라네.   寂寞空山路

사람의 자취 남은 가지 위에서　　　　　　踏遍去來枝
외로운 기러기 홀로 나는구나.　　　　　　孤鴻獨自飛
　　　　　　　　　　　　　　　　　　　「보살만」중에서

　위 두 시에는 은인과 원수, 끝없는 강호 유랑, 평화와 살생을 동시에 갈망하는 모순된 심리, 쓸쓸한 협객의 그림자 등등이 한데 어울려 신선하고도 호방한 풍격을 보여주며, 은은한 정취도 깔려 있어 상당히 좋다.

　양우생은 옛사람들의 시 구절을 무공 초식의 명칭으로 바꾸길 좋아한다. 왕유王維의 "넓은 사막에서 외로운 연기가 치솟고, 긴 강에는 해가 떨어진다[大漠孤煙直, 長河落日圓]"의 두 구절 중에서 '대막고연' '장하락일'이라는 초식 이름을 따왔고, 한유韓愈의 "구름이 걸쳐진 높은 고개 너머 인가는 어디 있고, 눈이 쪽빛 관문을 에워싸니 말이 나아가지 않는다[雲橫秦嶺家何在, 雪擁藍關馬不前]"라는 구절에서는 '운횡진령' '설옹람관'이란 초식을 만들어냈다. 오늘날 현대 시인들의 작품도 그는 거리낌 없이 빌려다 쓴다. 이를테면 '안격장공鷹擊長空' '어상천저漁翔淺底'와 같은 초식은 다름 아닌 모택동의 초기작 『심원춘沁園春』 중 「장사長沙」에서 빌려다 쓴 것이다. 양우생은 또 옛사람들이 '중重·졸拙·대大', 이 세 글자를 가지고 가사를 논한 것에서 영감을 얻어 놀라운 무학 이론을 창조해내기도 했다. 그는 『광릉검』에서 다음과 같이 이야기하고 있다.

　무학에서 가장 도달하기 어려운 경지는 '중·졸·대', 세 글자로 압축된다. 무거우면서도 가볍고, 졸렬한 것 같지만 실로 교묘하며, 작은 것으로 큰 것을 이기는 것, 이것은 편벽함에 치우치지 않은 광명정대한 무학이다. 수렴을 거쳐 이런 경지에 이르렀음은 소박함에서 참된 경지로 돌아오는 반박귀진返璞歸眞의 경지에 도달했다고 할 수 있으니, 어찌 함부로 쉽게 거론할 수 있겠는가.

중·졸·대, 이 세 글자가 상승무공의 최고 경지를 의미하고 있으니 실로 기발하고도 절묘하다.

양우생은 일찍이 "시가·소설·역사 등을 포함한 중국 전통문화의 영향을 비교적 깊게 받았다"고 토로한 적이 있다. 그래서인지 그는 장회소설의 회목을 즐겨 쓰고 있고, 작품 속의 이야기는 비교적 사실에 가까운 역사적 배경을 가지고 있다. 또 고시를 자유자재로 구사하고 있는데, 이러한 점은 다른 무협소설가들이 쉽게 못 따라가는 부분이다. 온서안溫瑞安의『고루骷髏』라는 작품을 보면 진사 출신의 노문장魯問張이란 어른이 세 명의 조정 대신과 어울려 화롯불에 둘러앉아 가볍게 술잔을 기울이며 서로 시를 담론하는 장면이 나온다.

눈덮인 어스름 희미한 달빛 아래 매화를 보고　　雪暮賞梅疏見月
차가운 밤 서리 밟는 소리에 웃으며 살인한다.　　寒夜聞霜笑殺人

위 시는 상하 모두가 평측운이 대응되지 않는 불합격 작품이다. 이런 운을 잃어버린 시는 고룡古龍의『초류향楚留香』에 나오는 "초류향은 호숫가에서 말을 훔치고, 흑진주는 바다 위에서 아름다움을 잃다[楚留香湖畔盜馬, 黑珍珠海上却美]"라는 구절에서도 찾아볼 수 있다. 맞는 것 같지만 대구가 이루어지지 않은 이런 구절은 평측운의 맛을 완전히 상실하고 있다. 이런 것들은 읽을수록 울화통이 치민다. 고룡이 만들어낸 초류향이란 인물에게는 두 명의 좋은 친구가 있는데, 하나는 희빙안姬冰雁이고 또 하나는 호철화胡鐵花다. 이 중 호철은 나비를 뜻하는 호접蝴蝶과 음이 같다. 세 사람은 강호를 비웃으며 천하를 주름잡고 다녔기 때문에, 강호 사람들은 "기러기와 나비가 양 날개를 이루고, 꽃향기가 세상에 가득하다[雁蝶爲雙翼 花香滿人間]"고 했다. 이 두 구절은 다른 것들보다는 그런대로 괜찮지만, 아쉽게도 '人間'의 '人'자가 위 구절의 '雙'자와 평측운의 면에서 대응에 어긋나고 있어 운치가 떨어진다. '인간人間'을 '세간世間'으로 고쳤더라면 평측운에 완전히 맞물리지 않을까?

양우생으로 다시 돌아가자. 그는 어느 강연회에서 무협소설을 쓰기 위해서는 "중국의 시사에 대해 어느 정도 알고 있어야 한다"고 했다. 맞는 말이다. 그렇지 않다면 이 분야에서 살아남을 수 없었을 것이다. 얼렁뚱땅 작품을 쓰려고 한다면 한순간 반짝할 수 있을지는 모르겠지만 금세 허점이 드러나고 마니까.

경전에서 따온 무협

『역경易經』『도덕경道德經』『남화경南華經』, 이 세 경전은 흔히『주역周易』『노자老子』『장자莊子』라고 부른다.

위·진 남북조시대(221~589)에는 현학玄學이 성행했는데,『역경』은 현학의 근원이 되며,『도덕경』은 그 근본이 되며,『남화경』은 현학의 정수가 된다. 그래서 이 세 책을 합쳐 '삼현三玄'이라 부른다. 현학은 도가의 학이다. 무협소설 중에 등장하는 발군의 무림 고수들은 무공이 대개는 불가가 아니라 도가에서 나온다. '소림少林'과 '무당武當'은 무림의 태두로 인정받고 있는데, 이 두 파는 바로 불교와 도교를 상징하고 있다.

『역경』과 무협소설의 연원은 대단히 깊다. 그중에서도 64괘의 방위는 늘 무공의 일종인 법보의 위치로 활용된다.『천룡팔부』에서 난예段譽가 전개하는 신묘하기 이를 데 없는 '능파미보凌波微步'라는 보법은 『역경』의 방위에 따라 배치된 것이다. 단예가 이 보법을 익힐 때 주역의 괘인 '명이明夷'로부터 시작하여 '분賁' '기제既濟' '가인家人' 등을 거쳐 '무망無妄'으로 돌아오는데, 모두 64괘를 밟으면서 하나의 큰 테두리를 그린다.

『서검은구록書劍恩仇錄』의 원사소袁士霄와 장소중張召重이 입으로 무공을 겨룰 때, '중부中孚' '진震' '복復' '미제未濟' '소축小畜' '뢰賚' 등과 같은 단어들을 토해낸다. 이 모두 『역경』에 나오는 괘 이름들이다. 『역경』 「계사繫辭」에는 "역에 태극太極이 있는데, 태극은 양의兩儀를 낳고, 양의는 사상四象을 낳고, 사상은 팔괘八卦를 낳는다"는 말이 나온다. 이 말 가운데 '태극' '양의' '팔괘'는 각각 권拳·장掌·도刀·검劍과 합쳐져, 권법·장법·도법·검법 이름으로 변한다. '태극권' '양의검' '팔괘장'과 같은 이름들은 무협소설에 흔히 등장하며, 현재까지 존재하고 있는 무술에서도 어렵지 않게 볼 수 있는 것들이다.

무협소설가들은 이러한 『역경』에 눈독을 들여 수시로 자신들의 작품에 인용하고 있다. 양우생의 『평종협영록』에 나오는 팽화상彭和尙의 『현공요결玄功要訣』에는 다음과 같은 대목이 나온다.

공자께서 말씀하시기를, "천지의 변화를 감싸며 서로 지나치지 아니한다"고 하였으니, 어찌 이理·기氣·상象에서 나오지 않겠는가? 상이란 것은 권법의 형상이요, 기라는 것은 권법의 기세고, 이라는 것은 권법의 공이다. 이기가 서로 갖추어지면 일거수일투족이 모두 법도에 넘지 않게 마련이야.

첫 구절인 "천지의 변화를 감싸며 서로 지나치지 아니한다"는 바로 『역경』의 「계사」 편에 나온다. 「계사」는 공자가 지었다고 전해오기 때문에 '공자께서 말씀하시기를'이란 글자가 있는 것이다.

『역경』 중의 단어들은 무공 초식의 이름들로 사용되기도 한다. 『사조영웅전』의 홍칠공洪七公이 구사하는 '항룡십팔장降龍十八掌' 중의 오묘하고도 괴이한 이름은 대부분 『역경』에서 뽑았다. 이를테면 '잠룡물용潛龍勿用' '현룡재전見龍在田' '혹약재연或躍在淵' '비룡재천飛龍在天' '항룡유회亢龍有悔' '용전어야龍戰於野' '이상빙지履霜冰至' '진경백리震驚百里' '홍점어륙鴻漸於陸' '시승육룡時乘六龍' '밀운불우密雲不雨' '손즉유부損則有孚' '이섭대천利涉大川' 과 같은 초식은 구파 무협소설에 흔히 보이는 초식들과는 크게 다르다. 이러한 초식들은 이름만 보아도 신비하고 오묘한 느낌을 주지 않는가?

노자의 『도덕경』은 도가의 바이블이다. 『사조영웅전』에 보이는 무림 고수들이 저마다 목숨을 걸고 쟁탈하려는 저 신비한 '구음진경九陰眞經'은 『도덕경』과 아주 밀접한 관계가 있다. '구음진경'은 북송(960~1127) 때 황상黃裳이란 사람이 천하의 도가에 관한 책을 모조리 읽고 그중에서 무학의 진수를 깨달은 후 지은 것이다. 그 첫 구절인 "하늘의 도는 남는 것을 덜어 부족한 것을 보충한다. 이 때문에 허가 실을 이기고 부족한 것이 남는 것을 이긴다[天之道, 損有餘而補不足, 是故處勝實, 不足勝有餘]"는 말은 노자 『도덕경』의 문장을 교묘히 빌린 것이다. 이렇게 본다면 『도덕경』은 '구음진경'의 모체이자 무학의 뿌리로 석지 않은 상승무공을 파생해내었다고 말할 수 있다.

　노완동老頑童 주백통周伯通이 도화도桃花島에 갇혀 있을 때 창안해낸 72수의 '공명권空明拳'의 요지는 텅 비고 부드러운 '공유空柔'란 두 글자에 담겨 있다. 거기에 활용된 것도 바로 노자가 말한 "크게 이루어진 것이 모자란 듯 보임은 그 쓰임이 낡지 않기 때문이고, 크게 충만한 것이 빈 듯이 보이는 것은 그 쓰임이 다하지 않기 때문이다[大成若缺, 其用不弊. 大盈若沖, 其用不窮]"란 말의 의미다. 주백통은 또 노자의 "찰흙을 빚어 그릇을 만드는데 속이 비어야 그릇의 쓰임이 있고, 방문과 창문을 뚫어 방을 만드는데 속이 비어야 방이 된다[埏埴以爲器, 當其無, 有器之用. 鑿戶牖以爲室, 當其無, 有室之用]"란 구절을 인용하여, 빈 접시라야 음식을 가득 채울 수 있고 빈 방이라야 사람이 들어갈 수 있다는 논리로 그의 '공명권'이 어째서 경력을 충분히 구사하지 못하는가 하는 원인을 풀어냈던 것이다. 사실 이것과 '구음진경'의 '허로써 실을 공격하고 부족함으로써 남는 것을 공격하는' 이치는 모두 같은 묘수들이다.

　『도덕경』에 뿌리를 두고 있는 '공명권'은 천하에서 가장 부드러운 권법이다. 『역경』에 뿌리를 두고 있는, 천하에서 가장 강맹한 '항룡십팔장'과 대조를 이룬다. 만약 주백통과 홍칠공이 만나 전력을 다해 겨룬다면 부드러움이 강함을 이길까, 아니면 강함이 부드러움을 이길까 못내 궁금하다. 그러나 안타깝게도 소설에서는 두 사람이 대결하는 장면이 나오지 않아, 독자들의 상상만 한껏 부추길 뿐이다.

　장자의 『남화경』 역시 무협소설가들에게는 중요한 무공의 보물

창고와 같다. 작가들은 그 보물창고에서 힌트를 얻어 각종 상승무공을 창조해낸다.

유명한 '백정이 소를 잡는' '포정해우庖丁解牛'의 이야기는 심오한 무학의 이치를 담고 있다. 백정이 소를 잡을 때 어깨로 받치고 손을 놀리며 발을 딛고 무릎을 굽히는 동작과 소를 쓱쓱 갈라나가는 칼의 음향이 그렇게 오묘할 수 없는데, 마치 음악의 리듬을 타고 춤추는 것 같았다고 한다.

그의 소 잡는 솜씨는 이미 입신의 경지에 접어들었다. 칼을 휘두를 때는 마음으로 대상을 보지 육신의 눈으로 보지 않는다. 감각기관의 작용이 멈춰진 상태에서 오로지 영감에 의지하여 행하기 때문에 자연의 이치에 따르게 된다. 뼈와 살의 틈바구니를 비집는 것이나 뼈마디에 칼을 넣어 젖히는 것이 모두 자연의 이치에 따라 이루어진다. 움직이는 칼은 아주 작지만 큼직한 소의 머리는 쩍 갈라져서 흙덩이처럼 땅에 떨어진다. 포정의 눈에는 소가 보이지 않지만 칼날을 휘둘러도 오히려 남음이 있다고 하니 확실히 신기에 가깝지 않은가!

『서검은구록』에서 진가락陳家洛은 '포정해우'의 이야기를 바탕으로 세상에서 둘도 없는 정묘한 권법을 창안해냈다. 그리고 그는 이 권법에다 여어동余魚同의 피리 소리를 배합하여 장소중의 보검을 빼앗고 끝내는 그를 지치게 만들어 사로잡았다.

『남화경』 중에서도 「소요유逍遙遊」 편은 가장 기묘하다. 무협소설가들은 '소요'라는 두 글자를 따다가 권법과 무림의 한 문파를 만들어냈다. '북명신공'은 '소요유' 진수를 그 안에 담아 창출해낸 절세의 무공이다. '북명신공北冥神功'의 첫머리에 보이는 다음과 같은 구절이 좋은 예다.

장자의 「소요유」 편에는 "궁발窮髮의 북쪽에 명해冥海가 있는데 천지天地다. 거기의 물고기는 넓이가 수천 리나 되어 그 길이를 아는 자가 없다"고 했다. 또 "물이 깊지 못하면 큰 배를 띄울 힘이 없다. 한 잔의 물을 뜰 앞 파인 곳에 부으면 지푸라기가 배처럼 뜨지만 술잔을 띄우면 가라앉는다. 물은 얕고 배는 크기 때문이다"라고 했다. 그러므로 본 파의 무공은 내력을 쌓는 것을 첫 번째 요지로 삼는다. 내력이 심후하면 천하무공을 내 마음대로 활용하지 못할 것이 없게 된다. 이는 북명北冥과 같아 큰 배나 작은 배 등 싣지 못할 것이 없고, 큰 물고기나 작은 물고기 등을 가릴 것 없이 포용하지 못할 게 없다. 그렇기 때문에 내력은 근본이요, 초식은 그 말류다.

또 이런 대목도 있다.

'북명신공'은 세상 사람의 내력을 내 것으로 만드는 것이다. 북명이라는 큰 물은 저절로 생기는 것이 아니다. 말하자면, 수많은 강물이 바다로 흘러들어가고 커다란 바닷물은 이를 모두 포용하여 이루어진 것이다.

이상 두 대목의 요지는 이렇다. 전자는 물이 깊어야 배가 다니고 고기가 놀 수 있다는 말로, 내력을 모으는 중요성을 강조한다. 후자는 수많은 시내가 바다로 모인다는 것을 비유하여 '북명신공'의 요지는 다른 사람의 내력을 흡수하여 나의 것으로 만드는 점을 해석하고 있다. 모두 일리 있는 얘기지만, 이 무공이 다른 사람의 공력을 흡수하여 자기 것으로 한다는 점에서 마치 남의 물건을 훔치는 도둑과 같아 공명정대하지는 못하다.

『천룡팔부』의 성수노괴星宿老怪 정춘추丁春秋나 『소오강호』의 마교 교주 임아행任我行은 아주 사악하다. 오로지 상대의 내력을 빨아들이는 인물들로, 무림인들이 그 소문만 듣고도 치를 떠는 그야말로 사악한 악마요 요괴와 같은 존재다. 두 사람이 사용하는 '화공대법化功大法'과 '흡성대법吸星大法'은 바로 '북명신공'과 같은 종류의 무공이다.

『역경』『도덕경』『장자』는 설명이 필요 없는 유명한 경전이다. 그중 『역경』이 가장 오래된 것으로 '뭇 경서의 으뜸'으로 불리며, 노자·장자 두 사람의 철학 사상을 합쳐 '노장철학'이라 부른다. 이 세 권의 책은 중국 고대 철학의 중요한 저작으로, 후세에 지대한 영향을 주었다. 무협소설가들은 이 도가의 경전을 뒤져 필요하고 유용한 구절을 발췌 또는 인용하여 기막힌 상상을 통해 입이 딱 벌어질 정도로 놀라운 무공들을 창조해낸 것이다. 허구한 날 책상머리에 앉아 있는 서생들도 골치 아파 고개를 절레절레 흔드는 경서가 무공비급의 원천이 되었으니 실로 기발한 생각이 아닐 수 없다.

그렇다고 소설가들의 이러한 과장이 전혀 근거가 없는 얘기만은 아니다. 당대 기공사들의 기공 시범을 보면 무협소설에 나오는 초월적인 무공과 비슷하다. 『역경』『도덕경』『남화경』의 내용은 기공 수련과 밀접한 관계가 있다. 한나라 때의 하상공河上公은 『노자』에 주석을 달았는데, 몸을 다스리고 양생하는 원리를 이야기하고 있다. 그의 주장에 따르면, 사람은 원기를 받아 태어나기 때문에 몸을 다스리고 양생하려면 반드시 정기를 아끼고 신명을 보존하여 욕정을 제거한 다음, 호흡법을 통하여 오장이 상하지 않게 한 후에 다시 성명性命으로 되돌리면 불로장생할 수 있다는 것이다. 그래서 『노자하상공장구老子河上公章句』는 중국 의학과 양생학 및 기공학의 중요한 원천이 된다. 책 속에 나오는 토고납신吐故納新과 안마도인按摩導引과 같은 법술은 신선가神仙家에 가깝긴 하지만, 그 말이 소박하고 진실된 것이 신선가의 황당무계한 소리와는 달라 어느 정도 문헌적 가치가 있다고 하겠다.[41]

동한 시대의 위백양魏伯陽이 쓴 『주역참동계周易參同契』는 『주역』의 기초 위에서 황노黃老 사상과 노화학爐火學을 아울러 섞어 완성한 것이다. 이 책은 연단煉丹을 연구하는 데 없어서는 안 될 권위 있는 것으로, 훗날 '천하 단경의 제왕'으로 떠받들어졌다.

이른바 연단에는 외단外丹과 내단內丹, 두 종류가 있다. 외단은 '금단金丹'이라고도 하는데, 용광로에다 광석이나 약물을 태우거나 녹여 얻는 화합물을 가리킨다. 내단은 '환단還丹'이라고도 하며, 사람의 몸을 용광로와 같이 생각하고 몸 안의 원기元氣와 원신元神을 약물로 삼아 원기를 운용, 단련하여 원정元精과 원신이 서로 모

---

41 노자 『도덕경』을 기공의 측면에서 풀이한 서적은 의외로 많다. 대표적인 것으로는 원대 인물 황원길(黃元吉)의 『도덕경정의(道德經精義)』와 청대 인물 이함허(李涵虛)의 『동래정의(東來正義)』가 있다. 1990년 북경에서 『도덕경탐현(道德經探玄)』이란 책이 출간된 바 있는데, 현대문으로 자세하게 해석하고 있다.

여 진종자眞種子(일명 단두丹頭라 한다)를 생산하고 성태聖胎를 탄생케 한 후 온양溫養의 단계를 거쳐 내단을 완성한다. 외단을 복용하면 그 독성이 강하여 대부분은 병을 얻거나 죽지만, 내단을 수련하면 양생하여 수명을 연장할 수 있고 병도 치료할 수 있다고 하니, 양자의 우열은 분명하다 하겠다. 이 내단의 수렴이 바로 오늘날 말하는 기공氣功이다. 무협소설에서 상승무공의 조식연기調息煉氣를 배워 경맥을 뚫는 것은 오늘날의 기공 수련과 같다.

『장자』와 기공 역시 서로 관련이 있다. 기공학에서는 『장자』의 「양생주養生主」에서 말하는 "중도를 따르는 것으로 법칙을 삼으면 몸을 보존할 수 있고, 삶을 온전히 할 수 있으며, 어버이를 봉양할 수 있고, 주어진 수명을 다할 수 있다[緣督以爲經, 可以保身, 可以全生, 可以養新, 可以盡年]" 등과 같은 말은 인체 후면에 있는 독맥督脈을 끊는 중요성을 충분히 설명하는 것으로 해석한다. 그리고 「소요유」에서 말하는 "회오리바람을 타고 구만 리나 상승한다[搏扶搖而上者九萬里]"는 대목은 대소주천운행大小周天運行의 효과를 나타내고 있으며, "기운을 떨쳐 날면[怒而飛]"이란 구절은 감괘坎卦 가운데 양기가 발동하여 독맥으로 치달아 올라 더 이상 멈출 수 없는 기세를 형용하는 것으로 해석하기도 한다.[42]

『주역』『노자』『장자』, 이 세 경서가 기공과 관련이 있다면, 무협소설가들이 무공비급의 근원으로 그것을 묘사하는 것도 전혀 이

---

42 『장자』에 대한 이러한 해석은 진지빈(陳志濱), 「소요유천석(逍遙遊淺釋)」, 『선하(仙學)』 제5집(대만: 眞善美出版社, 1974)에 자세하게 나와 있다.

상할 게 없다. 고대의 경서는 많다. 그러나 모든 경서가 무공과 연결되지는 않는다. 오경 중에서 『역경』을 제외한 『시경詩經』 『상서尚書』 『예기禮記』 『춘추春秋』는 누구도 무공과 관계있는 것으로 보지 않는다. 따라서 유교의 경전인 사서 속에서 무학의 요결을 찾아내려는 사람은 전혀 없다. 무협소설가들이 『주역』 『노자』 『장자』를 무림 비급의 연원으로 묘사하고 있는 것은, 비록 엉뚱하고 기발한 측면이 있긴 하지만, 전혀 근거가 없는 것은 아니다. 취사선택에서 차이가 있을 뿐이다.

역사상 인물과 무협소설의 만남

김용의 『의천도룡기』에 보이는 명교明敎, 일명 마니교라는 교파에서 지위가 가장 높은 존재는 교주다. 그다음이 광명좌사光明左使와 광명우사光明右使고, 그다음이 사대호교법왕四大護敎法王, 그리고 그다음이 오산인五散人이다. 그중 명교 교주 장무기張無忌 등의 이름은 허구지만 오산인의 이름은 역사 기록 또는 전설에 보인다. 오산인은 팽화상 팽형옥彭瑩玉, 철관도인鐵冠道人 장중張中, 포대화상布袋和尙 설부득說不得, 냉면선생冷面先生 냉겸冷謙과 주전周顚 등 다섯이다. 이 다섯 사람 중 어떤 인물은 역사상 진짜로 존재했고, 어떤 이는 전설 속의 신선이다. 김용은 이런 인물을 빌려다 자신의 소설 속에 등장시켰으니 진짜와 가짜가 섞여 있어 허와 실을 구분하기 힘들다.

　팽형옥은 역사상 실존했던 인물이다. 그는 팽익彭翼 또는 팽국옥

彭國玉이라고도 하는데, 사람들은 그를 흔히 팽화상이라 부른다. 원나라 말기의 홍건군紅巾軍을 이끈 지도자 중 한 사람이었던 서수휘徐壽輝의 부장이었다. 그는 원주袁州 사람으로 원주 남천산南泉山 자화사慈化寺에서 출가하여 중이 되었다. 그는 병을 잘 고쳐 일찍이 백련교白蓮敎 조직의 군중을 동원하여 '미륵불이 세상에 내려왔다'고 선전하게 하다가 그 교도 주자왕周子旺과 봉기한다. 주자왕이 관군에 잡혀 처형된 후 회서淮西로 진출하여 선전과 조직 활동을 계속했다. 원나라 마지막 황제 순제順帝 지정至正 11년인 1351년 가을 추보승鄒普勝 등과 함께 무리를 모아 유복통劉福通과 호응하여 봉기하면서 서수휘를 수령으로 받들었다. 점수蘄水에서 정권을 세운 뒤 군대를 이끌고 호광湖廣·강서江西 등 여러 지방을 점령했다. 훗날 서주瑞州 전투에서 전사했다. 이런 팽형옥은 『의천도룡기』에서 비교적 일찍 모습을 드러내는데 오산인 중에서는 가장 빨리 등장하는 인물이다.

그가 등장하는 첫 장면을 보면 백구수白龜壽와 기효부紀曉芙를 엄호하는 일을 맡고 있는데, 말이며 행동이 기개가 넘치고 늠름하며 굽히지 않는 강인한 성품의 소유자로 그려지고 있다. 그는 공평한 인물로, 주전 등처럼 편벽되거나 격한 성격이 아니었다. 그를 비롯한 오산인이 청익복왕靑翼蝠王 위일소韋一笑와 함께 광명정光明頂에서 광명좌사光明左使 양소楊逍를 도와 무림 6대 문파가 명교를 포위 공격하는 것을 깨뜨릴 것을 약속한다. 주전은 양소에게 원한을 품고 있던 터라 한사코 함께 가려 하지 않는다. 이때 팽형옥은 주전에게 다음과 같이 말한다.

이보게 주전, 만약 6대 문파가 광명정을 쳐부수고 성화聖火를 꺼버린다면, 우리는 어쩔 셈인가? 양소가 오산인에게 잘못한 것은 당연하네. 그러나 우리가 광명정을 지키려는 건 양소를 위한 것이 아니라 명교를 위한 것이야. 어찌 그 사실을 모른단 말인가?

훗날 그는 또 주전에게 다음과 같은 충고를 하기도 한다.

주형, 당시 교주를 옹립하는 데 모두들 야단법석을 떨며 서로서로 원한을 맺었지. 양소가 마음이 좁아 옹졸한 행동을 하기도 했지. 그러나 가만히 생각해보면 말이야, 우리 오산인도 잘못한 점이 없지는 않은데…….

팽화상은 사리에 밝아 큰일이 닥치면 대국을 중시한다. 그리고 그에 따라 행동하는 것이 확실히 포부가 크며 식견이 남달랐다. 오산인과 양소·위일소는 광명정에서 원진圓眞, 즉 성곤成崑의 돌연한 기습을 받아 모두 중상을 입고 쓰러진다. 팽화상은 이때 자신의 운명이 원진의 손에 달린 것을 생각하니 평생 품어왔던 뜻이 흐르는 물과 같다는 감회에 젖어 개탄을 금치 못한다.

내 일찍이 말했지. 그저 명교의 힘만 믿고 몽고 사람들을 내쫓지 말았어야 한다고. 만천하의 영웅호걸에게 연락하여 일제히 함께 손을 써야 일을 성사시킬 수 있지…….

위기의 순간에서도 그는 몽고인을 내몰았던 지난 일을 잊지 않고 떠올린 것이다. 김용은 이렇듯 팽화상의 모습을 역사적 진실에 가깝게 그려내고 있다. 양우생은 『평종협영록』에서 팽화상을 명나라를 세운 주원장朱元璋과 원나라 말기의 풍운아 장사성張士誠의 스승이자 무학의 비급인 『현공요결玄功要訣』을 남긴 인물로 그리고 있다. 봉기군의 지도자이자 무림의 고수라는 사실도 어느 정도 역사적 근거가 있다.

철관도인 장중과 냉면선생 냉겸 그리고 주전은 원나라 말기에서 명나라 초기에 걸쳐 존재한 인물들인데, 이들은 모두 훗날 신선이 되었다고 한다. 명나라 사람 왕세정이 편찬한 『열선전전列仙全傳』에는 이 세 사람이 신선이 되는 이야기가 수록되어 있다.

장중은 자子가 경화景和고 임천臨川 사람이다. 평소 철관을 즐겨 쓰고 다녔기 때문에 '철관도인'이라 불렸다. 그는 어려서 이인異人을 만나 태을신수太乙神數를 배워 기상을 예측하고 길흉화복을 점치는 신통한 능력을 가졌다. 주원장이 서양滁陽에 주둔하고 있을 때, 그는 주원장의 관상이 용의 얼굴과 봉황의 눈을 가져 황제가 될 것이라고 예언했다. 또한 명나라를 세우는 데 큰 공을 세운 명장 서달徐達이 장군으로 있을 때, 장중은 그의 붉은 두 볼과 불타는 듯한 눈을 보고는 아주 높은 관직에 오를 것이나 명이 다소 짧을 것이라고 말했다. 훗날 서달은 과연 관직이 위국공魏國公에 이르렀고, 죽은 후에는 중산왕中山王에 봉해졌으며 무녕武寧이란 시호까지 받았으니 부귀영화가 극에 달했다고 할 수 있다. 그러나 수명은 54세를 넘기지 못했으니 장중의 예언 그대로였다.

언젠가 양국공凉國公 남옥藍玉이 술을 들고 장중을 방문한 일이 있었다. 그때 장중은 간편한 복장으로 그를 맞이했다고 한다. 남옥은 불쾌한 나머지 그를 조롱하는 뜻으로 다음과 같이 말했다.

내가 먼저 시 맨 앞 구절을 지어볼 테니 당신이 그것을 받아 아래 구절을 마저 채워보구려. "발에 짚신을 꿰어 차고 손님을 맞으니 다리 아래[43] 예의가 없구려!"

이에 장중은 곧바로 남옥이 손에 들고 있는 야배椰杯, 즉 야자나무 껍질로 만든 술잔을 가리키며 맞받아쳤다.

야자 껍질로 술잔을 삼으니 술그릇 앞에[44] 불충토다!

훗날 남옥은 반역죄로 처형당했다. 장중이 말한 '불충不忠'이란 예언이 사실로 증명된 셈이었다. 장중은 경성에서 여러 해를 살다가 어느 날 아무 이유 없이 물에 뛰어들어 죽고 말았다. 황제는 그의 시신을 찾도록 명령을 내렸으나 끝내 찾지 못했다. 그로부터 2년이 지난 후 동관潼關을 지키는 한 군사가 몇 월 며칠 철관도인이 지팡이를 짚고 관문을 나서는 것을 보았다고 보고해 왔다. 그 날짜를 따져보니 장중이 물에 뛰어든 바로 그날이었다.

---

43 여기서 '족하(足下)'는 다리 아래라는 글자 그대로의 뜻 외에 '그대'라는 뜻도 내포되어 있다.
44 '존전(尊前)'은 술잔 앞이라는 뜻 외에 '임금 앞'이란 뜻도 있다.

○ '장중'

　장중은 이렇듯 이상한 일을 많이 벌였던 것으로 알려지고 있다. 주원장과 진우량陳友諒이 파양호鄱陽湖에서 큰 전투를 벌이고 있을 때, 장중은 구름의 기운을 보고 진우량이 이미 화살에 맞아 죽은 것을 알고는 주원장에게 제문을 써서 사형수로 하여금 군 대열 앞에서 읽게 하여 상대방의 심리를 동요시키도록 권했다. 주원장은 이 말을 따랐고 진우량의 군대는 순식간에 무너졌다.

　냉겸은 자子가 계경啓敬이며 향주 사람이다. 도호가 '용양자龍陽子'고, 자칭 '황관도인黃冠道人'이라 했다. 음악에 정통했고 글과 글씨에 능했다. 명나라 태조 주원장 즉위 초기인 1370년 전후 궁중의 예악을 담당하는 태상협률랑太常協律郞이 되어 많은 종묘음악을 정리했다. 『수령지요修齡指要』라는 책도 지었는데 장수하는 비결이 그 주된 내용이다. 전설에 따르면 성조成祖 영락永樂 연간인 1400년 전후로 하여 신선이 되었다고 한다.

그에 관한 일화 중 이런 이야기가 있다. 냉겸에게 아주 가난한 친구 하나가 있었는데 어느 날 그가 도움을 청해 왔다. 그런 그에게 냉겸은 "너에게 돈을 벌 수 있는 방법을 가르쳐줄 수는 있지만 그 대신 절대 재물에 욕심을 내서는 안 된다"고 말했다.

말을 마치자마자 냉겸은 담 위에다 문 하나를 만들어냈다. 그 문 안에는 한 쌍의 학이 지키고 있었다. 냉겸은 그 친구를 문 안으로 들어가게 했다. 한 번 두드리자 문이 저절로 열렸다. 친구가 안으로 들어가니 사방 모두가 금은보화로 가득 차 있었다. 재물에 눈이 휘둥그레진 친구는 냉겸의 신신당부를 까맣게 잊고는 정신없이 재물을 긁어모았다. 그러던 와중에 그만 자신의 이름패를 떨어뜨리고 말았다.

며칠이 지났다. 궁중 금고의 재물이 갑자기 줄어든 사실이 발견되었고 금고 안에서 그 친구의 이름이 적힌 명패가 발견되었다. 그는 꼼짝없이 잡히고 말았다. 친구는 추궁을 당한 끝에 냉겸을 끌고 들어갔고, 결국 냉겸도 붙잡혀 죽을 처지에 놓이고 말았다. 냉겸은 사형집행자인 망나니에게 이끌려 형장으로 가게 되었는데, 도중에 그는 망나니에게 "어차피 죽을 목숨, 마지막 소원인데 물 한 모금만 주구려"라고 말했다.

망나니는 그에게 물 한 병을 주었다. 냉겸은 물을 마시면서 자신의 발을 병 속으로 집어넣기 시작했다. 그러고는 얼마 지나지 않아

○ '냉겸'

그의 몸 전체가 병 속으로 들어갔다. 망나니는 깜짝 놀라 병 속에서 제발 나오라고 간청했다. 냉겸은 너무 당황해하지 말라며 이 병을 황제에게 갖다 바치기만 하면 만사가 잘 해결될 것이라고 말했다. 망나니는 하는 수 없이 그의 말대로 병을 황제에게 갖다 바쳤다. 황제가 몇 마디 물었으나 병에서는 도무지 회답이 없었다. 그래서 황제는 "내 너를 죽이지 않을 테니 빨리 나오라"고 했다.

그러자 병 속에서 "신이 죄를 지어 감히 나가지 못하는 것이옵니다"라는 대답이 들려왔다. 황제는 화가 나 병을 산산조각 내버렸다. 그러나 냉겸의 모습은 온데간데없고 조각난 병 조각들이 일제히 "신이 죄를 지어 감히 나가지 못하는 것이옵니다!"라고 소리를 지르는 것이었다. 이 목소리들은 대청 사방을 휘돌며 황제를 아주 당황스럽게 만들었다.

신선이 인간과 심지어는 황제를 희롱하는 일은 예로부터 있어왔고, 냉겸의 일화도 그런 예들 중 하나다.

『의천도룡기』에서 냉겸은 냉면선생으로 나오는데 말이 없고 어쩌다 말을 해도 짤막하게 하는 아주 차가운 인물이다. 그러나 『열선전전』에는 그가 가난한 친구를 즐겨 도와주고 심지어는 황제까지도 놀려 먹는 가슴 뜨거운 인물로 그려지고 있다.

주전은 자칭 건창建昌 사람이며 주전선周顚仙이라고도 하는데 분명치는 않다. 열네 살 때 정신병을 얻어 늘 쓸데없는 소리를 마구 늘어놓아 사람들이 돌았다고 했다. 그의 이름 전顚(미치광이)은 이런 연유에서 얻어진 것이다. 서른 살 무렵에는 정신병이 더욱 심해졌다. 새로 부임하는 모든 관리들을 찾아가서는 "나는 태평성대를 예고하러 왔다"고 말하곤 했다.

관리들은 한결같이 그를 미친 자로 여겨 사람을 시켜 내쫓아버렸다. 주원장과 진우량이 파양호에서 큰 전투를 벌이고 있을 때 주전은 때마침 남창南昌에서 "천하는 주씨 성을 가진 사람이 될 것이다"라는 「태평가」를 부르며 구걸을 하고 다녔다고 한다.

주원장은 이를 알고는 매우 기뻐 주전을 초청해 같이 다녔다고 한다. 강을 건너 남경南京을 공격할 때 비바람이 크게 몰아쳐 병마가 더 이상 앞으로 나갈 수 없었다. 이때 주전이 뱃머리에 서서 하늘을 향해 고함을 지르자 얼마 되지 않아 조용해졌다. 그 뒤 주전은 모든 것을 마다하고 여산廬山 죽림사竹林寺로 들어갔다.

주원장은 남경에서 황제가 된 것을 선포한 후 사람을 여산으로 보내 주전을 찾게 했으나 그림자도 찾을 수 없었다. 주원장은 주전의 공을 생각해 정자와 비석을 세워 주전이 행한 일을 기억하도록 했다. 비석의 높이는 4미터 정도고, 비문에는 주원장이 지은 「주전선인전周顚仙人傳」이 새겨졌다. 그래서 이 비문이 세워져 있는 정자를 '어비정御碑亭'이라 불렀다. 그 앞 돌문에는 다음과 같은 글이 새겨져 있다.

이곳에서 잠시 그대의 종적을 찾거니와, 다시 뉘가 나타나 태평시절을 알릴꼬.

이는 주전이 '태평'을 예고한 후 '종적'을 감춘 일을 기록한 것이다. 미치광이 신선 주전은 주원장이 황제가 되어 태평성대를 이루리라는 예언을 한 것 외에도, 주원장이 장사성을 격파할 때 '하늘이 장사성의 지위를 몰수할 것'이라는 예언도 했다. 이 예언에 힘을 얻어 주원장은 마음 놓고 장사성을 공격하여 일거에 승리를 얻었다.

주전은 이런 예언 외에 미친 짓도 적지 않게 했다. 주원장이 순시에 나설 때면 늘 그 앞을 가로막고 절을 하여 '태평'을 고했다. 주원장은 이를 몹시 귀찮게 여겨 사람을 시켜 그에게 술을 먹여 취하게 했다. 그런데 누가 알았으랴. 주전의 주량은 바닷물을 다 마셔도 취하지 않을 만큼 엄청나다는 것을. 미친 듯이 마셔대고도 그는 전혀 취하지 않았다. 주원장은 그를 죽여버리고 싶은 마음까지 들었다. 그러자 주전은 주원장에게 "자네, 나를 죽이고 싶은가? 수화금장水火金杖이라도 나에게는 아무것도 아냐!"라며 히죽거렸다.

❂ '주전'

　주원장은 화가 머리끝까지 뻗쳐 그를 큰 항아리에 집어넣고 불을 지펴 달구어 죽였다. 불이 다 꺼진 후 항아리를 열어보니 주전은 털 끝 하나 다치지 않고 태연히 앉아 있었다. 주원장은 더욱더 화가 나 화력을 더 올려 다시 태웠으나 주전은 여전히 멀쩡했고, 오히려 얼굴이 전보다 더 환해져 있었다.

　주원장도 어쩔 수 없이 그를 장산사蔣山寺에 기거하게 했는데, 얼마 안 가 그 절의 화상이 달려왔다. 주전은 성격이 하도 괴팍해서 어느 날 어린 사미승과 밥을 가지고 다투다가 화를 내고는 보름 이상이나 밥을 먹지 않고 있다고 보고했다. 주원장이 달려가 보니 주전은 전혀 배고픈 기색도 없이 멀쩡하게 지내고 있었다. 이와 같은 주진의 괴상한 행농은 일일이 예거할 수 없을 만큼 많다.

『의천도룡기』에 나오는 주전은 말투가 사납고 거침이 없다. 욕을 해대며 말싸움을 좋아하는 괴팍한 성격의 인물로 나오는데 전설상의 주전의 성격과 아주 잘 들어맞는다.

포대화상 설부득 대사는 오산인 중에서 작가가 정확한 근거를 가지고 만들어낸 인물이 아니다. 포대화상은 중국 오대십국五代十國시대 후량後梁의 승려 계비契比가 그 원형이다. 호를 장정자長汀子라 했고, 절강浙江 봉화奉化 사람으로 악림사岳林寺에서 출가했다. 그는 몸집이 작고 뚱뚱하며 얼굴은 길지만 좁다. 늘 지팡이를 짚고 자루를 등에 지고 다닌다. 사방을 쏘다니며 아무 데서나 주저앉고 누워 잔다. 비가 오려고 하면 비올 때 신는 나막신을 꺼내 신고, 날이 갤 때쯤 되면 곧 벗어 던진다. 사람들은 그의 복장을 보고 날씨의 변화를 알아채곤 했다. 그는 약간 미친 사람 같지만 사람들과 어울려 길흉화복에 대해 곧잘 얘기를 나누었는데 아주 신통했다. 그는 죽기 전에 점괘 같은 알쏭달쏭한 게송을 남겼다.

미륵은 참된 미륵이요, 천백억으로 분신하네.
언제나 세상 사람들 앞에 나타나시는데, 세상 사람은 그를 몰라보는구나.

사람들은 이 말을 듣고 포대화상을 미륵불의 화신으로 여겼다. 그래서 그런지 현재 절 문 입구에 있는 미륵불은 양반 다리를 하고 크게 웃고 있는 포대화상의 형상을 하고 있다. 미륵상 곁에는 흔히 "배는 천하의 품기 어려운 일도 다 포용할 수 있고, 늘 웃는 그 입

○ '포대화상'

은 세상의 가소로운 인간을 비웃는구나[肚大能容, 容天下難容之事, 口開常笑, 笑世間可笑之人]"란 글이 있다. 이 말에서 우리는 은연중에 작고 뚱뚱한 몸집에 호탕하게 웃고 있는 포대화상의 모습을 연상하게 된다.

　설부득 대사의 포대(등에 지고 다니는 자루)는 건곤일기대乾坤一氣袋라고 하는데, 그 재료가 천 같기도 하고 가죽 같기도 한 아주 묘한 물건으로 칼이나 검으로도 찢을 수 없다. 『서유기西遊記』에 나오는 미륵불은 사람을 담는 자루인 인종대人種袋를 가지고 다니는데 그 법력이 엄청나고 신묘하기가 이를 데 없다. 황미동자黃眉童子가 그것을 훔쳐 간 후 신통방통한 손오공과 여러 천신들도 속수무책이었다. 건곤일기대는 인종대만큼 법력이 무궁무진하진 않았지만 그래도 그 신기함이란 불가사의하다.

김용이 빚어낸 이 포대화상 설부득의 형상은 원나라 말기의 역사적 진실에 비교적 부합한다. 원나라 말기에 일어난 농민들의 봉기는 대체로 백련교라는 종교단체를 통해 군중에게 선전되고 조직되었다. 당시 백련교는 불교·명교·미륵교 등이 한데 섞인 비밀종교 결사단체였다. 그 교리는 광명을 숭상하는 것으로, 광명이 암흑을 눌러 승리를 가져다준다는 것이었다. 봉기군의 수령들은 늘 '미륵이 세상에 내려오고' '명왕明王이 세상에 나온다'는 구호를 내세우고 봉기를 선동했다. 따라서 미륵불의 화신으로 인정받는 포대화상이 김용에 의해 오산인의 한 사람으로 선택된 것은 어찌 보면 당연하다.

『의천도룡기』에서 포대화상 설부득은 광명정으로 가지 않으려는 주전을 꾸짖는 한편 일 장을 날려 그의 이빨 몇 개를 부러뜨리고도 한마디 말도 없이 그저 담담히 웃기만 한다. 정말이지 "배는 천하의 품기 어려운 일도 다 포용할 수 있다"는 말과 잘 어울린다 하겠다.

무협소설에서는 이런 낯익은 역사적 인물(그리고 그 자손)들을 많이 데려다 등장시키는데, 사람은 진짜인데 그 사건이 허구인 경우도 있다. 견강부회하여 없는 사실 속에서 그럴듯한 것을 만들어내기도 하여 정말 어느 것이 사실이고, 어느 것이 거짓인지 헷갈리게 만든다. 그중에서도 김용과 양우생의 작품들은 이 방면에서 아주 두드러진다. 역사상 이름이 난 제왕·신하·장군·승려·도사·유학자·의사 등을 자신들의 손 가는 대로 종횡으로 소설 속에 등장시키고 있다.

서양 소설에서 얼개를 빌리다

신파 무협소설을 읽다 보면 작가가 동서고금의 이름난 명작들의 영향을 받고 있다는 것을 어렵지 않게 알 수 있다. 예를 하나 들어보자. 양우생의 『평종협영록』을 보면 군자금 운반책으로 '신전神箭' 방경方慶이란 인물이 나온다. 이자는 자기 혼자 북 치고 나발 불며 동행하는 '수재秀才' 맹기孟璂의 경호를 서주겠노라 큰소리를 뻥뻥 친다. 그러다 맹기가 가지고 있는 흑궁黑弓이라는 작고 검은 활을 보고는 자신의 실력을 뽐내려고 그 활시위를 당겨본다. 아, 그런데 누가 알았겠는가! 황소와 호랑이에 버금가는 힘을 가진 방경이 젖 먹던 힘까지 다 짜내도 당길 수 없었으니. 그런데 맹기는 방경의 오석철궁五石鐵弓을 가볍게 당김은 물론 좀 더 힘을 주어 줄마저 끊어버리는 것이 아닌가! 대경실색한 방경. 그러나 어쩌겠는가? 두 눈 멀쩡히 뜨고 군자금을 강탈당할밖에. 이 이야기는 명나라 사람 송무징宋懋澄이 지은 『유동산劉東山』과 청나라 사람 이어李漁가 쓴 『진회건아전秦准健兒傳』에서도 찾을 수 있다. 명나라 사람 능몽초가 지은 『박안경기拍案驚奇』 중 한 편인 「유동산과기순성문劉東山誇技順城門, 십팔형기종촌주사十八兄奇踪村酒肆」는 더욱 비슷하다.

또 김용의 『서검은구록』을 한번 보자. 홍화회紅花會의 두령 문태래文泰來와 낙빙駱冰이 철담장鐵膽莊으로 도피하는 장면이 나온다. 청나라 병사가 철담장을 수색하러 들이닥쳤을 때 장주 주중영周仲英은 때마침 외출하고 없었다. 그런데 그의 아내가 문태래와 낙빙을 속여 지하 창고로 숨게 한 다음, 청나라 병사에게 일러 이들을 잡아가게 만든다. 주중영이 집에 돌아와 이 사실을 알고는 이제 친구들을 대할 낯이 없어지고 말았다는 참담한 기분과 아내에 대한 화가 뒤섞여 그만 실수로 아내를 때려죽이고 만다. 이 이야기는 프랑스의 프로스페르 메리메[45]의 단편소설 「마테오 팔코네*Mateo Falcone*」에서 그 원형을 찾을 수 있다. 다만 마테오는 실수가 아니라 징벌의 차원에서 아내를 죽였다는 점에서 차이가 날 뿐이다. 『대당유협전大唐游俠傳』에 나오는 홍선·섭은낭·공공아空空兒 등과 같은 인물에 얽힌 우여곡절은 작가 자신도 분명히 밝히고 있듯이 당나라 전기에서 그 소재를 따왔다. 따라서 일부 장면들이 비슷하고 어떤 것은 거의 똑같다. 그러나 일부 작품들은 지나치게 남의 작품을 차용해 쓰는 바람에 모방의 흔적을 너무도 뚜렷하게 드러내고 만다. 『칠검하천산』이 그 두드러진 예다.

---

45 Prosper Mérimée(1803~1870). 대표작은 『콜롱바』 『카르멘』.

『칠검하천산』의 능미풍凌未風과 유욱방劉郁芳의 애정 갈등은 책 전체의 구성으로 보면 외국 소설인 『등에』[46]에 나오는 아서와 젬마의 관계와 아주 비슷하다. 『등에』의 줄거리를 보자. 아서와 젬마는 어려서부터 서로 사랑하는 사이로, 함께 청년이탈리아당의 투쟁에 참가한다. 투쟁 중에 나이가 어리고 철이 없는 아서는 신부 카르도의 달콤한 꾐에 빠져 고해성사 때 그만 당의 기밀을 누설하고 만다. 젬마는 아서가 기밀을 누설했다는 사실을 알고는 화가 나 그의 뺨을 때린다. 아서는 회한에 잠긴 상태에서 자신이 몬타나로 신부의 사생아라는 사실에 또 다른 충격을 받아 울분을 참지 못하고 이탈리아를 떠나 남미로 간다. 떠나기 전 그는 자신의 모자를 다산나 항구의 물속에 던져 투신자살한 것으로 꾸민다. 13년 후 그는 네오레스(필명 등에Gadfly)로 이름을 바꾸고 이탈리아로 다시 돌아온다. 얼굴이 너무 많이 변했기 때문에 젬마도 그를 몰라본다. 다만 그의 몸동작과 손 자세에서 지난날 아서의 모습이 희미하게 떠오를 뿐이다. 젬마는 여러 방법을 동원해 그가 아서라는 사실을 밝히려 하지만 등에는 끝내 시인하지 않는다. 그 뒤 등에는 장차 모든 것을 그녀에게 고백하겠노라는 암시를 한다. 얼마 안 되어 등에는 체포되어 재판 끝에 처형된다. 처형되기 전날 밤 등에는 한 통의 편지를 써서 경비병을 통해 젬마에게 전달했다. 그는 젬마에게 보내는 편지에 자신이 바로 지난날의 아서라는 사실을 고백한다.

---

46 원제목은 *The Gadfly*. 아일랜드의 소설가 에델 보이니치(Ethel Lilian Voynich, 1864~1960)의 소설이다.

『칠검하천산』에 보이는 능미풍과 유욱방의 애정 갈등은 아서와 젬마의 그것과 같다고 할 수 있다. 그들도 어려서부터 서로 사랑하는 사이였고 함께 반청 투쟁에 참가한다. 그러다 능미풍이 체포되고 철없는 어린 나이의 그는 적의 꾐에 넘어가 반청 총본부의 비밀을 누설한다. 유욱방은 젬마처럼 능미풍의 따귀를 갈긴다. 이때 능미풍도 후회와 원한에 사무쳐 신발을 바닷가 바위 위에 벗어놓고 윗도리를 물속에 던져 전당강錢塘江에 투신자살한 것으로 꾸민다. 그런 뒤 그는 멀리 천산天山으로 도망간다. 16년 후 능미풍은 상승 무공을 배워 다시 돌아온다. 이름을 바꾸고(본래의 성이 양梁이었고 이름은 목랑木郞이었다) 얼굴도 많이 변했기 때문에 유욱방도 몰라보았다. 그러나 능미풍이 말할 때 손가락을 꼬는 습관이 있다는 것을 알고는 어렴풋이나마 그가 옛날 자신이 사랑했던 사람이라는 것을 눈치챈다. 유욱방은 여러 가지로 그를 시험했으나 능미풍은 끝내 사실을 털어놓지 않는다. 그 뒤 능미풍은 아서와 마찬가지로 유욱방에게 자신이 죽기 전에 모든 것을 고백하겠노라는 암시를 한다. 마침내 능미풍은 서장西藏에서 옛 고질병이 재발하는 바람에 사로잡혀 포달랍 궁의 밀실에 갇히게 된다. 이제 죽을 목숨이라는 것을 깨달은 그는 감시병을 매수하여 자신이 바로 그 옛날 전당강에서 실종된 능미풍이라는 사실을 고백한 편지를 유욱방에게 전달하게 했다.

이제 두 작품의 구성이 어느 정도 비슷한지 알 수 있다. 다른 점이 있다면 딱 한 가지, 능미풍은 죽지 않고 구출된다는 것이다.

『칠검하천산』은 전체적인 구성 면에서 『등에』와 비슷할 뿐더러 세부적인 묘사까지도 아주 유사하다. 능미풍과 아서가 애인에게 따 귀를 얻어맞은 후 투신자살을 가장하고 멀리 타향으로 떠나가는 장면, 두 사람 모두 타향에서 몹쓸 병에 걸려 중요한 때마다 수시로 발작을 일으킨다는 점, 그들이 다시 돌아올 때 모습이 많이 변해 있었고 얼굴에는 칼자국이 남아 있다는 점, 두 사람이 손가락으로 어떤 동작을 취한다는 점, 유욱방과 젬마 주위에는 그녀들을 열렬 하게 사모하는 추종자들, 즉 한지방韓志邦과 마티니가 있다는 점, 두 여자가 능미풍과 아서의 초상과 사진을 가지고 두 남자를 시험 해보는 장면, 두 여자 모두 능미풍과 아서에 대해 지난날 따귀를 때 린 것에 가책을 느끼고 그 마음을 토로한다는 사실, 능미풍과 아서 가 그 말을 들은 후 잠시 마음에 동요를 일으키지만 끝내는 냉정한 태도로 대한다는 점 등이 그러하다.

『칠검하천산』은 양우생의 초기 작품 중 하나다. 또 다른 초기 작 품으로는 『용호투경화龍虎鬪京華』와 『초망용사전莽龍蛇傳』이 있 다. 하지만 이 두 작품은 기본적으로 구무협소설의 스타일을 따르 고 있어 문장과 스토리가 그다지 정채精彩하지 못하고 신선감이 떨 어지므로 사실상 무협소설이라 하기 어렵다. 그러나 『칠검하천산』 은 좀 다르다. 등장하는 인물들의 심리 묘사가 잘 드러나 있고, 스 토리는 우여곡절이 많으며, 분위기도 참신하다. 의식적으로 외국 소 설에서 많은 것을 빌려오고 있는데, 초기 신무협소설의 시도치고는 꽤 쓸 만하다. 솔직히 양우생의 무협소설은 바로 이 『칠검하천산』 과 『백발마녀전』부터 비로소 '신파'의 감각이 번득이기 시작한다.

구성❶
회목은 어떻게 짜는가

김용의 마지막 작품인 『녹정기鹿鼎記』는 작품의 경향이 이전 소설과는 확연히 다르다. 자세한 내막을 모르는 독자들은 다른 사람의 작품이 아닌가 의심할 정도였다. 그러나 이것은 사실 김용이 의도한 바였다. 그는 『녹정기』 후기에서 "한 작가로서 미련스럽게 자신의 스타일과 형식을 계속 유지한다는 것은 바람직하지 않다. 가능하면 최선을 다해 새롭게 창조해야 한다"는 말을 남겼다.

이 말처럼 그는 계속 같은 스타일과 형식으로 소설을 쓰지 않았을 뿐만 아니라, 소설의 목차에 해당하는 회목, 소설 전체를 몇 회로 나누어 각 회마다 그 내용에 맞는 제목을 붙이는 것에서도 다양한 모습을 보여주고 있다.

김용은 초기작인 『서검은구록』과 『벽혈검碧血劍』에서는 옛날 장회소설에서 사용하던 방식인 대구 형식으로 딱딱 맞아떨어지는 회목을 사용하고 있다. 『서검은구록』은 일곱 자로 된 구를 사용하여 한 연을 구성하고 있고, 『벽혈검』은 다섯 자씩 한 연을 구성하고 있다. "금풍야점에 서생의 피리 소리, 철담황장에 협사의 마음[金風野店書生笛, 鐵膽荒莊俠士心]" "부드러운 손끝에서 강공이 펼쳐지고, 맹렬하게 금빛 뱀이 춤춘다[纖纖出鐵手, 烈烈舞金蛇]" 등이 그러한 회목의 예들이다.

『사조영웅전』과 『신조협려神雕俠侶』에서는 회목이 전부 네 자로 바뀌고 있다. '활을 당겨 독수리를 쏘다[彎弓射雕]' '구음진경' '영특한 독수리와 무딘 검[神雕重劍]' '정이란 무엇인가[情是何物]' 등이 그런 예다. 그런가 하면 『소오강호』에서는 아주 간결해져서 매회 두 자로 내용을 개괄하고 있다. 예를 들어 '멸문滅門'이라는 장회는 임평지林平之 일가족이 멸문지화를 당하는 내용이고, '세수洗手'라는 장회는 유정풍劉正風이 금 세숫대야에 손을 씻고 무림계에서 은퇴했다가 오히려 일가족이 피살당하는 내용이다. '전검傳劍'이라는 회에서는 풍청양風淸揚이 영호충에게 '독고구검獨孤九劍'을 전수한다. 이처럼 각 회목들은 정확하게 해당되는 내용을 개괄하고 있다. 『협객행』과 『연성결連城訣』 그리고 『비호외전』 등은 길이가 다른 작은 제목을 붙여 회목을 대신하고 있다. 『설산비호雪山飛狐』에서는 소제목조차 사용하지 않고 그저 1·2·3·4 등으로 일련의 번호를 붙여 횟수와 장을 나누고 있다. 『백마소서풍白馬嘯西風』과 『원앙도鴛鴦刀』 그리고 『월녀검越女劍』은 작품의 길이가 짧기 때문에 1·2·3과 같은 숫자조차도 생략하고 있다.

총 15부에 달하는 김용의 작품 중에서 『의천도룡기』와 『천룡팔부』 그리고『녹정기』의 회목이 가장 특색이 있다. 이 작품들의 회목은 하나로 꿰면 한 수의 시가 된다. 어떤 것은 한 편의 가사가 되기도 하며 또 어떤 것은 옛 시인들의 시에서 대구가 되는 것들을 모았는데, 그 형식이 정말 다양하다.

『의천도룡기』는 모두 40회로 구성되어 있는데 한 회목은 7언 절구로, 각 구는 운각韻脚이 같아 40구를 모두 연결하면 아래와 같이 압운을 갖춘 장편의 백양체柏梁體 고시가 된다.

하늘 끝에서 님을 그리워 잊지 못하는데	天涯思君不可忘
무당산 꼭대기에 송백松柏은 자란다.	武當山頂松柏長
보도寶刀를 백 번 단련하니 현묘한 빛이 나고	寶刀百鍊生玄光
이름을 적어도 마음만 어지럽구나.	字作喪亂意彷徨
……	
여자의 긴 혀는 창끝처럼 날카로워	有女長舌利如槍
불치의 병에 침을 놓고 약을 쓴다.	鍼其膏兮藥其肓
……	
신령한 부용꽃에 취한 객이 녹류장에서	靈芙醉客綠柳莊
태극을 처음 전함에 부드러움이 강함을 이겼네.	太極初傳柔克剛
불길이 하늘에 닿아 활활 타오르는데	擧火燎天何煌煌
옥 같은 얼굴에 상처가 났네.	俊貌玉面甘毀傷
……	
네 여자는 같은 배 타고 무엇을 바라는가	四女同舟何所望
동서로 참상參商처럼 떨어졌구나.	東西永隔如參商

......

사자를 도륙한들 누가 재앙이 된다고 했나	屠獅有會孰爲殃
어리고 큰 소나무 세 그루 울창하기만 하네.	天磽三松鬱青蒼
천하의 영웅도 감당키 어려워	天下英雄莫能當
군자는 방편으로 속임수를 쓰는구나.	君子可欺之以方
비급과 병서를 숨겼나니	秘笈兵書此中藏
장랑張郞이 장랑임을 모르는구나.	不識張郞是張郞

『천룡팔부』는 모두 5집으로 되어 있는데, 각 집에 딸린 회목들은 그 자체로 하나의 시가 된다. 그것을 합치면 「소년유少年遊」「소막차蘇幕遮」「파진자破陣子」「동선가洞仙歌」와 「수룡음水龍吟」 등 다섯 수다. 이 다섯 수의 시들은 그 운율이 각기 달라, 장조·단조·평운·측운 등으로 호방함과 수려함을 아울러 갖추고 있다.

『녹정기』는 『의천도룡기』나 『천룡팔부』와 다르다. 『녹정기』의 회목은 시가 되지 않는다. 매 회에 대구가 잘 짜인 두 구절로 되어 있을 뿐으로 구식 장회소설의 회목과 같다. 그러나 이 두 구절이 김용 자신이 지은 것이 아니라는 점에서 의미심장하다. 그는 자신의 선조인 사신행査愼行[47]의 시집에서 대구들을 따서 구절을 완성하고 있다.

현존하는 다른 사람의 시집에서 두 구절의 회목을 짓는다는 것은 얼핏 쉬운 듯하지만, 사실은 대단히 난감하다. 왜냐하면 김용이 취한 방법은 일반적으로 구절을 모으는 방식이 아니라 다른 시들에서 한 구절만을 취하거나 심지어는 다른 작가의 시 중에서 한 구절씩 따서 회목을 만들기 때문이다.

　그가 매회마다 취하는 두 구절은 같은 시에서 고른 것이기도 하면서, 동시에 50회에 모아놓은 구절들 또한 작자의 시에서 따온 것으로, 이는 매우 어려운 방법이 아닐 수 없다. 같은 시에서 구를 모으면 때로는 위 구절은 대응이 되지만 아래 구절은 전혀 연관이 없어진다. 때로는 아래 구절은 쓰기에 적절하지만 위 구절은 전혀 쓸수 없어 결국은 버리고 다른 새로운 것을 선택해야 한다. 그렇기 때문에 이런 방식으로 회목을 정하는 것은 극히 제한적이어서 작가 자신이 새로이 만들어내는 것보다 훨씬 어렵다. 김용 자신도 "일부 회목들은 잘 맞아떨어지지 않아 땜질을 면하기 어렵다"고 말한다. 그러나 50연의 회목들 중 적절하게 내용을 개괄하고 있는 것이 대부분이다. 예를 들어 제2회의 회목인 "절세의 기이한 일은 소문 속에 있고, 최고의 사귐은 초면일 때다[絶世奇事傳聞裏, 最好交情見面初]"는 작품 속의 주인공 위소보韋小寶와 제18회가 연결되어 이로부터 절묘한 한 편의 이야기를 이끌어내고 있다. 또 제43회 회목인 "몸은 붉은 구름이 되어 태양 가까이 있는데, 마음은 푸른 풀을 따라 또 바람을 맞는다[身作紅雲長傍日, 心隨碧草又迎風]"는 위소보가

---

47 사신행(1650~1727)은 김용(본명 査良鏞)의 선조로 강희·옹정제 때 관료 생활을 했다. 젊어서부터 각지를 떠돌아다니며 풍물을 감상하고 인정을 경험하여 이를 글로 남겼다. 대학자 황종희에게 수업을 받았고, 1703년 진사에 급제하여 관직 생활을 시작했다. 각지의 풍물에 밝아 강희 황제의 총애를 받았고 '경업당(敬業堂)' 이라는 사액까지 받았다. 옹정제 때 필화 사건으로 유배당하기도 했다. 글씨도 잘 썼고, 특히 시를 잘 쓰고 많이 남겼다. 김용은 자신의 작품에다 사신행의 시를 끌어다 회목으로 삼았던 것이다.

이미 강희 황제와 친구가 되고 나서도 천지회天地會의 추궁을 받는 복잡한 심경과 모순된 행위를 잘 그려내고 있어 아주 적절하다.

　무협소설사의 한 획을 그을 만한 작품『촉산검협전蜀山劍俠傳』을 남긴 환주루주還珠樓主(원래 이름은 이선기李善基, 나중에 이수민李壽民으로 개명)의 아들 이관승李觀承의 말에 따르면, 그의 아버지 환주루주는 원고를 완성한 후 다시 회목의 문장을 세심하게 살피고 가다듬었다고 한다. 과연『촉산검협전』의 회목은 그 문장이 뛰어나고 시적인 분위기가 짙게 풍긴다. 김용은『의천도룡기』『천룡팔부』『녹정기』에서 투철한 장인정신을 발휘하여 회목을 붙였는데, 아마도 원고가 완성된 후 교정할 때 공들여 다듬었을 것임에 틀림없다.

구성❷

작명에 숨은 오묘한 뜻

김용은 소설 속에서 생기발랄한 표현과 때로는 유희를 즐기는 듯한 필치를 발휘하고, 해학과 흥미가 넘치는 장면을 연출하는데, 그 묘미가 무궁무진하다. 그가 작품을 통해 보여주는 묘미는 등장인물의 작명에 있다.

등장인물의 이름 가운데 그저 그런 평범한 것도 있지만, 대부분이 각별한 뜻을 지닌 것들로 엄숙하면서도 해학이 넘치고 통속적이면서도 우아한 풍격을 보여준다. 인물의 성격과 관련된 이름이 있는가 하면, 그 사람의 기호와 관계가 있는 이름도 있고, 특별한 성질이나 신체에서 이름을 따오기도 한다. 간혹 아주 의미심장한 이름도 있다.

『소오강호』에 등장하는 일월신교日月神教의 교주 임아행任我行의 이름은 글자 그대로 '내 마음대로 한다'는 뜻으로, 그 이름이 너무도 잘 어울린다. 그는 무공이 고강할 뿐만 아니라 그 수단도 악랄하여 행동에 거침이 없다. 심지어는 무림의 태두인 소림·무당 양파조차도 안중에 두지 않는, 무림인들이 그 이름만 듣고도 치를 떠는 대마두와 같은 인물이다. 임아행의 교주 자리를 빼앗은 동방불패東方不敗는 이름만 들어보아도 무공이 절세임을 알 수 있다. 이자는 무림의 비학인『규화보전葵花寶典』을 익혀 최고의 무공을 뽐낸다. 그 외 수중에는 늘 수를 놓는 작은 바늘이 있는데, 이를 가지고 신기에 가까울 정도의 무공을 발휘한다. 임아행이 서호 매장의 지하 감옥에서 탈출한 후 흑목애黑木崖에서 동방불패에게 복수를 하는데, 영호충·향문천·상관운上官雲이 임아행과 힘을 합쳐 동방불패를 간신히 물리칠 수 있었다. 만약 일대일로 결투를 벌였더라면 동방불패는 결코 패하지 않았을 것이다. 임아행과 동방불패라는 이름은 두 사람의 성격과 잘 맞아떨어진다. 한 사람은 유아독존형이고 또 한 사람은 안하무인형으로 둘 다 세상을 벌벌 떨게 하는 무공을 지닌 괴물들이다.

『천룡팔부』에 보이는 포부동包不同은 별명이 '非也非也(아니야, 아니야)'인데 사람들과 말다툼하길 아주 좋아하는 인물이다. 상대가 좋다고 말하면 그는 좋지 않다고 말한다. 상대가 좋지 않다고 하면 그는 반대로 무지무지 좋다고 말한다. 워낙에 이런 식으로 습관이 되어서 그는 친구나 낯선 사람, 또는 적과 동지를 막론하고 '아니야, 아니야'를 연발하며 상대가 더 이상 대꾸하지 못하게 되어야 비로소 입 놀리기를 멈춘다. 이렇게 죽자 살자 말다툼을 좋아하는 성격 때문에 결국은 목숨까지 잃고 만다. 그의 주인 모용복慕容復이

연나라 대업을 다시 이룩하기 위해 '악관만영惡貫滿盈'이라 불리는 단연경段延慶에게 무릎을 꿇고 도움을 청할 때, 그는 예의 그 '아니야, 아니야'를 연발하며 반대의 뜻을 나타낸다. 모용복은 자신의 계획을 망쳐버릴지도 모르는 그를 그냥 둘 수 없어 그의 말이 채 끝나기 전에 일 장을 날려 죽여버리고 만다. 포부동은 죽으면서 남의 말에 늘 반대만 해온 자신의 쓸데없는 언행을 뉘우친다. 그 말은 전과는 달리 아주 진지하고 주인에 대한 일편단심의 충성심이 넘치는 것이었다. 그러나 그 죽음은 얼마나 헛된 것이었던가.

『협객행』에는 무공이 상당한 두 늙은이가 나오는데, 정불삼丁不三·정불사丁不四라는 이름을 갖고 있다. 이 두 형제는 살생을 좋아하지만, 나름대로의 규칙이 있었다. 정불삼은 자칭 "하루에 세 사람 이상은 죽이지 않는다"고 했으며, 정불사는 "하루에 네 사람을 넘지 않는다"고 했다. 이 두 사람의 행동은 아주 황당하고 괴이하여 그야말로 자신들의 이름에 걸맞게 '不三不四'한 종잡을 수 없는 인물들이었다.

『협객행』의 핵심인물인 석파천石破天은 강호에 등장한 후 수시로 자신을 '개잡종'이라 불렀다. 자신을 비하하는 이 이름은 석파천의 신세가 기구했음을 말해준다. 원래 그는 어려서부터 부모의 원수에게 납치되어 성장해왔다. 납치해 온 그 원수는 석파천의 아버지가 다른 여자를 사랑하고 자기를 사랑하지 않는 데 대해 원한을 품고, 말끝마다 석파천을 "개잡종, 개잡종" 하고 불러 자신의 한 맺힌 마음을 터뜨리곤 했다. 석파천은 어려서부터 이 어머니 아닌 '어머니'로부터 '개잡종'이란 소리를 들으면서 자랐고, 게다가 전혀 글을 몰랐기 때문에 그저 습관처럼 아무렇지 않게 받아들였던 것이다. 아무것도 모른 채 스스로를 '개잡종'이라고 하는 바람에 그는 뜻하지 않게 귀찮은 일들을 피할 수도 있었다. 천했기 때문에 얻은 복이라 할 만하다.

흥미로운 이름이 가장 많이 등장하기로는 『소오강호』를 따라갈 작품이 없다. '황하노조黃河老祖'라는 두 사람의 이름부터 이야기 해보자. 한 사람은 성이 '노老', 이름이 '야爺', 자는 '두자頭子'다. 또 한 사람은 성이 '조祖', 이름이 '종宗', 자는 '천추千秋'다. 이를 합성해보면 '노야 노두자'와 '조종 조천추'가 되는데 꽤나 괴상한 이름이 만들어졌다. 척 보기만 해도 해학이 넘쳐흐른다. 또 노두자의 딸은 노불사老不死, 포부동의 딸은 포부정包不靚(부정은 화장을 하지 않는다는 뜻)이라는 어릴 적 이름을 갖고 있는데 그 이름들이 웃음을 자아내게 한다. '황하노조', 이 두 사람의 친구인 '야묘자夜貓子' 계무시計無施라는 이름은 '무계가시無計可施'에서 따온 것으로 더 이상 설명하지 않아도 그 뜻이 분명하다. 그러나 계무시와 그의 별명 야묘자를 합쳐놓고 보면 대책 없이 훔치려 드는 '욕투무계欲偸無計'의 뜻이 되어 아주 흥미롭다.

『소오강호』에 나오는 살인명의殺人名醫 평일지平一指는 의술이 대단히 높고 지금까지 자기보다 나은 의술을 가진 사람을 만난 적이 없는 인물이다. 그는 스스로를 손가락 하나인 '일지'라고 불렀는데 그 뜻인즉 이렇다. 살인자든 의인醫人이든 손가락 하나만 있으면 된다. 즉, 살인을 할 때 손가락 하나로 찌르면 그만이고, 사람을 치료할 때도 손가락으로 맥을 짚으면 되기 때문이다. 그가 사람을 치료하는 원칙은 아주 괴상하고 까다롭다. 또한 그는 의술이 뛰어난 사람이 있다는 소문을 들으면 기어코 그 사람을 죽여야 한다며 상대를 찾아가 목숨을 걸고 대결을 벌이지만, 밑지는 장사는 평생에 한 번도 한 적이 없었다. 훗날 그는, 전신이 중독되고 몸속에 몇 명 고수들의 진기가 주입되어 사경을 헤매고 있는 영호충을 만나게 된다. 이런 영호충을 두고 속수무책이 된 평일지는 '한 사람을 치료하면 한 사람을 죽인다'는 자신의 원칙을 실행할 수 없게 되자 난감한 심정으로 자신의 목숨을 스스로 끊어버리고 만다. 죽어서도 눈을 감지 못했을 그의 모습이 눈에 선하다.

또 한 사람 흥미로운 이름이 보이는데, 바로 불계대사不戒大師다. 이 사람은 불가의 금지조항인 계율을 전혀 지키지 않는 인물이다. 살인을 하지 말라는 계율도 지키지 않으며, 태연히 비구니 하나를 마누라로 얻어가지고 산다. 그래서 그는 스스로를 '불계'라고 부른다. 불계대사는 훗날 숱한 여자를 희롱해온 채화적採花賊 전백광田伯光을 강제로 제자로 거두어들여, 머리를 삭발하고 그의 성기를 잘라버린다. 그런 다음, 어쩔 수 없이 계율을 지킨다는 뜻의 '불가불계不可不戒'라는 이름을 지어준다. 불계대사 자신은 계율을 지키지 않지만 제자는 계율을 지켜야 된다고 하니, 이 대비가 그렇게 재미있지 않을 수가 없다. 전백광은 남성의 상징인 성기를 잘렸으니 얼마나 비참했겠는가. 그러나 이자는 양갓집 처녀를 숱하게 희롱하다 이렇게 되었으니 인과응보라 할밖에.

『소오강호』에서 감옥을 책임지며 임아행을 감시하고 있는 매장사우梅莊四友의 이름은 사실은 별명일 뿐이다. 작가는 이들에게 그들이 좋아하는 것을 기준으로 삼아 이름을 지어주었다. 글씨를 좋아하는 '독필옹', 그림에 심취해 있는 '단청생', 거문고 연주를 몹시 좋아한 '황종공'(황종黃鐘은 옛날 음악에서 12율의 하나로, 그 음의 울림이 가장 크다고 한다), 바둑에 빠져 있는 '흑백자'가 그들이다. 네 사람의 이름을 한데 합쳐보면 '서(書, 글)·화(畵, 그림)·금(琴, 음악)·기(棋, 바둑)'가 된다. 이것은 『사조영웅전』에 보이는 일등대사一燈大師 문하의 4대 제자 '어漁·초樵·경耕·독讀'과 그럴듯하게 어울리는데, '漁樵耕讀, 書畵琴棋', 이 여덟 자는 서로 운이 맞아떨어지며 운치가 넘치는 그야말로 좋은 대구가 된다.

이쯤에서 특별히 이야기하고 넘어가야 할 인물이 있다. 작품 속에서는 직접 등장하고 있지 않지만 『신조협려』와 『소오강호』에서 모두 언급되는 인물이 있다. 그 이름도 아주 괴이한 독고구패獨孤求敗다. 스스로 패배하기를 소원한다는 이 이름의 뜻은 천하무적임을 달리 말한 것이다. 그가 창안한 '독고구검'은 무림의 절학絕學으로, 영호충이 이 절학을 배워 내공은 부족하지만 그런대로 자기 몸 하나 정도는 충분히 지킬 수 있게 되었다. 『신조협려』의 주인공인 양과楊過는 황곡荒谷에서 우연히 이 무림 선배가 검을 묻어놓은 검총劍塚을 발견하게 된다. 양과는 검과 돌에 새긴 글자를 보고는, 몇 자 안 되는 내용 속에서 독고구패가 무공이 절정에 오른 인물이었음을 알게 된다. 그의 검술은 당대에는 상대가 없을 정도였다. 검총에 새겨져 있던 글에는 적수가 없어진 후의 영웅의 적막감을 잘 드러내고 있다.

검마 독고구패는 이제 천하에서 적수를 찾을 수 없게 되어 삼가 검을 이곳에 묻노라. 오호라! 군웅들은 손을 묶었고, 장검의 날카로움이 허사이니 어찌 슬프지 않으리오!

독고구패와 동방불패, 이 두 사람은 이름에서는 서로 상반되나 그 뜻에서는 일맥상통한다. 즉, 극도의 자부심이 그 이름에 들어 있는 것이다. 다만 독고구패라는 이름에는 자부심 속에 적막감과 처량함이 내포되어, 글자 그대로 뜻을 밖으로 드러내고 있는 동방불패라는 이름에 비한다면 한결 의미심장하다.

'독고獨孤'라는 성을 가진 이 대협은 자신의 이름을, 나를 패배시킬 맞수를 구한다는 '구패求敗'라 칭하고 천하를 주유하며 자신을 이길 수 있는 사람을 헤매 다녔지만 끝내 소원을 이루지 못한다. 그래서 마침내는 깊은 계곡에 검을 묻어버리고는 우울하게 생을 마친다.

늘 승리만 하는 영웅이라 해서 꼭 좋은 것만은 아닌 듯하다. 자신과 겨룰 수 있는 실력을 갖춘 상대를 찾지 못할 때 이루 말할 수 없는 깊은 적막감에 빠지기 때문이다. 그들은 늘 승리를 추구하지만 늘 이기면 이기는 것도 재미가 없어진다. 그들은 패배를 갈망하며 더욱 강력한 적수를 원한다. 또 해가 바뀌었는데도 상대가 자신의 일격을 견디지 못하고 무너져버리면, 긴장감도 느끼지 못하는 그런 승리가 오히려 견디기 힘들다. 차라리 상대를 맞이하여 악전고투 끝에 그의 손에 패배하는 것만도 못하다. 진정한 영웅호걸은 자신의 상대가 호랑이나 사자와 같이 용맹하길 바라지, 토끼나 양처럼 연약한 자이길 바라지 않는다. 바로 여기에 독고구패가 백 번 싸워 백 번 이긴 후 그토록 패배를 갈망하게 된 진정한 이유가 있을 것이다.

필자는 이렇게 생각한다. 김용이 만들어낸 숱한 인물들의 이름에서 이 '독고구패'란 이름만큼 의미심장한 것도 없다고. 30여 년 강호를 훑고 다니며 도적과 원수를 죽이고 숱한 호걸들을 패배시킨 절세영웅이 진정한 맞수를 찾다가 결국은 뜻을 이루지 못한 채 자신의 검을 황산에 묻어버리고 깊은 계곡으로 은퇴하여 쓸쓸하게 죽어간다. 백 번의 승리가 오히려 슬프고, 영웅은 도리어 적막하다. 그래서 독고 대협이 패배를 갈망하는 뜻에서 '구패'라는 이름을 짓지 않았겠는가.

지나친 상업화는
독자를 멀어지게 한다

무협소설은 한때 대부분 신문에 연재된 다음 단행본으로 출간되었다. 신문에 연재된다는 것은 곧 원고 마감시간에 정신없이 쫓긴다는 것을 시사했다. 그래서 이것저것 돌볼 겨를이 없다 보니, 중이 머리채를 붙잡혔다거나 영문도 모르는 인물이 불쑥 등장한다거나 하는 따위의 앞뒤가 맞지 않거나 조화를 이루지 못한 부분이 생겨난다. 환주루주의 『촉산검협전』에도 이런 비슷한 예가 적지 않으며, 양우생과 소일簫逸도 이런 실수를 솔직히 인정했다. 이런 병폐는 책으로 엮어낼 때 고칠 수 있고, 또 고쳐서 나오는 경우도 있다. 그러나 그렇지 않은 책들도 있다. 고치지 않고 태연하게 책을 내놓는 작가들은 대단한 배짱을 가진 강호의 고수임에는 분명하나, 대개는 일일이 고치느니 차라리 한 편을 더 쓰는 게 낫다고 생각하는 나태한 사람들이다.

무협소설이 상품화되는 경향은 돈만 챙기려는 작가의 상업주의적 자세에서 출발한다. 그래서 책으로 다시 엮어낼 때에도 한사코 원작을 개정하지 않으려는 것이다. 돈에 신경을 쓰다 보니, 모처럼 만회의 기회가 되는 작품조차 거칠어지고, 결국 많은 작품을 양산하는 데 승부를 거는 셈이다. 그렇게 되면 아무 데나 마구 붓을 휘두르는 꼴이 된다. 이러한 점은 고룡에게서 두드러지게 나타난다.

『육소봉陸小鳳』 중 「미인청래美人靑睞」라는 장은 유감스럽게도 그 제목과 내용이 전혀 맞지 않는다. 이 장에서 미인은 눈 씻고 찾아봐도 없다. 무협소설이 아무리 황당무계함을 전매특허로 내세운다고 해도 이쯤 되면 순엉터리다.『호화령護花鈴』의 대단원인 「군간수수群奸授首」라는 장에서는 제목처럼 간신들이 '목을 바치는[授首]' 대목이 전혀 눈에 띄지 않는데 어느새 끝이 나고 만다. 작가는 마치 빚 독촉에 놀란 사업가처럼 전체 균형을 잃고 부도를 내며 허겁지겁 막을 내린다.

『초류향』 제4집 「편복전기蝙蝠傳奇」는 주인공 초류향이 강호의 마굴魔窟인 편복도蝙蝠島, 즉 박쥐섬을 신나게 쳐부수는 모험담을 주된 스토리로 삼고 있는데, 작품의 도입 부분에서 약 3분의 1가량 진도가 나갈 때까지 아무런 언질도 없이 척배산장擲杯山莊에서 '차시환혼借屍還魂'하는 이야기로 지면을 메워나가고 있다. 이 이야기가 12장까지를 차지하고 있는데, 정작 관심의 초점이 되는 박쥐섬과는 아무런 관계가 없는 독립된 부분이라 할 수 있다. 그런가 하면 그의 작품에는 상투적인 대목도 적지 않다. 이를테면 "가장 친한 친구가 가장 위험한 적이다"라는 말은 그의 작품 곳곳에서 볼 수 있는 상투적인 표현이다. 또 술을 마시면서 두 사람이 내공을 겨루는 이야기나 거짓으로 죽은 척하는 이야기 등도 그의 작품에 빠지지 않고 등장하는 상투적인 수법이다.

고룡은 또한 자신의 작품에 등장하는 주인공을 이 세상에 둘도 없는 유일한 인물로 치켜세우길 아주 좋아한다. 그런데 자꾸 이렇게 떠받들다 보니 그 표현 방식조차 작품마다 완전히 똑같다. 이를테면 "세상에서 이 사건을 해결할 수 있는 사람이 있다면, 그것은 바로 초류향이다!"라거나, "세상에서 노백老伯을 찾을 수 있는 사람이 있다면 그 사람은 바로 맹성혼孟星魂뿐이다!"(『유성호접검流星蝴蝶劍』)라거나, "세상에서 너희들을 대신해서 나찰패羅刹牌를 찾을 수 있는 사람은 육소봉뿐이다!"(『육소봉』) 따위의 구절들은 등장인물들의 이름만 다를 뿐, 그 표현들은 그게 그것이다.

고룡의 문장은 나름대로 특색이 있다. 그는 단문을 즐겨 쓰는데, 단 한두 구절로 한 문단이 끝나는 경우가 적지 않다. 어떤 때는 한두 자로 한 문단이 끝나는 경우도 있다. 어떤 사람은 이를 두고 산문시의 형식과 같다고 한다. 또 어떤 사람은 TV 드라마 대본 방식이라고 치켜세운다. 그러나 실제 그의 작품들은 온통 이런 방식들로 넘쳐나서 이제는 그저 돈벌이만을 목적으로 하는 것으로 생각될 뿐이다. 상호 연관이 아주 긴밀한 장문의 단락이라 할지라도, 이런 방식으로 잘게 단락을 쪼개다 보면 분량이 상당히 늘어나게 마련이고 그것은 곧 돈과 연결되기 때문이다. 『유성호접검』의 실제 단락을 보자.

율향천律香川은 눈앞이 캄캄해질 정도로 얻어맞아 방금까지 코앞에 있던 우둔한 소년도 제대로 보이질 않았다.

아니, 어쩌면 근본적으로 그가 그 사람을 제대로 보지 못했을지도 모를 일이다.

그는 노기에 찬 고함을 지르며 그 사람의 목젖을 따버릴 작정으로 달려들었다.

그러나 자기가 먼저 고꾸라졌다.

그가 쓰러질 때 쓴물이 위장에서 치밀어 올라와 입안에 가득했다.

그는 마침내 친구를 판 대가를 치르고 있는 것이었다.

그는 마침내 죽음의 맛을 보고 있는 것이었다.

죽음에 따르는 고통은 그다지 큰 것이 아니지만 친구를 팔아먹은 고통은 누구에게나 견디기 힘든 것이었다!

그것은 마찬가지로 율향천에게도 견디기 힘든 것이었다.

이 단락은 구절과 구절 사이가 본래는 매우 긴밀하게 연결되어 있어야 완전한 하나의 단락이 된다. 그런데 그럴싸한 산문시 형식으로 만들려다 보니 전체 문장의 의미와 호흡이 서로 낯설게 토막토막 잘려나가버렸다. 전체 문장의 의미를 억지로 잘라버리는, 이러한 장난 아닌 '장난'은 장과 장 사이에서도 어김없이 나타난다. 『초류향』을 보면, 앞선 1장의 마지막 부분에서 나눈 대화가 마무리되지도 않은 채 어정쩡하게 끝나고, 다음 장에 와서 앞장의 끝부분에 나온 대화가 다시 이어지는 식이다. 이런 방식은 기묘하다고 볼수도 있지만 각 장이 가지고 있는 독립성을 아주 이질적으로 파괴하고 만다. 「검도신론劍道新論」이라는 장에서는 이옥함李玉函이 각 파의 검술에 대해 정신없이 떠든 다음 이렇게 말하는 장면이 있다.

동생이 이 세상에서 비길 데 없는 절세의 검법을 터득했다고는 하지만, 여기 이 초형(초류향)과 같은 내공의 고수를 만나면 분명 이기지 못할걸.

이 장은 이것으로 그만이다. 그런데 다음 장인 「다사차검多謝借劍」 첫머리는 "초류향은 씩 웃으며 '이형, 너무 겸손하구려!' 하고 말한다"는 문장으로 시작된다. 두 장 사이의 꼬리와 머리가 제각각 배치되어 있는 것이다. 이런 문장은 독자들의 눈을 순간적으로 끌 수 있을지는 모르지만, 사실 너무 제멋대로인 셈이다. 이같이 고룡의 '제멋대로' 문장은 인물의 등장과 스토리 처리에서도 유감없이 발휘된다. 작중인물은 스르르 나타났다가는 슬그머니 사라지기도 하고, 스토리가 갑자기 바뀌어 지금까지 독자들이 열심히 추적해온 복선의 단서가 홀연 온데간데없이 사라진다. 이렇듯 문득문득 떠오르는 영감으로 마구 써내려가는 필치는 그 수법이 강호 고수의 천년절학처럼 기기묘묘할지는 몰라도, 성숙한 독자에게 과연 얼마나 설득력이 있을지 강한 의문이 남는다.

무협소설이 상품화되는 경향은 다른 한편으로 시정의 구미에 맞게 작품을 쓰는 것으로도 나타난다. 작품 속에 수시로 조미료처럼 첨가되는 국적 불명의 '에로틱'한 장면들은 독자들의 은밀한 기대를 자극한다. 이 방면에서 고룡의 소설은 둘째가라면 서러워할 정도다.

그의 작품에는 벌거벗은 남녀들이 수시로 등장한다. 어떤 때는 여러 명의 남자들이 한 여자가 목욕하는 모습을 훔쳐보는 장면이 등장하기도 하며, 또 어떤 때는 여러 명의 여자들이 한 남자의 벗은 몸을 감상하는 장면도 있다. 가장 황당한 장면은 『육소봉』에 나오는 상관설아上官雪兒라는 여자다. 이 여자는 육소봉이 자기를 꼬마라고 말하는데 화가 난 나머지 한밤중에 벌거벗은 채로 육소봉의 침상으로 찾아가 자신이 다 큰 처녀라는 사실을 증명하려고 든다. 설상가상으로 고룡이 만들어내는 영웅들은 여자관계에 대해 아주 개방적이고 편하게 처신하는 '연애 고수'들이다. 무공이 높고 재기발랄한 육소봉과 초류향은 자기 마음에 들면 아무 여자하고도 잠자리를 같이한다. 그들이 도대체 얼마나 많은 여자들과 관계를 가졌는지 작품에서 일일이 헤아리기 힘들 정도다.

고룡의 작품에 나오는 인물들은 이같이 풍류남아, 즉 바람둥이들이 아주 많다. 아마도 고룡은 무협소설을 통하여 성 개방을 주장하는 듯하다. 그래서 그의 붓끝 아래에서 늘 여자의 알몸이 나오고, 또 스스로 흥에 겨워 정사 장면을 자세히 묘사하는 모양이다.

고룡의 애정 묘사는 때로는 사악한 기운마저 감돈다. 이런 점에서 김용·양우생과 같이 근엄한 정파의 분위기와는 전혀 차원을 달리한다. 누군가가 말했듯이 "칼과 검의 그림자가 번득이는 소용돌이 속에서도 인간성의 가장 순결한 애정을 표현하는" 것과는 전혀 격이 맞지 않는다. 김용과 양우생의 작품에 등장하는 청년 협사의 경우는 고작 서너 명의 여인들이 그의 주변을 맴돌긴 하지만 결코 가볍게 성관계를 갖지 않는다. 남녀 간의 성관계를 묘사하더라도

절제할 줄 알고 결코 색정에 빠지지는 않는다. 이런 무협이라야 세
상에 유익하지 않겠는가.

앞뒤가 맞지 않는 상상력

양우생, 김용, 고룡과 함께 '사대천왕'으로 거론되는 온서안[48]은 포쾌捕快(포졸)가 사건을 파헤치고 도둑을 잡는 소설을 써서 그 나름의 방면을 개척한 작가다. 그가 그려내는 '사대명포四大名捕'는 각기 독특한 무공을 소유한 무림 고수이면서 한편으론 사건을 잘 파헤치는 인물들로, 네 명의 '무협 셜록 홈스'라 부를 만하다.

'사대명포'의 이름은 냉혈冷血, 추명追命, 철수鐵手, 무정無情이다. 이 이름은 물론 강호에서 얻은 별호들인데, 각자의 성격·무공·특

---

48 온서안(1954~)은 홍콩의 무협소설가로 광동성 매현 출신이다. 대만에서 대학을 마친 뒤 홍콩에 정착하여 활동했다. 다산 작가로도 이름이 나 있다. 시·산문·평론·영화평론 방면에서도 활약하고 있다. 대표작인『사대명포』시리즈를 비롯하여『혈하차』시리즈,『대협기전』시리즈,『일노발검』『온화한 칼』『살초』『천하유설』등이 있다. 고룡 이후 내용과 형식 면에서 새로운 면모를 보여주고 있어 '초 신파' 무협이란 평가를 받고 있으며, 양우생·김용·고룡과 함께 '사대천왕'으로 불린다.

기, 그리고 사건을 해결하는 수단과 방법 때문에 붙여진 것이기도 하다. 냉혈은 검이 빠르고, 추명은 발길질이 무시무시하며, 철수는 팔이 무쇠처럼 단단하고, 무정은 암기가 천하제일이다. 네 사람 모두 관부에 소속된 인물들이기 때문에 자연히 관부를 위해 사건을 해결한다. 네 사람은 무림인이기도 하다. 그래서 무림계의 어려운 문제나 분쟁을 도맡아 악의 무리들을 제거하기도 한다. 이들 사대명포는 각자 일을 맡아 독립적으로 사건을 해결하기도 하고 어떤 때는 공동으로 일을 처리하는데, 각기 일하는 스타일 역시 대단히 개성이 넘쳐 스타일을 합쳐보면 사대명포 나름의 계통이 선다.

'사대명포'는 일하는 스타일에 따라 그들 각각의 이야기가 복합적으로 전개된다. 사건 속에 또 다른 사건이 숨어 있고, 또 그 사건들이 서로 얽히고설키고, 한 사건의 전모가 드러나는가 싶으면 또 다른 사건이 발생하여 독자의 마음을 잡아두기에 충분한 매력을 지니고 있다. 작품을 서술하는 방법도 고룡의 『육소봉』이나 『초류향』같이 흩어진 사건을 조합하는 방식을 채택하고 있어 각각의 이야기가 상대적인 독립성을 유지한다. 네 명의 명포들이 돌아가며 등장하여 피바람을 일으키고 다니기 때문에 사건을 이리저리 빼돌릴 여지가 많이 생긴다. 단순히 한 명이 사건을 해결하는 이야기를 쓸 수도 있고, 두 명, 세 명, 네 명이 힘을 합해 사건을 파헤치는 이야기를 만들어낼 수도 있다. 흩어졌다가 다시 집결할 수 있어 필요한 스토리의 전개를 어렵지 않게 충당할 수 있기 때문에 아주 영리하고 교묘한 서술 방식이라 할 수 있다.

온서안의 문장은 고룡과 비슷하다. 짧은 문장과 대화체를 즐겨 사용하기 때문에 스토리가 비약적으로 전개된다. 이는 TV 극본과 비슷한 스타일이다. 이야기의 배경도 고룡과 비슷하여 시대적 배경이 아주 애매하다. 옛날이라는 것만 알았지 몇 세기 왕조인지는 분명치 않다. 그러다 보니 작품에 그려지고 있는 시대의 문물이나 제도 등이 대부분 안개 속에 잠겨 몽롱해질 수밖에 없다. 게다가 작품 속 등장인물들이 중얼거리는 시들도 애매하기 짝이 없어 수시로 허점을 드러낸다. 앞에서 이미 예를 든 바와 같이,『고루』라는 작품에 나오는 명색이 진사 출신이라는 노문장 대인은 위아래 두 구절 모두 평측운이 대응되지 못하는 파격적인 시를 태연히 읊조리고 있다.("시와 가사로 운치를 자아내다" 편 참조)

또 다른 작품에 보이는 이른바 "시주풍류詩酒風流로 반생을 보내고, 결코 허명을 얻었다고 할 수 없는" '문담文膽' 곽자천霍煮泉이란 자는 한술 더 떠 '이보離譜'에 보태서 읊조리는 '시'라는 것은 머리와 꼬리가 서로 통하지 않는 한심함 그 자체였다. 그 시는 이렇다.

등불은 밝고 머릿속은 거울 같은데	燈明酒如鏡
달빛을 희롱하며 그림자 드리운다.	弄蟾光作影
그림자 아래 부용꽃을 보니	影下看芙蓉
얼굴을 찡그리며 치마를 벗는가.	含顰解羅裙

이 시는 평측과 압운이 모두 제자리를 찾지 못하고 있을 뿐만 아니라, 의미도 졸렬하다. 작가는 어째서 이런 자를 가리켜 시사를 아주 잘한다고 치켜세웠는지 알다가도 모를 일이다. 온서안이 작품의

역사적 배경을 애매모호하게 처리한 것은 잘한 일인지 모르나, 자기 자신도 시를 잘 모르면서 작품 속의 인물들로 하여금 삼류 시구를 중얼거리게 한 것은 분명히 실수다.

한편 온서안이 묘사하고 있는 무공은 괴이하다. 아니, 괴이하다 못해 이미 마도의 길로 접어들었다고 할 수 있다. 그가 다룬 일부 무공들은 솔직히 법술이라 불러도 좋을 정도다. 사람이 주변의 지형지물에 따라 형체와 피부색을 바꾼다든가, 나뭇등걸이나 눈덩이 같은 모습으로 변한다든지, 아예 주위에 흔적을 찾을 수 없게 몸을 숨긴다든지 하는 것들이다. 또 땅바닥이나 산을 파고들어갈 수 있다든지, 장력으로 땅을 꺼지게 하고 또 그것으로 땅을 뚫고 사람을 상하게 한다든지, 호로병 안에서 눈에 보이지 않는 '육무잠형사六戊潛形絲'가 나와 사람을 묶는다든지, 머리카락을 화살처럼 만들어 활시위에 올려 사람을 쏘는 등등이 실로 마환魔幻과 같다.

사실 이런 것들은 대개 『촉산검협전』에 나오는 선술이나 요술과 다를 바 없다. 일례를 들면, '전도건곤오행이전대법顚倒乾坤五行移轉大法'이나 '대수미정반구궁대진大須彌正反九宮大陳'과 같은 것은 『촉산검협전』에서 직접 따온 것으로 그저 글자 몇 개만 바꾼 것에 지나지 않는다. 온서안이 그려내는 무공은 사실 권법과 법술의 혼합물이다. '사대명포' 중에서도 우두머리 격인 무정은 어려서 집안이 몰살당하는 참극을 겪은 인물이다. 게다가 그 자신도 어려서 두 다리를 잃은, 좀 더 적나라하게 말해 아랫도리를 모조리 잃은 인물이다. 신체가 이러했기 때문에 그에게는 내공도 무공도 있을 수 없다. 다만 손을 다리처럼 사용하여 신묘한 경공을 이루어냈는데 성한 다리를 가진 사람보다 훨씬 나았다. 그리고 늘 타고 다니는 가마에는 상대가 막기 힘든 각종 암기가 장치되어 있다. 암기를 발사하는 수법도 천하제일이라 할 수 있다.

그런데 작가가 무정의 무공에 대해 모순되게 묘사하고 있는 점을 더러 발견할 수 있다. 경공은 그 자체로 무공의 하나다. 그런데 무정에게는 무공이 없다고 해놓고 경공이 신묘하다고 모순되는 말을 하고 있다. 암기를 쏠 때도 이를 뒷받침해주는 내공이 필요하다. 그런데 공력이라곤 전혀 없는 그에게 암기를 쏘는 데 천하제일이라고 앞뒤가 전혀 맞지 않게 말하고 있다. 그렇다면 백 걸음 천 걸음 양보하여 무정은 상반신만으로 세상이 깜짝 놀랄 무공을 닦은 셈인데, 이는 『촉산검협전』에 나오는 녹포노조綠袍老祖란 인물과 비슷하다. 한 사람은 정파 인물이요 다른 한 사람은 사파 인물이라는 점에서 비교가 적절하지는 않지만, 두 사람 모두 몸의 반쪽만 가지고 신통방통한 무공을 수련했다는 점에서는 아주 흡사하다.

중국의 무협소설은 당나라 전기傳奇로부터 시작하여 사실과 환상, 무협과 검협이라는 두 노선이 나란히 발전해왔다. 그러다가 신파 무협소설가에 이르러 '무공을 초월하는' 현상이 나타나 두 노선을 한데 아우르기에 이르렀다. 그리하여 사실 속에 환상적이고 과장이 넘치는 요소들이 첨가되어 '어른들의 동화'라는 색채가 갈수록 농후해졌다.

김용과 양우생은 '신화神化' 무공이란 방면에서 타의 추종을 불허한다. 그들이 그려내는 무공은 이미 세상을 뒤집어엎을 정도의 신공이며, 그 신묘한 작용은 이미 '무공'이란 두 글자로 포괄할 수 있는 경지를 훨씬 넘어선다. 온서안이 그려내는 무공도 훨씬 그 정도를 벗어나 무공이 마치 마법이나 법술과 같고 무기도 주술적 성격을 지닌 법보와 다를 바 없으며, 무협에 검협의 신비스러움이 깊숙이 침투하여 믿을 수 없을 만큼 황당무계하다. 신파 무협소설의 후기 작품들은 대부분 무협과 검협이 합류한 산물이라 말할 수 있다. 온서안의 '사대명포' 시리즈의 스토리는 이 방면에서도 비교적 두드러진 예라 할 수 있다.

대충대충 마무리가 빚어낸 참사

많은 사람들이 양우생의 『광릉검』을 보고 난 후 이구동성으로 하는 말이 있다. 내용과 구성에서부터 인물의 표현에 이르기까지 모두가 이전 작품인 『평종협영록』에 훨씬 못 미친다는 것이다. 필자는 이러한 평가에 동의한다. 이제 『광릉검』에 대해 전체적인 것은 그만두고 몇 군데 흠이 될 만한 것을 뽑아내어 작가가 소홀히 한 점을 꼬집고 넘어갈까 한다.

첫째, 장단풍이 두 자루의 보검을 진석성陳石星에게 넘겨주면서 하는 말을 살펴보자.

나와 그녀(운뢰)는 동문 사형제다. 나의 이 장검을 백홍白虹이라 불렀고, 그녀의 단검을 청명靑冥이라 불렀다. 그리고 나와 그녀는 함께 쌍검합벽雙劍合璧이란 검술을 창안했는데, 흑백마하黑白摩訶가 굴복한 것은 바로 그들의 쌍장합벽雙杖合璧이 우리의 쌍검합벽에 패했기 때문이다.

이 말은 두 가지 점에서『평종협영록』과 모순된다. 하나는 보검의 명칭이 맞지 않다.『평종협영록』에서 장단풍의 보검은 '백운白雲'이었지 '백홍'이 아니다. 둘째, '쌍검합벽'이란 검술은 장단풍과 운뢰가 창안한 것이 결코 아니라는 점이다. 그 검술을 창안한 사람은 그들의 사조 현기일사玄機逸士이며, 두 사람은 그들의 사부에게서 각각 따로 검술의 절반씩을 배웠고, 훗날 흑백마하와 싸울 때 우연찮게 서로의 검술을 합쳐 싸운 다음 비로소 그 오묘함을 알았을 뿐이다.

둘째,『현공요결』이란 책이『평종협영록』에서는 팽형옥이 지은 것으로, 그것을 장단풍이 소주蘇州 서쪽 동정산洞庭山 지하 동굴에서 얻었다고 나온다. 그런데『광릉검』에서는 그 책을 장단풍이 썼다고 하니 어리둥절할 따름이다. 혹 장단풍이 훗날 창안한 내공심법인 같은 이름의 '현공요결'이라면 몰라도 말이다.

셋째, 진석성이 운호雲瑚와 함께 이강漓江으로 유람을 갔을 때의 장면이다. 배가 이랑협二郎峽으로 들어서자 두 사람은 난간에 기대어 '구마화산九馬畵山'의 경치를 바라본다. 이때 진석성이 "자세히 보라고. 아홉 개의 산봉우리가 달리는 말 같잖아?"라고 말한다.

하지만 진석성의 이 말은 크게 잘못되어 있다. '구마화산'은 아홉 개의 산봉우리가 말과 같다는 것이 결코 아니라 암벽의 무늬를 가리키는 것이다. 강을 따라 거대하게 솟은 암벽 위의 갖가지 색깔의

바위 무늬가 멀리서 보면 마치 한 폭의 거대한 그림처럼 눈부시다
는 말이다. 바위들의 무늬는 수천 년의 풍파를 겪으며 벗겨지고 깎
여나가 마치 아홉 필의 준마와 같다. 그래서 '화산구마'라고 부르는
것이다. 더욱이 진석성이 계림桂林에서 성장했다고 했으니, '화산구
마'를 잘못 연결지은 것은 정말 가당찮다. 『광릉검』의 작가도 광서
廣西 사람이니 이치상 이런 실수는 당치 않다. 소설가의 말이 허구
일 수도 있다고 너그럽게 보아 넘길 수도 있으나, 허구에 깔린 이면
의 의미가 독자의 코웃음 속에 묻혀버린다면 곤란한 문제다. 작가
는 이미 실존하는 이강의 '화산구마'를 묘사하는 것인 만큼 아홉
개의 산봉우리가 아홉 필의 달리는 말과 같다고 쓰면 안 된다.

넷째, 『광릉검』에서는 틈만 나면 시와 가사를 끌어다 쓰고 있는
데, 작가 자신이 시사에 각별한 관심이 있기 때문에 이런 현상이 자
연스럽기는 하다. 그러나 여기저기 정신없이 나오다 보니 지루하다.
예컨대 진석성이 가는 곳마다 거의 이런 내용이 뒤따라 나온다. 곤
명昆明에서는 용성빈龍成斌과 대관루大觀樓의 긴 시를 얘기하고
있으며, 대리大理에서는 단검평段劍平과 더불어 문천상文天詳[49]의
염노교念奴嬌(책에서는 이것을 「관광월關光月」이라고 하는데 어디에 근
거를 둔 것인지 모르겠다)라는 가사에 대해 이야기하고 있고, 계림에
서는 운호와 함께 두보杜甫가 계림에 대해 읊은 시를 꺼내고 있다.
또 이강 관산冠山에서는 갈남위葛南威와 함께 신기질辛棄疾,[50] 이청

---

49 문천상은 남송 시대의 정치가이자 문학가로 호는 문산(文山)이라 했고, 원에 포
　로도 잡혀 절의를 지키다 죽은 충신이다.
50 신기질은 남송 시대에 저명한 애국시인으로 호는 가헌(稼軒)이다.

조李淸照[51]의 시가에 대해 토론하며, 태호太湖에 배를 띄워 유람할 때는 운호와 함께 강백석姜白石,[52] 장효상張孝祥[53]의 시가에 대해 얘기를 나눈다. 동정산에서 진석성은 갈남위와 거문고와 퉁소를 연주하며, 운호와 두소소杜素素는 이 음악에 맞추어 각각 안수晏殊[54]와 소식蘇軾의 시가를 노래로 부른다. 가는 곳마다 이런 장면이 안 나오는 데가 없을 정도다. 원래 시가에 대해 논하는 장면은 우연히 흥에 겨워 한 차례 양념으로 등장해야 그 맛과 멋이 더하지, 남발하게 되면 도리어 독자들에게 '책 보따리를 던져버리고 싶은' 혐오감만 안겨줄 뿐이다.

다섯째, 『광릉검』은 「장정원만長亭怨慢」이라는 가사 한 수로 그 대단원의 막을 내리는데, 「장정원만」의 내용은 다음과 같다.

뗏목을 엮어 은하수 너머로 찾아갈거나,	何堪星海浮槎去
천산 위의 달은 차갑고	月冷天山
애처로운 거문고 소리 나직이 호소하네!	哀絃低訴
삼생을 맹세해도	盟誓三生
한恨은 한으로 남고 정천情天은 기울 수 없다.	恨只恨情天難補
외로운 갈까마귀 애처로이 울어	寒鴉啼苦

---

51 이청조는 송나라 때의 유명한 여류 시인으로 호는 이안거사(易安居士)라 했다.
52 강백석의 본명은 기(夔), 호는 백석(白石)이다. 남송시대 사(詞)를 잘 지은 대표적 인물이다.
53 장효상은 남송 시대의 시인으로 호는 우호거사(于湖居士)라 했다.
54 안수는 북송 시대의 정치가이자 시인이다.

처절한 오열 소리 끊기는데,　　　　　　　　凄咽斷

봄빛은 저무네.　　　　　　　　　　　　　春光暮.

예전의 벗들은 유명幽冥을 격하였는데,　　　舊侶隔幽冥

아름다운 사람을 한탄하랴,　　　　　　　　恨佳人

몸 기대일 누각은 어느 곳이던가?　　　　　倚樓何處

우두커니　　　　　　　　　　　　　　　　凝竚

예전에 노닐던 자취를 바라보니,　　　　　　望昔日遊踪

……

보리수와 명경은 둘 다 틀린 말.　　　　　　菩提明鏡兩皆非

또 하필이면 남포南浦에서 넋이 사라지는가?　又何必魂消南浦

……

　이 가사는 구두점과 평측이 여러 곳에서 불합리하다. 이를테면
"뗏목을 엮어 은하수 너머로 찾아갈거나"와 "보리수와 명경은 둘
다 틀린 말"의 일곱 자로 된 두 구절은 앞 셋, 뒤 네 글자로 되어 있
어야 한다. 그리고 "한은 한으로 남고 정천은 기울 수 없다"란 구절
은 앞 넷, 뒤 세 글자로 되어 있어야 하는데, 이 세 군데 모두 서로
상반되고 있다. 또 "아름다운 사람을 한탄하랴" 중 '가인佳人'의 두
글자는 측성을 사용해야 하고, "예전에 노닐던 자취를 바라보니"에
서 '석일유종昔日遊踪'의 네 자는 평측이 서로 섞여 있어야 한다. 양
우생은 시사의 평측·구두점·압운에 매우 조예가 깊어 결코 이에
벗어나는 법이 없다. 그런데 이곳에서 범한 실수는 인쇄 과정에서
잘못된 것일까? 만약 그렇다면 작가가 문장을 세심하게 마무리 짓

지 않은 결과다. 아무리 시가에 능수능란한 고수라 해도 마무리를
대충대충하고 넘어가면 당연히 실수가 나온다.

거창하게 등장했다가
슬그머니 퇴장하다

소일[55]의 『감십구매廿十九妹』는 그 첫 장부터 무언가를 집어삼킬 듯
한 기세로 참혹한 공포 분위기를 연출하여 독자의 마음을 긴장시
킨다.

하얀 구름 속에 뉘엿뉘엿 넘어가는 겨울날 황혼 무렵, 피가 뚝뚝 떨
어지는 귀신처럼 붉은 옷에 붉은 모자를 쓴 한 인물이 붉은 지붕에
비취색 창문이 달린 가마를 이끌고 대갓집 문전에 나타났다. 그 집은
무림 명문이자 큰 세력의 하나인 '악양문岳陽門'으로 알려져 있었다.

---

55 소일은 재미 화교 작가로 본명은 소경인이고 산동성 하택 출신이다. 대만에서 해
군사관학교를 마치고 미국으로 건너갔다. 산문과 극본 등을 썼으며, 특히 무협소
설가로 이름을 날렸다. 대표작으로는 『감십구매』를 비롯하여 『무우공주』 『마명풍
소소』 『장검상사』 『봉점두』 『한정각검』 등이 있다. 그는 갑정과 인성을 표현하는
데 장기를 보인다는 평을 듣고 있다. 이 때문에 고룡과 함께 거론되곤 한다.

가마 안의 인물은 용모와 자태가 천하절색인 데다 감춰진 무공 또한 출중한 소녀인 감십구매였다. 그녀는 40년 전 사문의 원한을 갚기 위해 명문대파의 하나인 악양문을 방문한 것이다. 피비린내 나는 며칠간의 혈투 끝에 악양문의 식솔들은 모조리 참혹하게 죽었다. 오로지 기실제자記室弟子 윤검평尹劍平만이 구사일생으로 죽음의 그물에서 빠져나왔다. 윤검평은 이 천추의 한을 반드시 피로 씻겠노라 맹세한다.

그리하여 윤검평과 감십구매, 이 두 사람을 중심으로 은원 관계가 어지럽게 얽혀 돌아가는 가운데 파란만장한 애정과 복수의 드라마가 펼쳐지고, 끝내 비극으로 맺는다. 이 작품은 군데군데 스토리 전개에 무리가 없는 바는 아니지만 그래도 비교적 드라마틱한 작품으로 읽을 만하다.

소일은 한 방문기訪問記에서 일반적으로 무협소설들이 하나의 관습화된 틀에 쉽게 고착된다고 지적한 바 있다. 즉, '은원에 얽힌 살인'→'어렵고 고독한 역경'→'절세무공을 연마함'→'마침내 복수함'이라는 하나의 공식이 그것이다. 그런데 매우 유감스럽게도 그 자신의 작품인 『감십구매』도 기본적으로 이 통속적인 틀에서 벗어나지 못하고 있다. 작품 속에서 윤검평이 위와 같은 공식을 그대로 밟고 있기 때문이다.

통속적인 틀을 그대로 밟고 있는 점 외에도 이 책은 몇 가지 뚜렷한 결점들을 가지고 있다. 이제부터 그 몇 가지 예를 들어볼까 한다.

첫째, 안춘뢰晏春雷가 자신의 아버지 '황마객黃麻客' 안붕거晏鵬

擧의 명령을 받고 '쌍학당雙鶴堂'으로 가다가 감리상인坎離上人 미여연米如煉을 구하게 되는데, 이 과정에서 그는 뜻밖에도 감십구매의 손에 목숨을 잃고 만다. 안붕거는 감십구매의 스승 '단봉헌주丹鳳軒主' 수홍작水紅芍과 무공이 막상막하일 정도로 실력자다. 그런데 유감스럽게도 단봉헌주의 제자에게 그 아들이 피살되고 그의 신표信標인 '황마령黃麻令'이 망가져서 무림 인사로서 일대 치욕을 겪는다. 때문에 당연히 안붕거는 감십구매를 찾아 원한을 갚고 치욕을 씻어야 마땅했다. 그런데 이야기가 끝날 때까지 이와 관련된 내용은 찾아볼 수 없다. 소일의 마음속에 안붕거가 속도 없는 무골호인으로 낙인이 찍혔는지는 알 수 없으나, 어쨌든 앞뒤의 내용이 조화를 이루지 못했다고 볼 수밖에 없다.

둘째, 안춘뢰는 죽기 전에 윤검평에게 자신의 정혼자인 위지란심尉遲蘭心에게 다음과 같은 두 가지 내용을 전해달라고 부탁한다. 헛되이 생명을 잃을지도 모르니 감십구매를 찾아 복수할 생각은 절대 하지 말 것이며, 수절하지 말고 좋은 사람 만나 개가하라는 것이었다. 이 말을 전해 들은 위지란심은 '싸늘하게 코웃음만 쳤을' 뿐이다. 윤검평은 재차 감십구매가 얼마나 지독한가를 설명했으나 그녀는 아무렇지도 않다는 듯 다음과 같이 말한다.

감십구매가 정말로 그렇게 대단한지 믿을 수 없어요. 조만간 내가 그녀를 찾아가볼 테니. 흥! 그때가 되면 내가 얼마나 지독한지 알게 될 거예요, 그 여자는.

위지란심이 큰소리를 치는 것으로 보아, 우리는 반드시 그녀가 감십구매를 찾아가 결투를 벌여 비참하게 죽은 정혼자의 원한을 갚을 것이라는 사실쯤은 충분히 짐작할 수 있다. 그런데 웬일인지 이후 이야기가 다 끝날 때까지 위지란심은 등장하지 않는다. 이 두 여자는 서로 얼굴을 마주 대할 기회도 없었고, 결투도 이루어지지 않았다. 그렇다면 위지란심이란 인물이 과연 필요한 존재일까? 작가는 안춘뢰의 정혼자를 굳이 설정하지 않았어도 되는 것이 아닌가? 그런데 작가는 그녀를 그럴듯하게 등장시켜놓고는 용두사미 꼴로 슬그머니 없애버렸으니 앞뒤가 맞지 않을 수밖에 없다. 이는 마치 어설픈 작가가 독자들에게, 남장한 여자를 지아비로 착각하도록 요구하는 것과 마찬가지로 사실상 이치에 맞지 않는 사족이다. 필자의 생각으로는 안봉거와 위지란심이 안춘뢰의 복수를 하도록 배치할 생각이 없었다면 애초부터 안춘뢰를 '괜스레 죽는 인물'로 등장시킬 필요가 없지 않았나 생각한다.

셋째, 쌍조초당雙照草堂의 주인 오노부인吳老夫人과 감십구매의 스승 수홍작은 원수지간이다. 수홍작이 오노부인의 남편을 죽였기 때문이다. 오노부인은 '쌍조당비공雙照堂秘功'이란 정교한 무공을 창안하여 수홍작의 '단봉헌비공丹鳳軒秘功'을 격파한다. 이 무공은 윤검평에게 전수되고, 아들인 오경吳慶은 변변찮은 인물로 이 비공을 익힐 기회를 갖지 못한다. 오노부인이 죽은 뒤 오경은 운 좋게도 감십구매의 손아귀에서 빠져나와 행방이 묘연해지더니 더 이상 등장하지도 않는데, 별다른 설명도 없다. 오노부인은 아들 오경에게 부친의 복수를 기대하기는커녕 오로지 탈출하여 오씨 가문의 명맥만 유지하면 다행이라고 생각했는지는 모를 일이다. 어쨌거나 오경은 탈출한 후 백방으로 수소문한 끝에 윤검평을 찾아서 자기 어머니 오노부인의 죽음을 알렸다. 그런데 상식적으로 윤검평은 이 소식을 듣고 틀림없이 무슨 반응을 보여야 했는데, 이 이야기에서 그런 상황에 대한 설명이 전혀 없다. 이후 오경은 위지란심의 경우와 마찬가지로 핫바지 방귀 새듯이 슬그머니 꼬리를 감추고는 더 이상 등장하지 않는다.

소일은 한 방문록에서 다음과 같이 담담하게 말한 적이 있다.

통상 나는 글을 쓰기 전에 비교적 장렬하면서 그럴듯한 이야기를 첫머리에 설정한다. 그런 다음 그에 따른 복선을 깔면서 한 걸음 한 걸음 사건을 진전시켜나간다. 그런데 결말을 어떻게 맺을 것인가에 대해서는 거의 생각해두지 않는다. 내용이 자연스럽게 전개되는 것에 따라 결말을 맺는다.

소일의 이와 같은 고백은 기본적으로 그가 실제 작품을 창작하는 태도와 부합한다. 『감십구매』의 첫머리는 확실히 '비교적 장렬하고 극적'이다. 그러나 '결말을 어떻게 맺을 것인가에 대해서는 거의 생각해두지 않기' 때문인지 일부 앞뒤가 맞지 않은 내용과 설명이 부족한 구성 자체의 문제점을 뚜렷하게 드러내고 있다. 그는 자신의 작품에 등장하는 인물이 '영문도 모르는 채 슬그머니 사라져버린다'는 비판을 받아들였다. 그리고 이런 현상은 신문이나 잡지에 연재하기 때문에 원고 매수에 제한을 받은 결과라고 해석했다.

때로는 인물의 변동이 원작의 전체 계획에 영향을 미치기 때문에 하는 수 없이 성급하게 결말을 맺기도 하며, 그러다 보니 앞뒤의 내용을 일일이 다시 돌아볼 겨를이 없다는 것이다. 이렇게 되면 그 자신이 말한 '내용의 자연스러운 전개에 따라 결말을 맺는' 소망은 헛된 것이 되고 말며 소설의 결말도 결코 '자연스럽게' 매듭지어지지 않는다.

『감십구매』는 앞에서 지적한 단점과 허점 외에도, 감십구매의 스승인 단봉헌주 수홍작이 등장한 이후의 묘사도 그를 아끼는 독자를 크게 실망시킨다. 본래 이 작품은 시작부터 감십구매가 막강한 무공과 뛰어난 재주를 지닌 존재로 등장하는데, '그 제자가 이러했으니 그 스승은 말해서 무엇하랴'라는 상식에서 비추어보면, 그 스승인 수홍작의 무공과 재주는 감십구매보다 떨어지지 않을 것이고, 윤검평과의 결투도 대단히 치열했음직하다. 그런데 아예 흥미를 잃게 만드는 사실은 바로 수홍작이 윤검평과의 결투에서 단 몇 초를 교환하자마자 그만 죽어버리고 만다는 것이다. 오노부인이 '지금 천하에서 그녀와 대적할 수 있는 유일한 적수로' 치켜세운 수홍작이 이렇게 허무하게 처리되다 보니, 책을 읽다가 여기에 이르면 정말 정나미가 뚝 떨어진다.

평강 불초생과『강호기협전』

중국은 1920년대 이래 무협소설이 크게 유행하여 작가만 해도 170여 명에 이르렀다. 평강平江 불초생不肖生·고명도顧明道·육사악陸士諤·요민애姚民哀·왕경성汪景星 등은 모두 10부 이상의 무협소설을 써냈다.

그중 평강 불초생의『강호기협전江湖奇俠傳』이 끼친 영향이 가장 컸고 또 가장 널리 유행했다. 1923년부터 이 소설은《홍잡지紅雜誌》와《홍매괴紅玫瑰》에 일주일에 한 번씩 연재되었는데, 뒷날 명성영업공사明星影業公司에서 그중 일부를〈불타는 홍련사〉란 제목으로 영화화할 정도로 일세를 풍미한 작품이다. 그 뒤에도 지금의 만화 비슷한 연환화連環畵로 그려지기도 하여 갈수록 그 영향력은 커졌다. 금나한金羅漢과 홍고紅姑[56]를 모르는 사람은 거의 없었고,

---

[56] 두 사람 모두〈불타는 홍련사〉에 등장하는 중요한 협객들이다.

다른 이야기 도중 이들에 관한 얘기를 한번 꺼냈다 하면 저마다 떠들어대는 통에 끝이 없을 정도였다고 한다.

『강호기협전』을 쓴 불초생은 본명이 향개연向愷然으로, 1889년 태어나 1957년에 세상을 떠났다. 호남성 평강 출신이었기 때문에 예명 앞에 언제나 평강이란 지명을 붙였다. 그는 키가 훤칠하게 컸으며 두 차례 일본으로 건너가 공부했을 만큼 인텔리였다. 유학 시절에는 유학생들이 벌이는 가지각색의 추잡한 꼴들을 지켜보고는 『유동외사留東外史』라는 책을 엮어내기도 했다. 그런데 처음에는 원고를 사는 출판사가 나서지 않아 누군가에게 부탁하여 헐값에 출판사로 팔아넘겼는데, 꽤 상당한 부수가 팔렸다고 한다. 인세로는 별 재미를 보지 못했으나, 그의 이름이 이때부터 알려지기 시작했다.

떠도는 소문에 따르면, 불초생이란 예명에는 작은 에피소드가 숨어 있다. 1908년 향개연이 일본에 머무르고 있을 때 할아버지가 세상을 떠났다. 그런데 할아버지는 손자에게 공부가 더 중요하니 장례 때문에 귀국할 필요가 없다는 유언을 남겼다. 할아버지의 부음과 함께 이 유언을 전해 들은 불초생(당시는 향개연)은 바로 그날 밤 제문을 지어 교외로 나가 하늘에 제사를 올렸다. 그리고 이튿날 아버지에게 사죄의 편지를 부쳤다. 편지 말미에 귀국하여 효도를 다하지 못하게 되었노라며 가슴 아파했다. 그러고는 자신의 본명 대신 '평강 불초생 올림'이라고 쓴 것이었다. 이리하여 불초생이란 이름이 생겨났다.

불초생은 일본에 있을 때 왕윤생王潤生이라는 무술가에게 권법을 배웠다. 귀국 후에는 소림사 승려들과도 꽤나 두터운 친분을 유지했는데, 서로 의견을 주고받으며 기예를 연마하여 무공이 크게 진일보했다고 한다. 1931년 그는 호남성 장사長沙에서 호남국술훈련소 비서직을 맡았고, 그 후에는 국술구락부 비서도 겸했다. 호남성 제2회 국술시험을 준비하는 등 무술을 널리 보급시키는 데 적극적인 활동을 벌였다. 1931년 겨울, 다시 돌아와 호남성 정부참의政府參議가 되었고 1949년[57] 정잠程潛 장군과 함께 혁명을 일으켰다. 1949년 이후에도 정부 기관의 일을 맡아 보았고, 1956년에는 국가체육위원회의 회장인 하룡賀龍을 만나 전국 무술시범대회의 심판위원으로 발탁되는 한편, 그로부터 『중국무술사화 中國武術史話』를 한번 써보라는 부탁을 받는다. 그는 흔쾌히 수락하고 100만 자가량 집필할 것을 계획했다. 그러나 안타깝게도 그는 이 작업에 손을 댄지 얼마 되지 않아 돌연 병으로 세상을 뜨고 말았다. 그때가 1957년이었다.

불초생은 『유동외사』를 쓴 후, 한때 우울증에 빠져 아편에 손을 대기도 했다. 훗날, '원앙호접파鴛鴦蝴蝶派'의 포천소包天笑가 상해로 그를 찾아와 《성기星期》에 글을 실어주기로 약속하자, 그는 『유동외사보留東外史補』와 『엽인우기獵人偶記』를 쓰겠다고 했다. 『엽인우기』는 아주 독특한 작품이다. 일찍이 불초생은 호랑이가 많기로 이름난 상서湘西에 살면서 사냥꾼들과 접촉했고, 그들로부터 호랑

<hr>

57 1949년은 중국에서 사회주의 혁명이 성공하여 장개석이 대만으로 쫓겨나고 모택동이 정권을 잡은 해다. 중국에서는 1949년 이후의 중국을 신중국이라 부른다.

이와 표범을 잡는 흥미로운 이야기를 많이 들을 수 있었다. 이 작품은 그것에 바탕을 두고 쓴 것으로, 어찌나 생생한 묘사로 실감나게 표현했는지 보통 글재주꾼들은 감히 못 따라간다.

그 무렵 세계서국世界書局은 상해에서 애정소설의 붐이 서서히 시들해져감에 따라 분위기를 바꿀 겸 무협소설을 출판하기로 한다. 세계서국에서는 불초생이 무술에 정통한 데다 문장력이 뛰어나다는 사실을 알고 그에게 당시로서는 파격적인 원고료를 주고 독점계약을 체결했다. 그리하여 세계서국이 출판하는《홍잡지》와《홍매괴》에 『강호기협전』이 연재되고 그 후 책으로 묶여 간행되었다. 총 9권까지 나왔다. 제9권이 나온 후에는 다른 사람이 이어 속편을 집필했으나 불초생의 문장보다 훨씬 못해 독자들을 실망시켰다.

명성영업공사가 이 방대한 『강호기협전』에서 일부 멋있는 장면을 발췌해 〈불타는 홍련사〉라는 제목으로 영화를 찍은 이후, 그 여력으로 무협소설과 무협영화는 일세를 풍미했다. 〈불타는 홍련사〉가 극장에서 상연되었을 당시, 영화가 끝나자마자 관객들은 일제히 기립 박수를 치고 환호성을 지르는 등 극장 안은 완전히 흥분의 도가니였다. 특히 여배우 호접胡蝶이 연기한 주인공 홍고紅姑가 하늘에서 하강할 때 관중들의 열광은 극에 달했다. 중국의 유명한 작가 모순茅盾은 이때의 상황을 두고, "우리 영화 가운데 관객의 감정을 크게 자극한 영화를 들라면, 그것은 〈불타는 홍련사〉가 단연 처음이자 으뜸이다"라고 치하했다.

영화와 함께 힘을 실어준 것은 연환화로 엮인 같은 제목의 『불타는 홍련사』였다. 이 그림책은 영화에 비해 옹색하기 짝이 없었으나,

일반 대중의 마음을 사로잡기 시작한 열기는 식을 줄 몰랐다. 영화를 본 사람들은 그림책을 통해 자신들이 꿈꾸는 영웅호한들을 만날 수 있었다. 영화관이 없는 시골에서는 이 그림책이 영화를 대신했다.

『강호기협전』에서 비검법술飛劍法術이 등장하는 내용을 제외한 대부분의 이야기들은 그 근거를 가지고 있다. 청나라 때의 필기筆記소설 혹은 민간 전설에서 소재를 취했는데, 예를 들어 양계신楊繼新과 계무이桂武二 이야기는 청나라 사람 심기봉沈起鳳의 『해탁諧鐸』에서 빌려 왔다. 유양瀏陽과 평강平江의 결투, 장문상張汶祥이 말을 찌르고 향낙산向樂山이 원수를 찾는 이야기는 민간 전설에서 따왔다. 이런 전설은 지금까지도 어른들의 입을 통해 재미나게 전해지는 것들이다.

『강호기협전』이 일세를 풍미한 힘은 엄청났으나, 비검법술의 내용은 지나치게 황당무계하다고 할 수 있다. 불초생의 또 다른 작품인 『근대협의영웅전近代俠義英雄傳』은 매우 훌륭한 기격技擊무협소설이다. 이 소설은 『강호기협전』만큼 환영받지는 못했지만, 황당한 정도가 많이 줄어들었고, 등장인물들이 대체로 현대와 그리 멀지 않으며, 기록된 사적 역시 8, 9할이 실제 무술가들에게 인정받는 것들이다. 작가 자신이 무술가이기에 무술 장면 묘사도 어느 정도 격에 맞는다. 때문에 실제 인물과 사건을 다루고 있다는 나름대로의 한계는 지니고 있지만 전편에 걸쳐 생동감이 넘쳐난다. 이 작품은 『강호기협전』과 마찬가지로 한 이야기로부터 다른 이야기를 꺼내는, 단편을 모아 장편을 만드는 방식을 취했다. 작품 속에 나오

는 대도왕오大刀王五·곽원갑藿元甲·조옥당趙玉堂·산서노동山西老
董·농경손農勁蓀과 손록당孫祿堂 등은 실존했던 무술가 또는 권법
가들이다. 그중에서도 '살아 있는 원숭이'라 불리는 손록당은 러시
아 차력사와 일본 사무라이를 물리쳐 국위를 떨치다 1933년 세상
을 떠난 역사적 인물이다. 대도왕오와 곽원갑도 중국 내에서 활동
했던 무술가들이다.

환주루주와 『촉산검협전』

홍콩과 대만의 신파 무협소설이 중국 본토에서 대거 재출판되기 시작했을 때, 사람들은 1920년대에서 1940년대 사이 일세를 풍미한 『강호기협전』과 『촉산검협전』(이 구파 무협소설들도 중국 본토에서 계속 재발행되고 있다)을 머리에 떠올렸다.

1920년대에서 1930년대 초까지는 『강호기협전』의 천하였고, 1930년대 말에서 1940년대 말까지는 『촉산검협전』의 세상이었다. 『강호기협전』의 전성기는 명성영업공사에서 이 작품을 토대로 〈불타는 홍련사〉라는 영화를 만들었을 때다. 그러다 점차 이보다 기이하고 변화무쌍한 『촉산검협전』에 그 선두 자리를 양보한다.

『촉산검협전』은 항일전쟁이 일어나기 몇 년 전, 천진天津의 《천풍보天風報》라는 잡지에 연재되기 시작했다. 처음에는 그다지 사람들의 시선을 끌지 못하다가 스토리가 갈수록 황당해지고 내용이 괴이해지면서 많은 사람들이 읽기 시작하여 낙양의 종이 값을 폭등시켰다. 서점가에서는 순전히 돈벌이를 목적으로 그 내용을 연환화로 바꾸어 몇 집 정도를 시범적으로 내었는데 이 역시 반응이 좋아 결과는 대성공이었다. 잡지에 연재된 지 3개월 만에 제1집이 세상에 나왔다. 환주루주가 붓을 휘둘러 쓰면 즉각 그것을 모아 책으로 펴내기 시작한 것이 어느덧 무려 55집에 총 350여만 자에 이르는 전무후무의 엄청난 대작이 되었다. 떠도는 소문에 따르면 원래 의도는 1천만 자를 채우려 했다 하니, 350만 자는 그 3분의 1에 지나지 않는 셈이다.

『촉산검협전』은 처음 천진의 여력勵力출판사에서 발행했으나 전란 통에 출판이 끊어졌다. 항일전쟁 이후 환주루주는 상해로 거주지를 옮겼고, 이 책은 다시 정기서국正氣書局에서 간행되었다. 『촉산검협전』 한 권 한 권이 출판될 때면 3, 4일 내에 순식간에 1만여 권이 팔려나가는 기염을 토했다. 이른 새벽 아직 문도 열지 않았는데 많은 사람들이 서점 앞에서 책을 사려고 장사진을 쳤다고 한다.

서국정徐國楨 선생은 불초생의 『강호기협전』과 환주루주의 『촉산검협전』을 비교하면서 다음과 같이 말한 바 있다.

당시 『강호기협전』이 세상을 풍미했을 때 대단히 많이 팔렸었지. 하지만 그건 출판사 쪽에서 대대적으로 선전한 덕도 있었을 거야. 그러니 『촉산검협전』이 인기를 끈 것은 아마 그것과는 상황이 좀 다르다고 할까? 출판사에서는 그다지 선전을 하지 않았거든. 독자들의 입과 입을 통해 널리 퍼져나간 것이야. 워낙 방대한 양의 작품이고, 현재 이런 방대한 양의 작품이 공전절후의 것이라고 말하긴 어렵지만, 당분간 그것에 비교될 만한 것은 찾아보기 힘들지.

환주루주(1902~1961)는 본명이 이선기李善基였는데 후에 이수민李壽民으로 바꿨다. 사천四川 장수長壽 출신으로 화북華北에서 오래 살았고, 어렸을 때는 상주常州에서도 살았다. 그의 말투에 사천 말투가 거의 없는 것은 이 때문이다. 그는 성격이 급해 말할 때 따발총 쏘듯이 빨라져 수십 마디 중 한 마디도 제대로 건지지 못하는 것이 안타깝게 느껴질 정도였다고 한다. 얼굴 윤곽은 약간 네모지고, 귀는 크고 목은 짧았다. 허리는 굵고 어깨는 넓은, 호랑이 등에 곰 허리 같은 몸집을 가져, 비쩍 마르고 훤칠한 불초생과는 대조적이었다. 몸을 다듬는 데 무관심하여 머리카락은 늘 짧게 자르고 다녔다. 사귀어보면 아주 편한 사람이었다고 한다. 제일 먼저 쓴 소설 『윤제輪蹄』는 자신의 과거 연애 이야기를 소재로 하여 쓴 것이다. 소년 시절의 애틋한 연정을 기념하기 위해 그는 '환주루주'라는 예명을 사용했다. '환주還珠', 이 두 자는 장적(張籍, 767?~830?)의 '님에게 구슬을 돌려보내며 눈물을 떨어뜨린다[還君明珠雙淚垂]'라는 구절에서 그 뜻을 딴 것이라 하는데, 말로는 표현하기 어려운 착잡한 심경이 서려 있다.

그는 책 냄새가 물씬 풍겨나는 학자풍의 집안에서 태어났다. 어려서부터 부친을 따라 이곳저곳 바깥세상을 구경하며 식견을 넓혔다. 그는 사천성 아미산峨眉山을 세 번, 청성산靑城山을 네 번이나 올라 그곳에서 18개월간 머무르면서 집에 돌아오는 것도 잊어버릴 정도였다고 한다. 이때의 경험이 그가 훗날 쓴 『촉산검협전』과 『청성십구협靑城十九俠』에 도움이 되었음은 물론이다. 『촉산검협전』과 『청성십구협』에는 촉 지방의 산천과 풍물이 눈에 보이듯 생생하게 묘사되고 있는데, 젊은 시절 길고 긴 여행을 다닌 것과 매우 밀접한 관계가 있다. 열일곱 살 때 부친이 돌아가셨고, 열아홉 살에 공무원 생활을 시작했으며, 스물셋에는 군에 입대하여 호경익胡景翼, 송철원宋哲元, 부작의傅作義 장군 밑에서 부관 노릇을 했다. 항일전쟁 때 일본이 화북을 점령하자 처자식이 주렁주렁 달린 그는 도망치지 못했다. 일본인은 그에게 간행물을 내는 데 협조하라고 강요했으나 불응했고, 그 때문에 몇 달 옥살이까지 했다.

출옥했지만 집안은 아주 엉망이 되었다. 일본이 항복한 후 그는 상해에서 정기서국의 사장 육노반陸老闆을 만나게 된다. 육노반은 그에게 『촉산검협전』을 계속 쓰라고 종용했다. 환주루주는 그 청을 받아들이고, 상해로 거주지를 옮겨 쓰다 만 소설을 계속 집필하기 시작했다. 그와 동시에 상해·홍콩·무석無錫·진강鎭江·북평北平 등지의 신문에 장편 무협소설을 연재하기로 계약하고, 1949년까지 계속 썼다. 1949년 이후 북경시 희곡지도위원회의 위원이 되었고, 역사소설인 『극맹劇孟』과 『유협곽해游俠郭解』를 썼다. 전자는 하북河北인민출판사에서 출판되었고, 후자는 광주廣州《양성만보羊城晚報》에 연재되었다. 이 두 작품은 고대의 협사 이야기를 다루고 있지만 주로 협의라는 측면에 중점을 두고 있다. 과거 황당하고 괴기스럽기까지 한 필치에 비한다면 비교적 근엄하다고 할 수 있다. 그러나 그 때문인지 전에 비해 호방한 문장이 활기를 잃었고 거침없던 상상력도 크게 줄어들었다. 환주루주는 1959년 중풍에 걸려 고생하다 1961년 세상을 떠났다.

『촉산검협전』의 '촉산'은 사천성 아미산을 가리킨다. 아미산에 자리 잡은 무림 문파들 중 아미파가 명문 정파이며, 나머지는 좌도방문左道旁門의 이파異派들이다. 이파들에는 정사의 구분이 있는데, 아미파와 동맹을 맺고 있는 파들은 정파들이다. 나쁜 짓만 골라 하며 아미파와 대적하는 무리는 사파다. 아미파의 창시자는 장미진인長眉眞人이며, 『촉산검협전』에 때때로 언급되고는 있지만 실제로 등장하지는 않는다.

『촉산검협전』에 등장하는 아미파 장문인은 건곤정기乾坤正氣 묘일진인妙一眞人이라 부르는 제수명齊漱溟이다. 그의 문하에는 뛰어난 제자들이 적지 않은데, 그중에서도 '삼영이운三英二雲'이 가장 뛰어났다. 이른바 '삼영이운'이란 이영경李英瓊·여영남余英南·엄인영嚴人英·주경운周輕雲·제영운齊靈雲(제영운은 묘일진인의 딸이다) 등 여자 넷, 남자 하나로 모두 다섯 명이다. 이 다섯 명은 미래에 아미파를 빛낼 신진 기예로서 작품 속에서 상당히 큰 비중을 차지한다. 특히 이영경은 하늘이 내린 총아다. 그녀는 기연이 깊을뿐더러 기이한 보물도 많이 얻는다. 사조 장미진인이 남긴 자영보검紫郢寶劍을 이미 얻었을 뿐만 아니라, 그녀 곁에는 늘 수리매 한 마리와 원숭이 한 마리가 따라다니며 어려움을 해결해준다. 그녀는 아미파 장문인이 마음속에 점찍어놓은 이상적인 후계자였다.

이 작품은 바로 이 '삼영이운'을 중심으로 많은 아미파 문인들이 어떻게 스승을 찾아 무예를 닦고 도를 이루며, 보물을 찾고 요괴를 물리치고 마귀를 제거하는가 하는 과정을 그리고 있다. 장문인 묘일진인은 그리 많이 등장하지는 않고 오히려 아미파와 절친한 다른 선인仙人들이 자주 등장해 아미파의 젊은 문인들을 도와준다. 이 세외고인世外高人들은 도가 높으면서 괴팍한 성격을 가진 인물들인데, 신타을휴神駝乙休·괴규화릉혼怪叫化凌渾·왜수주매矮叟朱梅·추운수백곡일追運叟白谷逸 등이 그런 초인들이었다.

작품 속에는 오대파五台派의 요부 허비낭許飛娘이 등장하기도 한다. 이 여자는 아미파와 늘 맞서는데, 자신의 모습을 전면으로 드러내지 않고 사마외파邪魔外派를 선동하고 사주하여 아미파와 싸우게 한다. 그런데 사마외파가 그녀에게 쉽게 속는 것은 다음과 같은 두 가지 이유 때문이었다. 하나는 아미파 젊은 여제자들의 빼어난 미모에 흑심을 품고 있었기 때문이며, 또 하나는 천고의 기이한 보물들을 빼앗고 싶어서였다. 그러다 보니 정사 양파의 싸움이 쉴 새 없이 작품 전체를 관통하고 있다.

작품에 등장하는 사파의 악귀들은 소름이 끼칠 정도로 괴기스럽고 공포를 느끼게 한다. 녹포노조 같은 경우는 그 형상이 추악할 뿐만 아니라 잔인하고 음험하기 짝이 없다. 그는 살아 있는 사람의 심장과 피를 즐겨 먹으며, 한번 화가 나면 적이건 친구건 가리지 않고 움켜쥐고는 '캬' 하는 소리와 함께 순식간에 해치워버린다. 그는 극락진인極樂眞人 이정허李靜虛의 검에 허리를 잘린 뒤에도 죽지 않고 남은 반쪽만 가지고도 계속 악행을 저지른다. 묘일진인이 여러 선인들을 집결시켜 장미진인이 남긴 양의미진진兩儀微塵陳 속에 가두어 태워 죽일 때까지 그 짓을 계속한다. 혈신자血身子도 그

못지않게 무시무시하다. 이자는 원래는 장미진인의 제자였으나 사파에 투신했다가 장미진인에게 감금당한다. 그 뒤 아미파의 개부開府 때 탈출하여 의도적으로 잔치에 나와 난동을 부린다. 이 혈신자는 육신이 이미 망가져 한 덩어리의 혈영血影을 연마했다. 이 무시무시한 혈영에 닿기만 하면 순식간에 목숨을 빼앗기고, 반대로 혈신자 본인의 공력은 그만큼 증가한다. 이 밖에 오두파烏頭婆가 있는데, 역시 끔찍하기 짝이 없는 여자다. 그녀가 출현할 때면 허공에서 곡을 하는 것 같기도 하고 흐느끼는 것 같기도 한 처절한 소리가 들린다. 이 소리가 들리면 입을 다물고 소리를 내지 말아야지 만에 하나 한마디라도 대꾸를 했다간 혼이 빠져나간다.

『촉산검협전』은 기격무협소설의 울타리에서 벗어난 작품으로, 기발한 상상과 엄청난 과장이 넘치는 신마神魔검협소설에 속한다. 그 신기·괴이함은 『서유기』나 『봉신연의封神演義』를 뛰어넘는다. 사실 『서유기』와 『봉신연의』를 읽으면 스토리가 중복되어 그게 그것 같다는 느낌을 지울 수 없는데, 『촉산검협전』은 사건 진행의 기복이 심하고 훨씬 더 다채롭다. 『촉산검협전』은 『서유기』와 『봉신연의』를 이어받아 신마의 결투를 많이 묘사하면서도 복잡다단한 스토리와 상상을 초월하는 구상으로 분명 한 수 위의 공력을 뽐내고 있다.

『촉산검협전』에는 인간의 음식을 먹지 않고 사는 선불요괴仙佛妖怪들과 그들의 싸움, 법보의 탈취 등이 그려진다. 황당무계한 이야기의 극을 달리지만, 『서유기』나 『봉신연의』와 마찬가지로 신마 사이에는 정사와 선악의 구분이 분명하다. 『촉산검협전』은 실로 인간

세상에서 정사와 선악이 벌이는 투쟁의 압축판이다. 신마라는 겉옷을 입고는 있지만 우리는 이 작품에서 사회소설의 면모를 얼마든지 벗겨볼 수 있다.

환주루주는 풍경과 대상물의 묘사에 뛰어나다. 그는 법보·선진仙陣·요물 등에 대해 박진감 넘치는 필치로 절묘하게 묘사할 뿐만 아니라 소설의 회목과 문장의 대구 등에도 심혈을 기울임으로써 매우 유려한 문장을 구사한다. 몇 가지 회목들을 한번 감상해보자.

위기에 처해 기이한 보배를 얻어	臨難得奇珍
겨자씨에 몸을 감추니	納芥藏身
티끌도 방패 되고,	微塵護體
정이 많음도 죄가 되어	多情成孽累
쓰라린 가슴 홀로 남으니	傷心獨活
영원토록 같이 은거하기를 맹세하네.	永誓雙棲

대지는 큰 화로라서	大地爲洪爐
돌을 끓이고 모래를 녹여	沸石溶沙
기이한 경치를 거듭 열어주고,	重開奇境
긴 다리는 성스러운 물 위에 가로놓여	長橋橫聖水
무지개 날고 번개가 춤을 추어	虹飛電舞
신선이 노니는 경계를 다시 세우네.	再建仙山

손가락 튕길 사이 전생의 인연을 깨치고	彈指悟夙因

널리 금륜을 제도하여 보상이 빛나거늘,   普渡金輪輝寶相

종소리를 들으매 묘체를 참오參悟하고   聞鐘參妙諦

맑은 못 차가운 달은 선심을 징득證得하네.   一泓寒月禪心

뭇 불과 뇌성과 바람을 짝하여   敵衆火雷風以抗天災

하늘의 재앙에 대항해도

도리어 하늘의 밝음을 비추는데,   反照空明

무릇 인간의 잡다한 감정들은   凡貪嗔癡愛惡欲

모두가 집착이요 적멸이며 도道이거늘,   皆集滅道

제 액운과 고난을 거쳐 마겁을 방어하여   歷諸厄苦難而禦魔劫

보상寶相을 밝히기에 부지런히 힘쓸 것이요,   勤宣寶相

육근六根의 집착이 없으니   無眼耳鼻舌身意

본래 청정한 모습으로 돌아온다.   還自在觀

이 회목들은 대지의 풍경, 남녀 간의 애정, 신선 세계의 분위기, 깊은 참선의 경지 등을 묘사하고 있는데, 이 방면에 환주루주가 얼마나 뛰어난 문장력을 발휘하는지 그 진면목을 엿볼 수 있다. 예사로운 문장력으로는 아예 흉내 내거나 따라갈 엄두도 못 낸다. 구파 무협소설가 중 누구도 환주루주만큼 회목을 이처럼 잘 다듬어내지 못했다. 신파 무협소설가 중에는 양우생의 것이 비교적 평범하면서도 공이 많이 들어가 있고, 김용은 형식이 다양하여 고수라는 평가를 받을 수 있지만 환주루주에 비하면 한 수 양보해야 할 것 같다.

환주루주의 무협소설은 총 36부 약 1500만 자 이상이다. 그중 『촉산검협전』과 『청성십구협』이 가장 유명하다. 유명한 경극 연출가인 상소운尚小雲 선생의 말을 따르면, 당시 환주루주는 『청성십구협』을 경극으로 개편한 적이 있다고 하는데, 새삼 놀라운 일이 아닐 수 없다.

김용과 양우생의 차이

신파 무협소설을 거론할 때면 어김없이 김용과 양우생이 함께 입에 오른다. 작품 활동 시기로 보면 양우생이 김용보다 빠르나, 작품의 완성도 면에서는 김용이 양우생을 앞지르고 있다.

두 사람은 모두 바둑이나 장기를 좋아한다. 김용은 바둑을 좋아해 그의 소설에는 바둑으로 상대방을 박살내는 장면이 묘사되곤 한다. 예를 들어 『천룡팔부』에서는 허죽화상盧竹和尙이 거짓으로 자신의 대마를 죽음으로 본 다음 순식간에 역전시켜 승리를 거두는 흥미로운 장면이 나온다. 필시 바둑의 삼매경을 깊게 체험하지 않고서는 이런 신기한 글이 나올 수 없다. 사실, 김용은 중국 바둑계의 거의 모든 고수들과 친분을 갖고 있었다. 그는 대륙의 진조덕陳祖德이나 섭위평攝衛平, 대만의 심군산沈君山을 자신의 집에 초대해 교유를 가진 바 있었다.

한편, 양우생은 바둑과 장기를 모두 좋아하나, 그중에서도 장기에 더 많은 흥미를 느꼈던 것 같다. 그와 섭감노聶紺弩는 우정이 매우 돈독했는데, 그들은 장기와 바둑 친구이기도 했다. 1950년대 초 그는 북경으로 신혼여행을 떠났다가, 어여쁜 신부를 여관에 쓸쓸히 남겨놓고 섭감노와 바둑만 두었다는 일화가 전해지기도 한다. 그는 또 기보를 재미있게 잘 썼을 뿐만 아니라 그것으로 사람을 끌어들이는 힘이 대단했다.

양우생은 1966년에 동석지佟碩之란 가명으로 「김용과 양우생론」이란 글을 써서 두 사람 작품의 차이를 분석한 바 있다. 그는 그 글에서 다음과 같이 말했다.

> 양우생은 명사의 기질이 농후한, 즉 중국 스타일인 반면에 김용은 '서양식 재주꾼'이다. 양우생은 시사·소설·역사 등을 포함하는 중국 전통문화의 영향을 비교적 깊게 받았고, 김용은 영화를 포함한 서양 문화예술의 영향을 비교적 많이 받았다.

이 말은 사실이라 할 수 있다. 다른 사람에 대한 것이든 자신에 관한 것이든 간에 칭찬과 비판에 구분이 있는 것이, 과녁 없이 화살을 쏘는 법이 결코 없음을 입증한다.

양우생은 시사를 대단히 좋아한다. 그래서 그의 소설 중에는 시사에 대한 언급이 자주 나온다. 소설의 회목이나 권두와 권말에 딸린 시 구절은 모두 운치가 넘치고, 소설에 수시로 인용되는 고인古人의 아름다운 시 구절에서부터 협객들이 시를 놓고 주고받는 이야기에 이르기까지 이루 헤아릴 수 없이 많다.

김용은 양우생처럼 소설에 고인의 시나 가사를 많이 인용하지는 않으나, 인용한 것들은 모두 절묘하다. 김용은 아마도 노장 철학이나 불교 철학에 더 흥미를 느끼는 듯하다. 그가 묘사한 신기한 무공들, 예컨대 '구음진경' '북명신공' '공명권' 등은 노자나 장자의 학설과 관계가 깊다. 그의 소설 중에는 불교 경전에 나오는 말이나 전고典故들이 많이 인용되고, 묘사된 고승들은 대부분 능란하게 불경의 내용을 설법하거나 게송을 읊조리곤 한다. 그저 '아미타불'이나 '옳거니, 옳거니!'만을 뇌까리는 천박한 중들이 결코 아니다. 또한『천룡팔부』에 인용된 책 이름들은 이해하기 힘들 정도로 심오하며, 대개 불경에 나오는 어휘를 사용하고 있다. 예를 들면, '염화지拈花指' '반야장般若掌' '용상공龍象功' 등과 같은 무공이 불경에서 나왔음을 소양 있는 독자라면 금세 알 수 있다.

김용과 양우생은 전통문화에 대한 소양이 풍부하면서, 동시에 서양 문화예술의 영향도 받았다. 그들은 비슷한 면이 있으면서도 서로 다른 스타일을 형성하고 있다. 양우생은 전통미가 농후한 장회체로 작품을 쓰며, 옛날 방식인 대구가 정연한 한 쌍으로 회목을 즐겨 구성했다. 반면에 김용은 옛날 방식의 목차를 잘 사용하지 않는다. 초기의 두 작품이 대구가 정연한 회목 구성을 가진 점 외에 그나머지 소설들의 목차는 모두 변화가 무쌍하며 결코 부화뇌동하지 않음을 보여준다. 그는 특히 서양 문학의 수법을 차용하여 소설을 즐겨 썼다.『사조영웅전』중 곽정郭靖과 황용이 우가촌牛家村 밀실에서 상처를 치료하는 장면의 묘사에서는, 장면과 인물 배치가 완전히 무대 연극을 방불케 했다. 또 황용이 철창묘鐵鎗廟 안에서 간신배들을 상대할 때 어리석은 할망구를 유도 심문하여 사실을 자백케 함으로써 구양봉歐陽鋒과 양강楊康이 사람을 죽인 증거를 찾아내고, 강남오괴江南五怪가 참화를 당한 과정을 논리정연하게 끌어내는 장면은 현대 추리소설과 다를 바 없을 정도다.

이 두 사람이 그려내는 협사호걸은 모두 '의협'이란 면을 강조한다. 이른바 '나라와 민중을 위하는 것이 대협이다'라는 '의협'의 최고 경지다. 그들은 특정한 역사적 배경을 깔고 이야기를 끌어나가는데, 30퍼센트는 진실이고 70퍼센트는 가상이며, 진실과 환상이 적절히 배치되어 허실과 변화가 무쌍하다.

남녀 간의 사랑에 대한 묘사는 두 사람 모두 엄격하여 보수적인 정파의 길을 고집하는데, 대체로 정감이 짙게 흘러넘치며 읽는 사람의 심금을 울린다. 고룡과 같은 작가의 작품에 보이는 에로틱한 묘사는 애당초 끼어들 여지조차 없다. 양우생은 작품을 서로 연결하거나 시리즈로 만드는 데 특출한 재능을 보여준다. 각 소설 간의 인물은 대부분 방사선처럼 사방으로 연계되어 아주 독특한 특색을 갖춘 '양우생 시리즈'를 이룬다. 그러나 전체적으로 보아 그의 소설은 비교적 단조롭고 필법의 변화도 다양하지 못할뿐더러 정절도 기괴함이 부족하여, 여러 편을 읽어도 천편일률적이란 느낌을 지울 수 없다.

방대한 작품이란 면에서 김용은 분명 뛰어나다. 그의 가장 유명한 '사조삼부곡'이나 『소오강호』『천룡팔부』『녹정기』 등은 필력이 넘치고 기기묘묘하며 변화무쌍하고 웅장하기 이를 데 없다. 김용의 학문적 수준은 중국은 물론 서양의 학문에 대해서도 탁월한 깊이와 넓이를 갖고 있다.

김용의 작품은 무협소설의 최고봉에 올라 있다. 그는 이미 무협소설의 여러 '수법'을 거의 모조리 써먹어버렸다. 그의 뒤를 이을 사람은 필시 다른 문장과 구성을 가지고 새로운 초식을 창조해야만 눈길을 끌 수 있을 것이다. 대만의 고룡은 기발한 문장으로 초식이 없는 무초식의 무공이란 것을 창출해냈다. 그는 오로지 추리 무협소설에 전념하여 김용이나 양우생과 더불어 자신의 입지를 이루어냈다. 그의 소설은 기괴함과 우여곡절이란 면에서는 결코 김용에게 뒤떨어지지 않으나, 깊이와 넓이 면에서는 한 수 아래다.

김용과 양우생은 단편보다 장편에 더 탁월하다. 단편은 분량이 한정되어 있기 때문에 그들의 재주와 정감을 충분히 드러낼 수 없다. 두 사람의 지식과 능력은 넓고도 풍부하다. 양우생은 무협소설을 쓰고 남는 시간을 주로 바둑 이야기와 문인수필을 즐겨 쓰는데, 생동감 넘치는 글에서 그의 재능과 정감을 엿볼 수 있다. 김용은 한편으로는 천마행공天馬行空 같은 무협소설을 쓰면서도 다른 한편으로는 딱딱하고 현실적인 정치 평론도 쓰고 있다. 두 개의 붓이 전혀 다른 방면으로 동시에 날아다니는데도 각기 오묘하게 어울린다.

그들은 나란히 신파 무협소설의 시조로 불린다. 자신들의 재능과 학식으로 1911년 이래 낡은 무협소설을 참신한 경지로 끌어올렸다. 그들은 서양 소설의 표현 기교를 빌리고 신문예 수법을 운용했다. 그들의 소설에 등장하는 인물들은 성격이 뚜렷하고 인간미가 넘치는데, 구파 무협소설과는 비교도 안 된다. 그들은 인물의 심리 묘사에 중점을 두었으며 배경의 묘사에도 심혈을 기울임으로써 작품의 분위기를 크게 살렸다. 문장의 수식에 대해 늘 연구하고 대화를 다듬는 데 힘써 무협소설에 참신함을 더해주었다. 이로써 문학성이란 측면에서도 큰 성과를 거두어 순수와 통속, 두 방면에서 새로운 면모를 과시하기에 이르렀고, 무협소설의 새로운 국면이 전개되었다.

그들의 작품은 신파 무협소설의 확립에 공헌했다. 혹자가 "김용과 양우생이 나란히 입에 오르내리며 한 시대를 빛낸다"고 비유한 것은 일리 있는 말이다. 둘이 함께 신파 무협소설의 뿌리를 확고히 내렸다는 점에서 두 사람의 공은 위대하다. 그러나 작품의 깊이와 넓이 면에서 김용은 양우생을 앞선다. 옛이야기 속의 기묘한 우여곡절이나 인물 성격의 복잡함과 다양함, 그리고 심각한 인생 문제를 치밀하게 다루는 점 등 여러 면에서 김용은 양우생을 앞지르고 있다. 두 사람의 처녀작을 놓고 볼 때도 김용의 『서검은구록』은 양우생의 『용호투경화』에 비해 훨씬 높은 수준을 보여주고 있다.

백우의 불우한 인생

백우白羽(1899~1966)는 본래 무협소설을 쓸 마음이 전혀 없었는데 『십이금전표十二金錢鏢』때문에 이름난 무협소설가가 되어버린 인물이다. 그도 미처 예상하지 못한 결과였다.

그의 본명은 궁죽심宮竹心이었고, 관리 집안에서 태어났다. 집안이 몰락하는 바람에 글을 팔아 입에 풀칠을 하고 살았다. 일찍이 그는 영어를 배웠기 때문에 소설 정도는 손쉽게 번역할 수 있었다. 무협소설을 쓰기 전에는 대서소 서기, 우체부, 세무원, 교사, 관청 직원, 군대 서기관 등의 직업을 전전했고, 아주 궁핍했을 때는 길거리에서 헌책을 내다 팔기도 했다. 그는 성격이 아주 괴팍하여 친구들과 언제나 언쟁을 벌이곤 했다.

그가 세무서 말단 직원으로 일할 때 돈을 훔친 혐의를 받은 적이 있었다. 진범이 잡혀 누명을 벗었지만 그의 가슴에는 큰 상처로 남왔던 모양이다. 그 전까지만 해도 그는 다른 사람에게 진지하고도 정중하게 대했는데, 그 일이 있고 난 뒤로는 남을 비웃고 욕하며 소란을 피우는 성격으로 변했다. 그런데 주위 사람들은 그런 그를 오히려 호방하다며 전보다 더욱 친근하게 여겼다.

백우는 본래 촉망받는 문학청년이었다. 중학교 때 이미 '배우면서 책을 쓰겠다'는 이상을 펼쳤고, 한때 문단의 큰 별인 노신 선생의 열정 어린 격려와 지도를 받기도 했다. 노신은 여러 차례 그의 소설과 번역물을 잡지에 발표하도록 도와주었다. 만약 백우가 계속 그대로 그 길을 걸었다면 중국 신문학계에 적지 않은 공헌을 했을 것이다. 그러나 운명의 장난인지 생계 문제가 그를 무겁게 짓누르는 통에 인생의 행로가 바뀌어, 본래 원치 않았던 무협소설을 쓰게 되었다.

항일전쟁이 일어나기 전, 백우는 패주霸州의 임시 사범학교에서 교편을 잡고 있었다. 그런데 그가 담임을 맡고 있던 반 학생 하나가 무협소설에 빠져 아미산으로 스승을 찾아 무술을 배우겠다며 가출한 사건이 일어났다.[58] 이 사건은 학교를 발칵 뒤집어놓았다. 친구이자 교장인 섭랭葉冷은 백우에게 한 달 동안 무협소설을 읽고 교내에서 강연회를 열어 학생들의 잘못된 생각을 바로잡아주라고 지

---

[58] 아마도 당시 《천풍보》에 연재되던 환주루주의 『촉산검협전』을 읽고 행동했던 것 같다. 사천성 아미산은 『촉산검협전』의 주요 무대이기 때문이다. 우리나라에서도 1960년대 말에서 1970년대 초반에 《동아일보》와 《조선일보》 등에서 각각 『비호』와 『천풍』이 연재되기도 했다. 이 무렵 장풍을 배운다고 가출하여 입산수도하러 떠난 중학생의 이야기가 심심찮게 지방신문에 오르내린 일도 있었다.

시했다. 그는 충분히 준비했고 훌륭한 강연을 해냈다. 그는 몽롱한 정신을 가진 문인들이 심심풀이로 무료하게 그려낸 검협과 무공은 별 내용 없이 황당한 것이라고 신랄하게 비판했다. 공중을 붕붕 날아다니는 사람은 이 세상에 존재하지 않으며, 입으로 하얀 빛을 뿜어 사람의 목숨을 빼앗는 일은 더군다나 있을 수 없는 일이라면서 어린 소년들은 절대로 산에 들어가 검법을 배운다는 따위의 엉뚱한 생각을 해서는 안 된다고 극력 성토했다.

그런데 그가 패주에서 이렇게 비분강개하며 무협소설을 성토한 지 1년도 안 되어 정작 그 자신이 무협소설을 쓰게 될 줄 누가 알았으랴! 그로서는 꿈에도 생각지 못한 일이었다. 그리고 바로 그 소설이 한때 크게 명성을 떨친 『십이금전표』였다.

그런데 백우에게 무협소설을 쓰도록 부추긴 사람은 다름 아니라 그에게 무협소설을 비판하라고 했던 바로 그 섭랭이었다. 당시 화북 지방은 일제의 손아귀에 들어가 있었고, 침략자들은 잡지 간행에 엄격한 통제를 가했다. 항일언론인들을 색출해내고 진보적인 작가들을 박해했다. 백우는 별다른 재주가 없었고 그저 붓 하나를 가지고 그날그날을 살아가는 보통 사람이었다. 그러나 그는 '살기 좋은 땅'을 노래하는 간신배 문인들이 써내는 문장을 싫어했고, 그러다 보니 섭랭의 권유를 받아들일 수밖에 없었다. 침략전쟁을 찬양하는 협잡꾼의 글을 쓸 수는 없었고, 그렇다고 해서 색정적이고 잔인한 무협소설을 쓰고 싶지도 않았다. 그래서 그는 당시 무협소설을 잘 쓰는 정증인鄭證因을 찾아가 도움을 청했다. 그 결과 『십이금전표』를 공동으로 집필했다. 정증인은 백우를 도와 앞부분 3장가량의 무술 결투 장면을 고쳐준 뒤, 갑자기 일이 생겨 권보와 검보 몇 권만 남겨놓고 북경으로 가버렸다. 하는 수 없이 백우는 혼자 힘으로『십이금전표』를 완성했다.

그는 무술에 대해서는 문외한이었다. 그러나 세태에 대해서는 누구보다 민감한 사람이었다. 그는 무협 결투 장면은 많이 도입하지 않았다. 주로 무림의 은원 관계를 조명, 인간들의 적나라한 모습들을 그렸다. 무협 이야기를 통해 세태와 인정을 반영하는 이런 방식은 자연스럽게 백우 소설의 기본 골격을 이루게 되었다. 그래서 사람들은 그의 소설을 '사회 무협소설'이라 부른다. 백우는 노신의 지도와 영향을 받았고 또 외국 소설을 번역해본 경험이 있는 데다가 신문예에 대한 기초를 갖추고 있었다. 따라서 그의 무협소설은 인생살이와도 적절히 결부되었고, 그러다 보니 사회 현실도 어느 정도 반영할 수 있었던 것이다.

『십이금전표』의 '비표자飛豹子' 원진무袁振武는 사제 유검평俞劍平이 자신을 추월하여 장문인이 되고, 게다가 사랑하는 사매 정운수丁雲秀마저 유검평의 아내가 된 것에 한을 품었다. 그는 사문을 떠나 멀리 요동으로 간다. 20년 후, 막강한 무예를 연마한 그는 무리를 모아 표국의 물건을 탈취하여 묵었던 원한을 씻으려 한다. 이미 검을 놓았던 '십이금전' 유검평은 다시 검을 뽑아 들고 하산한다. 그는 표객들을 모아 사방으로 표국의 물건을 찾도록 수소문한다. 마침내 도둑의 꼬리를 알아냈고 육로배수六路排搜의 전략을 짠다. 비표자도 단단히 그물을 치고 표객들을 유인한다. 이 처절한 대결은 관군들의 느닷없는 개입으로 금방 끝나고 만다. 그러나 비표자는 유검평이 강호의 규칙을 어기고 관부와 결탁한 것으로 오해했고, 그의 원한은 더욱 깊어져 작품이 끝날 때까지도 풀리지 않는다. 유검평은 뒤에 표국의 은을 찾긴 하지만 은덩이들은 이미 사양호射陽 湖 바닥에 가라앉고 난 뒤였다. 갖가지 방법을 동원해 건져 올렸지만 다 찾을 수는 없었다. 나머지는 배상하는 수밖에 없었다.

작품 속의 '표豹'의 행적은 질풍과 같아 종잡을 수가 없고, 그 스토리는 복잡하게 뒤섞여 있어 대단히 흡인력을 갖는다. 그리고 인물 묘사가 아주 세심하고 개성이 뚜렷해 깊은 인상을 심어준다. 비표자의 신출귀몰하고 교활한 기지와 유검평의 넘치는 협의와 노련함, 흑사장黑沙掌의 굽힐 줄 모르는 교만함과 그윽한 풍취, 외모는 다부진 것 같으나 속은 나약한 소인배적 기질의 구고연九股烟 등등이 모두 생생하게 살아 움직인다.

섭랭은 백우의 『십이금전표』가 세속의 흐름에 맞추어 나온 것이지만 다른 무협소설과는 전혀 다르다고 평가한다. 첫째, 백우는 『삼총사』의 작가인 알렉상드르 뒤마의 영향을 받아 인물을 활기 있게 묘사하고 있으며, 설정된 스토리도 인간의 삶과 매우 가까워 작품에 등장하는 영웅들은 '초인'이 아니다. 독자들의 눈앞에서 펼쳐지는 장면들은 한 편의 '장엄하고 아름다운 파노라마'이긴 하지만 결코 신화는 아니다. 둘째, 그는 스페인의 세르반테스를 본떠 무협 전기를 쓰면서도 협객의 행동을 비웃고 있다. '협의를 행하면 굶고' '무술을 배우면 남에게 속는다'는 논리에서는 돈키호테의 그림자가 강하게 느껴진다. 따라서 그가 그려내는 스토리는 겉모습은 구식이지만 작가의 대도와 사상 그리고 문학적 기교는 참신하고 건전하다. 적어도 그의 무협소설은 독이 없는 전기傳奇이자 해가 없는 인간 영웅의 모습이라 말할 수 있다.

외국 문학과 신문예 수법을 차용해 소설을 썼다는 점에서 볼 때, 백우는 1930년대라는 상황에서 놀라운 존재임에는 틀림없다. 그의 작품은 오늘날 홍콩과 대만에서 유행하고 있는 신파 무협소설의 선구라고 말할 수 있다. 홍콩 신파 무협소설가 양우생은 처음 무협소설을 쓸 때 백우의 영향을 받았노라고 시인한 바 있다.

백우의 마지막 무협소설 『녹림호걸전綠林豪傑傳』은 1950년대 중반에 홍콩 신문 지상에 연재되었다. 작품 내용은 농민봉기를 주로 다루면서 간혹 무협 결투 장면을 끼워 넣은, 무협소설도 역사소설도 아닌 어정쩡한 소설이었다. 당시 백우는 '정치적 의무'를 수행하기 위해 명령을 받고 이 작품을 썼던 것이다. 그 무렵 백우와 늘 접촉한 『누쇄금전표淚灑金錢鏢』의 작가 풍육남馮育楠에 따르면 백우가 "이번 '신작'은 자신이 무협소설을 쓴 이래 가장 힘들게 쓴 것"이라는 말을 했다고 한다. 그러면서 그는 쓴웃음을 지으며 다음과 같이 덧붙였다고 한다.

무협소설을 쓰는 데 진보의식을 갖고 있어야 하고 계급투쟁의식을 갖고 있어야 한다면, 책이 아주 어려워지지. 난 평생 몇 십 부의 책을 써왔지만 수준이 어떤지는 감히 말할 수는 없어. 그렇지만 내가 쓰고 싶어서 쓴 것들이었어. 그런데 이 작품은 누군가의 지휘 아래서 쓴 것이고 그래서 죽도 밥도 아닌 웃기는 꼴이 되고 말았지.

명령을 받고 억지로 쓴 작품이니 자연히 마음에 안 들 수밖에 없었다. 백우는 무협소설로 세상에 이름을 알렸지만 그것은 정말로 자신이 바라는 바가 아니었다. 그러나 그는 뒤마와 세르반테스의 창작 기법에서 영향을 받고 신문예의 기교를 활용함으로써 자기만의 독자적인 스타일을 만들어냈고, 무협소설에 새로운 국면을 열어줌으로써 결코 무시할 수 없는 공로를 남겼다. 백우라는 개인으로 보면 자신이 좋아하던 작품을 쓰지 못한 것이 비극이었다. 그러나 백우가 무협소설로 세상에 알려짐으로써 무협소설계에 새로운 기운을 불어넣은 것은 오히려 다행한 일이었다. 시시비비를 떠나 역사는 결국 공정한 평가를 내릴 것이다.

백우는 스스로도 인정한 '시대를 역행해서 달린 기차'와도 같은 일부 무협소설들 외에도 자신의 진면목을 여실히 드러내는 소책자들을 남겼다. 단편소설집 『편우片羽』, 회고집 『화병話柄』, 자서전적 장편 창작집 『심적心迹』 그리고 소품들로 『조충소초雕蟲小草』 『등하한서燈下閒書』 및 고증문 『삼국화본三國話本』 등이다.[59] 중국이 항일전쟁에서 승리한 후, 그는 더 이상 무협소설을 쓰지 않았다. 10여 부에 이르는 무협소설의 판권은 상해의 북신서국北新書局에 넘겼

---

59 그중 『편우』에 수록되어 있는 「포(包)」의 내용을 잠깐 짚고 넘어가자. 집안이 찢어지게 가난한 여시종이 굶주리고 있는 딸아이를 위해 주인집에서 떡을 두 개 훔친다. 곧바로 주인이 떡이 없어졌다는 사실을 알게 된다. 이 시종은 자신의 행위를 감추기 위해 그 떡을 '먹어 치우는' 수밖에 없었다. 그녀는 두 개의 떡을 억지로 먹어 치우느라 배가 터질 뻔했고, 그러는 사이 집에 있는 아이는 곧 굶어 죽기 직전이다. 노신은 이 단편소설이 보여주는 묘사가 아주 의미심장하여 눈물 나게 한디면서 극찬했다.

다. 그는 상해판 서문에서 이후 "소설이라는 나그네는 더 이상 없을 것이다"라고 썼다.

그는 관심을 돌려 갑골문과 금문을 연구하기 시작했다. 많은 자료를 모으고 글도 많이 썼다. 그 방면에 공헌을 하리라고 생각했으나 안타깝게도 운명은 또다시 그를 비웃고 말았다. 그의 연구 성과는 끝내 세상의 빛을 보지 못했다. 게다가 그가 세상을 떠난 지 얼마 되지 않아 전례 없는 역사적 재난을 맞이해, 만년에 그가 그렇게도 심혈을 기울인 원고와 자료들을 모조리 잃고 말았다. 『화병』의 서문을 써준 오운심吳雲心의 말에 따르면, 백우는 1950년대 후반 천진에서 갑골문을 연구하고 있는 선배학자 왕양王襄 선생을 찾아가 자신이 연구하여 얻은 것들에 대해 토론을 벌인 적도 있다고 한다. 그것들은 자못 일리가 있는 견해들이었는데, 이를테면 고문자의 발음과 문자의 관계 등에 관한 것들이었다. 백우는 만년에 갑골문을 제대로 연구하여 꼬리표처럼 늘 따라붙던 '무협소설가'라는 딱지를 떼고 싶었던 것이다. 그러나 그는 또 실패했다. 이것이 백우의 비극이다. 저승에 가서도 그는 이 점을 유감스럽게 생각하고 있을 것이다.

第三章

무림세계의 구축

대협의 본색

김용金庸과 양우생梁羽生이 그려내는 무협소설에는 다혈질의 남자가 다수 등장하는데, 그들의 행동은 전통적인 협객의 표본에 부합한다. 이를테면 강렬한 정의감과 책임감, 힘없는 사람을 괴롭히는 포악한 무리에 목숨을 아끼지 않고 대항하는 용기, 남의 어려움을 위해 그리고 집안의 복수를 위해 자신의 몸과 목숨을 아끼지 않고 희생하는 정신, 나라와 민족이 위기에 빠졌을 때 분연히 일어나 개인의 안전과 득실을 생각하지 않고 심지어는 목숨까지도 기꺼이 바치는 살신성인의 자세 등이 그렇다. 이제 이런 인물들의 면모를 살펴보자.

김용의 『비호외전飛狐外傳』에 나오는 호비胡斐는 남의 어려움을 외면하지 않고 협의의 행동을 보여주는 협사다. 아무런 관계도 없는 가난한 농민 종아사鍾阿四 일가 네 사람의 복수를 위해 그는 악당 봉천남鳳天南을 끝까지 쫓아가, 첫눈에 반해버린 미모의 원자의 袁紫衣가 부드러운 목소리로 애원을 하는데도, 그리고 강호 사나이들이 근엄한 목소리로 봉천남을 풀어주라고 위협을 가하는데도 봉천남을 놓아주지 않는다. 호비는 확실히 위풍당당하고 강직한 사나이며 진정으로 약한 자를 돕고 강한 자를 뿌리 뽑는 협사라 할 것이다.

『사조영웅전射雕英雄傳』에 나오는 곽정郭靖은 어질고 후덕하며 충의가 충만한 인물로 '대협'이라 부를 만하다. 불과 여섯 살 때 몽고의 용사 철별哲別을 호위했고, 호랑이에게 물릴 뻔한 화쟁공주華箏公主를 구한 것만 보아도 그의 용감한 천성을 알 수 있다. 성인이 되어서는 칭기즈칸을 따라 사마르칸트를 공격했다. 그 당시 사마르칸트의 성은 워낙 튼튼하여 여러 차례 공격을 가했는데도 함락시키지 못하고 희생자만 자꾸 늘어갔다. 칭기즈칸은 부하들에게 다음과 같이 선포했다. 누구든 이 성을 무너뜨리는 자에게는 성안에 있는 재물과 여자를 모두 상으로 내리겠다고. 곽정이 황용黃蓉의 꾀를 빌려 사마르칸트의 성을 함락하자 칭기즈칸은 약속한 대로 곽정으로 하여금 군사를 데리고 가서 원하는 것을 거두도록 했다. 사실, 성을 공격하기 전 곽정은 황용과 상의하기를, 성을 함락한 후 칭기즈칸에게 화쟁공주와의 약혼을 취소해달라고 하기로 했다. 그가 이 요구를 칭기즈칸에게 제기하려는 그 시각에 몽고군은 성을 약탈하기 시작했고, 성안의 수십만 백성들은 비명을 지르며 사방으로 도망 다니는 참혹한 상황이 벌어졌다. 그러자 곽정은 의연히 자신의 요구를 수정해 "이 수십만 백성들의 목숨을 살려달라"고 한다.

이 때문에 화쟁공주와의 약혼 문제가 그대로 남아 황용과의 연분은 흐르는 물과도 같이 돌이킬 수 없게 되었다.

곽정은 그 후 『신조협려神雕俠侶』에서 두 차례나 양양襄陽을 사수하며 몽고 대군을 물리친다. 금륜법왕金輪法王이 그의 딸 곽양郭襄을 납치하여 그에게 성을 버리고 투항하라고 협박하는데도 그는 꿈쩍도 하지 않았다. 오히려 딸에게 큰 소리로 두려워하지 말고 당당하게 행동하라며 격려를 보냈다. 한마디로 사직이 중요하고 딸은 그다음이라는 것이었다. 나라와 백성을 위하는 그의 의연한 태도는 대협이란 칭호를 결코 부끄럽게 하지 않는다.

『천룡팔부天龍八部』 중의 소봉蕭峯은 부모가 거란인이다. 난리통에 집안이 풍비박산 나자 어려서부터 한인의 손에서 자랐다. 놀라운 무예도 익혔고 나중에는 개방의 방주가 된다. 훗날 음모에 빠져 그가 거란인의 후예라는 사실이 밝혀졌고 그 때문에 개방에서 쫓겨난다. 그는 분연히 송을 떠나 거란인이 세운 요로 돌아온다. 훗날 송나라와 요나라가 전쟁을 치르게 되자, 그는 양쪽의 백성들이 도탄에 빠지는 것을 막기 위해 있는 힘을 다해 요의 황제 야율홍기耶律洪基가 송을 공격하는 것을 말린다. 허죽화상虛竹和尙과 단예段譽가 안문관雁門關에서 야율홍기에게 붙잡혔을 때, 소봉은 야율을 협박하여 군사를 물리치게 한다. 그는 자기 목숨이 붙어 있는 한, 요나라 군사 단 한 명이라도 송나라의 국경을 넘어 침범하지 못하게 하겠노라고 한다. 이런 상황이 되고 보니 야율홍기도 하는 수 없이 답윤答允에게 군사를 물리라고 할 수밖에 없었다.

소봉은 요나라 사람이었지만 어려서는 송나라에서 자랐기 때문에 요와 송, 두 나라에 대해 깊은 애정을 가지고 있었다. 그는 요가 송을 공격하는 것도 원하지 않았고, 또 요를 배반하고 싶지도 않았다. 그 때문에 요나라 황제 앞에서 화살을 꺾어 답윤으로 하여금 군사를 물리게 한 후 스스로 목숨을 끊는다. 소봉의 죽음은 요와 송 두 나라 사이의 민족적 모순을 해결하기 위한 장렬한 죽음으로, 그 늠름한 정기는 후세의 뜻있는 사람들에게 늘 찬탄의 대상이 되었다.

양우생의 『평종협영록萍踪俠影錄』의 장단풍張丹楓은 명사 스타일의 협객이다. 그는 원나라 말기 농민봉기군의 우두머리였던 장사성張士誠의 후손이다. 장사성은 주원장朱元璋과 천하를 다투다 패하여 포로가 되자 자살하고 만 인물이다. 그 후손들은 멀리 고비사막 북쪽으로 도주, 오이라트족에 투항하여 언젠가는 주원장의 왕조를 뒤엎고자 와신상담하고 있었다. 이런 환경에서 자라난 장단풍이 주원장의 명나라에 대해 원한을 품는 것은 당연했다. 그러나 오이라트가 중원을 침입하여 명나라 황제 영종英宗 주기진朱祈鎭을 토목보土木堡에서 포로로 붙잡아 명나라를 위기 상황으로 몰아넣자 장단풍은 의연히 집안의 원한과 부귀영화를 포기하고 조상이 남긴 금은보화를 모두 긁어모아 중원과 변경 북쪽의 중간 지대로 도피한다. 그리고 우겸于謙의 저항 활동을 적극적으로 지지했다. 마침내 오이라트족의 수령 야선也先의 음모를 좌절시키고 영종을 구출하여 돌아왔다. 장단풍 역시 나라가 위기에 처하자 개인의 안전이나 득실은 아랑곳하지 않고 당당히 행동하였으니 협의라는 표준에 완벽하게 부합하는 인물이라 할 것이다.

호비·곽정·소봉 그리고 장단풍은 나라와 백성을 위해 행동한 협사의 전형이라 할 수 있다. 김용과 양우생의 소설 속에는 협기 넘치는 이런 인물들이 적지 않게 등장한다. '협기가 흘러넘치는' 이런 류의 무협소설을 읽으면 자신도 모르게 '협'을 얻는 듯한 느낌을 받을 때가 있다.

그러나 부인할 수 없는 사실은, 무협소설 중에 '무武는 있으나 협俠은 없는' 인물도 적지 않다는 것이다. 이런 인물들은 대체로 성격이 모나고 괴팍할 뿐만 아니라 살인을 함부로 자행한다. 겉으로는 강호의 의기를 내세운다고 하지만 실제로는 선과 악, 정과 사를 제대로 구분하지 못한다. 이런 자들은 일단 자신의 이권이 개입되면 나라를 별것 아닌 것으로 여기며, 사람의 목숨을 파리 목숨만도 못하게 취급하는, '협기는 없고 도적의 기운만 가득 찬' 무리들이다. 이에 대해 유소柳蘇는 다음과 같이 지적했다.

어떤 무협소설에 등장하는 사람들은 괴상한 무공과 기이한 인물로만 묘사되고 있어 아무리 너그럽게 보아도 정상적인 사람들 같지 않다. 특히 일반 사람들이 흠모하는 호인과는 아주 동떨어져 있다. 괴상하면서도 악하고, 무예가 비범한 만큼 행동도 비범하다. 포악하고 괴팍하며 악한 짓만 골라서 자행하는데도 긍정적으로 그려지고 있다. 적어도 완전히 부정적으로 그려지고 있지는 않다. 이렇게 되면 인물이 부각되고 복잡한 성격을 그릴 수는 있지만 옳고 그름의 분별은 어려워진다.

이런 류의 무협소설 작가들은 그저 괴상한 성격의 인물만 만들어내면 그만이라는 식이다. 협의의 표준에 부합하느냐 그렇지 않느냐는 관심 밖이다. 가장 질이 낮은 것은 '폭력에다 섹스를 얹어 파는' 싸구려 소설 같은 것들이다. 이런 저질 상품들이 있기 때문에 무협소설을 이유 없이 적대시하는 사람들에게 구실을 만들어주어, '순수문학' 작품과 함께 칭찬을 받고 있는 김용과 양우생의 작품조차도 싸잡아 비난받게 만드는 것이다.

뛰는 자 위에 나는 자 있다

무협소설에서 무공이 가장 높은 최절정 고수는 흔히 소설의 중·후반부에 등장한다. 소설은 실력이 비범한 협객이 등장하는 것으로 시작하지만, 스토리가 진행되다 보면 흔히 이런 인물들은 2류 내지 3류 정도의 고수에 지나지 않게 된다.

『사조영웅전』에서 전진교全眞敎 출신 도사 구처기丘處機는 초장부터 기세등등하게 등장한다. 무거운 청동 항아리를 공중으로 내던지기도 하고, 술내기를 해서 통쾌하게 이기는 등 무공이 보통이 아닌 인물로 나온다. 특히 강남칠괴江南七怪를 맞아 싸울 때는 더욱 신바람을 낸다. 그런데 스토리가 전개됨에 따라 후반부에 이르면 구처기는 초장 끗발이 식어 3류 수준의 무공을 가진 인물로 전락한다. 황약사黃藥師나 홍칠공洪七公 등 당대 무공의 대종사들과는 비교도 안 됨은 물론, 매초풍梅超風과 같은 인물과 비교해서도 크게 떨어진다. '산 너머 산 있고, 사람 위에 사람 있다'는 식의 상황은 고금 무협소설에서 흔히 볼 수 있는 내용이다. 사실 무협소설을 즐겨 읽는 독자라면 최고의 고수가 과연 누구인가에 지대한 관심과 흥미를 느끼고 있으며, 소설 역시 대개는 주인공이 최후에 그 고지를 점령하는 것으로 대단원의 막을 내린다.

명나라 때 인물인 송무징宋懋澄의 『구약집九籥集』 중 「유동산劉東山」 편에도 '뛰는 자 위에 나는 자가 있다'는 식의 무림계 현상이 잘 그려져 있다.

유동산은 원래 포졸로 활 솜씨가 뛰어났다. 훗날 그는 행상인을 수행하는 표국의 일을 맡았는데, 평상시 틈만 나면 자신의 무예를 자화자찬했다. 하루는 나귀와 말을 팔고 돌아오는 길에 협사로 분장한 소년을 만나 동행하게 되었다. 소년은 일부러 유동산을 자극하기 위해 자신의 무거운 활을 당겨보라고 부추겼다. 유동산은 젖먹던 힘까지 다 짜냈으나 활시위의 절반도 못 당기고 말았다. 그런데 놀랍게도 소년은 힘 하나 안들이고 유동산의 무거운 활을 가볍게 당기는 것이 아닌가! 그러고는 곧 자신의 본색을 드러내 위험천만하게 유동산의 귀 옆으로 화살을 날렸다. 물론 유동산을 다치게 하려는 의도는 없었지만, 이 무서운 아이는 유동산을 협박하여 허리춤에 차고 있던 나귀와 말 판 돈을 빼앗고는 놓아주었다. 그 일로 유동산은 좌절을 맛보았고, 그 후로는 무예에 대해 입도 벙긋하지 않았으며 처자와 함께 마을 밖에서 조용히 술을 팔며 여생을 보냈다.

3년 후 어느 날 해가 서산으로 질 무렵, 병장기를 몸에 지닌 열한 명의 장사들이 유동산의 주점에서 술을 마시고 있었다. 그는 거기에서 아직 소년티를 벗지 못한 앳된 사람에게 허우대가 멀쑥한 어른들이 모두 '18형'이라 부르며 굽실거리는 것을 보았다. 순간 유동산은 경악을 금치 못했다. 바로 그 젊은이가 자신에게 치욕을 주며 돈을 강탈해 간 소년이었던 것이다. 그 소년도 유동산을 알아보고 아주 반가운 얼굴로 그를 부르며 다가왔다. 그러고는 뜻밖에도 당시 자기가 돈을 빼앗은 것은 유동산의 자만심을 징계하라는 동반자의 명령에 따라 그렇게 했노라고 사과하면서, 당장 그 돈을 열 배로 갚아주겠노라고 했다. 그는 유동산에게 천금을 주었다. 유동산이 일행들에게 자신의 집에 묵고 가라고 하자, 그들은 '18형'에게 그 뜻을 전한 후 유동산의 요청을 받아들였다. 그리고 그들의 '18형'에게는 대문 맞은편에 별도로 방을 내주었다. 그런데 그는 밤이 되자 혼자 어디론가 나갔다가 날이 밝자 돌아왔다. 그런 뒤에는 유동산 집에서 줄곧 나머지 사람들과 어울리지 않았다. 여러 사람들이 그를 공손한 태도로 받드는 것으로 보아 이 '18형'은 아마 그들의 수령이며 무공도 가장 높은 사람일 거라고 짐작할 수 있다. 다만 이 편이 끝나도록 그의 뛰어난 솜씨는 끝내 나오지 않는다.

능몽초凌濛初의 『박안경기拍案驚奇』 중 「유동산과기순성문劉東山誇技順城門, 십팔형기종촌주사十八兄奇踪村酒肆」 편은 송무징의 『유동산』에 바탕을 두고 개작한 것이다. 능몽초는 줄거리를 그대로 두고 문장만 통속적으로 바꾸어 의화본擬話本소설의 규격에 맞추었다. 스토리가 별 변동이 없어 송무징의 원본만큼 재미는 없다. 청나라 사람 이어李漁의 『진회건아전秦淮健兒傳』은 『유동산』과 내용이 비슷하기는 하나 서술 배열과 마무리 등에서 다분히 『유동산』의 수준을 뛰어넘고 있다.

이어는 작품 첫머리부터 진회 건아가 대단한 무공을 지니고 있어 싸우면 항상 이긴다는 것을 강조했다. "30년 동안 천하를 두루 돌아다니면서 적수다운 적수를 만난 적이 없다"고 분위기를 잡는 대목이 그러하다. 그런 다음 그렇게 대단한 그가 어이없게도 일개 소년에게 무릎을 꿇는 내용이 나오는데, 이 부분이 바로 『유동산』을 연상케 한다. 이 작품은 결말 부분이 『유동산』과 분위기가 사뭇 다르고 『유동산』의 부족한 점을 보완해주고 있다. 이어는 「유동산」 중에 나오는 '18형兄'을, 머리를 뒤로 길게 딴 어린 동자 '10제弟'로 바꾸는 한편, 그 동자의 실력을 '두 손으로 나무를 안아 좌우로 몇 차례 휘두르니' 한아름이나 되는 큰 나무가 뽑혔다고 묘사함으로써 이 소년의 공력이 한결 뛰어나다는 것을 알려준다. 진회 건아는 몇 차례 시도 끝에 실패한 후 '뛰는 자 위에 나는 자 있다'는 이치를 깨닫고 다시는 다른 사람과 힘을 겨루지 않았다고 한다.

『요재지이聊齋志異』 중의 「노도老饕」 편은 녹림綠林 출신으로 강궁을 잘 다루는 형덕刑德이란 자가 늙은이에게 희롱을 당한 후 어린 꼬마에게도 치욕을 당한다는 이야기를 그리고 있다. 역시 『유동산』 이야기와 비슷하다. 그 주요 장면은 다음과 같다.

형덕이 화살을 날리자, 늙은이는 왼쪽 신발을 벗은 채 말 안장에 드러누운 자세를 취한 다음, 벗은 왼발을 뻗어 두 발가락을 집게처럼 하여 날아오는 화살을 그 사이로 받는다. 형덕이 계속해서 연주전連珠箭을 날리자 늙은이는 앞서 날아오는 것은 손으로 받고 뒤

○ 『요재지이』 중의 '노도'

에 날아오는 것은 입으로 문 다음, 마치 실수로 맞은 것처럼 위장하여 말에서 굴러 떨어진다. 형덕은 기쁜 나머지 입이 쩍 벌어져 좋아하며 다가서자, 늙은이는 화살을 토해내고 손바닥을 치며 껄껄 웃는다. 늙은이의 이런 괴이한 행동은 훗날 무협소설의 전범 중 하나가 되기도 했다. 무협소설 속에 등장하는 무림 괴걸들은 흔히 사람을 놀리는 악취미가 많은데, 이 늙은이의 행동과 대동소이하다. 그 뒤 형덕이 천금을 얻으려 할 때 그 늙은이를 모시던 동자가 자기와 나누어 갖자고 우긴다. 형덕이 거절하자 동자는 다짜고짜 신력을 사용하여 그의 활을 꺾어버린 다음, 그를 족쳐 돈을 빼앗은 후 유

○ 『요재지이』 중의 '무기'

유히 떠나간다. 강호에서 왕왕 눈에 띄는, '도둑이 도둑에게 도둑질하는[黑吃黑]' 불한당 내부의 싸움은 훗날 무협소설에도 흔히 나타난다.

『요재지이』에 「무기武技」 편이 있다. 이 이야기는 이초李招라는 인물이 소림사少林寺 승려를 따라 고강한 무예를 배운 후 천방지축으로 돌아다니며 많은 고수들과 겨루었으나 적다운 적을 만나지 못했다는 것으로 시작한다. 그 전체의 줄거리는 이렇다.

어느 날 이초는 자신의 재주를 파는 한 비구니를 만난다. 호기심이 발동한 이초는 그녀에게 시비를 걸어 한바탕 다투게 된다. 바야

호로 서로의 무공을 교환하려는 순간, 비구니는 이초의 사문을 묻는다. 그리고 이초의 말을 듣고는 먼저 패배를 인정하고 더 이상 싸우려 들지 않는다. 이초가 강력하게 무공을 겨루자고 요구하자 비구니는 주위만 맴돌다가 곧 멈춰 선다. 그리하여 이초가 발을 들어 내지르는데, 비구니는 느닷없이 다섯 손가락으로 그의 다리를 후려친다. 이초는 칼이나 도끼에 맞은 것 같은 충격으로 땅바닥에 고꾸라져 일어날 수가 없었다. 이 이야기의 이면에 흐르는 논리 역시 '뛰는 놈 위에 나는 놈 있다'는 교훈이다.

유동산이나 진회 건아에서 형덕과 이초에 이르는 이야기들은 모두 자신들의 무공만 믿고 설치다가 혼쭐이 난 내용을 담고 있다. 명·청나라 시대 필기筆記소설 중에는 이런 이야기가 상당히 많다. 신구 무협소설들도 '기는 자 위에 뛰는 자 있고, 뛰는 자 위에 나는 자 있다'는 식의 논리를 즐겨 쓴다. 독자들은 이런 교만심을 경계하는 논리를 통해 얻는 바가 많을 것이다. 현실 생활에서도 자만심에 빠져 실패하는 경우가 많은데, '무협이 낭패 보는' 것이야 다반사 아닌가.

인물❸

의리와 용기

'악을 징벌하고 간사한 자를 뿌리 뽑는다'는 논리는 무협소설의 주요 테마다. 당나라 전기傳奇로부터 송나라 화본話本에 이르기까지, 그리고 명·청 소설에도 이런 유형의 이야기는 지루할 정도로 많다. 그러나 명·청 시대 무협 단편들 중에 꽤 괜찮은 것도 많다.

『우초신지虞初新志』에는 서요徐瑶가 편찬한 「염참군전髯參軍傳」이 있는데, 일명 규염참군虬髯參軍이란 자가 어떤 귀공자를 도와 악질 땡초를 물리친다는 이야기를 담고 있다.

여기에 나오는 공자는 재상 댁으로 도망갔다가 수중에 3천 금을 지닌 채 집으로 돌아오게 되는데, 도중에 순악질 땡초를 만나 객점에 같이 묵게 된다. 공자는 자루에 든 금을 그 중이 빼앗아 가지나 않을까 전전긍긍한다. 이때 함께 투숙한 규염참군이 그러한 사정을 알고는 땡초의 쇠지팡이를 고리처럼 둥글게 휘게 한 다음 다시 원래대로 만들어놓았다. 악질 중은 상대가 안 됨을 알고는 줄행랑을 친다. 몇 달 뒤 규염참군은 약속한 대로 공자를 방문하여 식사를 마친 후 자신의 무예를 펼쳐 보인다. 시범을 보이던 규염참군이 마침 문지방 위에 서게 되자 공자는 수십 명에게 그를 막아서게 하여 꼼짝 못하게 만들었다. 그러고는 양손을 위로 올려 끈으로 꽁꽁 묶게 한 다음 역사들로 하여금 힘껏 당기게 했다. 그러나 무쇠처럼 단단한 규염참군은 꿈쩍도 하지 않았다. 규염참군과 공자는 본래 첫눈에 십년지기처럼 의기투합했다. 공자는 조정의 재상과 아주 절친하다는 것을 내세우며 그에게 관부에 투신하여 '도적'들을 뿌리 뽑자고 권하자, 그는 껄껄 웃으며 떠나버린다.

규염참군은 타고난 힘을 바탕으로 한 실력이 출중할뿐더러, 정직하고 은원과 애증이 분명한 인물이었다. 작품의 서두에 그의 신이한 무예를 자세히 묘사한 다음 공자와 친해지는 것으로 이야기를 끌고 간다. 그러다가 결말 부분에 가서는 뜻밖에도 홀연히 떠나는 것으로 마무리되고 있어 그 여운이 아주 강렬하다.

왕사정王士禎의 『지북우담池北偶談』에는 「검협」 편이 나온다. 그 줄거리를 잠시 살펴보자.

관부에서 파견된 관리가 수천 금을 거두어 서울로 돌아가는 길에 낡은 사당에 하룻밤을 묵게 되었다. 그런데 아침에 일어나 보니 쥐도 새도 모르게 금이 몽땅 없어졌다. 관리는 이 사실을 보고했고, 사방으로 금을 찾아 헤맸으나 허탕만 쳤다. 그러다 어떤 눈먼 노인이 가르쳐준 대로 며칠 동안 수백 리를 추적하여 호사스러운 저택에 이르게 되었다. 안으로 들어가 보니 잃어버렸던 금이 고스란히 발견되었다. 그런데 집 안에서 귀공자의 기품이 흐르는 위남자偉男子가 나와 그 금은 가져갈 수 없다고 말하는 것이 아닌가. 그 대신 편지 한 장을 써줄 테니 책임자에게 갖다주라고 했다. 그 편지에는 책임자의 탐욕을 비판하는 내용과 함께, 몇 월 며칠 야밤에 부인의 머리카락 세 치가 잘린 사건을 기억하고 있느냐는 물음도 있었다. 관부 책임자는 이 편지를 보고는 아연실색하여 그 금에 대해서는 더 이상 얘기하지 않았다고 한다.

이 소설은 앞서 얘기한 작품들과는 다르다. 비록 무협에 관한 이야기이기는 하지만 무예를 겨루는 장면은 전혀 나오지 않는다. 위남자가 '금을 훔치고' '머리카락을 자른' 행동은 부차적으로 묘사되고 있을 뿐이다. 그러나 흔적도 남지 않는 신묘한 경공은 작품 속에 확연히 나타나 있다. 위남자가 금을 훔친 행동은 탐관오리를 징벌한 것으로, 통쾌한 부분이다.

포송령蒲松齡의 『요재지이』에는 「왕자王者」 편이 있는데, 이야기의 내용이 「검협」과 완전히 같다. 다만 서술에서 약간 차이가 날 뿐인데, 왕사정과 포송령이 모두 같은 전설에서 자료를 취했기 때문에 일치하는 것으로 보인다.

주매숙朱梅叔의 『매우집埋憂集』에 있는 「공공아空空兒」 편은 여협 이야기를 그린 작품이다. 이 여협이란 다름 아닌, 이미 여러 차례 거론된 바 있는 묘수妙手 공공아다.

그녀는 변방을 순방하는 대신 황태보黃太保가 국법을 어기고 사욕을 부리는 것을 징벌하기 위해 그의 목에 걸려 있는 보석 몇 알을 훔친다. 황태보는 지방관에게 그녀를 잡으라는 명령을 내린다.

사방으로 사람을 파견하여 뒤졌으나 그림자도 찾을 수 없었다. 지방관은 평복 차림으로 친히 그녀를 찾아 나섰다.

어느 날 이 지방관은 붉은 옷을 입은 소녀가 나무를 오르락내리락하는 것을 보게 되었는데, 그녀의 동작이 마치 날아다니는 제비처럼 날쌨다. 그는 소녀의 뒤를 추적했다. 동굴 하나를 지나자 초가집 몇 채가 눈에 들어왔고 한 노부인이 부엌에서 그릇을 씻고 있었다. 노부인은 그를 보고는 이곳까지 무슨 일로 왔냐고 물었다. 지방관이 저간의 사정을 이야기하자, 노부인이 그것은 자기 딸의 소행이라며 내일 오후에 보석을 보은사報恩寺 탑 위에 갖다놓도록 할 테니 때맞춰 가져가라고 말했다. 태보는 이 얘기를 듣고 놀랍기도 하고 한편으로는 화가 나 탑 아래에 사람을 숨겨두고는 보석을 가져오는 자를 죽이라고 명령을 내렸다.

다음 날 정오 병사들이 몰래 지켜보는 가운데 갑자기 한 줄기 붉은빛이 번쩍하더니 보석이 탑 위에 놓여 있었다. 탑 아래에 숨어 있던 자들이 수만 발의 화살을 날렸지만 그때는 이미 개미 새끼 한 마리 보이지 않았다. 한 병사가 탑 위로 올라가 보석을 가지고 내려왔다. 보석 위에는 자칭 '공공아수함空空兒手緘'이라고 쓴 편지가 있었다. 편지 내용인즉 태보가 부임한 이래 저지른 악행이 낱낱이 적혀 있었고, 보석을 훔쳐 간 것은 경고에 불과하니 만약 잘못을 뉘우치지 않으면 목 위에 얹힌 것, 즉 머리를 베어 갈지도 모르니 조심하라는 경고의 내용이었다. 이 편지를 읽은 태보는 모골이 송연해져 더 이상 나쁜 짓을 하지 않았다고 한다.

공공아가 보석을 훔진 이야기는 위에서 살펴본 위남자가 금을 훔

○ '공공아'

치고 머리카락을 자른 이야기와 궤를 같이한다. 바로 탐관오리를 징계한다는 것. 그러나 「공공아」 편은 내용이 직설적이어서 위남자와는 차이를 보인다. 이를테면 "갑자기 한 줄기 붉은빛이 번쩍하더니 보석이 탑 위에 놓여 있었다. 순간 수만 발의 화살이 발사되었으나 바람의 그림자를 잡으려는 헛수고에 지나지 않았다"는 대목은 공공아의 신묘한 경공을 묘사한 것이다. 이를 보고도 황태보가 어찌 감히 나쁜 짓을 계속할 수 있었겠는가.

「검협」「왕자」 그리고 「공공아」와 주제 면에서 비슷한 작품으로 「고녀비파기瞽女琵琶記」가 있다. 이 글은 오진염吳陳琰이 편찬한 것으로 『우초속지虞初續志』에 들어 있다. 작품의 내용을 잠깐 살펴보자.

주인공 금릉金陵은 두 눈을 못 보는 아리따운 여인으로, 하루 종일 비파를 옆구리에 끼고 점을 쳐주며 살아간다. 그녀의 거처는 묘연하여 일정한 거주지가 없다. 저녁에 혼자 몸으로 나오는데 다른 사람의 호위도 받지 않는다. 어떤 사람은 그녀가 진창길을 마치 나는 듯이 걸어가는데 신발에 흙탕물 하나 묻지 않았다고 말했다. 성 안에 권세 있는 조정 대신이 한 명 살고 있었는데, 한마디로 저질이었다. 그 작자는 그녀의 용모가 아름답다는 말을 듣고는 몸이 근질거려 수하를 풀어 그녀를 잡아오도록 명했다. 그러나 아무리 해도 찾을 수 없었다.

어느 날 밤, 조정 대신의 집 주위에서 비파 소리가 들려왔다. 멀리서 들리는 듯하다가 가까이서 들리고, 소리가 큰 것 같다가도 작아졌다. 그자의 식솔들은 놀라 잠을 이루지 못했다. 다음 날 아침 공중에서 갑자기 비파가 내려와 그의 침상을 때렸다. 비파가 깨지면

○ '비파고녀'

서 그 안에서 편지 한 장이 나왔다.

지금 천하가 소란하고 백성들은 도탄에 빠져 있는데, 너는 조정의 대
신으로 음탕한 향락에 빠져 나쁜 짓만 일삼고 있구나. 내 일개 연약
한 여자의 몸이지만 네 목 하나쯤은 언제든지 가져갈 수 있음을 알지
어다!

조정 대신은 경고의 편지를 보고는 하루 종일 불안에 떨었고, 더
이상 그녀의 행방을 찾지 못했다고 한다. 비파를 끼고 다니는 이 기
이한 여인은 비록 눈은 멀었지만 한 몸에 가공할 절기를 지니고 있

었던 것이다. 이 역시 후대 무협소설사에 특이한 전형의 하나로 많은 영향을 미쳤다. 신구 무협소설에 등장하는 신체적 장애(맹인·외팔이·꼽추·절름발이)에도 불구하고 뛰어난 무공을 지닌 인물들은 아마 이 비파고녀에게서 힌트를 얻어 만들어진 것이리라.

악을 징벌하고 간사한 자를 뿌리 뽑는다는 식의 무협 단편 중에 위희魏禧의 「대철추전大鐵椎傳」과 낙궁보樂宮譜의 「모생毛生」이 있는데, 협객이 야밤에 적을 죽이는 장면이 아주 이채롭다. 대철추객은 적을 죽인 후 큰 소리로 "나, 간다!"라는 말만 길게 남기는데, 호기 넘치는 그 목소리가 지금도 들리는 것 같다. 모생은 쇠로 된 우산을 들고 다닌다. 배 안에서 도적들을 모조리 때려눕힌 후 역시 "나, 간다!"고 고함을 친 후 훌쩍 사라져버린다. 이 두 편은 상당히 비슷하다.

대철추객과 모생은 무작정 사람을 죽이는 한낱 무부武夫에 불과한 인물이 결코 아니다. 대철추객은 '서예에 정통하고' 식견도 풍부했다. 모생은 서울에 올라와 과거를 볼 정도로 지식인이었다. 그래서 '그 문장이 뛰어나고 글씨도 힘이 넘쳤다'고 한다. 두 사람은 문무를 함께 갖춘 지식층 협사였다. 다만 나라에서 그들을 알아보지 못해 강호를 유랑하고 있었을 뿐인데, 이 점 때문에 독자들의 마음을 안타깝게 만든다.

약한 자를 돕고 사악한 무리를 징계하는 것은 협객들이라면 마땅히 갖추어야 할 덕목이다. 우리가 지금까지 살펴본 규염참군·위남자·공공아·비파고녀·대철추객 그리고 모생은 이런 도덕적 기준에 충실한 인물들이다.

근세의 우수한 무협소설들도 이런 의롭고 용기 있는 협객들에게서 시종 눈길을 뗀 적이 없다. 김용이나 양우생이 빚어내는 정파 무림 인물들은 기본적으로 이런 미덕을 갖추고 있다. 그런데도 무협 소설가들은 성격이 괴이한 무협 인물을 형상화하기 위해 이따금 충신과 간신, 정과 사, 선과 악, 좋은 것과 나쁜 것을 제대로 구분 못 하는 인물을 만들어내어 독자들로 하여금 울화가 치밀게 만들고 간장을 졸이게 한다. 심지어는 스토리의 의외성을 위해 가장 친한 친구마저도 갑자기 위선자 또는 모사꾼으로 변화시켜버린다. 이렇게 하면 확실히 인물의 성격이 튀게 되고 스토리도 독자의 의표를 찌르게 된다. 그러나 이처럼 아무렇게나 만들어낸 무협은 협의의 기본적 의미와는 멀어지게 마련이다.

협객이라고 다 협객은 아니다

중국 문학사에서 자주 거론되는 '삼언三言' '이박二拍'과 같은 의화본소설에는 협객 이야기가 적지 않게 들어 있다.

이 협객들은 각양각색이어서 정파도 있고 사파도 있다. 『성세항언醒世恒言』 권30 「이견공궁저우협객李汧公窮邸遇俠客」에 나오는 이름 없는 협객은 노망이 든 엉뚱한 자여서 독자들을 기절초풍하게 만든다. 이자는 협의의 정신을 가슴에 잔뜩 품고 있는 사람이긴 하지만, 때때로 엉뚱한 사람을 죽이는 등 엉성한 모습을 보여준다. 이 이야기는 이조李肇가 쓴 『국사보國史補』에 근거를 두고 각색한 작품이다. 그 줄거리를 잠깐 살펴보고 넘어가자.

당나라 때 이면李勉(견공)이란 사람이 경조기위京兆畿尉가 되어 부임하는 도중에 도적 한 명을 체포했다가 놓아준다. 그는 훗날 모종의 사건에 혐의를 받아 관직에서 파면되어 천하를 주유하던 차,

마침 어떤 현으로 가게 되었다. 세상사는 인간이 도무지 알 수 없는 법, 공교롭게도 그때 자기가 놓아준 도적이 그 현의 현령이 되어 있었다. 이 도적 현령은 처음에는 그때의 은혜를 잊지 않고 이면에게 호의적으로 대접하려고 했다. 그런데 그는 못된 아내의 꼬드김에 빠져 결국 은혜를 원수로 갚으려 했다. 즉, 계략을 꾸며 협객 한 명을 고용해 이면을 제거하려 한 것이다. 다행히도 이면이 객점의 점원과 주인에게 도적 현령의 배은망덕한 행위에 대해 속닥거리는 것을 침상 밑에 숨어 있던 이 의리 있는 협객이 들었다. 그렇지 않았더라면 이면의 목은 하릴없이 날아갔을 것이다.

작품 속에서 이 협객은 "의기가 넘치며 칼을 날려 사람의 목을 가볍게 거두었으며, 또 순식간에 100리를 달릴 수 있을 정도로 비호 같았다"고 묘사되어 있다. 홍선紅綫이나 섭은낭聶隱娘 같은 유형의 검협이었던 모양이다. 그러나 귀가 얇아 무슨 말을 듣기만 하면 물불 안 가리고 버럭 화를 내는 인물로, 신체 기능은 고도로 발달해 있으나 머리가 좀 모자라는, 자칫 큰 잘못을 저지를 수도 있는 위험한 인물이었다. 이런 협객은 대개 놀라운 검술을 지니고는 있으나 기질이 엉뚱하기 짝이 없어 독자를 당혹스럽게 만드는 인물에 지나지 않는다.

『유세명언喩世明言』 권19 「양겸지객방봉협승楊謙之客舫逢俠僧」 편에 나오는 승려는 협기라곤 눈 씻고 찾아봐도 없는데, 어째서 '협승俠僧'이란 수식어가 따라다니는지 영문을 모르겠다. 그 줄거리는 대충 이렇다.

중 한 명이 배를 타고 도교의 성지인 무당산武當山으로 향을 피우러 간다. 도중에 이 중은 배에 탄 모든 사람을 귀찮게 하는데, 오직 귀주貴州의 양겸이란 사람에게만 호의적으로 대한다. 그 이유는 간단한데 양겸이 그를 지극히 공손하게 대접했기 때문이다. 이런 까닭에 이 중은 양겸에게 향후 3년 동안 평안과 부귀를 약속하고 법술을 부려 미녀 하나를 그의 호위 겸 마누라로 삼게 한다. 이 미녀는 여러 차례 양겸의 목숨을 구한다. 양겸은 벼슬살이 3년 동안 '적지 않은 재물을 쌓고' 그 자리를 물러나게 된다. 그런데 이때 그 중이 다시 나타나 '재물'을 나누자고 한다. 그러니까 양겸이 60퍼센트, 미녀가 30퍼센트, 중이 10퍼센트를 갖자는 것이다. 이런 행동을 일삼는 이 땡초에게 '협'이란 수식이 가당키나 한 말인가? 한마디로 손 안 대고 코 풀려는 건달 나부랭이라 할 수밖에 없다. 이 깡패 중이 등장하는 장면에는 오히려 사악한 기운마저 감돈다. 이 중은 배 위에서 '다른 사람에게 차를 달여 오라고 시킨다.' 이런 그에게 불만을 표시한 사람은 법술을 부려 말을 못 하게 언론을 통제하고, 손발을 못 쓰게 감금한다.

행동이 이렇게 개차반이고 보니 수도자는커녕 악당이라고 하는 편이 한결 어울릴 것이다. 게다가 이 중은 법술을 부려 남의 아내를 양겸의 호위 겸 마누라로 만들었으니 오늘날로 말하자면 인신매매범이 아니고 무엇인가? 이렇듯 탐욕스럽고 흉악하며 나쁜 짓만 일삼는 중을 이름도 모르는 작가가 '협승'이라고 불렀으니, 아무리 생각해도 납득이 가지 않는다.

『경세통언警世通言』 권21 「조태조천리송경낭趙太祖千里送京娘」은 매우 낯익은 이야기다. 이야기인즉 이렇다.

훗날 송나라 태조가 된 조광윤趙匡胤이 숙부의 도관에 잠시 있을 때, 아름다운 경낭이 도적들에게 잡혀 온 것을 보고는 의협심이 발동하여 먼 곳에 있는 그녀의 집으로 돌려보내고자 한다. 조광윤은 그 과정에서 많은 도적을 처치하여 영웅의 기개를 유감없이 발휘한다. 그리고 먼 길을 함께 가는 과정에서 경낭은 그에게 애정을 품게 되고 대담하게 자신의 마음을 그에게 고백한다. 그러나 조광윤은 전혀 반응을 보이지 않고 오히려 그녀를 한바탕 훈계한다. 경낭의 집에 도착한 후 사정을 전혀 모르는 경낭의 부친이 혼인 이야기를 꺼내자, 조광윤은 버럭 화를 내며 술자리를 뒤엎고는 나가버렸다. 부끄러움을 견디다 못한 경낭은 스스로 목숨을 끊어버린다.

결과적으로 조광윤은 참으로 어이없는 생떼를 부린 생쥐 또는 좁쌀 같은 협俠에 지나지 않았다. 불쌍한 경낭을 집으로 돌려보내야 한다는 자기 과시적이고 자기 본위적인 협기를 위해 그는 앞뒤 생각해보지도 않고 무지막지한 태도로 일관해 가뜩이나 불안한 경낭의 처지와 심정을 무시해버린 것이다. 혼인 이야기가 나왔을 때도 이를 만회하는 아량을 보이지 않고 오히려 더 심하게 화를 내며 찬바람이 돌 정도로 옷자락을 휘날리며 떠나버린다. 석양을 등지고, 그것도 아리따운 아가씨의 눈물을 뒤로한 채 말을 타고 떠나는 서부 활극의 총잡이 모습이 더할 나위 없이 멋있는 것은 사실이다. 미색에 결코 연연하지 않고 떠나가는 협객의 뒷모습이 분명 그럴듯한 것도 사실이다. 그 정도라면 봐줄 만하다. 그러나 조광윤의 경우는 쇳덩이와 같은 사나이가 인정을 배반한 것이다. 작가는 이야기를 이렇게 처리해놓고 조광윤이 진정한 천자天子라고 치켜세운다.

아부가 지나치다 보니 상식에서 벗어난 이상한 거동으로 나올 수밖에 없는 것이다. 이 작가는 옥황상제의 풍채를 지닌 백발노인을 등장시켜 과거와 미래의 길흉화복을 예언하며 조광윤이 반드시 황제 자리에 오를 것이라는 사실을 암시하는 데 각별한 주의를 기울인다. 역사적으로 조광윤이 대외적 명성은 중시하면서 집안 단속에 신경을 쓰지 않는 것도 다 이와 관련 있다.

비상한 사람이 비상한 일을 하게 마련인지는 모르나 조광윤의 이러한 억지춘향식 행동은 작가가 의도적으로 안배한 것으로 보인다. 그 의도는 이 미래의 천자가 여색에 홀리지 않으며 영웅호걸의 본색에 부끄럽지 않다는 것을 찬양하기 위한 데 있겠지만, 이런 억지는 대체로 실패로 끝나기 십상이다. 안목이 있는 독자들은 그 작품을 끝까지 읽고 나면 조광윤에 대해 강한 반발심을 가지게 될 테니까 말이다.

『박안경기』 권4 「정원옥점사대상전程元玉店肆代償錢, 십일낭운강종담협十一娘雲崗縱譚俠」의 스토리는 그 제목이 드러내는 것과 같다. 줄거리를 살펴보자.

정원옥이 한 주점에서 위십일낭韋十一娘을 대신해 술값을 내주자 위십일낭은 매우 고마워한다. 그러나 직접 얼굴을 마주 대하기가 뭐해 제자 청하靑霞를 보내 도중에 만나자고 전하여 그를 암자로 데려오게 한다. 위십일낭과 그는 검협과 무술에 관해 신나게 이야기를 나눈다. 그녀는 전설상의 황제 시대로부터 이야기를 시작하여 역사상 유명한 자객들은 대부분 검술을 알았노라고 말한다. 그리고 검술을 배우는 자는 반드시 계율을 지켜야 하는데, 그 계율은 대략 다음과 같았다고 말한다.

즉, 함부로 전수하지 말 것이며 함부로 살인해서도 안 된다. 악한 자를 위에 착한 사람을 해쳐서는 안 된다. 살인으로 명성을 얻어서도 안 된다, 등등. 계율은 스스로가 알아서 지켜야 할 올바른 도리기는 하나 정작 그렇게 실천하는지의 여부는 알 수 없다. 위십일낭은 검협에게는 사사로운 복수를 할 권리가 없다고 주장한다. 처치해야 할 자들은 간악한 탐관오리, 권력을 함부로 휘두르는 조정대신, 난폭한 장군들이라고 목청을 돋운다. 그 죄질이 무거운 사람은 당사자와 처자들의 목을 벨 것이며, 죄질이 좀 가벼운 자라면 그 당사자의 목젖을 베거나 심장이나 복부를 상하게 해야 한다. 그리고 교활한 관리, 토호, 후레자식, 배은망덕한 저질 무리들에게는 혹독한 형벌로 다스려 세상의 정의가 무너지지 않았음을 알려주어야 한다고 말한다. 그러나 관부가 공정하게 일을 처리하느냐의 여부는 전혀 상관할 바 아니라고 한다. 위십일낭은 홍선이나 섭은낭 같은 일류 고수였다. 그녀는 일반 세간의 무예를 하찮게 보면서 한편으로 섭은낭 같은 인물들의 현기막측한 비침술과 천리비행술 등의 신공기기神功奇技를 높이 쳤다. 그녀는 심산유곡에 살면서 세상을 건질 '구세주'로 자처하고, 수시로 제자를 하산시켜 죽여야 한다고 판단한 탐욕스러운 무리를 처단하는 '공사公事'를 진행케 한다.

각설하고, 이 이야기는 성격은 그다지 강하지 않으나 검협의 도의 및 그 발전에 관한 위십일낭의 이야기가 적지 않은 분량을 차지하고 있다. 작가는 유가의 도덕과 도가의 검술을 한데 섞어 파천황의 절기라고 떠벌리고 있다. 그렇지만 설교조가 너무 지나쳐 별 재미가 없다. 말하는 사람은 자신만만해서 눈썹을 씽씽 날리며 장황하게 떠벌리고 있는데, 읽는 사람은 지루하고 따분하다고 느낀다. 위십일낭의 제자가 검술 시범을 보일 때, 무협의 결투 장면이 약간 등장한 것 외에는 내내 위십일낭의 무미건조한 강의를 듣고 있어야 하니 지루하기 짝이 없다.

『성세항언』 권21 「여동빈비검참황룡呂洞賓飛劍斬黃龍」은 선불仙佛의 진인들이 등장하여 법술을 겨루는 이야기다. 도사는 위력이 대단한 비검술을, 화상은 무궁무진한 불법을 가지고 치열하게 다툰다. 그러나 황당한 이야기가 인간사와는 거리가 한참 멀어 일반적인 협객들의 결투를 보는 것보다 재미가 훨씬 덜하다.

이미 거론한 바 있는 『박안경기』 권3 「유동산」 편은 무예의 도를 이야기하고 있는데, 산 너머 또 산이 있다는, 교만을 경계하는 논리 등으로 인해 읽고 나면 얻는 바가 많은 작품이다. 『이각박안경기二刻拍案驚奇』 권39 「신투기흥일지매神偸寄興一枝梅, 협도관행삼매희俠盜慣行三昧戱」에 나오는 게으른 용인 나룡懶龍 묘수신투妙手神偸는 『수호전水滸傳』에 간혹 등장하는 인물이다. 이야기 속에서는 그의 무예가 초인적이어서 수많은 적을 상대할 수 있다는 식의 표현은 없지만, 동작이 기민하고 입담이 세며 담장을 훌쩍 넘어 다니는 상승경공을 지닌 인물로 나온다. 나룡은 도적이지만 세상을 돌아다니며 부유한 자를 털어 가난한 자를 구제한다. 그가 가장 즐겨하는 일은 탐관오리들을 징벌하는 것인데, '비록 한낱 도적에 지나지 않지만 의기가 넘치는' 인물이었기에 작품 속에서는 '협도俠盜'라 부르고 있다. '도적'인데 '의협이 넘친다'는 말이 의미심장하다.

나룡의 행동에는 협기가 충만해 있어 친근하고 사랑받기 쉬운 인물이다. 훗날 무협소설에 나오는, 세상을 희롱하며 살아가는 적잖은 기협들에서 나룡의 그림자를 볼 수 있다.

무협의 비조는 여성

중국 무협소설에는 대부분 여성이 등장한다. 이는 서양 기사도소설에는 찾아볼 수 없는 점이다. 서양에도 '쾌걸 조로'나 '로빈후드'같은 협의의 행동을 하는 호한들이 있긴 하지만, 그에 상응하는 여협의 형상이 없어 독자의 흥미를 줄기차게 붙잡아두기에는 아무래도 역부족이다.

문자로 기록된 중국 최초의 '여협객'은 춘추시대 월越나라 여성이었다. 이 월나라 여성을 중국 무협의 조종祖宗이라 말할 수 있다. 『오월춘추吳越春秋』에는 월나라 여자와 하얀 원숭이가 서로 싸우는 이야기가 기록되어 있다.

월나라의 한 처녀가 있었다. 그녀는 남방의 어느 숲에서 자랐는데, 사람들은 모두 그녀의 고명한 검술을 칭찬했다. 월왕은 사람을 보내 격

검무극술擊劍舞戟術을 가르쳐달라며 후한 예물로 그녀를 초빙했다.
월녀는 북쪽으로 월왕을 만나러 가다가 자칭 원공袁公이라는 한 노인을 만났다. 원공이 그녀에게 "듣자 하니 네가 검술을 잘한다는데 한 수 배워보자꾸나"라고 말했다.

월녀는 "소녀, 감히 속일 수 없으니 노 선배께서 한번 시험해보시죠"라고 대꾸했다.

이에 원공의 손길이 숲속에 있는 대나무에 뻗치자 마치 고목이 베어지듯이 댓가지가 잘려 나갔다. 월녀는 손을 뻗어 떨어지는 댓가지를 받았다.

원공은 대충 다듬은 죽간을 잡고 월녀를 향해 찔러나갔는데, 월녀의 반응이 대단히 빨랐다. 가늘고 짧은 대나무 끝으로 반격해가는데 정확하게 원공의 죽간 끝을 맞추었다.

이렇게 3초를 주고받은 후 월녀는 다시 1초를 뻗어 원공을 향해 찌르니 원공은 당해낼 길이 없자 훌쩍 나무 위로 올라가 하얀 원숭이로 변해 길게 울부짖다가 가버렸다.

그 뒤 월녀는 월왕을 만났다. 월왕은 군관들을 보내 그녀로부터 검술을 배우게 한 후 다시 그것을 사병들에게 가르쳤다.

김용은 바로 이 이야기에 근거를 두고 단편 『월녀검越女劍』을 썼다. 이 단편의 결말부를 보면, 검술에 정통한 월녀 아청阿靑이 적개심을 가득 품은 채 죽봉으로 서시西施의 심장을 겨누고 있는 장면이 나온다. 서시는 훗날 때때로 가슴을 움켜쥐곤 했는데, 이는 아청의 대나무 끝에서 나온 강한 기운을 맞았기 때문이라고 한다. '서

'자봉심西子捧心'이라는 이 아름다운 장면은 이렇게 해서 나왔고, 이는 김용의 절묘한 창작이었다.

후대 무협소설가들은 이 월녀와 하얀 원숭이가 대결하는 이야기에서 월녀검법越女劍法과 원공검법袁公劍法을 창조했다.

환주루주還珠樓主의 『촉산검협전蜀山劍俠傳』에는 무공을 할 줄 아는 하얀 원숭이가 여러 차례 등장한다. 그중 여주인공 이영경李英瓊의 제자인 원성袁星도 수련을 거쳐 사람 모습을 원숭이처럼 변화시킬 수 있었는데, 바로 원공의 후손이라고 했다. 양우생의 『대당유협전大唐游俠傳』에 나오는 원숭이 모습을 가진 정정아精精兒도 원공검법을 사용하고 있으며, 김용의 『사조영웅전』에 나오는 한소영韓小瑩의 무기가 '월녀검'이었다.

월녀 이후 당나라 때의 전기 속에 등장하는 홍선과 섭은낭은 유명한 여협들이다. 중국 무협소설이 당나라의 전기에서 시작되었다고 한다면, 홍선과 섭은낭은 자연 무협의 비조가 된다. 이후 『박안경기』의 위십일낭, 『요재지이』의 이름 없는 여협, 『아녀영웅전兒女英雄傳』의 열세 자매 및 명·청나라 시대 필기소설 중의 고계여니高髻女尼·비파고녀·명포名捕의 아내 등이 모두 유명한 여협들이었다.

신파 무협소설의 탄생과 함께 김용과 양우생의 붓끝에서는 생기발랄하고 눈부신 협녀들의 모습들이 대대적으로 출현한다. 황용·소용녀小龍女·곽양·조민趙敏·주지약周芷若·임영영任盈盈·영중칙寧中則(악부인岳夫人)·의림儀琳·원자의·정령소程靈素·온청청溫青青·곽청동霍青桐·운뢰雲蕾·우승주于承珠·백발마녀白髮魔女·유욱방劉郁芳·모완련冒浣蓮·여사랑呂四娘·풍영馮瑛·풍림馮琳·곡지화곡지화華谷之華·여승남勵勝男·빙천천녀冰川天女 등 이루 헤아리기 힘들 정도다. 호방한 인물, 세심한 인물, 지혜로운 인물, 정에 이끌린 인물, 독한 인물, 강인한 인물 등 다양한 인물들이 총출현하여 칼과 검을 번득이며 협의 행각을 벌이는 가운데 수시로 중국 고전 여성 특유의 동양미를 유감없이 선사한다. 그녀들은 애정을 표현하는 태도에서 이미 현대인의 사유 구조와 비슷한 면을 보인다.

심미적인 각도에서 볼 때 무협소설이 그저 거친 호한들의 다툼과 누가 무공이 높고 힘이 센지를 가리는 것만으로 일관한다면 별 재미가 없을 것이다.

그러나 작품 속에 등장하는 여협상은 이와는 크게 다르다. 애교가 넘쳐흐르는 여인이 사납기 그지없는 남자들과 싸워 이기는 장면을 한번 상상해보라! 얼마나 자극적인가! 애교 넘치는 연약한 여인이 건장한 남자와 어울려 싸우는 장면은 남자들끼리 서로 치고받는 장면에 비한다면 훨씬 더 대조적인 아름다움을 연출할 수 있다.

예부터 음양의 대립은 상반상성相反相成하고 상생상극相生相剋한다. 무협소설에도 마침내 '쌍검합벽雙劍合璧'이 등장했다.

양우생의 『평종협영록』에서 장단풍과 운뢰가 익힌 검법은 사조현기일사玄機逸士가 창조해낸 '만류조해원원검법萬流朝海元元劍法'과 '백변음양현기검법百變陰陽玄機劍法'이다. 이 두 검법은 각각 반식에 지나지 않지만 합쳐지면 완전한 초식이 된다. 따라서 이 두 검법은 각기 따로 전개해도 위력이 없다고 할 수는 없으나 합쳐 사용할 때에 비해 그 위력이 크게 떨어진다. 현기일사는 남녀 제자를 각각 한 명씩 뽑아 이 검법을 음양으로 따로 익히게 한 다음 서로 합치게 했다. 그러자 서로 보완작용을 하여 그 신묘함이 무궁무진했다.

'쌍검합벽'의 위력은 두 사람이 갖고 있는 본래의 힘을 합친 것보다 훨씬 크다. 이는 두 사람의 검이 합쳐지는 것 외에도 서로 배합되는 가운데 묵계된 중요한 무엇이 그 안에 내재해 있었기 때문이다. 말없이 마음으로 합쳐지는 역량은 말로는 다 표현할 수 없다. 춤을 출 때 남자 두 사람과 여자 두 사람의 춤이 각기 따로 노는 것보다 남녀가 섞여 함께 추는 춤이 훨씬 다채로운 것과 마찬가지다.

남녀 쌍검합벽의 강점은 강한 양기와 부드러운 음기의 장점을 아울러 갖추는 데 있다. 무공을 겨루는 장면은 이를 통해 더욱 다양한 모습을 드러낸다. 그러므로 여협이 등장하는 중국 무협소설은 기사나 총잡이만 등장하는 삭막한 서양 기사도소설이나 웨스턴 마카로니에 비해 훨씬 풍부하고 재미있는 볼거리를 준다.

인물❻

세상 사람에게 묻노니, 정이란 무엇인가?

세상 사람에게 묻노니, 정이란 무엇이길래, 이렇게 삶과 죽음을 같이 하게 한단 말인가.

이 말은 김용의 『신조협려』에서 적련선자赤練仙子 이막수李莫愁가 처음 등장하면서 부른 노래다. 이막수는 육전원陸展元을 죽도록 사랑했으나 결혼하지 못한다. 이막수의 육전원에 대한 사랑은 너무도 깊어 육전원이 죽고 난 다음에도 그를 잊지 못한다. 그래서 '생사를 같이하게 한단 말인가'라는 노래를 부른다.

이막수의 사랑은 지나치다 못해 그 사랑이 원한으로 변했다. 그녀는 육씨 집안을 모조리 몰살시키겠다고 맹세할 정도였다. 한번은 그녀가 발광하여 하노권사何老拳師 일가 20여 명을 몰살시켰고, 또 원강沅江에서 '沅'자가 붙은 배 63척을 순식간에 박살낸 적이 있다.

그녀가 그렇게 한 이유는 '何'자와 '沅'자가 육전원의 아내 하원군何沅君의 이름과 같은 글자라는 것 때문이었다. 실연당한 여인의 원한이 이렇게도 깊을 줄이야! 실로 간담을 서늘케 한다.

이막수는 육전원의 조카딸 육무쌍陸無雙을 죽이려고 쫓다가 황량한 산중에서 정영程英과 양과楊過가 피리를 불며 「유운流雲」이란 노래를 주고받는 것을 듣는다. 자기도 모르는 사이에 소녀 시절 연인 육전원과 함께 이 곡을 합주하던 생각이 났다. 그러나 이제는 세월이 무정하여 사람들도 어느새 바뀐 지 오래라, 그녀는 슬픔을 이기지 못하고 또다시 '세상에 묻노니, 정이란 대체 무엇인가'라는 노래를 부른다. 그 소리가 너무도 슬프고 처절하여 듣는 사람의 마음을 아프게 한다. 이막수는 그 뒤 절정곡絶情谷에서 정화독情花毒에 중독된다. 정신이 어지럽고 눈이 침침해져 양과와 소용녀를 육전원 부부로 잘못 알고는 일시에 마음이 격해진다. 그 바람에 독이 갑자기 발작해 그 고통을 견디지 못해 검에 자신의 몸을 던졌으나 잘못되어 타오르는 불 속으로 뛰어들어 타 죽고 만다. 그리고 활활 타오르는 불 속에서 '세상에 묻노니, 대체 정이란 무엇이길래, 생사를 같이하게 한단 말인가'라는 그녀의 처량한 노랫소리가 흘러나온다.

이막수의 한평생과 시종 함께한 이 처절한 노래는 본래 금나라 사람 원호문元好問(1190~1257)의 명작 「매피당邁陂塘」의 가사다. '매피당'은 일명 '매피당買陂塘' 또는 '모어아摸魚兒' '모어자摸魚子' '쌍거원雙蕖怨'이라고도 하는데 당나라 때의 교방곡教坊曲에 속한다. 원호문의 이 가사는 금나라 황제 장종章宗 태화泰和 5년인 1205년에 쓰여진 것이다. 당시 그는 병주并州로 과거를 보러 가던 중이었는데, 길에서 우연히 기러기를 잡는 사람을 만났다. 그 사람이 원호문에게 다음과 같은 이야기를 들려준다.

내가 기러기 한 쌍을 잡았는데 한 마리는 죽고 한 마리는 그물을 피해 요행히 도망쳐 살았습니다. 그런데 살아남은 기러기는 도무지 멀리 도망가지 않고 배회하며 슬피 울다가 땅에 머리를 찧고 자살해버렸답니다.

원호문은 이 이야기에 감동되어 죽은 한 쌍의 기러기를 사서 분수汾水 물가에 묻어준다. 돌을 쌓아 표시를 하고 그곳을 기러기의 무덤이란 뜻으로 '안구雁丘'라 칭했다. 그러고는 바로 이 '매피당' 중의 「안구사雁丘詞」를 지었다. 『신조협려』에서는 이 가사의 전반부만 이용하고 있는데, 한번 감상해보자.

세상 사람에게 묻노니,	問世間
정이란 무엇이길래	情是何物
이토록 생사를 같이하게 한단 말인가.	直教生死相許
하늘과 땅을 가로지르는 저 새야,	天南地北雙飛客
지친 날개 위로 추위와 더위를 몇 번이나 겪었던고.	老翅幾回寒署
만남의 기쁨과	歡樂趣
이별의 고통 속에	離別苦
헤매는 어리석은 여인이 있었네.	就中更有癡兒女
님께서 말이나 하련만,	君應有語

아득한 만리에 구름만 첩첩이 보이고……	渺萬里層雲
해가 지고 온 산에 눈 내리면	千山暮雪
외로운 그림자 누굴 찾아 날아갈꼬.	隻影向誰去
분수汾水의 물가를 가로 날아도	橫汾路
그때 피리와 북소리 적막하고	寂寞當年簫鼓
초나라엔 거친 연기 의구하네.	荒煙依舊平楚
초혼가를 불러도 탄식을 금하지 못하겠고	招魂楚些何嗟及
산귀신도 비바람 속에 몰래 흐느끼는구나.	山鬼暗啼風雨
하늘도 질투하는지	天也妬
더불어 믿지 못할 것을……	未信與
꾀꼬리와 제비도 황토에 묻혔네.	鶯兒燕子俱黃土
천추만고千秋萬古에	千秋萬古
어느 시인을 기다려 머물렀다가	爲留待騷人
취하도록 술 마시고 미친 노래 부르며	狂歌痛飮
기러기 무덤이나 찾아올 것을.	來訪雁丘處

이 노래는 기러기의 죽음을 기린 것이지만, 사실은 기러기 이야기를 빌려 젊은 남녀의 생사를 초월한 진실한 사랑을 노래한 것이다. 가사의 첫 부분에서 '세상 사람에게 묻노니 정이란 무엇인가'라고 묻고 들어간다. 한 쌍의 기러기가 함께 이리저리 날며 추우나 더우나 많은 나날을 보내다가 때로는 즐거움도 맛보았고 때로는 이별의 슬픔도 겪는다. 이것은 사랑에 빠진 어리석은 여인의 마음과도 같아서 서로의 마음에 깊은 정을 새겨놓는 것이다. 그래서 기러기

는 짝을 잃은 후 살 의욕을 잃고 스스로 목숨을 끊고 만다.

'님께서 말이나 하련만……' 이하 네 구절은 짝을 잃고 홀로 날기를 거부하는 기러기의 비통한 심경을 표현한 것이다. 가사의 후반부는 먼저 적막하고 처량한 산수를 읊어 사랑하는 짝을 따라 죽은 기러기의 처절한 분위기를 고조시킨 다음, 초혼가를 불러도 소용없고 산귀신의 억울하고 슬픈 곡소리만 들린다는 것으로, 기러기의 죽음을 돌이킬 수 없음을 나타내고 있다. 계속해서 '하늘도 질투하는지……' 이하 구절은 기러기의 죽음을 하늘조차도 시샘할 정도로 그 기러기의 애끓는 감정이 아주 고고하여 천고에 변치 않을 것이며, 결코 꾀꼬리나 제비처럼 흙으로 돌아가지 않고 그 슬픔을 서러워하는 시인들의 노래 속에서 대대로 전해질 것이라는 내용이다.

이 가사에서 슬픈 기러기는 슬픈 사람이다. 죽음을 함께한 기러기를 빌려 천하의 사랑에 빠진 바보 같은 여인들을 위해 슬피 운 것이다. 『신조협려』에는 이 가사가 여러 차례 인용되고 있는데, 작품에 나오는 '사랑에 빠진 어리석은 여인'들의 '생사를 같이하는' 순수한 사랑을 돋보이게 하기 위해서다. 『신조협려』의 소용녀는 자신은 죽지 않으면 안 되지만 양과는 약을 먹으면 살 수 있는 상황에 처하자, 스스로 깊은 계곡에 몸을 던지기 전에 돌 위에다 다음과 같은 글을 새겨놓는다.

16년 후에 우리 다시 이곳에서 만나요. 부부의 정은 깊은 법이니 약속을 어기지 말아요. 소용녀가 부군께 부탁하오니 제발 몸조심하시고 다시 만나요.

16년 후 양과는 소용녀가 새겨놓은 이 글이 안심하고 약을 먹도록 하기 위해 자신을 속인 것이라는 사실을 알게 된다. 그는 가슴에 사무쳐 오는 수많은 회한에 사로잡혀 혼자 살고 싶은 생각을 버리고, 연신 "왜, 왜 지키지도 못할 약속을 했단 말이오!"라고 울부짖으며 16년 전의 소용녀를 따라 깊은 계곡 아래로 몸을 던진다.

양과와 소용녀는 생사를 같이한 연인이었다. 그리고 정영·육무쌍·공손록악公孫綠萼과 어린 곽양 등도 양과에 대해 깊은 애정을 품은 여인들로서 거의 생사를 같이할 경지에 이르고 있다. 공손록악이 양과의 사랑에 보답하기 위해 삶을 포기한 것이나, 곽양이 양과의 뒤를 따라 계곡 밑으로 뛰어내린 것은 곧 양과가 경솔하게 행동하지 말도록 권한 것이었다. 곽양은 그 후 평생 결혼하지 않고 남자 제자도 받아들이지 않았다. 자신의 마음속에는 단 한 남자, 양과만 있기 때문이었다. 그런가 하면 정영과 육무쌍은 양과와 오누이 이상의 정을 뛰어넘기 힘들다는 사실을 확인한 후 다시는 그 누구도 사랑하지 않았다. 이 네 사람의 사랑스러운 여인들은 모두 양과에 대한 사랑이 너무 깊어 자신의 일생을 가둔 여인들이다.

그러고 보니 문득 원호문의 가사에 나오는 기러기의 그림자가 곽정이 기르던 한 쌍의 큰 독수리를 생각나게 한다. 이 한 쌍의 독수리는 함께 공격에 나섰다가 수컷이 금륜법왕에게 죽임을 당하자, 암컷은 슬픔을 이기지 못해 살 의욕을 잃는다. 두 날개를 퍼덕이더니 구름 속으로 높이 날아올라 공중을 몇 차례 빙글빙글 돌다가 처절한 울음소리와 함께 그대로 아래로 몸을 내던져 바위에 부딪혀 죽고 만다. 이 암컷의 사랑 역시 계곡으로 뛰어내린 소용녀와 양과의 사랑과 오버랩되며 '생사를 같이하는' 숭고한 사랑의 가치를 아주 잘 보여준다.

김용은 여기까지 쓴 다음 의식적으로 육무쌍의 귓가에 스승 이막수의 '세상에 묻노니, 대체 사랑이란 무엇인가'라는 슬픈 노랫소리가 흐르도록 배치한다. 육무쌍은 내심 '이 암수리가 죽지 않았다면, 뒷날 만리 구름 속, 온 산에 눈이 내리는 외로운 저녁에, 짝을 잃고 홀로 어떻게 떠돈단 말인가' 하며 감개무량한 심정을 토로한다. 이는 양과가 16년 동안 소용녀를 그리워하며 기다리다가 결국은 만나지 못한 그때의 심정, 바로 그것이다. 깊은 절망감이 그로 하여금 천 길 계곡으로 뛰어내리게 했던 것이다.

유명한 무협소설 작가이자 평론가인 예광倪匡이 지적하기로, 김용의 모든 소설에 남녀 간의 사랑과 정이 묘사되고 있지만, 어떤 작품도 『신조협려』만큼 복잡다단하고, 끈적끈적하며, 미묘하고, 읽는 이의 폐부를 찌르며, 완전하고도 깊이 있는 작품은 없다고 했다. 그래서 그는 이 『신조협려』를 '사랑의 책'이란 의미의 '정서情書'라고 불렀다. 그러고 보면 '세상 사람에게 묻노니, 정이란 무엇이길래, 이렇게 삶과 죽음을 같이하게 한단 말인가'라는 애끊는 노래는 자연스럽게 그 주제곡이 된다. 작품 속의 숱한 애정 스토리는 모두 이 '주제곡'을 중심으로 펼쳐지고 있다.

입으로 싸우는 무림 고수

고대에 지도 위에서 군사작전을 논하는 '지상담병紙上談兵'이란 이야기가 있다. 그 이야기에 나오는 유명한 인물은 조괄趙括이다. 『사기史記』「염파인상여열전廉頗藺相如列傳」의 기록에 다음과 같은 이야기가 나온다.

전국시대 조나라 명장의 아들 조괄은 어려서부터 병법을 즐겨 읽고 군사에 대해 이야기 나누길 매우 좋아했다. 백전노장인 그의 아버지조차도 병법에 관한 한 조괄을 당할 수 없었다. 뒷날 조괄은 염파의 뒤를 이어 조나라 장군이 된다. 그런데 조괄은 오로지 병서에만 의존해서 작전을 펼쳤지 임기응변이라고는 전혀 없었다. 그 결과 장평長平 전투에서 진나라 장군 백기白起에게 패하고 말았다. 조괄 자신은 화살에 맞아 전사하고 그가 이끄는 40만 대군은 포로로 잡히거나 구덩이에 산 채로 묻혀 개죽음을 당했다. 후세 사가들은 이 이야기에 대해 실전을 모르고 입으로만 떠드는 것을 "종이 위에서 군사작전을 논한다"고 한다.

역사에서 '종이 위에서 군사작전을 논하는' 것은 비극이지만, 무협소설에서 이런 경우는 대단히 흥미롭다.

김용의 『서검은구록書劍恩仇錄』에는 화수판관火手判官 장소중張召重이 서북쪽 가욕관嘉峪關 밖에서 천지괴협天池怪俠 원사소袁士霄를 만나 '지상담병'하는 장면이 나온다.

원사소는 낙타·말·양을 몰아 이리떼를 찾아나선다. 말하자면 가축들을 이용하여 이리떼를 함정에 몰아 섬멸하려는 것이었다. 바로 이때 이리떼의 위기에서 간신히 벗어난 장소중 일행을 만난 것이다. 원사소는 장소중 일행에게 함께 이리떼를 잡으러 가자고 권한다. 장소중은 원사소를 모르기 때문에 선뜻 나서지 못하고 "소인 원대협의 고명한 가르침을 받아 확실히 고인高人임이 밝혀지면 당연히 명에 따르죠"라고 말한다. 원사소는 웃으며 다음과 같이 답한다.

"하하하, 그대가 나를 시험하려 드는구나! 이 몸 평생에 남을 시험해본 적은 있으나 남에게 시험을 받아본 적은 없는데."

그런 뒤 아래와 같은 '입으로 병법을 논하는' 장면이 나오는데 가히 흥미진진하다.

원사소가 말했다.

"묻겠는데, 방금 그대가 구사한 '홍운탁월烘雲托月'이 뒤에 가서는

'설옹람관雪擁藍關'으로 변하는데, 나는 왼쪽으로 '하산참호下山斬虎'의 초식으로 공격하고, 오른쪽으로는 그대의 '신정혈神庭穴'을 찍고, 오른발로는 동시에 그대의 무릎 아래 세 치 지점을 차면, 그대는 어떻게 대응하겠는가?"

장소중은 잠시 멍하니 있다가 대답한다.

"저는 아래로 '반궁사조盤弓射雕'를 구사하고 두 손으로는 금나수법擒拿手法으로 선배님의 맥문을 움켜쥐겠습니다."

원사소는 장소중의 대답을 듣고는 "수비를 하면서 동시에 공격을 한다? 그렇다면 그대는 무당파의 고수임이 분명하겠군"이라고 말한다. 이어 원사소는 다음과 같이 말한다.

"오른쪽으로 '명이明夷'로 나아가 '기문혈期門穴'을 취한다."

장소중은 즉각 "'중부中孚'로 물러서 봉안수鳳眼手로 타개해나가지요"라고 응수했다.

그러자 원사소는 계속해서 "'기제旣濟'로 나가서 '환도혈環跳穴'을 찍고, 또 왼손바닥으로 '곡원혈曲垣穴'을 누르면?"이라고 몰아쳐갔다.

장소중의 안색이 긴장되더니 한참을 생각한 다음 "'진방震方'으로 물러나고, 다시 '복방復方'으로 물러나며, 재차 '미제未濟'로 물러서지요"라고 응수했다.

두 사람의 말은 갈수록 빨라졌다. 원사소는 껄껄 웃으며 태연자약하고 있었으나, 장소중은 쉴 새 없이 땀을 흘리고 있다. 어떤 때는 초식 하나를 한참이나 생각한 다음 간신히 타개해나갔다.

두 사람의 입에서는 또 몇 초가 교환되고, 장소중은 "'소축小畜'으로 비켜나서 허수중반虛守中盤의 초식을 전개합니다"라고 말한다.

그러자 원사소는 손을 내저으며 "이 초식은 좋지 않은데, 자네가 진 것 같군"이라고 말했다.

장소중이 가르침을 청하자, 원사소는 "내가 '뇌雷'로 파고들어 발로 '음시혈陰市穴'을 차고, 또 '신봉혈神封穴'을 찍으면, 자네는 꼼짝할 수 없게 되지"라고 일러준다.

그러자 장소중은 "옳은 말씀입니다만, 선배님께서 '뇌' 방위에 있는 마당에 팔꿈치로 어떻게 저의 '신봉혈'을 찾을 수 있단 말입니까?"라고 이의를 제기했다.

그러자 원사소는 "팔꿈치를 쓸 필요가 있나? 못 믿겠으면 한번 해보게, 자!"라면서 오른쪽 발을 날려 장소중의 무릎 세 치 위에 있는 '음시혈'을 내질렀다.

장소중은 몸을 돌려 뛰어오르면서 고함을 질렀다.

"그러다 다치기라도 하면 어찌시려고⋯⋯."

말이 채 끝나기도 전에 원사소의 오른손은 이미 장소중의 가슴팍 '신봉혈'을 짚고 있었다.

절묘하기 그지없는 이 '입싸움' 장면은 다른 작품들에서는 좀처럼 찾아보기 힘들다. 여기에 보이는 '명이' '중부' '기제' '진' '복' '미제' '소축' '뇌' 등은 『역경易經』에 나오는 괘 이름들로, 작품에서는 발을 옮기는 방위를 나타내고 있다. 그리고 '기문' '환도' '곡원' '음시' '신봉' 등은 인체의 혈을 가리킨다. 원사소와 장소중이 입으로 무예를 겨루는데 괘의 방위와 혈의 방위가 연속 나타나자, 옆에서 이 싸움 아닌 '싸움'을 구경하고 있던 관동이마關東二魔는 그들이 무슨 암호를 교환하는 줄로 착각했다 하니 그럴 만도 하다.

　이뿐이 아니다. 『신조협려』에도 말로 무예를 겨루는 장면이 나온다. 북개北丐 홍칠공과 서독西毒 구양봉歐陽鋒이 화산華山 꼭대기에서 우연히 만나 내공을 겨룬 다음 기력을 소모하여 더 이상 싸우지 못하고 쉬게 된다. 이때 두 사람은 여전히 승부를 내고 싶은 마음에서 서로 번갈아 자신들의 봉법과 장법을 양과에게 전수하여 양과로 하여금 그것을 펼치게 함으로써 승부를 겨룬다. 홍칠공이 '타구봉법打狗棒法' 중에서도 가장 지독한 '천하무구天下無狗'라는 초식을 펼치게 하여 구양봉으로 하여금 밤새 그 초식을 깰 수 있는 절초絶招를 생각해내도록 한다. 양과가 그 절초를 홍칠공 앞에서 펼쳐 보이자 홍칠공도 크게 탄복하지 않을 수 없었다. 홍칠공과 구양봉이 입으로 초식을 전개하고 이것을 받아 양과의 행동으로 전개해 서로의 무공을 겨루는 장면은 흥미로울 뿐만 아니라 진짜 신기한 초식이어서 독자의 눈을 번쩍 뜨이게 만든다.

　원사소·장소중·홍칠공·구양봉 등이 비록 입으로 병법을 말했다 하지만 그것은 진짜 무림 고수의 말이었다. 그런데 『천룡팔부』 중 왕어언王語嫣의 경우는 입만 놀릴 줄 알았지 진짜 무예는 전혀 할 줄 모르는 그야말로 '구두口頭 무술가'였다. 왕어언은 사촌오빠 모용복慕容復을 사랑했기 때문에, 그를 만나면 즐겁게 해줄 수 있는 대횟거리를 찾다가 천하의 무학비급을 모조리 독파하여 다 외워버린다. 그래서 각 문파 무공의 특징과 초식 변화 및 각종 초식을 깨는 방법, 각 문파만의 독특한 무기와 암기의 식별, 각 무공의 장점과 단점 등등을 모두 손바닥 들여다보듯이 훤히 꿰게 되었다. 실로 무학의 대가라 하지 않을 수 없다. 만타산장曼陀山莊에서 아주阿朱가 모용복으로부터 개방의 '타구봉법'은 대단히 경쾌하여 그 처음과 끝이 마치 구름과 물이 흐르는 것 같다는 말을 옆에서 듣고, 그녀는 '아니야'라고 가볍게 일축하면서 다음과 같이 타구봉법에 대해 혼자 생각하는 대목이 있다.

타구봉법의 심법心法은 내가 비록 잘 알 수는 없지만, 봉법으로 보아하니 느리면 느릴수록 좋은 것이 있고, 또 어떤 것은 갑자기 빨라지거나 또 갑자기 느려지는 것이 있는 듯하다. 빠른 가운데 느리고 느린 가운데 빠름이 있다고 할까. 이건 의심할 바 없이 분명해. 그, 그가 만약 개방 고수의 손에 걸린다면 아마, 아마도……

모용복이 만약 개방의 타구봉법의 빠름에만 주목하여 그 심법을 이해하지 못한 상태라면, 개방의 고수와 맞닥뜨릴 때 패할 것이라는 의미다. 그러나 왕어언은 존경하는 이종오빠이기 때문에 차마 '패배'라는 말을 하기 어려웠던 것이다.

훗날 왕어언은 무석성無石城에서 개방 방주 교봉喬峯이 단숨에 풍파악風波惡과 포부동包不同, 두 사람을 물리치는 것을 직접 눈으로 보고는, 내심 강호에서는 비록 '북교봉北喬峯 남모용南慕容'이라고 하지만 무공은 모용복이 교봉을 따르지 못함을 직감했다. 왕어언의 이러한 판단은 뒷날 사실로 증명되었으니 그녀의 판단력이 어떠한가를 익히 짐작할 수 있다. 모용복은 소림사 밖에서 처음으로 교봉을 만나 무예를 겨루다 패했던 것이다.

왕어언은 전혀 칼을 쓸 줄도 봉을 휘두를 줄도 모르는 무학武學의 기재였다. 내공도 없고 무공도 없었다. 그러나 무학을 전하는 책을 통해 천하 모든 무학의 기이한 초식과 절기들을 상세히 알고 있었고, 비상한 기억력으로 그것들을 모조리 외우고 있었다. 그녀는 사람들이 싸우는 동작만 보면 한눈에 어떤 문파인지 알아낼 수 있었음은 물론 상대가 다음에 어떤 수를 쓸 것인지 지적해내서 싸우는 사람들을 깜짝 놀라게 만들었다. 그녀가 만타산장을 떠나 아주가 머무르고 있는 청향수사聽香水榭에 들렀을 때, 그녀의 이런 진면목이 가장 잘 드러난다. 당시 청향수사에는 원수를 찾아온 험한 두 패거리가 몰려 있었다. 진가채秦家寨 사람들과 청성파靑城派 사람들이었다. 왕어언은 이들 앞에서 담담하게 무예에 관한 자신의 학식을 펼쳐 보임으로써 주위를 경악시켰다. 그녀는 진가채의 오호단문도五虎斷門刀가 본디 64초였는데, 후인들이 5초를 잊어버리는 바람에 59초만 전해져 내려오게 되었다고 단정했다. 절전된 그 5초는 '백호도간白虎跳澗' '일소생풍一嘯生風' '전박자여剪撲自如' '웅패군산雄霸羣山' '복상승사伏象勝獅'라고 지적하여 진가채의 채주 요백당姚伯當을 기절초풍하게 만들었다. 뿐만 아니라 청성파의 장문인 사마림司馬林이 손잡이가 둘인 기이한 병기를 꺼냈을 때 그녀는 한눈에 그것이 청성파의 독문獨門병기 '뇌공굉雷公轟'임을 알아냈다. 그리고 청성파에서 '청靑'자 9타打와 '성城'자 18파破의 근거가 충분치 않다고 지적하여 청성파 사람들을 긴장시킨다. 그녀는 청성파 장문 사마림에게 다음과 같이 말한다.

제가 보기에 '청'자 9타는 10타가 타당할 것 같아요. 철보리鐵菩提와 철련자鐵蓮子는 걸모습은 비슷하지만 그 사용법은 크게 달라 함께 논할 수는 없죠. '성'자 18파에서 '파갑破甲' '파순破盾' '파패破牌', 이 세 초식은 별다르게 특이한 곳이 없는데 그저 18이라는 숫자를 맞추기 위해 갖춘 것 같아요. 그래서 없애버리거나 한데 합쳐 15파나 16파로 하는 것이 훨씬 나을걸요.

왕어언의 말에 장문인 사마림은 말도 못 하고 멍하니 그녀의 얼굴만 쳐다보고 있었다. 왜냐하면 그 자신도 '청'자의 7타밖에 배우지 못했고, 철련자와 철보리를 전혀 구별하지 못하기 때문이다. 더욱이 파갑·파순·파배, 이 세 종류의 무공은 원래 평생을 두고 배워야 하는 청성파의 독문절기인데, 뜻밖에도 왕어언이 없애버리는 쪽이 낫다고 하니 경악스러울 수밖에.

또 왕어언은 암기를 사용하는 수법을 보고 사마림의 사제 제보곤諸保昆이 사용한 암기가 청성파의 '청봉정青蜂釘'이 아니라 봉래파의 '천왕보심침天王補心針'이라고 지적하면서, 청성파와 봉래파에 얽힌 역대의 은원 관계를 얘기한다. 사마림 등이 청성파에 잠입한 제보곤을 주살하려고 할 때, 그녀는 다시 제보곤이 사용하는 봉래·청성, 두 파의 무공을 지적해줌으로써 겁난을 피했다.

왕어언은 여러 차례 무림 고수들의 면전에서 무예에 관한 깊은 조예를 발휘하여 각 무예에 대해 논하고 평가했다. 그러나 그녀는 부는 바람에도 날아갈 듯한 연약하고 아름다운 여인일 뿐이다. 무공이란 전혀 할 줄 모르는, 무협소설에서는 찾아보기 힘든 기인이었다. 김용은 여느 작가들과는 다른 인물을 잘 만들어냈다. 이 아름답기 그지없고 애교 넘치는 왕어언을 통해 무협소설에 참신한 —무공은 전혀 못하는 무학의 기재로서— 전형을 그려낸 것이다. 각종 무학에 대해 박학다식한 그녀는 독자들에게 강한 인상을 남긴다.

인물❽
일자무식의 무림 고수

김용은 무협소설을 쓰면서 자기만의 신기한 것들을 만들어냈다. 『천룡팔부』에서 무예를 전혀 할 줄 모르는 무학의 기재 왕어언을 창조했는가 하면, 『협객행俠客行』에서는 '낫 놓고 기역 자도 모르는' 일자무식의 무림 고수 석파천石破天을 만들어냈다. 이 두 고수 중 한 사람은 무공을 전혀 할 줄 몰랐고, 한 사람은 일자무식인 아주 기이한 인물의 전형이다.

석파천은 기구한 운명과 기연을 겪는 인물로서, 『협객행』의 마지막 대목이 끝날 때까지 자신의 본명도 모른다. 그는 어려서 부모의 원수 집으로 잡혀간다. 이 원수 집안은 석파천의 아버지가 다른 여자를 사랑하고 자신을 사랑하지 않은 데 앙심을 품었고, 그래서 잡아온 석파천을 내내 "개잡종, 개잡종" 하고 불렀다. 물론 그것이 진짜 그의 이름은 아니었다. 석파천 역시 다른 사람이 지어준 인물이다. 작품을 보면 현소장玄素莊의 석청石淸·민유閔柔 부부가 잃어버린 아들을 '견아堅兒'라 부르고 있고 '개잡종' 석파천의 모습이 석중옥石中玉과 비슷한 것을 보면, 그의 본명은 '석중견石中堅'일 가능성이 있다. 그러나 이 석중견이란 이름은 작품에서 한 번도 언급되지 않는다. 그래서 여기서도 도용한 이름인 석파천을 그대로 부르는 게 좋을 듯하다.

석파천은 대비노인大悲老人에게 사람 몸의 경맥을 그려놓은 열두 개의 흙으로 빚은 작은 인형을 얻는다. 그런데 마천거사摩天居士 사연객謝煙客이 나쁜 마음을 품고 고의로 석파천이 이 인형들이 나타내는 내식운행법內息運行法을 거꾸로 배우도록 한다. 그렇게 되면 무공을 연마하다 기혈이 역행하여 주화입마에 빠지거나 심지어는 목숨을 잃게 된다. 그런데 누가 알았으랴. 이것이 석파천으로 하여금 세상에서 보기 드문 '나한복마신공羅漢伏魔神功'을 터득하게 만들 줄을! 그러나 석파천은 이때까지만 해도 내공은 심후했으나 무예는 삼류 측에도 끼이지 못할 만큼 평범했다. 그런 그가 협객도에서 무공비급이 감추어져 있는 「협객행」이란 시를 그린 도보圖譜를 보고 절세의 신공을 연마하여 당대의 무림 제일고수가 된다.

협객도의 무학도보를 담고 있는 고시古詩는 용도龍島와 목도木島의 두 도주가 40년 전에 이미 발견한 것이었다. 그들은 이것을 함께 연습하다 의견 차이가 많이 나자 각자 연습한 다음 반년이 지난 후 다시 맞추어보았다. 그러나 몇 초도 풀지 못하고 둘 다 연습을 잘못했다는 사실을 알게 된다. 그래서 두 사람은 소림사의 묘체대사妙諦大師와 무당산의 우다도장愚茶道長을 찾아가 함께 풀어보았으나 역시 견해차가 많아 그 진수를 깨우칠 수 없었다. 두 사람은 도보의 완전한 해독을 위해서 마침내 당대의 내로라하는 명문 대파의 장문인을 비롯한 각 교파의 교주와 방주들을 두루 방문하여 협객도로 데리고 와 함께 도보를 연구한다. 30년 동안 수많은 무림 고수들은 고시로 표현된 무학도보를 연구했으나 끝내 풀지 못했다. 그런데 석파천이 나타나 이 무학의 수수께끼를 풀었던 것이다.

식견이 높고 학문이 높은 무림의 고수들이 수십 년의 공력을 들여 서로 의논하고도 풀지 못한 무학도보를 일자무식이자 무명인 석파천이 풀어냈으니 참으로 흥미진진한 일이 아닌가.

이 고시로 표현된 무학도보는 무림계의 한 고인이 이태백李太白의 「협객행」이란 시를 빌려 창안해낸 것이다. 이태백의 「협객행」은 모두 24구로 이루어져 있다. 석실石室에는 1구씩 총 24구가 새겨져 있었다.[60]

석실마다 시 한 구절과 그림 한 폭이 새겨져 있고, 시 뒤에는 이를 풀이한 주석이 딸려 있었다. 이 주석은 박식함과 상세함을 아울러 갖추고 있어, 거의 완벽하다고 하는 왕기王琦의 주석본조차 따를 수 없을 정도였다. 그러나 바로 이 주석의 복잡함으로 인해, 보는 사람들마다 서로 다른 의견을 내놓을 수밖에 없었다. 이태백의 시에 얽매여서는 이 도보를 풀 길이 없었고, 주석에 죽어라 매달려도 바늘 끝에 홈 파는 식으로 헛된 정력만 소모할 뿐이었다. 그럼에도 이 무학의 도보를 풀려고 협객도에 온 쟁쟁한 사람들치고 누군들 이 번잡하게 딸려 있는 주석을 무시할 수 있었겠는가.

그러나 일자무식인 석파천의 눈에는 그 복잡한 주석이 전혀 눈에 들어오지 않았다. 다만 벽에 새겨져 있는 그림(?)만 보일 뿐이었다. 그에게 복잡한 주석은 전혀 영향을 미칠 수 없었다. 물론 석파천도 그림을 본 동시에 그 옆에 잔뜩 휘갈겨 써 있는 글들을 충분히 봤을 것이다. 하지만 그는 문맹인지라 그 글들을 전혀 알 길이 없었고, 그래서 현학적 함정에 빠지지 않았던 것이다. 그는 그저 글자의 길고 짧은 것만 보았다. 마치 길고 짧은 검을 대하듯, 어떤 검은 끝이 위를 향하고 있고, 어떤 검은 그 끝이 아래를 향하고 있는가 하면, 또 어떤 것은 비스듬히 나는 듯하고, 어떤 것은 가로로 떨어지듯 휘두르는 모양으로 본 것이다. 이 '검형劍形'은 모두 혈도와 어우러져 내공의 수련과 관계되는 것이었다. 다행스럽게도 석파천은 글을 몰랐기 때문에 이 '검형'을 발견할 수 있었다. 만에 하나 그가 조금이라도 글을 읽을 줄 알았더라면 이 '검형'들은 글자로 되돌아가고 말

---

60 「협객행」 24구는 다음과 같다.

趙客縵胡纓, 吳鉤霜雪明. 조나라 협객 거친 갓끈 늘어뜨리고, 오나라 검은 서릿발 같은 빛을 발한다.

銀鞍照白馬, 颯沓如流星. 은안장 빛나는 백마, 유성처럼 바람 가른다.

十步殺一人, 千里不留行. 열 걸음에 한 사람 죽여도 천리에 흔적조차 없어라.

事了拂衣去, 深藏身與名. 일 끝내고 옷을 털어 몸과 이름 깊이 숨긴다.

閒過信陵飮, 脫劍膝前橫. 한가로이 신릉 지나 술 마시며 검 풀어 무릎 위에 놓는다.

將炙啖朱亥, 持觴勸侯嬴. 주해와 더불어 구운 고기 먹고 후영에게 잔을 권한다.

三杯吐然諾, 五岳倒爲輕. 술 석 잔에 좋다 하고 오악 뒤집는 일조차 가벼이 여기더라.

眼花耳熱後, 意氣素霓生. 눈 붉어지고 귀 열 오르니, 의기는 무지개처럼 뻗치노라.

救趙揮金槌, 邯鄲先震驚. 조나라 구하러 금철퇴 휘두르니 한단이 먼저 놀랐다.

千秋二壯士, 烜赫大梁城. 천추에 남을 두 장사 대량성을 빛냈으니

縱死俠骨香, 不慚世上英. 협객은 죽어도 기개는 향기로워 천하영웅이 부끄럽지 않아라.

誰能書閣下, 白首太玄經. 그 누가 천록각에 파묻혀 백발이 다 되도록 태현경을 지으리.

앉을 것이다.

가장 기이한 것은 석파천이 마지막 석실에 '올챙이 문자'라고 하는 '과두蝌蚪문자'로 새겨져 있는 『태현경太玄經』도 깨달았다는 사실이다. 그가 양웅揚雄의 『태현경』을 알 턱이 없었고 고대의 오묘한 과두문자를 알 리 만무했을 것이라고 본다면, 그가 『태현경』을 깨칠 수 있었던 것은 그저 올챙이와 같은 글자의 움직이는 동작에만 신경을 썼기 때문일 것이다.

이 수많은 작은 올챙이들은 그대로 인체의 경맥혈도와 관련이 있다. 석파천은 이것을 보고 각기 다른 올챙이들이 각기 다른 혈도의 움직임을 나타낸다는 것을 깨닫고는, 그것을 펼쳐본 결과 체내 두 군데 혈도의 내식內息조차도 한데 모여지면서 온몸이 편안해지는 것을 느꼈다. 그는 또 이 올챙이들이 개구리로 변하기 전의 팔짝 뛰는 기괴한 모습이라는 것을 알고는 천진난만한 동심을 발동시켜 올챙이의 동작 하나하나를 흉내 낸다. 그러자 온몸의 혈도가 맹렬히 뛰는 것이 너무 재미있는 게 아닌가.

이렇게 며칠이 지났는지도 모르고 재미에 빠져 있던 어느 날, 갑자기 석파천은 내식이 터져나갈 듯 부풀면서 잠깐 사이에 막혀 있던 몇 군데가 마치 큰 강물이 빠르게 흘러가듯 열리고 단전에서 두정頭頂까지, 두정에서 단전까지 또다시 빠르게 뚫리더니 온몸 수백 군데의 혈도가 한꺼번에 열리는 것을 느끼게 된다. 그는 온몸에서 말할 수 없는 기력이 넘쳐흐르고 있음을 느꼈고, 곧 이전 23개의 석실에서 배운 무공들을 단숨에 펼칠 수 있었다. 바로 이때 검법·장법·내공·경공이 모두 하나로 합쳐져 장과 검의 구분이 없어졌다. 춤을 추듯 손을 휘둘러도 마음먹은 대로 기운이 운행되어 굳이 내식으로 정신을 집중시킬 필요도 없었고, 또 석벽 위에 새겨진 수천 수백 가지의 초식을 일일이 기억할 필요도 없이 아주 자연스럽게 마음으로부터 손발로 옮겨지는 것이었다. 그는 이렇게 해서 마침내 당대 무림 제일고수가 된다. 절세의 무공을 지닌 용도와 목도, 두 도주가 함께 장력을 겨루어도 석파천이 깨친 절세신공을 당해내지 못했다.

'낫 놓고 기역 자도 모르는' 일자무식인 석파천이 당대 무림의 제일고수가 된 것은 전혀 이상하지 않다. 왜냐하면 무공의 깊고 얕음은 문화나 학식의 고저와 결코 비례하지 않기 때문이다. 학문을 깊이 쌓은 선비가 무림 고수가 될 수는 없다.

무학은 결국 문학과 다르다. 「협객행」에서 무학의 오묘한 이치를 담고 있는 이태백의 시가 번잡한 해석과 주석을 죽어라고 판 사람들에 의해 풀리지 않고, 일자무식의 사람에 의해 풀렸다는 사실은 매우 의미심장하다. 협객도에 온 모든 사람들은 너 나 할 것 없이 무학에 심취하여 온갖 방법으로 주석에서 오묘한 곳을 찾으려 했고, 그 결과 연구하면 할수록 견해차는 더욱 벌어졌다. 그러나 석파천은 그것을 글자가 아닌 그림으로 보았기 때문에 깨달을 수 있었고, 그래서 절세의 신공을 얻었던 것이다. 글자의 획 하나하나를 작은 검으로 보았고 올챙이 문자도 역시 글자로 보지 않고 올챙이의 움직임으로 보았다. 요컨대 그는 그림으로 풀어간 것이었다. 상식을 벗어난 '연구' 방식을 택했기 때문에 이렇듯 기이한 효과를 얻을 수 있었다.

아마 이 무학도보를 창안해낸 고인도 글자만을 놓고 말만 많은 지식인을 좋아하지 않았던 모양이다. 그래서 고의로 이렇게 배치해서 무식하지만 우직한 사람이 이 절세무공을 얻도록 하지 않았을까. 석파천은 글을 배우지 않은 아이의 눈으로 마치 모든 것을 그림으로 보는 마음으로 「협객행」이란 무학도보를 깨쳤으니, 황당무계한 것 같으면서도 일리가 있는 얘기다. 당나라 때 글이라곤 전혀 모르는 혜능대사慧能大師가 남에게 시켜 적은 '보리본무수菩提本無樹'라는 아래와 같은 게어偈語가 당대의 석학 신수선사神秀禪師를 능가하지 않았던가.

보리란 나무 본디 없고	菩提本無樹
거울 또한 틀이 아닌 것.	明鏡亦非臺
본래 한 물건도 없는데	本來無一物
어느 곳에 티끌이 앉으리오.	何處惹塵埃

비천한 사람이라 해서 우둔한 것은 결코 아니다. 『조계대사별전曹溪大師別傳』을 보면, 혜능대사는 "불성의 이치는 문자에 구애되는 것이 아니다. 내가 지금 문자를 모르고 풀이하는 것이 어찌 이상하리오"라고 말한다. 혹 일자무식인 석파천이 「협객행」 중의 무학도보의 이치를 깨우친 것이 바로 이 혜능대사의 선기묘오禪機妙悟의 반영은 아닐까?

장애인 무림 고수

무협소설가들은 특이한 인물을 창조해내기 위해 신체적으로 결함이 있는 인물에게 비범한 무공을 부여하여 정상인을 뛰어넘는 무림 고수를 만들어내길 즐긴다. 이런 인물들에는 곰보·문둥이·대머리·곱사등이·외팔이·절름발이·맹인·벙어리 외에 심지어는 머저리나 미치광이도 있다. 김용이나 양우생 그리고 고룡古龍의 소설 속에는 이런 인물들이 자주 등장한다.

화산논검華山論劍 5대 고수 중의 한 사람인 홍칠공은 손가락이 아홉 개밖에 없어 구지신개九指神丐라 불리며, 검술에 통달한 홍화회紅花會의 이당가二當家 무진도장無塵道長은 외팔이다. 또 전설 속에서 숭정崇禎 황제에 의해 한 팔이 잘린 황실 공주라고 전하는 독비신니獨臂神尼는 그 무공이 불가사의했다. 곱사등이면서 무공이 강한 인물로는 장진章進과 목고봉木高峯이 있다. 『촉산검협전』에 나오는 신타을휴神駝乙休는 법력이 무한한 신통방통한 존재다. IQ는 형편없으면서 무공이 대단히 높은 인물로는 도곡육선桃谷六仙 형제가 있고, 맹인 고수로는 가진악柯鎭惡·매초풍梅超風·사손謝遜· 화만루花滿樓·원수운原隨雲 등이 있다. 절름발이 고수라면 살천자薩天剌·살천도薩天都 형제가 생각나는데, 한 사람은 왼발이, 한 사람은 오른발이 절름발이다. 그런데도 몸은 비호처럼 날쌔, 걷는 것이 마치 나는 것 같다.

그런데 이 중에서도 우리를 놀라게 하는 인물이라면 아무래도 『사조영웅전』의 서독 구양봉을 들지 않을 수 없다. 서독은 본래 무공이 지극히 높은 고수였는데 '구음진경九陰眞經'을 거꾸로 수련하는 바람에 뇌신경을 다쳐 미치광이가 되어버린다. 그러나 무공은 오히려 더욱 지독해져 북개 홍칠공과 동사東邪 황약사 두 사람이 힘을 합쳐도 그의 적수가 되지 못할 정도였다.

우리를 더욱 놀라게 하는 인물로, '사대명포四大名捕'의 우두머리인 무정無情을 빼놓을 수 없다. 그는 허리 아래 부분이 전혀 없는, 말하자면 하반신이 없는 인물이다. 통상 내공 수련은 아랫배 단전을 중심으로 하므로 무공이 있을 수 없는 불가사의한 인물이다. 그런데도 경공이 신묘하고 암기가 천하제일이었다. 이러한 경공과 암기가 어디에서 나오는지 알 길이 없다. 맹인은 청각이 특히 발달하여 바람 소리를 듣고 상대방이 움직이는 방향을 판단한다. 미치광이는 발광을 하는 동안 그 기력이 상상을 뛰어넘는다. 사실 이런 점들은 어느 정도 신빙성이 있다. 그러나 이런 신체적 장애 때문에 그들의 무공이 이처럼 높아졌다고 한다면 그것은 독자들을 속이는 것이 된다.

신체적 장애가 있다고 하여 무공이 기이하게 높다는 것은 일반인의 상식에 어긋난다. 다리를 저는 사람은 보통 사람보다 결코 빨리 걸을 수 없다. 장님이 아무리 청각이 발달했다 해도 귀와 눈이 멀쩡한 사람의 상황 판단보다 나을 수는 없다. 그리고 신체가 멀쩡한 사람도 나이만은 어쩔 수 없다. 나이를 초월해 백발성성한 노인을 신이한 무공의 소유자로 만드는 것은, 비록 자극적이긴 하지만 진실에 가깝지 않다. 의사이자 무술가인 한 친구의 다음과 같은 말은 설득력이 있다.

무술인의 결투에서 당연히 기술이 승패의 중요한 요소가 된다네. 노련한 무술인은 40~50세가 되어 체력이 쇠퇴하기 시작하더라도, 젊고 힘은 있지만 경험이 부족한 애송이 정도는 가볍게 물리칠 수 있겠지. 그러나 소설 속에 등장하는 백 살 가까이 먹은 백발노인이 젊은 무술가를 아주 가볍게 요리하는 것은 사실이라고 인정할 수 없어. 왜냐하면 사람의 체력은 25세 정도에 절정에 이르지만 이것을 서른까지 유지하기도 쉽지 않기 때문이지. 보통 사람은 35세 정도가 되면 체력이 점점 떨어지기 시작하지. 45세 이후에는 관절과 척추가 노화되어 뼈가 느슨해지고 버티는 힘이 떨어져 청소년들처럼 부드럽고 빠르게 움직일 수 없어. 55세 이후에는 내장의 노화 현상이 두드러지고, 특히 심장과 폐의 기능이 떨어진다네. 단시간 내의 결투에서는 우수한 기술로 승리를 얻겠지만, 다시 말해 몇 초 안에 승부가 결정되는 것이라면 가능하겠지만, 장시간 지구력을 요하는 경우에는 승리하기 힘들고 결국은 지쳐서 패하게 되지.

그렇기 때문에 무협소설 속에 나오는 노승과 노도사, 노비구니 그리고 육순이 넘은 노협객이 놀라운 무공을 지녔다고 하는 것은 현실적으로 믿기 힘들지. 예를 들어 권투나 유도와 같은 격투기 종목을 보면 잘 알 수 있지 않은가? 서른다섯 살이 넘으면 게임에서 이기기란 거의 불가능하다는 사실이 그것을 증명하고 있지.

늙을수록 무공이 높아지는 현상은 인체의 정상적인 생리적 구조와 어긋난다. 지붕과 나무 위를 훌쩍훌쩍 날아다니는 신묘한 경공도 허풍이 아닐 수 없다. 특히 TV나 영화에서는 특수촬영기술을 이용해 동에 번쩍, 서에 번쩍 날아다니는 모습을 연출하고 있으니, 한술 더 뜬다고 할밖에.

무협과 검협

무협은 치고받는 손발의 쿵푸를 주로 한다. 때로 무공이 지나치게 신기한 면을 보이기도 하지만, 황당무계하다고는 할 수 없는 기본적으로 사실형에 속하다. 그러나 검협은 사정이 좀 다르다. 비검법술飛劍法術·현공변화玄功變化·장신입복藏身入腹·윤회전생輪迴轉生 등과 같은 표현에서 보다시피 낭만적 황당무계형에 속한다. 이런 구분에 따르면, 당나라 전기 속에 나오는 규염객虬髯客·곤륜노崑崙奴·황삼객黃衫客·허준許俊 들은 무협에 속한다. 반면 섭은낭·홍선·공공아 들은 검협에 속한다고 할 수 있다.

중국 무협소설은 당나라 때의 전기에서 시작하여 무협과 검협이라는 두 노선에 따라 나란히 발전해왔다. 명나라와 청나라의 무협 단편 역시 이에 따라 두 종류로 나누어진다.

청나라 때의 정관응鄭官應은 명나라와 청나라 때의 필기소설에서 이런 고사들을 수집하여 『속검협전續劍俠傳』이란 책을 펴낸 바 있다. 이 책에서 「대철추전」「위남자」「비파고녀」「모생」「공공아」「갈의인葛衣人」「말좌객末座客」「황수생黃瘦生」「협녀자俠女子」 등은 무협류에 속해 있는데, 이 작품들에 등장하는 주인공들의 무예는 괴이하고 황당한 묘사가 없는 것이 사실에 가깝다.

반면 검협류에 포함된 작품들의 내용은 매우 황당하다. 「이감부李鑑夫」에는 "검이 미간에서 번갯불처럼 튀어나온다"는 구절이 나오며, 「청두자靑豆子」에는 보검이 '머리 뒤쪽 척추 속'에 감추어져 있다는 내용도 있다. 「정항화상頂缸和尙」에는 '분신은형술分身隱形術'을 말하고 있으며, 「도인道人」이란 작품에는 '입술에서 불을 뿜어' 검을 단련하는 장면도 나온다. 모두가 지극히 신묘하고 불가사의하다고 할 수 있다. 이 밖에 「이복달李福達」에서는 이복달이 몸을 나누고 그림자를 흩어지게 하는 '분신산영分身散影'이란 법술을 구사할 수 있었을 뿐만 아니라, 산도깨비를 부리고, 구름과 비를 몰고 다니며 모래와 돌을 말아 올리는 법술을 부렸다고 하니 그 환상과 기묘함이 가히 극치인지라 도저히 믿기지 않는다.

『수호전』과 『서유기西遊記』는 비록 무협소설이라고 하지는 않지만, 두 작품 모두 호걸들의 쟁패와 천상 신마들과의 싸움을 적지 않게 묘사하고 있어 각기 사실형과 낭만적 황당무계형으로 나누어 볼 수 있다.

1911년 민국이 성립한 이래 무협소설은 대단히 많아졌다. 『원앙호접파 연구자료』에 따르면, 불완전한 통계지만 당시 작가는 약 180명, 작품 수는 약 690부에 이르렀다. 이 작품들은 역시 무협과 검협

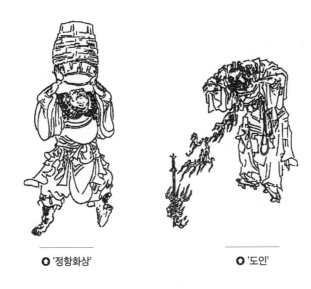

❂ '정항화상'

❂ '도인'

두 종류로 나눌 수 있다.

　평강平江 불초생不肖生의 『강호기협전江湖奇俠傳』, 환주루주의 『촉산검협전』과 『청성십구협靑城十九俠』은 황당한 낭만형 검협소설들의 대표작이며, 정증인鄭證因의 『응조왕鷹爪王』, 주정목朱貞木의 『칠살비七殺碑』, 백우白羽의 『십이금전표十二金錢鏢』, 왕도려王度廬의 『철기은병鐵騎銀瓶』은 치고받는 사실형 무협의 명작들이다.

　검협과 무협, 낭만과 사실은 예로부터 두 노선으로 나란히 발전해왔다. 1950년대 이래 신파 무협소설은 기본적으로 사실형을 위주로 한다. 작품 속 인물들은 미간에서 검을 뿜어내지도 않으며 몸을 나누어 형체를 감추는 기술도 없는, 사람들 틈에 섞여 그들과 어울려 사는 존재들로 그려지고 있어 비교적 신빙성이 있다. 그러나 사용되는 무공이 신기함에 치우쳐 상상과 과장이 너무 끼어들어 사실 속에 황당함이 섞이는 현상도 없지 않다.

예컨대 김용의 『천룡팔부』에서 천산동모天山童姥가 무공을 연마할 때 어린애와 같은 모양으로 바뀐다든지, 무애자無崖子가 눈 깜짝할 사이에 70여 년 간의 공력을 모조리 허죽에게 주입시켰다느니, 단예의 육맥신검六脈神劍과 구마지鳩摩智의 화염도火焰刀는 손가락과 손바닥 사이에서 나오는 기로 적을 죽일 수 있다느니 하는 것들이다.

또 양우생의 『운해옥궁연雲海玉弓緣』의 주인공 김세유金世遺가 '천둔전음天遁傳音'이란 신공으로 빙천천녀에게 양적부陽赤符를 물리칠 수 있도록 알려주었는데 곁에 있던 사람은 아무도 그 목소리를 듣지 못했다는 장면도 들 수 있다.

그런가 하면 고룡의 대표작인 『초류향楚留香』에서 주인공 초류향이 입이나 코가 아닌 피부와 털구멍으로 숨을 쉴 수 있는 기이한 무공을 연마했다는 것이나, 『천잠변天蠶變』의 운비양雲飛陽이 천잠공을 터득하여 누에 모양으로 껍질을 벗고 환골탈태했다는 것, 또 『고루화骷髏畫』의 섭천수聶千愁가 그의 호로병 속에 '육무잠형사六戊潛形絲'를 감추어두고 필요할 때 커다란 그물처럼 쏟아내어 사람을 묶었는데 그 형체를 전혀 알 수 없었다는 이야기(이는 마치 『촉산검협전』에 나오는 법보와도 같다)도 있다.

적지 않은 무공들이 이미 무공의 경지를 초월하여 갈수록 현묘해지고 신비스러워져서, 신파 무협소설가들은 기상천외한 『촉산검협전』 속의 법보와 법술들의 명칭을 따와 자기 나름대로 가공하고 개조하기도 했다. 이를테면 '천둔전음'이니 '건곤대나이乾坤大挪移'

'천마해체대법天魔解體大法' '금강불괴신법金剛不壞身法' '태을오연나太乙五煙羅' 등은 모두 『촉산검협전』에 뿌리를 두고 있는데, 다른 작가들이 따다가 써먹고 난 이후는 신묘한 무공심법武功心法으로 등록되어버렸다. 그 모습을 일부 바꾼 '천일신수天一神水'니 '적영신광赤影神光'은 지독히 살인적인 효능을 갖춘 무공이 되었다.

신파 무협소설에서 초월적 무공이 출현함에 따라 점차 검협의 색채를 띠기 시작했다. 초월적 무공을 묘사하는 정도가 입으로 하얀 빛을 뿜어내는 '구토백광九吐白光'과 같은 비검법술飛劍法術은 아니었지만 그 기상천외한 발상은 이미 비검법술과 마찬가지로 황당무계를 향해 달리고 있었다. 상식을 벗어나는 신공은 거의 검협을 방불케 하는 것이었다.

세상이 깜짝 놀랄 만한 신공이 등장하는 '초일류 무협'은 무협과 검협이 합류함으로써 탄생한 것이라고도 볼 수 있다. 이렇게 해서 본래 무협과 검협, 사실과 황당의 경계선은 애매모호해져버렸다. 그러나 검협의 요소를 갖춘 무협은 시종 '협협俠'이었지 '선仙'은 아니었기 때문에 전통적인 검협과는 같을 수 없었다. 왜냐하면 검협의 최고 경지는 누가 뭐라 해도 '검선劍仙'으로, 무협으로는 이러한 경지에 이를 수 없기 때문이다. 따라서 이런 신파 무협소설들은 무협의 사실적 요소와 검협의 황당무계한 요소가 한곳에 녹아 있다고는 하지만, 여전히 그 경계선은 뚜렷할 수밖에 없었다.

무공❷

지독한 무공

'건곤대나이'는 김용의 『의천도룡기倚天屠龍記』에 나오는 지독한 무공이고, '천마해체대법'은 양우생의 『운해옥궁연』에 나오는 사파의 무공이다.

괴이한 이름을 가진 두 무공은 김용과 양우생이 창안해낸 것이 아니다. 40여 년 전 환주루주의 『촉산검협전』에 이것들이 보이기 때문이다. 환주루주의 작품 속에서 '건곤대나이'와 '천마해체대법'은 신이한 법술의 일종으로 나타난다. 그러나 무공은 아니었다. 그런데 김용과 양우생의 붓끝에서 한 차례 개조를 거쳐 몹시 지독하고도 무시무시한 무공심법으로 변해버렸다.

김용이 묘사하고 있는 '건곤대나이'는 명교明教에서 대대로 전승되어오는, 그 위력이 대단한 무공심법이다. 그 근본 원리는 이렇다. 먼저 자신의 잠재력을 끌어올린 후 그것을 적의 힘으로 옮기는 것이다. 말하자면 힘으로 힘을 치는 것이고, 적으로 적을 공격하는 무공이다. 적을 제압하는 효력이 거의 신기에 가깝다. 『의천도룡기』에서 장무기張無忌는 이 무공심법을 배운 후, 광명정光明頂에서 6대 문파 고수들과 겨룰 때 이 무공으로 '정량의검법正兩儀劍法'과 '반량의도법反兩儀刀法'을 사용하는 곤륜파崑崙派와 화산파華山派의 4대 고수를 마음대로 가지고 논다. 4대 고수들은 본래 각기 다른 방향에서 장무기를 향해 초식을 전개했는데, 장무기는 어느새 그들을 이리저리로 끌고 다니다가 결국은 4대 고수가 자기들끼리 치고받는 볼썽사나운 장면을 연출하도록 만들어버린다. 그 뒤 장무기가 중상을 입고 몸이 무기력해졌을 때도 이 건곤대나이의 묘법을 빌려 송청서宋靑書의 주먹과 발길질 속으로 자신의 힘을 옮겨 송청서가 전개한 '화개병체花開並蒂'라는 1초 4식을 고스란히 그 자신의 몸으로 돌려보냄으로써 송청서가 자기 얼굴을 자신이 때리고 자신의 혈도를 자신이 찍게 했다. 실로 신기하고도 불가사의한 무공심법이 아닐 수 없다.

환주루주의 『촉산검협전』에 나오는 '건곤대나이'는 이동하는 대상이 적의 힘에 그치지 않고 주변의 지형과 지세·산천초목·사람·집 등에까지 미친다. 정말이지 하늘과 땅을 옮기는 이름 그대로 신선의 묘법이다. 이 신선묘법의 전체 이름은 '전도건곤오행나이대법顚倒乾坤五行挪移大法'이다. 이 대법은 산을 옮길 수도 있고 선진仙陣을 이동시킬 수도 있고 위험에 처한 사람을 안전한 곳으로 옮길 수도 있는, 어마어마한 위력을 갖는다. 작품의 한 장면을 훔쳐보자.

주경운周輕雲과 이영경이 자운궁紫雲宮으로 급히 날아가던 중

현귀전玄龜殿을 지나가게 된다. 여기서 역정易鼎·역진易震과 마찰이 생긴다. 그 뒤 그들의 어머니 녹빈선낭綠鬢仙娘 위청청韋青青이 나타나 싸우던 중, 위청청은 몰래 이 '전도건곤오행나이대법'을 구사하여 현귀전 앞 돌계단 위에 미리 쳐놓은 '대수미정반구궁大須彌正反九宮'이라는 선진을 주경운과 이영경이 있는 곳으로 옮겨 그들을 진 안에다 가두어버린다. 대가장戴家場 어신동魚神洞에서 법술을 겨룰 때 화릉혼化凌渾은 산이 무너져 흙더미에 깔려 부상당한 사람을 보고 '이산축지법移山縮地法'을 사용하여 백기白琦 등을 몇 리 밖으로 옮겼다. 아미蛾眉의 개부開府 때 원장로猿長老는 현공玄功의 변화를 운용하여 원신元神을 피하게 하고 검광 속에서 엎드려 바둑을 두고 있던 신타을휴를 맹렬히 공격한다. 그런데 누가 알았으랴! '이형환영移形換影'에 걸려들어 검광은 엉뚱하게 2장 밖의 석벽에다 큰 구멍만 내고 말았고 사람은 털끝 하나 건드리지 못했다. 게다가 원신도 산 중턱에 처박혔다.

'이산축지'니 '이형환영'이니 하는 것들은 '전도건곤오행나이대법'과 이름은 다르지만 실제로는 같다. 모두가 천지를 변화시킬 수 있는 신선의 묘법이다. 김용은 교묘하게 '건곤대나이'란 이름을 따다가 위력이 대단한 무공심법으로 개조했던 것이다. 그의 작품에서 이 무공심법은 기묘하고도 생기가 넘치는 것이 원래의 신선묘법보다도 더 보기 좋다.

양우생은 『운해옥궁연』에서 『촉산검협전』에 나오는 '천마해체대법'을 개조하여 지독한 사파의 무공으로 변모시켰다. 『촉산검협전』에서는 '천마해체대법'을 연마하려면 먼저 이성과 한 번도 교접을 갖지 않은 동정童貞의 몸이어야 한다. 그리고 아무도 없는 조용한 산꼭대기에서 서방西方을 향하여 36일 동안 연마해야만 성공할 수 있는 것으로 묘사되어 있다. 이 36일 동안은 어떠한 요귀가 정신을 혼란케 하더라도 절대 움직여서는 안 된다. 초일섭稍一攝은 정신을 가다듬지 못하고 심기를 흐리는 바람에 전에 있던 무공까지 모조리 잃고 말았다.

이 마법은 수련에 성공하면 물·불·바람을 마음대로 뿜을 수 있게 된다. 단, 수련자는 목숨을 걸어야만 한다.

양우생은 '천마해체대법'이란 이름을 따오고, 이 마법을 운용하는 자는 반드시 목숨을 잃고 만다는 점에 착안하여 위력이 사납고 지독한 무공을 창조해냈다. 이 독하고도 괴이한 사파의 무공은 적과 동시에 죽으려고 할 때 사용하는 것이 되었다. 이 무공을 사용하면 혀끝을 깨물어 피를 내고 온몸의 힘을 한데 모아 죽을힘을 다해 일격을 가하는 것인데 그 위력이 평상시보다 세 배는 강하다.

『운해옥궁연』의 여승남은 이 사파의 무공을 전개하여 당대의 무림 제일고수 당효란唐曉瀾을 물리친다. 그러나 그 자신도 온몸의 기력이 다 빠지고 지독한 내상을 입어 죽고 만다.

신파 무협소설가들은 구파 무협소설가들이 남겨놓은 '무기창고'에서 적지 않은 무기를 찾아내어 무공으로 발전시켰다. 앞에서 말한 '건곤대나이'와 '천마해체대법'이 그 좋은 예다. 이 밖에 '쌍검합벽' '신검합일身劍合一' '주화입마走火入魔' '금잠고독金蠶蠱毒' '금강불괴신법' 등과 같은 이름과 그에 대한 묘사도 신구 무협소설에서 비슷하게 나타난다. 동굴 석벽에서 절세의 무학도를 발견하여 무공이 크게 증진하고 그리하여 무림에 이름을 날렸다는 내용도 신구 무협소설에 흔히 나오는 이야기다.

신파 무협소설과 구파 무협소설은 본래 뚜렷이 구분되는 경계선을 가졌던 것은 아니다. 계승·발전의 관계로 볼 때 양자 간에는 아주 깊은 뿌리가 존재한다. 따라서 무림의 기이한 인연과 만남, 복수의 대결, 다양하고 기이한 무기와 다채로운 무공 초식이란 면에서는 신파나 구파가 크게 다를 바 없는 서술을 보여준다. 그러나 신파 무협소설은 이야기의 주변 분위기를 묘사하는 데 능숙하고 또 인물의 심리 묘사도 뛰어나 등장인물들의 개성이 뚜렷하다. 스토리 전개 면에서도 기복이 심하고 변화가 많은 점은 구파 무협소설이 따르지 못하는 부분이다. 신파 무협소설의 '新'자는 새롭게 구파 무협소설의 진부한 언어를 떼어내고 새로운 문예 수법을 활용하여 이야기를 구하고 사건을 전개한다는 뜻 외에도, 구파 무협소설에 나오는 무공과 초식을 개조하여 새롭게 창조(예를 들어 무공의 초식을 '미화'하는 따위)했다는 뜻을 가진다. 그런 점에서 '新'자의 의미는 한결 빛난다.

무공과 초식

무협소설은 무공을 겨루는 장면을 빼놓고는 생각할 수 없다. 또 무공은 초식招式을 떠나서는 재미가 없다.

구파 무협소설의 무공 초식은 대부분 그 모습, 즉 자세와 관계가 있다. 예컨대 공중으로 튀어 오르는 '일학충천一鶴沖天'이라든가, 두 손바닥을 일시에 내미는 '맹호신요猛虎伸腰', 앞을 향해 찌르는 '옥녀천침玉女穿針', 아래로 비스듬히 가르는 '독벽화산獨劈華山' 등이 모두 동작과 기세를 본뜬 초식들이다. 이러한 모습이나 자세에 기초를 둔, 말하자면 상형 초식들은 화타華佗가 호랑이·사슴·곰·원숭이·새들이 움직이는 동작에 근거해 창출해낸 '오금희五禽戲'와 이치상 완전히 일치한다. 이를 배우고자 하는 사람은 그 짐승들의 움직이는 모습에 따라 실제로 연습할 수 있다. 그러나 신파 무협소설에는 적당히 '미화'시킨 초식들이 많아 도무지 그것을 익힐 수 없다. 이런 신기한 초식들은 대부분 작가가 옛 문장의 구절 등에 근거하여 가공해낸 것들이다. 따라서 변화가 많아 포착하기 힘들고 그 근거를 찾을 길 없어 어디서부터 손을 대야 할지 모른다.

당나라 시대의 시에 바탕을 둔 김용의 『연성결連城訣』 중의 한 검법은 그 초식이 전부 시에서 비롯한다. 예컨대 '천화락부진天花落不盡, 처처조함비處處鳥唧飛'와 '낙일조대기落日照大旗, 마명풍소소馬鳴風蕭蕭' 등과 같은 초식은 그 동작이 어떤지 전혀 알 길이 없다.

또 『협객행』에 나오는 금오도법金烏刀法도 특히 이상하고 희귀한 것으로 손꼽힌다. 금오도법은 오로지 설산검법雪山劍法을 물리치기 위해 창안된 것이다. 설산검법에는 '창송영객蒼松迎客' '암향소영暗香疏影' 등과 같은 초식이 있는데, 금오도법에는 바로 이런 설산검법의 초식들을 맞상대하기 위한 '개문읍도開門揖盜'나 '포어지사鮑魚之肆'와 같은 초식들이 보인다. 문을 열고 도둑에게 인사하는 '개문읍도'의 초식은 점잖게 손님을 맞이한다는 '창송영객' 초식에 맞서기 위한 것이고, '포어지사' 초식은 어물전의 비린내로 '암향소영'의 맑은 향기를 깨는, 실로 보기 드문 기이한 초식이 아닐 수 없다. 이 두 초식은 순전히 자의적인 것이기 때문에 구사할 수 없다.

신파 무협소설가의 붓끝 아래에서 무공은 때때로 실제보다 훨씬 더 환상적이고 다채로워진, 호화찬란한 모습으로 나타난다. 소설가들의 붓 아래에서는 비파 소리가 사람의 목숨을 빼앗기도 하며, 바둑돌로 혈도를 찍기도 하고, 떨어지는 꽃잎과 낙엽이 사람을 다치게도 하며, 뿜어대는 술과 날아드는 얼음조각이 적을 죽이기도 한다. 일상생활에서 사용하는 생활용품들, 이를테면 수를 놓는 바늘, 고기 잡는 낚싯대, 배 젓는 노, 물건을 다는 저울추, 돈을 계산하는 주판알, 바지를 매는 허리띠 들도 독특한 무기로 사용된다. 글씨와 그림 안에 대단한 무공심법이 숨겨져 있다든가, 시 속에 그 깊이를 헤아릴 수 없는 무학의 요지가 들어 있다는 등의 내용에 이르면, 그 신기함은 한층 증가되어 보는 사람의 상상력으로는 도무지 가늠할 수 없게 된다.

김용은 무공과 초식을 '아름답게 꾸미는' 방면에서 가히 고수 중의 고수다. 그는 옛 시문 속의 단편들을 이용하여 신기한 무공들을 창안해냈다.

『사조영웅전』에서 홍칠공이 황용에게 가르쳐준 '소요유逍遙遊'란 권법은 『장자莊子』 「소요유」 편에서 나온 것이며, 『서검은구록』에서 진가락陳家洛이 서북산동옥실西北山洞玉室에서 깨친 상승무공은 『장자』에서도 아주 유명한 절묘한 솜씨의 도살꾼이 소를 해체하는 '포정해우疱丁解牛'라는 구절에서 비롯된 것이다.

『천룡팔부』에서 단예가 펼치는 신묘한 경공인 '능파미보凌波微步'는 조식曹植의 「낙신부洛神賦」에서 나왔다. 그리고 『협객행』의 석파천이 당대 무림의 제일고수가 될 수 있었던 것도 별다른 게 아니었다. 그는 협객도의 14개 석실 안에서, 석벽 위에 새겨져 있던 무공도에 이태백의 「협객행」이란 시가 적혀 있는 것을 보았는데, 마지막 석실의 과두문자, 즉 올챙이 문자로 기록된 한나라 때의 양웅이 지은 『태현경』이 궁극적으로는 사람 몸의 경맥과 혈도의 길과 방위를 나타낸다는 사실을 알아냈기 때문이다.

이런 예는 또 있다. 그중에서 가장 신기하고도 오묘한 것이라면, 『신조협려』에서 양과가 창안해낸 '암연소혼黯然銷魂'이란 장법이다. 이 장법은 그 이름에서부터 초식에 이르기까지 신기하기 이를데 없는 불가사의 그 자체다. 그러나 자세히 살펴보면 그럴듯한 면이 없지 않다. 그 장법은 양과가 절정곡絶情谷 단장애斷腸崖에서 소용녀와 애끓는 이별을 한 후 하루 종일 그녀 생각에 고심하다 창안해낸 것이다. 그는 이 장법을 '암연소혼장'이라 이름 붙였는데, 이는 강엄江淹의 「별부別賦」에 나오는 한 구절인 '슬퍼서 넋이 빠진 것은 이별했기 때문이다[黯然銷魂者 唯別而已矣]'에서 따온 것이었다.

이 장법은 사용하는 사람의 마음속에 진정한 이별의 애끓는 고통이 있어야만 제 위력을 발휘할 수 있다. 양과는 이 장법을 딱 세 번 사용했다. 소상자瀟湘子 들에게 한 번 사용했고, 주백통周伯通에게 한 차례 보여주었으며, 또 한 번은 금륜법왕과 싸울 때 사용했다. 그러나 양과가 소용녀와 재회한 후 그동안의 고통이 사라지고 기쁨으로 가득 차자 이 장법도 위력이 크게 감소되면서 슬그머니 사라졌다. 이 '암연소혼장'은 18초가 아닌 17초, 다시 말해 짝수가 아닌 홀수로 이루어져 있는데, 우리가 여기에서 두 사람의 이별을 염두에 둔 김용의 세심한 배려를 엿볼 수 있다.

김용은 무공을 '미화'하는 데 뛰어났을 뿐만 아니라 풍자와 해학이 넘치는 문장을 잘 썼다. 위에서 말한 17초의 '암연소혼장'도 순수한 의미를 취하여 그야말로 '암연소혼'한 쓰라린 심정을 잘 나타냈다. 그러나 때로는 장엄하면서도 해학이 넘치는 필치를 발휘하기도 하여, 괴이하면서도 재미가 넘쳐 실소를 금치 못하게 만든다.[61]

그러나 무슨 이유인지 양과가 금륜법왕과 싸울 때 전개했던 '혼불수사魂不守舍'(소상자 일당을 혼내줄 때는 '신불수사神不守舍'라 했다)와 '약유소실若有所失'이란 두 초식은 그 안에 없다. 본래 이 두 초식이야말로 '도행역시倒行逆施'와 '타니대수拖泥帶水'에 비해 '암연소혼'한 심정에 한결 가까운데도 말이다. 작가가 착각으로 빠뜨린 것이 아닐까? 이 두 초식을 합친 19초식의 이름은 절대 다수가 사자성어를 이루고 있다. 작가가 붓 가는 대로 써낸 것들이 눈이 휘둥그레질 정도로 놀라운 무공 초식이 되었으니 정말 '웃고 떠들고 화내고 욕하는' 것이 '모두 문장이 된다'는 말이 옳지 않을 수 없다.

시를 가르칠 때 흔히 들먹이는 유명한 구절로 '공부는 시 밖에 있다[工夫在詩外]'란 말이 있다. 이를 몇 글자 바꿔 다시 써보면 '무공은 시 안에 있다[功夫在詩內]' 또는 '무공은 글 속에 있다[功夫在文內]' 내지 '무공은 경전 속에 있다[功夫在經內]' 등이 될 것이다.

중국 무협소설에 등장하는 무공은 오묘함과 신비함의 극치다. 무공들이 시문과 경서 속에 숨어 있기 때문에 그 무공들은 현묘막측하여 이루 헤아리기 어려울 정도다. 그로 인해 독자의 상상력을 광활한 천지로 내달리게 만든다. 사실 무공과 초식에 대한 '미화'는 신파 무협소설가들의 큰 공헌으로 중국 무협소설사에서 특기할 만한 것이다.

---

61 '암연소혼장' 17초식은 다음과 같다. 배회공곡(徘徊空谷), 역불종심(力不從心), 행시주육(行屍走肉), 용인자우(庸人自擾), 도행역시(倒行逆施), 기인우천(杞人憂天), 무중생유(無中生有), 타니대수(拖泥帶水), 폐침망식(廢寢忘食), 고형척영(孤形隻影), 음한탄성(飮恨呑聲), 육신불안(六神不安), 심경육도(心驚肉跳), 궁도말로(窮途末路), 면무인색(面無人色), 상입비비(想入非非), 태약목계(呆若木鷄).

천차만별의 초식

무협소설의 결투 장면에 등장하는 초식들의 이름을 보면, 그 형상이 생동감 넘치고 다채로워 상당히 인상적이다.

구파 무협소설에 나오는 초식들은 대부분 『권술정화拳術精華』와 같은 권법 교범에 근거를 둔다. 이런 초식들은 전통 무술로서 실제로 있었다. 그것들은 새나 동물이 활동하는 자세를 모방한 초식으로 그 동작이 다양하다. 서 있거나 구부린 자세, 몸을 펴거나 움츠린 자세, 앞으로 나아가거나 뒤로 물러서는 자세, 날거나 달리는 자세, 엎드리거나 드러누운 자세, 위로 솟구치거나 아래로 떨어지는 자세, 머리와 꼬리를 흔드는 자세, 몸을 뒤집거나 움켜쥐는 자세들이 실로 다양하게 펼쳐지는데, 그 자태의 우아함은 보는 이의 감탄을 금치 못하게 한다.

정증인이나 주정목 그리고 백우의 소설들을 한번 펼쳐보기만 해도 아래에서 보는 것과 같은 수많은 초식들을 찾아낼 수 있다.

오룡권미烏龍卷尾　　흑호도심黑虎搯心　　야마분종野馬分鬃
서우망월犀牛望月　　백학량시白鶴亮翅　　금계독립金鷄獨立
연자천렴燕子穿簾　　평사낙안平沙落雁　　백사토신白蛇吐信
옥망번신玉蟒翻身　　원후헌과猿猴獻果　　교토번사狡兎翻沙
철우경지鐵牛耕地　　영묘포서靈猫捕鼠　　나로타곤懶驢打滾
청정점수蜻蜓點水　　어약용문魚躍龍門　　야학반공野鶴盤空
금조진우金雕振羽　　맹호복춘猛虎伏樁　　이어타정鯉魚打挺
벽호유장壁虎遊牆　　야마도간野馬跳澗　　기응확토飢鷹攫兎
공작척령孔雀剔翎　　단봉조양丹鳳朝陽　　노원추지老猿墜枝
나호신요懶虎伸腰　　운룡탐조雲龍探爪　　금리번파金鯉翻波
유봉희예遊蜂戲蕊　　해연경파海燕惊波　　대붕전시大鵬展翅
금계점두金鷄點頭　　오룡반주烏龍盤柱　　일학충천一鶴沖天
비연투림飛燕投林　　현조획사玄鳥劃沙　　요자번신鷂子翻身
독사심혈毒蛇尋穴　　부유희수蜉蝣戲水　　창룡귀해蒼龍歸海
후자투도猴子偸桃　　금표로조金豹露爪　　사자요두獅子搖頭
권조선와倦鳥旋窩　　요자찬천鷂子鑽天　　운룡삼현雲龍三現
금룡두갑金龍抖甲　　아호금양餓虎擒羊　　괴망출동怪蟒出洞
쌍룡탐주雙龍探珠　　당랑분비螳螂奮臂
……

정말이지 천태만상으로, 그 수를 헤아리기 힘들다. 이 초식들은 형태가 다양하고 동작이 풍부하여 서로 비슷한 것 같으면서도 다르고, 다른 것 같으면서도 같아 변화가 대단히 심하다. 그래서 신파 무협소설들은 이런 것들을 즐겨 사용했다.

무협소설 속의 어떤 초식들은 사람의 행위나 동작을 모방하기도 한다. 예를 들어 '태공조어太公釣魚' '직녀투사織女投梭' '야차탐해夜叉探海' '패왕사갑霸王卸甲' '선인지로仙人指路' '교녀잠화巧女簪花' '금강탁발金剛托鉢' '동자배불童子拜佛' '초부문로樵夫問路' '옥녀천침玉女穿針' 등이 그렇다.

이런 초식들의 특징은 동작이 다양하다는 데 있다. 한 사람이 하나의 동작으로 초식을 만들어내는 것이 있는가 하면, 또 다른 유형의 동작이 있는데 이 동작을 누가 취했는지는 드러내지 않는다. '와간교운臥看巧雲' '발운견일撥雲見日' '추창망월推窓望月' '도타금종倒打金鐘' '엽저적화葉底摘花' '거화요천擧花燎天' '도발수양倒拔垂楊' '발초심사撥草尋蛇' '한지발총旱地拔蔥' '순수추주順水推舟' '수휘비파手揮琵琶' '횡신타호橫身打虎' 등이 그렇다.

또 다른 초식들은 그저 단순히 사물을 묘사하고 있다. 예컨대 '금침도선金針度綫' '철쇄횡주鐵鎖橫舟' '노수반근老樹盤根' '횡가금량橫架金樑' 등이 그러한 것들이다. 이런 유형의 초식들은 새나 동물 그리고 사람의 동작을 본뜬 초식들에 비한다면 그 형상의 묘사 면에서는 풍부함이 부족하고 다채로움이 적다.

일월성운과 천둥·번개 그리고 산천들과 같은 자연현상도 초식으로 응용된다. 예를 들면 '춘운사전春雲乍展' '백홍관일白虹貫日'

'유운간월流雲趕月' '사월삼성斜月三星' '회광반조廻光返照' '침뢰설지沉雷洩地' 들과 같은 초식은 신파 무협소설에 흔히 등장하는 초식들이지만, 구파 무협소설에서는 별다른 변화 없이 단순히 사용되었다.

신파 무협소설가들이 이 초식들을 충분히 활용한 예를 들자면, '만악조종萬嶽朝宗' '백운출수白雲出岫' '안회축융雁迴祝融' '천주운기天柱雲氣' '첩취부청疊翠浮青' '풍사망망風沙莽莽' '적일염염赤日炎炎' '대막유사大漠流沙' '무변낙목無邊落木' '만리비상萬里飛霜' '횡운단봉橫雲斷峯' '송도여뢰松濤如雷' '비폭유천飛瀑流泉' '천산낙엽千山落葉' '빙하도사冰河倒瀉' '빙천해동冰川解凍' '층빙사열層冰乍裂' '뇌전교굉雷電交轟' '빙백유광冰魄流光' '월색혼황月色昏黃' 등등이다. 모두 하나의 초식을 이루고 있는 것이지만 내용을 음미하면 한 폭의 그림을 보는 듯하다.

김용과 양우생은 이런 유형의 초식들을 만들어내는 데 고수들이었다. 그들이 만들어낸 무공 초식들은 시간과 공간 그리고 인물들에 따라 변화한다.

형산파衡山派의 무림인들을 묘사할 때는 그들로 하여금 '기러기가 축융봉을 맴돌고[雁迴祝融]' '천주산에 떠도는 구름[天柱雲氣]' 등과 같은 형산의 기이한 봉우리를 묘사하는 초식을 전개하게 하며, 빙천천녀를 등장시킬 때는 '얼음층이 부서져 내린다[層冰乍裂]' '빙하가 거꾸로 쏟아진다[冰河倒瀉]'와 같은 빙산의 싸늘한 기운이 풀풀 날리는 초식을 펼치도록 한다.

그중에서도 김용이 만들어내는 초식들은 자유자재의 경지에 들어섰다고 할 수 있을 정도다. 예를 들자면 수도 없다.

곡경통유曲徑通幽	양미토기揚眉吐氣	빙허임풍憑虛臨風
명월강적明月羌笛	사이빈복四夷賓服	운연과안雲煙過眼
낭자회두浪子回頭	천마행공天馬行空	농옥취소弄玉吹簫
소사승룡蕭史乘龍	청매여두青梅如豆	유엽여미柳葉如眉
무중초견霧中初見	우후사봉雨後乍峯	장자절지長者折枝
설화육출雪花六出	대종여하岱宗如何	청산은은青山隱隱
강하일하江河日下	발구조천撥狗朝天	반래신수飯來伸手
공옥무인空屋無人	항룡유회亢龍有悔	손즉유부損則有孚
......		

하나같이 장엄하고 해학이 넘치면서도 우아하고 통속적이며, 담백하면서도 심오하다. 고전을 인용하기도 하지만 일상생활 속의 이야기를 담기도 한다. 시의 구절을 끌어다 쓰기도 하고 경서의 문장을 인용하기도 한다. 정말이지 손만 댔다 하면 수준 높은 초식이 줄줄 쏟아져 나오는 것 같다.

고묘파古墓派의 '미녀권법美女拳法'은 초식 하나하나가 옛날 미녀의 몸동작을 본뜬 것으로, '항아절약嫦娥竊藥' '반희부시班姬賦詩' '목란만궁木蘭彎弓' '홍선도합紅綫盜盒' '홍옥격고紅玉擊鼓' '녹주추루綠珠墜樓' '문희귀한文姬歸漢' '홍불야분紅拂夜奔' 등이 그것이다. 그 모습이 부드럽고 아름다우며, 초식의 이름도 고상하여 감탄사가 절로 나온다.

『신조협려』에서 양과가 소용녀를 그리워하다 혼자서 만들어낸 '암연소혼장'은 그 이름이 대단히 괴이하다. 거기에는 가슴 아픈 사랑의 사연이 가득 담겨 있다. '고형척영孤形隻影' '음한탄성飮恨呑聲' '육신불안六神不安' '심경육도心驚肉跳' '면무인색面無人色' '태약목계못若木雞' 등과 같은 초식은 양과가 사랑하는 연인 소용녀를 잃고 홀로 괴로워하는 심정을 애절하게 나타내고 있어 독자들을 숙연하게 만든다.

이런 초식들 중에서도 가장 재미있는 것이라면 『협객행』에서 사파파史婆婆가 만들어낸 '금오도법'을 들 수 있다. 사파파 부부는 사이가 좋지 않았는데, 사파파가 만들어낸 이 '금오도법'은 오로지 남편 백자중白自重의 '설산검법'을 제압하기 위한 것이었다. 첫 번째 초식인 '개문읍도'는 '창송영객'이란 초식을 제압하기 위한 것이고, 두 번째 초식인 '매설봉하梅雪逢夏'는 '매설쟁춘梅雪爭春'을 제압하기 위한 것이다. 작품의 한 대목을 훔쳐보자.

제3초 '천균압타千鈞壓駝'는 설산검법의 '명타서래明駝西來'를, 제4초 '대해침사大海沉沙'는 '풍사망망風沙莽莽'을, 제5초 '적일염염赤日炎炎'은 '월색혼황月色昏黃'을, 제7초 '포어지사鮑漁之肆'는 '암향소영暗香疏影'을 제압하기 위한 것이다. 제5초는 빛으로 어둠을, 제7초는 비린내로 향기를 누르기 위한 것이었다. 도법의 초식이 하나같이 기이한 이름을 가지고 있는데, 모두가 설산검법의 초식 이름에 맞추어지지 않은 것이 없었다.

이렇듯 손 가는 대로 만들어낸 초식들은 김용의 소설 속에서 끊임없이 등장한다.

『녹정기鹿鼎記』에서 홍교주洪教主가 보여주는 '영웅삼초英雄三招', 즉 '자서거정子胥擧鼎' '노달발류魯達拔柳' '적청항룡狄靑降龍'이나, 홍부인洪夫人이 보여주는 '미인삼초美人三招', 즉 '귀비회모貴妃回眸' '소련횡진小憐橫陳' '비연회상飛燕迴翔'은 강하면서도 부드러워 잘 어울리고 있다. 또 '반야장般若掌'의 '영취청경靈鷲聽經' '무색무상無色無相'이나, '염화금나수拈花擒拿手'의 '연문탁발沿門托鉢' '지주재악智珠在握' 그리고 '파납공破衲功'의 '경례삼보敬禮三寶' 등은 그 무공에서 모두 불교와 밀접한 연관을 가진 선禪 냄새가 물씬 풍기는 초식들이다.

신구파 무협소설 속에 나오는 초식들을 비교하면 둘 사이에는 공통점과 차이점이 동시에 존재한다는 사실을 발견할 수 있다. 신파 무협소설가들은 구파 무협소설가들이 빚어낸 갖가지 형상의 초식들을 물려받은 토대 위에서 독창성을 발휘하여 새로운 모습과 의미를 가진 수많은 초식들을 만들어냈다. 자세와 동작에 치중한 초식은 사실에 가깝기 때문에 수련이 가능하지만, 뜻에 치우친 초식은 허구에 가까워 뜻만 이해할 수 있을 뿐 수련할 길이 없다. 전자는 형상으로 후자는 그 뜻으로 상대를 제압한다. 나름대로 장점이 있기 때문에 어느 한쪽에 치우칠 수는 없다.

무술가들의 안목으로는 내포된 의미를 중시하는 무공 초식을 실전에 곧바로 수용할 수 없다. 그러나 그것이 형상과 결합될 때, 허구와 사실이 어울려 한결 생동감 넘치고 흥미를 더한다. 거기에 풍자와 해학까지 곁들여지면 금상첨화가 아니겠는가. 그렇지 않다면 '금계독립' '백사토신' '일학충천' 따위가 무슨 재미가 있겠는가.

무공 ❺

무초가 유초를 이긴다

무림 고수들이 싸울 때는 어김없이 여러 가지 무공 초식들을 주고
받는다. 초기 무협소설 속에 나오는 '금계독립' '비연투림' '발운견
일' '도타금종' 같은 초식들은 대부분 동작과 자세를 중시한 것이었
다. 그러나 뒷날 이 초식들은 발전에 발전을 거듭하여 신파 무협소
설가들에 의해 의미를 중시하는 것들로 바뀌기에 이르렀다.

　순전히 의미만을 취한 초식들은 변화무쌍하여 그 진수를 포착하
기 힘들다. 마치 송나라 사람 엄우嚴羽가 선禪으로 시를 논하면서
"영양의 뿔이 나뭇가지에 걸리니, 흔적 없음을 구하라"라고 했던 말
과 같다고나 할까.

　김용의 붓끝에서 나온 '암향소영' '포어지사' '면무인색' '상입비
비想入非非' '대종여하儻宗如何' '공곡족음空谷足音'과 같은 초식들
은 명칭이 괴이할 뿐만 아니라 있는 듯 없는 듯 종잡기 힘들어, 설

사 곽원갑霍元甲이나 해등법사海燈法師[62]가 다시 살아난다 해도 이러한 무공을 펼칠 길이 없을 것이다.

김용은 『소오강호笑傲江湖』에서 '무초無招가 유초有招를 이긴다'는 이론을 펼쳤는데, 가히 무학의 진수라 할 만하다. 그 작품에서 화산파의 대선배 풍청양風淸揚은 영호충令狐冲에게 '독고구검獨孤九劍'을 전수하면서 다음과 같이 말한다.

초식을 배우려면 살아 있는 초식을 배워야 한다. 그래야 초식을 구사할 때 살아 있는 초식이 되어 나오지. 만약 융통성 없이 틀에 얽매이게 되면 수만 가지 뛰어난 초식들을 익힌다 해도 진정한 고수 앞에서는 전혀 맥을 못 추고 말아!

그는 또 이렇게 말한다.

살아 있는 초식을 배우고 살아 있는 초식을 구사하는 것이 첫걸음이야. 무초를 구사할 수만 있다면 진짜 고수의 경지에 이르렀다고 할밖에. '여러 초식을 잡탕식으로 한데 섞으면 적이 어떻게 파해하겠느냐'라고 반문할지도 모르겠지만, 그건 틀린 얘기야. '한데 섞는' 것이 아니라 근본적으로 초식이라는 게 없어야 한단 말이지. 검의 초식도 두

---

62 해등법사(1902~1989)는 본명이 범무병(范無病)으로, 사천 출신이다. 사천대학에 입학했으나 가정 사정으로 그만두고, 21세 때 숭산 소림사로 출가했다. 소림오권(少林五拳)에 정통하다고 알려져 있으며, '일지금(一枝金)' '이지선(一指禪)' '동자공(童子功)' 등의 절기로 유명하다. 만년에 소림사 주지를 역임한 바도 있다.

루 섞어 써먹을 수 있지만, 그것이 무슨 초식인지 실마리만 찾으면 상대는 금세 그 허점을 파고든단 말이야. 그러나 근본적으로 초식이 없으면 상대가 어떻게 그 초식을 깨뜨릴 수 있겠는가.

한 걸음 더 나아가 풍청양은 한 가지 예를 들어 자신의 무초 논리를 자세하게 풀어서 말해준다.

고기를 자르려면 우선 자를 고기가 있어야 하지. 장작을 패려면 어쨌거나 장작이 있어야 패지. 적이 너의 검초劍招를 파해하려면 네가 상대에게 검초식을 보여주어야만 가능해. 무공을 배운 적이 없는 보통 사람이 마구잡이로 검을 쥐고 이리저리 휘둘러봐. 너의 견문이 아무리 넓다 해도 그 사람의 검이 어디를 찌를지 어디를 벨지 알기 어렵지. 검술에 정통한 사람이라 해도 그 사람의 초식을 깰 수는 없어. 왜냐고? 초식이 없으니까. 초식을 파해한다는 '파초破招', 이 두 글자가 성립되지도 않는다는 말이야. 다만 무공을 배운 적이 없는 사람이기 때문에 초식이 없다 해도 가볍게 물리칠 수 있을 뿐이지. 진짜 상승 검술은 상대를 제압할 수는 있으되, 결코 상대에게 제압당하지는 않는다.

김용은 풍청양의 입을 빌려 '무초가 유초를 이긴다'는 이론을 내세운 것인데, 그의 남다른 의식과 사고방식이 독자들의 눈과 귀를 번쩍 뜨이게 만든다.

풍청양은 영호충에게 검술을 가르치면서, 그에게 초식들을 배합하고 그것을 하나로 꿰고 어떻게 하면 그것들을 거침없이 연결할 수 있는가를 생각한 다음, 단 한 초식도 남기지 말고 모조리 잊어버려야 상대와 싸울 때 '무초'의 진면목을 발휘할 수 있다고 했다. 이는 마치 바둑의 고수가 모든 정석을 고심참담하게 익힌 뒤 깡그리 잊어버리는 경우와 동일하다.

그 뒤 영호충은 바로 그 무초 검법으로 적지 않은 고수들을 물리쳤다. 무초가 유초를 깨뜨린다는 이런 무학의 요결은 김용의 작품에서 흔히 볼 수 있다.

『의천도룡기』에서 장삼풍張三豐이 장무기에게 태극검법太極劍法을 전수할 때, 장무기는 초식을 기억하는 것이 아니라 장삼풍이 펼치는 검 초식들 중 '정신을 검끝에 쏟고 누에 실이 뽑혀 나오듯 끊이지 않는다'의 의미를 자세히 익혀두었다. 장삼풍이 시범을 다 끝내자 장무기는 그 절반을 잊어버렸고, 장삼풍이 다시 한 번 시범을 보인 후 장무기는 초식들을 깡그리 잊어버렸다. 장무기는 장삼풍의 태극검법 그 자체를 자기 것처럼 소화했고, 그래서 초식 없는 태극검법으로 '팔비신검八臂神劍'이란 별명을 가진 동방백東方白을 물리칠 수 있었던 것이다.

애당초 장삼풍이 장무기에게 전수해준 것은 '검법의 뜻'이 아니라 '검법의 초식'이었다. 그러나 그는 장무기로 하여금 방금 전에 본 검초들을 모조리 잊어버리게 함으로써 검법의 진수를 깨닫게 한 것이다. 이렇게 되면 적을 맞이해서도 격식에 구애됨 없이 마음먹은 대로 검을 휘두를 수 있고, 그 검식은 변화무쌍하고 무궁무진해진다. 만에 하나 검법 초식들 중 한두 개라도 잊지 않고 기억하고 있으면, 마음이 기억 속에 남아 있는 초식에 얽매여 검법 자체가 순수해지지 못한다.

무학에 대한 장삼풍의 이러한 견해는 풍청양의 그것과 완전히 같다. 풍청양은 검술의 도道란 흘러가는 구름이나 물과 같이 자신이 마음먹은 대로 흘러가야 한다고 생각한다. 장삼풍은 자신의 뜻으로 검을 부려야지 검에 마음이 매여서는 안 된다고 말한다. 두 사람 모두 살아 있는 초식을 강조하며 초식에 절대 구속되어서는 안 된다고 말한다. 그리하여 언제든지 무초를 펼칠 수 있게 되었을 때, 그때가 바로 검술의 최고 경지에 이르게 되는 것이다.

무초를 전개하면 그 효력은 대단히 신비롭다. 많은 무림 고수들이 눈으로 보고도 대응할 초식을 찾지 못해 쩔쩔맨다.

『소오강호』에서 영호충은 약왕묘藥王廟에서 화산파의 최고수 검종劍宗 봉불평封不平과 싸운다. 영호충은 그가 몸담고 있는 문파인 화산파의 검법을 비롯하여 숭산파嵩山派·형산파·태산파泰山派 등의 검법을 총동원하여 공격한다. 그러나 봉불평은 그것들을 모두 막아냈다. 급기야는 영호충의 오른쪽 어깨에 상처를 입힌다. 그런데 영호충이 자기 멋대로 휘둘러대는 듯한 무초식의 검법을 전개하자 봉불평은 어찌할 바를 몰라 하며 막는 데만 급급하다가 마침내 다리와 어깨 등 여러 군데 상처를 입고 황급히 도망가버린다.

봉불평의 108초 '광풍쾌검狂風快劍'은 그 초식이 정교하고 기세 또한 대단했으나, '구름과 물이 흘러가는' 듯하고 '마음먹은 대로 따라다니는' 듯한 영호충의 무초식을 당해내지 못했던 것이다. 실로 유초의 패배요, 무초의 승리가 아닌가!

이처럼 무초식 때문에 무학의 귀재들이 골탕을 먹는 예는 김용의 작품에서 흔히 찾아볼 수 있다.

『녹정기』에서 소림사 반야당般若堂 수좌 징관대사澄觀大師는 무학이 깊고도 넓어 각 문파의 무공을 잘 알고 있는 인물이다. 그러나 그런 그도 녹삼여랑綠衫女郎 아가阿珂가 의도적으로 여러 파의 무공을 뒤섞어 아무렇게나 미친 듯 휘둘러대는 공격에는 뒷걸음질만 치며 당혹스러워할 수밖에 없었다. 그 이유는 그가 전개한 공격에 초식과 정해진 틀이 없었기 때문이다. 게다가 징관대사는 그녀가 어느 파에 속하는지도 몰랐다. 그래서 자신의 고루함과 부족함을 깨닫고 몹시 부끄러워했다. '눈먼 주먹이 선생을 때려잡는다'는 속어가 이런 이치다.

『천룡팔부』 중의 소요자逍遙子는 '진롱珍瓏'이란 바둑 사활 문제를 펼쳐놓고 천하의 고수들을 초청해 이를 풀도록 한다. 바둑의 고수들은 그 국면을 타개해나가지 못했다. 그런데 하수급에 속하는 허죽화상이 눈을 감은 채 아무렇게나 한 수 두어 자신의 백돌을 모조리 죽여버림으로써 뜻하지 않게 이 국면을 타개한다. 허죽의 이 한 수는 무학에서 말하는 '출수무초出手無招'와 매우 닮아 있다. 실수로 던진 이 한 수가 효과를 발휘한 것도 마찬가지로 '눈먼 주먹이 선생을 때려잡는다'는 이치에 속한다.

『천룡팔부』를 다시 보자. 거기에는 무학의 기재인 왕어언이 나온다. 그녀는 무학에 관한 책이란 책은 모조리 읽어 각 문파 무공의 장점과 초식 변화에 정통해 있었다. 각종 초식을 파해하는 방법과 각종 무기의 판별, 그리고 각파 무공의 장점과 약점들에 관해 훤히 알고 있었다. 그녀는 무공이라곤 전혀 할 줄 몰랐고 칼이나 곤봉도 다룰 줄 몰랐지만, 무학을 전하는 책에 실린 기록을 바탕으로 초식의 전개와 그 격파 방법을 다른 사람을 통해 지적했다.

그녀는 여러 차례 단예가 적을 물리치도록 상대 무공의 약점을 지적해주곤 했다. 그러나 그런 그녀도 두 마리의 살아 있는 뱀을 무기로 삼는 청삼객靑衫客에게는 속수무책이었다. 살아 움직이며 상대를 물려고 덤비는 독사 두 마리는 그 움직이는 방향을 종잡을 수 없기 때문에 어떤 특정한 유파의 무공으로 도저히 막아낼 수 없었다. 청삼객은 야만족이 기거하는 변방에서 자랐기 때문에 천성이 괴팍했다. 높은 곳은 기어오르거나 땅바닥을 엎드려 가는 등 민첩하기가 호랑이나 표범 같았지만, 특정한 무공은 전혀 없었다. 왕어언은 부하를 치려면 장수를 잡아야 한다는 병법을 생각하고 독사의 주인을 먼저 처리해야겠다고 생각했다. 그러나 두 사람이 어떻게 움직이고 어떻게 초식을 전개할지 도무지 알 수가 없었기 때문에, 천하의 무공이란 무공은 모조리 통달한 그녀로서도 어쩔 수 없었다. 그러다 단예가 독사에게 왼쪽 어깨를 물렸다. 다행히 그가 백가지 독이 침범하지 못하는 '망고주합莽牯朱蛤'을 복용한 바 있기 때문에 중독되지는 않았다.

온갖 문파의 무공을 모조리 머릿속에 담아두고 있는 왕어언이 단예의 곤경을 해결해주지 못한 경우는 이 장면이 유일하다.

무릇 어떤 사람이 독창적으로 개발해 세상에 알려지지 않은 무공은 대개가 상대방의 의표를 찌르게 마련이라 그 위력이 대단하다. 설사 초식이 있다 해도 알려져 있지 않기 때문에 없는 것이나 마찬가지다.

『신조협려』의 주인공 외팔이 양과가 소용녀를 애타게 그리워하며 창안해낸 '암연소혼장'은 그 이름이 괴이할 뿐만 아니라 초식의 명칭은 더욱 기이하다. 순전히 자신이 창안해낸 것으로 사람들에게 전혀 알려지지 않았기 때문에 그가 언제 어떻게 초식을 전개할지 전혀 알 수 없는 노릇이다. 더욱이 '행시주육行屍走肉'이니 '태약목계呆若木鷄'니 하는 듣도 보도 못한 괴상망측한 초식은 도무지 알 길이 없는 것들로서, 몇 수 겨루고 나면 금세 승부가 나고 만다. 양과는 이 장법을 절세의 무공을 지닌 금륜법왕과 싸울 때 사용했다. 언제 어떻게 전개될지 모르고, 또 있는 듯 없는 듯한 이 초식에 수많은 절세고수들과 싸워온 금륜법왕도 양과의 기발한 초식을 피하지 못하고 끝내는 가슴에 발길질을 당해 붉은 피를 토하며 고꾸라지고 말았던 것이다. 이때 전개된 '황황홀홀恍恍惚惚·은은약약隱隱約約·약유약무若有若無'라는 새로운 초식은 무초와 거의 다를 바 없는 것이었다.

'무초가 유초를 이긴다'는 논리는 '무검無劍이 유검有劍을 이긴다'는 논리로까지 확대된다.

양과는 검마劍魔 독고구패獨孤求敗의 검총劍塚에서 이 검술의 달인이 어떻게 검술에 통달하게 되었는가 하는 그 변화 과정들을 깊이 깨닫게 된다. 당시 독고구패는 천하를 주유하며 수많은 고수들과 싸웠다. 마침내 적수가 없게 되자 깊은 계곡으로 은퇴하고 애검을 산속에 묻어버린다.

땅에 묻은 네 자루의 검은 그가 일생 동안 거친 무공과 검술의 네 단계를 상징하는 것이었다. 첫 번째 검은 예리하기 짝이 없는 것으로, 그가 스무 살 이전에 하삭河朔 지방의 군웅들과 대결할 때 사용한 것이다. 두 번째 검은 자미연검紫薇軟劍인데, 서른 살 이전에 사용한 것이다. 이 검은 그가 실수로 의로운 사람을 다치게 한 불길한 검으로, 깊은 계곡에 버리고 돌에다 표시만 해놓았다. 세 번째 검은 무게가 70~80근 나가는 무거운 검으로, 마흔 이전에 이 검으로 천하를 주름잡았다. 마지막 네 번째 검은 날아갈 듯한 가벼운 목검이었다. 세월이 흘러 검은 이미 썩어버렸지만 검 아래 돌에는 다음과 같이 글이 새겨져 있었다.

내 나이 마흔 이후에는 어떤 사물에도 구애받지 않게 되었다. 풀잎이나 나뭇가지 또는 대나무와 돌들이 모두 검이 될 수 있었다. 이에 더욱 정진하니 무검이 유검을 이길 수 있는 경지에 이를 수 있었다.

독고구패의 검은 날카로운 것에서 무디고 무거운 검으로, 그리고 무디고 무거운 검에서 가벼운 것으로 변하고 있음을 알 수 있다. 그는 이렇게 심후한 내력內力에 의존해 30여 년 동안 강호를 주름잡았다. 그의 심후한 내력은 산중 계곡에서 홍수가 날 때마다 거친 물살에 저항하며 수련해 길러진 것이다. 양과는 신조神雕의 등에 업혀 계곡으로 와서 검술을 연마했는데, 바로 독고구패가 왕년에 했던 방법을 따랐다. '초목죽석草木竹石이 모두 검이 될 수 있다'고 했을 때는 이미 가벼운 것이 무거운 것이고 무거운 것이 가벼운 것이 될 수 있는 경지에 이른 것으로, 무검이 유검을 이긴다는 경지와 그리 멀지 않다.

'무검이 유검을 이긴다'는 논리 외에도 '무경無勁이 유경有勁을 이긴다'와 '무력無力이 곧 유력有力'이라는 논리가 김용의 『연성결』에 나타난다. 이 작품에서 혈도노조血刀老祖는 적운狄雲에게 칼을 휘두를 때는 "허리의 힘이 어깨로 옮겨져야 하고 어깨의 힘은 팔뚝에 통해야 하지만, 어깨와 손목에는 절대로 힘이 들어가서는 안 된다"고 말한다. 그 말의 이치가 오묘하지만, 힘의 유무라는 면에서 '무초가 유초를 이긴다'의 논리와 일맥상통한다.

무공과 초식의 창조라는 면에서라면 김용은 단연 최고의 경지에 올라 있다. 두꺼비를 본뜬 '합마공蛤蟆功'과 미꾸라지를 연상케 하는 '니추공泥鰍功', 신기한 '흡성대법吸星大法'과 '건곤대나이법', 고상한 '암연소혼장'과 '능파미보', 장력과 지력으로 기를 발출하여 적을 죽이는 '화염도'와 '육맥신검'은 그 이름이 괴이한 만큼 무공도 신묘하다. 그리고 초식의 이름들이 마음먹은 대로 줄줄 나오고 그 변화도 다양하기 짝이 없다. 형상과 자세에서 뜻으로, 실에서 허로 자유자재로 왔다 갔다 하는 것이, 시적 정서가 넘쳐 우아하기까지 하다. 일반 무협소설가들은 가히 엄두도 못 낼 경지가 아닐 수 없다.

뒤에 등장한, 대만을 대표하는 무협소설가 고룡은 김용의 깊고도 넓은 식견에 미치지 못하자, 김용의 장점만을 취해 또 다른 영역을 열었다.

고룡은 무술을 겨루는 장면에서 초식을 거의 등장시키지 않는다. 심지어는 초식이 전혀 없기도 한다. 그저 얼렁뚱땅 2, 3초면 승부가 나버린다. 다름 아닌 '무초가 유초를 이긴다'는 논리를 써먹는 것이다. 그는 『육소봉陸小鳳』에서 무공이 높고 기이한 소노두小老頭의 입을 빌려 "저 따위 초식의 변화로 이기려는 무공은 완전히 유치한 어린애들 장난이야"라고 말한다. 이 말은 그가 무공의 초식을 완전히 포기한 것으로 들린다.

그는 또 김용의 '무검이 유검을 이긴다'는 논리에 착안하여 검신劍神 서문취설西門吹雪의 검법이 이미 무검無劍의 경지에 이르렀다고 쓰고 있다. 그렇다면 도대체 무검의 경지라는 게 무슨 말인가? 고룡은 이에 대해, "그의 손에 비록 검이 없지만 그의 검은 여전히 있다. 도처에 널려 있다. 그의 몸은 이미 검과 하나가 되어 있다. 그의 몸은 곧 검이다. 그만 있으면 천지 삼라만상이 모두 그의 검이 된다"고 설명하고 있다.

그러나 고룡이 말하는 이 '무검의 경지'는 김용의 '무검' 논리와는 전혀 다르다. 고룡이 말하는 것은 사람과 검이 하나로 합쳐져 사람이 있으면 검이 있다는 식인데 이는 진정한 무검이 결코 아니지 않은가. 이것은 김용이 말하는 '대상에 구애받지 않으면 풀·나무·대나무·돌이 모두 검이 될 수 있다'는 논리와는 전혀 다르다.

서문취설이 '세한삼우歲寒三友'의 한 사람인 고죽枯竹과 싸울 때의 장면이다. 그는 본래 검을 갖고 있지 않았다. 상대인 고죽의 검을 가지고 그를 죽인다. 바로 고죽의 손에서 빼앗은 것이다. 싱겁지만 이것이 바로 '그만 있으면 천지만물이 모두 그의 검이 된다'고 한 비밀의 전부다.

무협소설을 쓴다는 점에서 고룡은 김용이나 양우생과 비교된다.

그러나 그들과는 뚜렷하게 구별된다.

고룡은 추리 수법을 즐겨 사용한다. 그가 만들어낸 육소봉이나 초류향 같은 인물들은 사건을 파헤치는 데 귀재로서 '무협 셜록 홈스'라 부를 만하다. 그의 작품은 사건의 전개나 우여곡절이란 점에서는 김용에 비해 뒤떨어지지 않는다. 그러나 억지 논리와 돌발적인 장면이 많은 것이 속된 말로 너무 튄다. 물론 작품 구성도 치밀하지 못하다. 하지만 '무협 추리'와 '무협 탐정'이란 점에서 본다면 이전에는 없던 영역으로, 그야말로 고룡이 창안해낸 것이라 할 수 있다. 그렇다면 고룡이 전에 없던 영역을 창안해낸 것도 말하자면 '무초가 유초를 이긴다'는 논리의 좋은 예가 되지 않을는지!

무공❻

세상에서 가장 악랄한 초식

『손자병법孫子兵法』 중에, "병법은 속임의 도道다[兵者, 詭道也]"라
는 말과, "방비하지 않을 때 공격하고, 뜻하지 않을 때 출병한다[攻
其無備, 出其不意]"는 이야기가 나온다. 적을 맞이해 승리하기 위
해서는 남을 속이더라도 수단과 방법을 가리지 말아야 한다는 뜻
이다.

『한비자韓非子』 중 「난일難一」 편에 다음과 같은 이야기가 있다.

진晉나라 문공文公이 초楚나라와 싸우려 할 적에 구범舅犯을 불러 물었다.

"내가 초나라와 싸우려 하는데, 저들의 수가 많고 우리는 수가 적으
니 이를 어찌하면 되겠소?"

구범이 일렀다.

"신이 듣건대, 예의를 일삼는 군자는 충성과 신의를 꺼리지 않고, 전

쟁터에서는 속임수를 꺼리지 않는다고 하였사오니, 임금께서는 속일 수밖에 없습니다."

여기서, 병법에는 속이기를 꺼리지 않는다는 '병불염사兵不厭詐'의 고사성어가 나왔다.

당시 진나라는 약소국이었다. 강대국인 초나라와 싸워 이기려면 '전쟁터에서 속임수를 꺼리지 않을' 수밖에 없는 상황이어서 손자 병법의 논리와 여간 잘 맞아떨어지는 게 아니다.

호언狐偃(바로 구범이다)은 진나라 공자 중이重耳(뒷날 진문공이 된다)를 따라 무려 19년이나 망명 생활을 하다 귀국하여 진 공자를 도와 즉위케 한 인물이다. 호언은 군사를 담당하는 상군上軍이란 벼슬에 임명되었다. 그런데 초나라와 전쟁이 일어났고, 그는 위와 같은 논리에 입각해 계략을 세워 강대국 초나라를 물리쳤다. 이는 중국 역사상 약자가 강자를 이긴 좋은 본보기로 꼽힌다.

'전쟁터에서는 속임수를 꺼리지 않는다'면 무협의 결투도 이 논리를 벗어나기 힘들 것 같다. 흔히 하는 말로 '힘으로 이기지 못하겠거든 꾀로 이겨라'는 것이 이를 두고 한 말이다. 문제는 이런 방법을 쓰는 자가 누구냐 하는 것이다. 그리고 목적은 무엇인가? 만약 선량한 사람이 이런 방법을 쓴다면, 아마도 폭력을 제거하고 백성을 편안하게 하여 정의의 기치를 높이기 위함일 것이다. 그렇다면 이 계략은 지혜로운 꾀가 된다. 반대로 악인이 그렇게 한다면 그것은 음흉한 모략이 된다.

무협소설에는 왕왕 무공 겨루기에서 음모로 승리를 거두는 예가 보인다. 구파 무협소설가 백우의『십이금전표』에서 무공이 매우 높은 일진도인一塵道人이 적의 '가채화假採花' 계략에 빠지는 장면이 나온다. 여기에서 일진도인은 거짓으로 욕을 당하는 것처럼 꾸민 소녀의 계략에 걸려 암기의 일종인 독질려毒疾藜를 맞고 포위를 당해 싸우다 독이 발작하는 바람에 끝내는 목숨을 잃고 만다.『투권偷拳』에 등장하는 태극진太極陳은 절세의 무공을 지닌 인물이다. 이런 그가 원수의 은밀한 계략에 걸려들어 방 안에서 불타 죽고 만다. 일진도인과 태극진의 상대는 모두 무공이 그들보다 열등하지만 함정을 파서 해친 것이다.

김용의 작품에서도 이런 예는 적지 않다.『사조영웅전』에서 홍칠공과 구양봉은 무공이 서로 막상막하다. 두 사람은 도화도桃花島를 떠나면서 배 위에서 대결한다. 그러다 불이 붙은 돛대가 내려앉는 바람에 구양봉이 그 밑에 깔리고 만다. 이 장면에서 홍칠공은 구양봉이 불에 타 죽는 것을 차마 그대로 두지 못하고 구원의 손길을 뻗어 불타는 돛대를 치우고 그를 구한다. 또 구양봉을 향해 겨누었던 붉게 달구어진 대철련大鐵鍊도 바다에 던져버린다. 그러나 누가 알았으랴! 구양봉이 은혜를 원수로 갚을 줄을!

구양봉은 바로 이 틈을 이용했다. 자신의 종사장縱蛇杖에 감겨 있는 독사로 홍칠공의 목덜미를 물게 하는 동시에 그의 등에 강력한 일 장을 날린다. 홍칠공은 붉은 선혈을 토해내며 그대로 고꾸라지고 만다. 상대를 측은하게 여긴 홍칠공의 순간적인 자비심이 구양봉의 독수로 보답받는 순간이었다.

구양봉의 별명은 '서독'이다. 그 행동과 손속이 악랄하기 짝이 없는 것이, 이름 그대로다. 그는 화산논검에서 적수를 제거하기 위해 갖은 음모와 수단을 동원하기도 한다.

『의천도룡기』에 등장하는 소림사 중 원진圓眞은 출가하기 전 속명은 성곤成崑이었다. 이자 역시 악독하기 짝이 없는 인물의 전형이다.

그는 어려서 혼인하기로 약속한 사매가 명교의 교주 양정천陽頂天에게 시집가자 명교에 대해 뼈에 사무치는 원한을 품고 무슨 수를 써서라도 명교를 파멸시킬 것을 맹세한다. 그는 자신의 제자 사손謝遜이 명교 사대호법왕四大護法王의 후손임을 알고 고의로 사손의 부모를 비롯해 처자식 등 일가를 몰살한다. 그 결과, 내막을 알 길이 없는 사손은 분노에 못 이겨 미친 듯이 숱한 강호인들을 죽이고 무수히 많은 사람과 원한을 맺게 되어 사람들은 명교를 증오하게 된다. 그는 사손의 불안정한 심리를 이용하여 자신의 목적을 달성코자 한 것이다.

훗날 무림 6대 문파 고수들이 명교의 본산인 광명정을 포위 공격할 때, 원진은 비밀 통로를 이용해 산 위에 숨어 있다가 광명좌사光明左使 양소楊逍와 청익복왕青翼蝠王 위일소韋一笑, 오산인五散人이 주도권을 놓고 내분이 일어 서로 내공을 겨루는 틈을 타 등 뒤에서 그들에게 '환음지幻陰指'를 날려 대혈을 찍어 꼼짝 못하게 만든다.

양소나 위일소는 원진과 충분히 겨룰 수 있는 무공을 갖추고 있었다. 원진이 만약 그들이 서로 공력을 소비한 틈을 타 기습을 가하지 않았더라면 결코 쉽게 그들을 제압하지 못했을 것이다. 원진은 암수로 그들을 제압한 후 껄껄 웃으며, "기습하여 승리를 얻고 병법에 속임수를 꺼리지 않는다는 말은 자고로 엄연히 있어왔지. 나 원진 한 사람이 명교 7대 고수를 쓰러뜨렸으니 너희들이 어찌 패배를 인정하지 않을쏘냐?"라며 의기양양해한다.

원진이 혼자 7대 고수를 물리친 것은 파렴치한 암수에 의한 것이었지 공명정대한 결투는 아니었다. 그러나 원진의 의기양양한 이 말 속에서 우리는 자신의 음모와 계략을 아주 흐뭇하게 여기고 있는 자의 심리 상태를 읽을 수 있다.

『소오강호』에 등장하는 일월신교日月神教의 교주 임아행任我行의 경우를 보자. 그의 무공은 소림사 방징대사方澄大師에 비하면 상대가 되지 않는다. 임아행의 '흡성대법'은 상대의 내공을 흡수하는 특이한 무공이다. 그러나 '역근경易筋經'의 내공을 연마한 방징대사를 맞이해서는 '흡성대법'이 전혀 맥을 못 춘다. 방징대사의 내공은 순정혼후純正渾厚하여 두 사람의 장력이 부딪치자 임아행은 전신의 기혈이 마구 흔들리는 것을 느낀다. 임아행은 이렇게 싸우다가는 자신이 질 것이 뻔하다는 사실을 알 수 있었다. 그는 승리를 얻기 위해서 순간적으로 간교한 머리를 굴려 돌연 옆에 서 있던 아무 상관없는 여창해余滄海에게 독수를 날린다. 방징대사가 그를 구하려고 손을 쓰는 순간 임아행은 방징의 요혈을 향해 일 장을 날리고 오른손가락으로 방징의 가슴을 찍어버린다. 방징은 몸에 기운이 빠지면서 쓰러지고 만다. 임아행은 이 도력이 높은 고승이 갖고 있는 보살의 자비심을 이용하여 간사한 수를 쓴 것이다.

화산파 장문인 악불군岳不羣이 이를 보고는 큰 소리로 "임 선생은 간사한 행동으로 결코 공명정대하지 못한 승리를 얻었으니 군자다운 행동이라 할 수 없소!"라고 나무랐다. 악불군의 이 말은 정당하며 당연한 것이었다.

그러나 말은 말일 뿐 행동과는 엄연히 다르다. 오악검파五嶽劍派 장문인 자리를 차지하기 위해 그 역시 간교한 계략을 꾸민 바 있다. 그런 그의 입에서 나온 공명정대는 차라리 가소로움 그 자체다.

그의 무공은 본래 숭산파의 좌랭선左冷禪에 미치지 못했다. 그래서 악불군은 고심 끝에 계략을 꾸며 복건福建성 임林씨 집안의 '벽사검보辟邪劍譜'를 탈취하여 몰래 그 검법을 수련한다.

마침내 좌랭선과 장문인 자리를 놓고 결투할 날이 되었다. 이때 악불군은 짐짓 겁을 먹은 듯한 표정으로 "무예를 절차탁마하는 게 목적이니 상처를 입히지 않도록 합시다"라고 말하면서, 누가 이기든 간에 문하생들은 모두 "서로를 원수처럼 여겨 오악파 동문들의 의기를 해쳐서는 안 될 것이다!"라며 연막을 쳤다.

드디어 결투가 시작되고, 악불군은 좌랭선과 장을 맞부딪치는 순간 손바닥에 감추어둔 독침으로 좌랭선의 손바닥을 찌른다. 이렇게 되자 두 사람은 목숨을 건 결투를 시작하게 되었다. 좌랭선은 맹렬한 기세로 검을 휘둘러 악불군의 장검을 날려버린다.

그러나 바로 이때 악불군은 마치 귀신처럼 홀연히 몸을 날리면서 돌연 '벽사검보'의 무공을 구사하여 수화침繡花針으로 좌랭선의 두 눈을 찔러버렸다. 그리하여 그는 마침내 꿈에도 그리던 오악검파의 장문인이 된다.

악불군의 별명은 '군자검君子劍'이었다. 겉으로는 번지르르하고 입으로는 공명정대를 지껄이며 늠름한 기상을 뽐내지만, 사실은 사이비 군자였던 것이다.

일찍이 악불군은 사람들에게 "정말 간사하고 악독한 자들이 총명하고 재주가 넘친다"고 말한 바 있다. 그는 자신의 속셈을 숨기고 드러내지 않으며 계략을 꾸미는 데 뛰어난, 그야말로 총명하고 재주가 넘치는 자였다. 그러나 손속이 악랄하여 도무지 인정이라곤 손톱만큼도 없었다. 악불군이야말로 명실상부한 악당 중의 악당이다. 사이비 군자의 전형으로 내세워도 전혀 손색이 없는 인물이다.

『녹정기』 중의 위소보韋小寶는 또 다른 전형이다. 이 무뢰한의 무공은 형편없이 낮고 오로지 삭철여니削鐵如泥라는 예리한 비수 한 자루와 호신보의護身寶衣에만 의존하며 강호를 돌아다닌다. 그러면서 위소보는 자기에게 닥친 여러 차례의 위기와 곤경을 유리하게 바꾼다. 그의 예리한 비수는 늘 신발 속에 숨겨져 있다가 위급한 상황에 돌발적으로 튀어나오는데, 쇠나 옥도 자를 만큼 매번 대단한 위력을 발휘했다. 호신보의라는 옷은 위험에 처한 그의 목숨을 여러 번 구했다. 이 호신보의 때문에 검과 칼 그리고 강한 장력도 그를 어쩌지 못했다. 그래서 사람들은 그가 이미 불가의 '금강불괴신법'을 익히고 있다고 여겼다. 참, 혀를 찰 노릇이다.

그러나 위소보가 무수한 생사의 기로에서 불운을 피할 수 있었던 것은 두 개의 '법보' 때문만은 결코 아니었다. 다름 아닌 그의 꾀였다. 위소보는 머리가 아주 잘 돌아가는 교활한 인물로, 상황에 따라 기가 막힌 꾀와 거짓말을 밥 먹듯이 해대는 인물이었다. 그는 오배鰲拜·해노공海老公·반두사胖頭蛇·홍교주 등 무공이 자신보다 훨씬 높은 인물과 겨루었는데, 그가 끝내 이들로부터 벗어날 수 있었던 것은 무공과 무기 때문이 아니라 기름을 치지 않아도 팽팽 잘 돌아가는 머리 덕분이었다. 그의 머릿속에서 순간적으로 꾀와 거짓말이 나오지 않았더라면, 그래서 국면을 재빨리 전환시키지 못했더라면 일찌감치 황천으로 갔을 것이다. 무공이 형편없는 이 별 볼 일 없는 무뢰한은 유들유들한 말솜씨, 끝을 알 수 없는 계략, 그리고 임기응변에 능해 숱한 무림 고수들을 궁지에 몰아넣었다. 그는 순전히 꾀와 거짓말로 무공을 이긴 전형적인 인물로, 무협소설 속에 나오는 캐릭터치고는 아주 이색적인 자리를 차지하고 있다.

김용보다 다소 늦게 등단한 온서안溫瑞安의 『고루화』에 나오는 관소취關小趣도 무예가 형편없는 인물이다. 그의 형이 당대에 유명한 대협 관비도關飛度인 관계로 사람들은 관소취를 그다지 경계하지 않았으므로 그는 흔히 등 뒤에서 돌연 기습을 가할 수 있었다. 강호에서 잔뼈가 굵은 '사대명포'의 하나인 냉혈冷血도 바로 이 기습을 피하지 못하고 오른쪽 어깨를 찔리는 부상을 당했다.

이런 일이 있고 나서 늙고 교활한 이악루李鱷淚가 무공이 대단히 높은 냉혈과 이현의李玄衣에게 "저자의 무공은 높지 않지만 단 한 번에 당신들을 죽일 뻔했어. 머리는 손으로 하는 무공보다 영원히 중요하단 말씀이야"라고 말한다. 바로 '머리가 손으로 하는 무공보다 영원히 중요하다'는 이 말이야말로 음모와 꾀가 무공을 이긴다는 말에 대한 기막힌 해설이 아닌가!

고룡의 붓끝에서 나오는 간사하기 짝이 없는 인물들은 더 기막히다. 고룡에게는 한 가지 공식이 있었다. '가장 가까운 친구가 가장 위험한 직이다.' 사신의 정체를 느러내지 않는 '진밀한 벗'은 누가 되었든 간에, 무공의 고하에 관계없이 그의 모략에 걸려들어 골탕을 먹지 않는 법이 없다.

음모와 계략으로 진정한 무공을 이기는 예는 무협소설에서 흔히 볼 수 있지만, 그것을 이론으로까지 끌어올려 총결 짓기로는 풍청양의 논리가 처음이다.

풍청양은 『소오강호』에 나오는 신비로운 고수다. 영호충이 자신의 사부인 악불군에게 벌을 받고 화산 옥녀봉玉女峰에 위치한, 잘못을 뉘우치라는 뜻의 사과애思過崖에서 면벽하는 장면에서 처음 등장한다. 영호충은 사과애의 동굴 석벽에서 마교십장로魔教十長老들이 오악검파를 완전히 깰 수 있는 그림을 새겨놓은 것을 발견한다. 아울러 바위에 큰 글씨로 "오악검파는 수치심을 모르는 저질이다. 승리를 얻기 위해서 비겁한 수단으로 사람을 해친다"고 새긴 글도 발견하게 된다.

당시 마교십장로들은 오악검파를 깰 수 있는 정묘한 초식을 수련했다. 그런데 오악검파의 함정에 걸려들어 석굴 속에 갇혀 빠져나오지 못하게 된다. 그들은 끓어오르는 분노를 억누르며 석벽에다 오악검파를 깨는 법문法門을 새겨 훗날 누군가가 이것을 보도록 배려했다. 그들은 결코 싸움에서 지지 않았다. 그저 기관機關에 걸려들었을 뿐이다.

화산파의 검종으로 이름 높았던 풍청양은 이러한 사실에 남다른 감회를 가지고 있었다. 그는 영호충에게 개탄조로 이렇게 말한다.

이 마교장로들은 총명하고 지혜로운 사람들이었다. 그래서 결국 오악검파의 정교한 초식들을 이렇듯 철두철미하게 파해할 수 있는 방법을 터득했지. 그런데 그들은 몰랐던 것이야. 이 세상에서 가장 무서운 초식이 무공에 있는 것이 아니라 음모와 계략, 기관과 함정에 있다는 사실을. 교묘하게 안배된 함정에 빠지면 제아무리 뛰어난 무공 초식을 지녔다 해도 아무짝에 쓸모가 없는 것이 되어버리지…….

풍청양이 이 말을 하는 장면에서 착잡한 그의 심경이 드러난다. 몹시 개탄스러운 심정을 담고 있는 그의 말에는 자신이 함정에 빠졌던 그 옛날 일의 그림자가 강하게 배어 있었기 때문이다.

일찍이 화산파는 검종劍宗과 기종氣宗으로 나누어져 있었는데, 그러다가 내분이 발생했다. 풍청양은 그때 마침 강남으로 아내를 맞이하러 갔다가 이 소식을 듣고 황급히 화산으로 돌아온다. 그러나 검종은 이미 다 죽어가는 낭패한 상황이 벌어지고 있었다. 만약 그가 있었더라면 기종은 그의 뛰어난 검술을 당해내지 못했을 것이다.

훗날 풍청양은 아내를 맞이하러 강남으로 보내진 것이 아주 잘 짜인 한 편의 사기극이라는 사실을 알게 되었다. 그는 장인이 화산 기종의 부탁을 받고 기생을 사서 그를 강남에 붙잡아두게 했다는 사실을 알아냈던 것이다. 이런 사실을 알고 풍청양이 강남으로 가서 장인을 찾아 담판을 지으려 했다. 그러나 가짜 장인은 식솔을 전부 데리고 일찌감치 어디론가 도망쳐버린 뒤였다. 풍청양은 무림 친구들을 볼 낯이 없었다. 그래서 그는 강호에서 자취를 감추고 사과애에 은거해 참회의 나날을 보냈다. 다시는 화산파 사람을 보지 않았다. 강호인 중에는 이런 수치심 때문에 자살하는 사람도 있지 않은가!

풍청양의 검술은 신통했으나 작품 속에 그가 누구와 싸우는 장면은 나오지 않는다. 무공 면에서 그는 그렇게 큰 인상을 남기지는 못했으나 무공 초식에 대한 그의 견해는 큰 빛을 발하여 독자들에게 잊을 수 없는 깊은 인상을 심어준다. 그가 제기한 '무초가 유초를 이긴다'는 논리는 보통 사람은 생각조차 할 수 없는 절묘한 것이다. 그리고 "세상에서 가장 지독한 초식은 무공에 있는 것이 아니라 음모와 계략, 기관과 함정에 있다"는 것은 세상에 대한 경고와 풍자를 내포한 의미심장한 말이 아닐 수 없다.

무공이 비슷하면 음모와 계략으로 상대를 꺾으려 하고, 무공이 낮으면 기관과 함정으로 상대를 제압하려 한다. 지금까지 살펴본 무협소설 속의 크고 작은 예들이 이런 문제를 잘 설명해주고 있지 않은가. 일찍이 필자는 한 무사가 자신의 권법을 가르치면서 이런 말을 하는 것을 들었다.

생사를 건 결투에서는 절대로 마음이 연약해져서는 안 된다. 생사의 선상에서는 수단과 방법을 가리지 말아야 한다. 상대를 쓰러뜨리기 위해서라면 상대에게 횟가루를 뿌리는 비겁하고 졸렬한 방법이라도 써야 한다. 아량을 베푼다는 허울 좋은 이름 아래 자신의 목숨을 시험해서는 절대 안 된다.

바로 이 '수단과 방법을 가리지 말고'라는 말에는 음모와 계략도 포함되어 있지 않을까?

무협소설 속의 공포

무협소설은 주먹과 발이 왔다 갔다 하고 자르고 베는 장면들이 속출하기 때문에 피비린내 물씬한 장면이 무척 많다. 사악한 무리들이 무고한 사람들을 마구 죽이지만, 정파의 협사들도 결코 만만치 않다. 작품이 끝날 때쯤이면 발아래에 시체가 수북하게 쌓인다. 마치 무 자르듯 잘라내는 살인에 대한 묘사는 다른 것에 비하면 그다지 무섭다고는 할 수 없다. 가장 무서운 것은 사람을 갈기갈기 찢어버리는 대목들이다.

『소오강호』의 도곡육선桃谷六仙 형제가 바로 사람을 까무러치게 만드는 절기를 갖고 있다. 이 형제는 각각 기가 막힌 손발을 갖고 있어 사람을 갈기갈기 찢어 온 내장을 꺼내 선혈이 낭자하게 땅에 뿌려버리는 자들이다. 눈 뜨고는 차마 못 볼 정도로 잔인하다. 『사조영웅전』의 매초풍은 살아 있는 사람을 과녁으로 삼아 무공을 연습하는데, 그 장면을 잠깐 살펴보자.

갑자기 그녀는 오른손바닥을 세우고 왼손바닥으로는 그 남자의 가슴을 팍 쳤다. ……남자가 뒤로 나자빠지기도 전에 그녀는 벌써 그의 몸 뒤로 돌아와서 남자의 등짝에 일 장을 날렸다. 그녀의 몸은 '휘익' 하는 바람 소리와 함께 움직였고 잇달아 8장이 날아가는데 그 빠르기와 맹렬함이 8장을 꼭 일 장을 날리는 듯했다. 그런데도 남자는 숨소리 한 번 제대로 내지 못했다. 제9장이 날아드는 것과 동시에 그녀는 공중으로 도약하여 몸을 날리며 머리와 발이 거꾸로 되게 한 다음, 왼손으로 그 남자의 가죽 모자를 북 찢고 오른쪽 손가락 다섯 개를 모두 남자의 머리통 속으로 쑤셔 박았다. ……그녀가 땅바닥에 내려서면서 내는 깔깔거리는 웃음소리를 뒤로한 채 남자의 몸은 그대로 폭삭 고꾸라져 미동도 하지 않았다. 그녀는 피범벅이 된 남자의 머리통에서 흘러나온 허연 뇌수를 움켜쥐고서 달빛에 비친 자신의 손을 쳐다보며 키들키들 웃었다. ……그러다 웃음소리를 멈추고 두 손을 다시 뻗었다. 그러고는 다시금 카카 웃으며 죽은 자의 의복을 찢었다. ……이어서 죽은 자의 가슴과 복부를 가른 다음 내장을 하나하나 꺼내 달빛 아래서 자세히 살피는데, 하나를 보고 나면 땅에다 던져버리고 또 하나를 보고 나서는 던져버리곤 했다. 오장육부는 하나같이 갈기갈기 찢겨져 있었다.

정말 피로 범벅이 된 장면이 아닐 수 없다. 한 글자 한 글자에서 피비린내가 사정없이 풍겨 오는 것 같다.

『의천도룡기』의 위일소 역시 무시무시하다. 이자는 무공을 수련하다 주화입마에 걸려 내력을 발출할 때면 사람의 피를 마셔야 진정이 된다. 피를 제때 못 마시면 온몸을 떨다 곧 죽게 되기 때문이다. 그래서 체내에 찬 기운이 돌기 시작하면 지체 없이 살아 있는 사람을 잡아 목을 따고 피를 마셔야 하는데, 온몸의 피가 다 마를 때까지 남김없이 빨아댄다. 『육소봉』에 나오는 두철심杜鐵心도 피를 꽤나 좋아하는데, 이자는 이름 그대로 철석 같은 심장을 가지고 있다. 사람 피가 뚝뚝 흐르는 젓가락 사이에 마른 조개를 넣고 먹는 데 눈 하나 깜짝하지 않는다.

그러나 도곡육선·매초풍·위일소·두철심 등의 피비린내 물씬한 행동도 『촉산검협전』의 녹포노조綠袍老祖에 비한다면 그야말로 어린애 장난 같은 것이라 할 수 있다.

아마도 『촉산검협전』을 읽을 때 가장 깊은 인상을 주는 인물들은 신타을휴와 녹포노조일 것이다. 신타을휴는 신통하면서 강직한 인물로 약한 사람을 돕는 것을 좋아하여 때로는 하늘의 뜻에 감히 맞서기도 하는, 아주 친근하면서도 풍류가 넘치는 존재다. 반면에 녹포노조는 잔인하고 흉악하기 이를 데 없는, 단연 발군의 악마다.

이 악마가 등장할 때를 보면 한마디로 으스스하다. 사방에서 이상한 귀신 곡소리가 키키키키 들려오고 등불이 흔들리면서 모든 것이 녹색으로 변한다. 이쯤 되면 음산한 기운이 온몸의 털을 곤두서게 만든다. 이 악마는 살아 있는 사람을 곧잘 먹어 치우는데, 성질이 한번 발동하면 친한 사람이나 친구 또는 적 등을 가리지 않고 닥치는 대로 움켜쥐고는 가슴을 헤집고 배를 터뜨려 순식간에 해치운다. 그런 다음 피로 범벅이 된 쟁반 같은 큰 입을 쩍 벌리고 먼저 부드러운 옆구리 쪽에 입을 대어 한 번 빨고 한 번 숨을 내쉬고 하면서 먼저 심장을 입안에 넣고 잘근잘근 씹어 먹는다. 그러고는 피가 뚝뚝 흐르는 내장들을 차례차례 말끔하게 먹어 치운다. 야수가 먹이를 먹어 치우는 장면을 방불케 하는, 참으로 징그럽고 잔인한 장면이다.

녹포노조가 자신을 배반한 부하들을 다스리는 방법을 보면 더욱 흉측하고 잔인하여 공포의 극치라 할 만하다. 녹포노조는 심복이었던 신진자辛辰子에게 금잠악고金蠶惡蠱라는 벌레를 던져 신진자의 살을 뼈가 허옇게 드러날 때까지 물어뜯게 한다. 신진자의 머리통은 해골처럼 반짝반짝해질 때까지 물어뜯기는데 눈 뜨고는 차마 못 볼 처참한 광경이다. 그는 또 신진자의 손발을 한 길이나 되는 요패妖牌 위에다 못으로 박은 다음 법술을 부려 요패를 축소시킨다. 패 위에 박힌 사람은 줄어들지 않기 때문에, 요패가 축소됨에 따라 뼈가 살을 비집고 튀어나올 때까지 온몸이 조여들게 마련이다. 온몸이 납작해져 살이 튀고 마침내는 백골이 허옇게 드러나는 것이다. 신진자의 몸이 해골같이 뼈다귀만 남게 되면 그다음에는 상처가 터진 자리에서 누런 고름 같은 것이 흘러내리는데 땀인지 피인지 구별을 할 수 없다. 이 요패가 두 자 정도로 쪼그라들고 나면 녹포노조는 다시 그것을 원래대로 돌려놓는다. 이렇게 몇 번 늘였다 줄였다를 반복하고 나면 신진자는 살아도 산 것 같지 않고 죽어도 죽은 것 같지 않은 상태가 되어 그저 가쁜 숨만 씩씩 몰아쉬게 된다. 그러다 신진자는 녹포노조의 감시가 소홀한 틈을 타 죽을힘을 다해 그를 깨물어버린다. 화가 머리끝까지 치민 녹포노자는 신진자의 위아래 턱이 이어지는 부분 중 아래턱 부분을 모조리 뽑아버리니 긴 혓바닥이 목구멍 사이에서 연신 들락날락거리는 모습이 실로 구역질이 날 정도로 끔찍하다.

악마를 방불케 하는 녹포노조의 잔악하고 흉측하며 무시무시한 성격은 독자의 심장을 두근거리게 만들면서 차마 책장을 덮지 못하게 한다. 필자는 어릴 때 『촉산검협전』을 보면서 녹포노조가 등장하는 장면에서는 가슴을 졸였고, 며칠 밤낮을 제대로 눈을 감고 잠을 청하지도 못했다. 밤에 꿈을 꾸어도 녹포노조가 피가 뚝뚝 흐르는 커다란 입으로 나를 잡아먹으려 달려드는 바람에 온몸에 식은땀을 흘리곤 했다.

최근 어떤 중학생이 "이런 것은 무서울수록 더 생각이 나요. 밤에 잠도 못 자고 잠을 잔다 해도 악몽을 꾸게 되죠"라고 말하는 것을 들은 적이 있다. 보아하니 소년들의 심리와 감수성은 예나 지금이나 다를 게 없나 보다. 공포 분위기가 가득한 무협소설은(오늘날 피비린내 진동하는 폭력 영화도) '성인의 영화'일지는 몰라도 '청소년에게는 부적당'하다.

무협소설의 세계는 상상과 가공의 세계다. 그것은 현실 세계의 시공을 완전히 벗어난 동화의 세계에 가깝다. 이 세계에는 전혀 새로운 가치관이 존재한다. 말하자면 사람의 가치는 무공의 높낮이에 따라 평가된다. 무공이 고강한 인재는 사람이다. 무공이 낮거나 무공을 모르는 자는 개나 돼지와 같아서 무공이 높은 사람들에게 항상 박해를 받는다. 이런 사람을 죽이는 일은 빈대나 벼룩 잡듯이

다반사로 일어난다. 『신조협려』에 나오는 날지는 못하고 펄떡펄떡 뛸 줄만 아는 늙은 독수리 따위는 가치라는 면에서 하찮은 인간과 완전히 평등하다. 바로 이런 점들 때문에 무협소설을 읽어갈 때 어지럽게 자행되는 살인 장면들이 심기를 불편하게 만드는 것이다. 이런 가치관에서 보면 죽은 자는 어차피 버러지와 같으니 가슴 아파할 필요가 없다. 하물며 무협 세계는 '성인 동화'의 세계이니 설사 피비린내가 나고 시체가 산더미같이 쌓인다 하더라도 그것을 동화로 보아버리면 받아들일 수도 있다. 그러나 이런 내용이 TV를 통해 방영된다면 온전히 받아들이기 힘들 것이다.

무협소설의 피 튀기는 결투 장면은 도처에 널려 있다. 공포를 느낄수록 더욱 자극적이다. 특히 정직한 무사가 간악한 무리들을 쓸어버리는 장면에서는 많이 죽이면 죽일수록 더 통쾌하고 후련해진다. 성인들은 공포로 가득한 이런 무협소설을 읽어도 청소년처럼 악몽을 꾸지는 않을 것이다. 그리고 지나친 공포 분위기와 처절한 살인 장면에서도 그다지 무서워하거나 떨지 않을 것이다. 좀 더 무서운 장면을 읽는다는 것은 자극을 갈망하는 현대 인간들의 심리를 반영한다. 인간의 이런 심리는 확실히 이율배반적이다. 무서운 줄 알면서 보려 하고, 위험한 줄 알면서 가려 하며, 뒷감당을 책임질 수 없으면서도 한번 시도해보려고 하니 말이다.

무협소설에 나타난 과학성

무협소설은 천마행공식의 창작으로 그 내용이 상상에서 나온 허구가 대부분이다. 기괴하기 짝이 없는 신이한 무공은 특히나 거짓이다.

오늘날 기공사들이 무협소설에 나오는 일부 무공들을 실제로 연기해 보여 생명과학과 부합하고 있음을 보여주기도 한다. 그러나 이보다 훨씬 더 많은 무공들이 순전히 소설가의 붓끝에서 창조되는데, 기이하고 환상적이어서 수련할 길이 없는, 결코 존재하지 않는 것들이다. 만약 신기한 무공을 빼고 나면 무협소설에 등장하는 캐릭터는 상당히 진실에 가까울 것이며, 그들의 희로애락은 우리네 삶과도 서로 통하는 구석이 있을 것이다.

그리고 일부 작가들은 복잡한 캐릭터를 분석하고 해부하여 인물의 정사와 선악을 뚜렷하게 부각시키는 등 평면적 캐릭터 묘사에 결코 만족하지 않고 있음을 보여준다.

　김용은 개성을 강조하는 반면, 딱딱하고 신성불가침적인 봉건도덕에 대해서는 부정적이다. 그는 한 개인이 천성적으로 선량하다거나 사악하다는 단순 논리에 결코 찬성하지 않는다. 그의 작품 속에는 흔히 '정의롭다'고 떠드는 자가 실은 '사악한' 자이며, '악하다'고 한 사람이 오히려 '착하게' 그려져 있다. 곧 그의 소설에는 사악한 가운데 정의가 있으며 착하다고 하는 이면에 사악함이 깃들어 있는 인물들이 자주 등장한다. 요컨대 그가 빚어내는 인물들의 성격은 실생활 속의 인물 유형과 부합한다. 바꾸어 말하면 이런 묘사는 상당히 과학적이라고 할 수 있다.

　『사조영웅전』의 한 대목을 보자. 구양극歐陽克은 바닷가에서 천균거암千鈞巨岩에 다리를 깔려 빠져나올 수 없게 된다. 황용과 곽정 그리고 구양봉은 나무껍질을 엮어 굵은 줄을 만들어 바위를 묶는다. 그러고는 거목 네 그루로 '우물 정井'자형으로 닻을 끌어올리는 캡스턴capstan과 같은 도르래를 만들고 늙은 소나무 위에 줄을 감는다. 그런 다음 도르래를 돌려 바위를 움직이게 한다. 그리고 바위에다 20여 개의 커다란 나무를 묶어 바닷물이 불어날 때 부력이 커지게 한다. 이렇게 몇 차례 감아 돌려 바위를 느슨하게 만들고는 구양극을 빼낸다. 조수의 부력을 이용하여 사람을 구하는 장면은 대단히 과학적이다. 물리학에 관한 지식 없이는 결코 이러한 묘사가 나올 수 없다.

　무협소설에는 악기 소리로 사람을 다치게 만드는 장면도 있다. 『광릉검廣陵劍』에서 상화양尙和陽은 철비파를 무기로 삼고 있는데,

연주할 때 나오는 비파 소리는 마치 굶주린 늑대나 개떼들이 싸우는 소리처럼 귀를 자극해 불안초조하게 만들고 의식을 혼란케 하여 견딜 수 없게 한다. 또 『초류향』에서 무화화상無花和尙이 연주하는 거문고 소리는 슬픔과 원한 그리고 처절함으로 가득 차 있어 검객 '중원中原 일점홍一點紅'[63]을 미치게 만들었다. 일점홍은 장검을 마구 휘두르며 자신을 억제하지 못한다. 이런 류의 악기 소리는 실은 소음에 지나지 않는다.

그러나 소음은 사람을 다치게 만들 수 있다. 현대 과학에도 '소음 공해'란 말이 있지 않은가. 이른바 소음공해란 빈도수와 강도가 각기 다른 소리가 불규칙하게 한데 섞여 나오는 것으로, 사람과 환경에 영향을 끼치는 사회적 공해의 일종이다. 심할 경우에는 귀를 멍하게 만들어 질병을 일으키는가 하면 건물이나 정상적인 작업 환경을 파괴하기도 한다. 연구 결과에 따르면 음파가 일정한 강도를 넘어서면 사람의 건강에 좋지 않은 영향을 준다고 한다. 많은 의사들이 지적하고 있듯이 록과 헤비메탈 연주를 들으면 급성 감응성 귀머거리 현상을 초래한다는 것이 좋은 예다. 『의천도룡기』에서 사손謝遜이 피리 소리로 상대방을 정신착란 상태에 빠지게 한다거나, 『광릉검』에서 장단풍이 고함 소리로 적의 간담을 터지게 하여 죽이는 장면 따위는 과장이 좀 심하지만 전혀 근거 없는 대목은 아니다. 사손과 장단풍의 피리 소리와 고함 소리는 말하자면 초특급 소

---

63 중원 일점홍은 고룡의 대표작 『초류향』에 나오는 중요한 조연이다. 이 인물을 주인공으로 삼아 영화를 만들기도 했는데, 대표적인 영화가 그 이름을 그대로 딴 〈중원 일점홍〉이다. 시중에 비디오로 나와 있다.

음에 속한다고 할 수 있다.

무협소설에는 또 악기 소리로 병을 치료하는 대목도 나온다. 『소오강호』에서 임영영이 연주하는 거문고곡 「청심보선주淸心普善呪」는 내상을 입은 영호충이 몸속의 진기를 조절하여 번뇌를 없애는 데 도움을 준다. 영호충은 그 뒤로 매일 이 곡을 연주하는데, 내상을 완전히 치료하지는 못했지만 이전의 공력을 회복하는 데 큰 도움이 되었다. 『광릉검』에도 거문고 소리로 병을 낫게 한다는 장면이 나온다. 몸에 부상을 입은 운호령雲浩聆이 진금옹陳琴翁이 연주하는 「광릉산廣陵散」이라는 곡을 들은 후 '문득 단전에 열기가 나면서 기혈이 점점 뚫리고 가슴의 답답함이 크게 줄어드는 것을 느끼게' 된다. 그 뒤에도 이 거문고 소리를 들으면서 내력을 쌓아 일 장에 적을 격살시켜 진금옹의 손자 진석성陳石星을 보호하기도 한다.

음악 소리로 병을 낫게 한다는 이야기는 오랜 옛날부터 있었다. 약 2천 년 전의 『악기樂記』라는 책에서 음악은 사람의 생활 리듬을 조절하고 건강을 증진시키는 데 좋은 작용을 한다고 나와 있다. 고대 그리스의 아리스토텔레스도 음악이 질병을 치료하는 데 효과가 있다고 주장했다.

현대 의학에서는 임상실험 결과, 고혈압 환자가 바이올린 협주곡을 듣고 난 뒤 혈압이 10 내지 20 정도 떨어졌다고 한다. 임산부는 가볍고 조용한 음악을 들으면서 긴장과 두려움, 불안한 정서를 없애면 좋다고 한다. 특히 첫 출산을 앞두고 있는 임산부에게 좋다고 한다. 어떤 연구자는 음악이 통증을 억제하는 작용이 있다는 사실에 눈을 돌려 '음향무통법'이란 이론을 내세우기도 했다. 영국 케임

브리지 대학 구강치료과에서는 음악을 마취제로 사용하여 200여 명의 치아를 아주 순조롭게 뽑았다고 한다. 전문가들은 신경쇠약과 정신병, 즉 초조증·우울증·광란증 등의 치료에 음악이 어느 정도 효과가 있다고 주장한다. 예를 들어 초조 불안증을 치료하는 데는 요한 슈트라우스의 〈아름답고 푸른 도나우강〉, 우울증을 치료하는 데는 리스트의 〈헝가리 광시곡〉, 신경쇠약을 치료하는 데는 슈만의 바이올린 소야곡 〈아베 마리아〉나 〈자장가〉, 고혈압 치료에는 베토벤의 피아노 소나타 제7번, 위장병 치료에는 모차르트의 곡들을 추천한다.

이렇게 보면 무협소설 속에서 거문고 소리가 병을 치료하는 장면은 과학적으로도 어느 정도 근거가 있는 사실임을 알 수 있다.

1940년대 환주루주는 상상을 초월하는 놀랍고도 기괴한 『촉산검협전』으로 한 시대를 풍미했다. 그러나 『촉산검협전』이 오로지 기괴하고 허무맹랑한 내용으로 일관한 것은 결코 아니다. 작품에 나타나는 화산·지진·눈사태·해일·빙산의 이동 등과 같은 자연현상에 대한 묘사는 과학적으로도 실제와 맞아떨어지고 있다. 수정구水晶球·흡성신잠吸星神簪·구자음뢰九子陰雷·구천십지벽마신사九天十地辟魔神梭 등과 같은 신기한 법보들은 오늘날 텔레비전·녹음기·핵폭탄·미사일 등 과학문명의 산물들을 방불케 하는, 참으로 놀라운 과학적 예견임을 느끼게 한다. 환주루주는 박학다식한 작가로, 황당무계한 재주에만 의지해 성공한 사람이 결코 아니었다.

자연현상과 환상세계의 절묘한 어우러짐

환주루주는 장장 55권 약 350만 자가 넘는『촉산검협전』으로 장편 소설 방면에서 최고 기록을 남겼다. 들리는 얘기에 따르면 원래는 1천만 자를 채우려 했다고 하니 그가 남긴 분량은 3분의 1에 지나지 않는 셈이다. 그래서인지 작품 속에서 여러 차례 언급되는 제3차 아미투검蛾眉鬪劍과 도가사구천겁道家四九天劫은 쓰지 못했다. 이 두 이야기는 분명 재미있었을 텐데 읽을 수 없게 되었으니 아쉬울 따름이다.

환주루주는 가슴에 삼라만상을 품고 천 자루의 낚싯대와 같은 붓을 휘둘러 기발한 상상력을 동원해 숨 쉴 틈 없이 변화하는 환상의 세계를『촉산검협전』에 아로새겨놓고 있다.

서국정徐國楨 선생이 지적한 바와 같이『촉산검협전』이라는, 이 신마가 어우러져 있는 환상의 세계 속에서 작자는 자연현상, 플롯의 전개 및 생활, 전투, 생명 등의 여러 방면에 대해 자신만의 시각을 드러내고 있다.

자연현상에 대한 묘사를 살펴보면, 바닷물이 끓어오르고 땅이 갈라지며 산이 움직이고 사람이 짐승으로 변하는가 하면 하늘을 흔적도 없이 없애고 땅을 꺼지게도 한다. 플롯이 전개되는 과정을 보면, 하늘 밖에 하늘이 있고, 땅 밑에 땅이 있고, 물 아래 호수가 있으며, 돌 속에 집이 있다. 생명에 대한 묘사를 보면, 영혼이 육체를 떠날 수 있고. 육신 밖에 별도의 화신이 존재하며, 남의 시신을 통해 부활하기도 하고. 자살해도 목숨을 건질 수 있으며. 수련을 통해 장수하기도 하나 선가仙家에도 죽음의 재앙이 있다. 생활적인 면을 보면, 먹지 않아도 배고프지 않고, 입지 않아도 추위를 타지 않으며, 축지법이 있고, 웃음소리가 하늘과 땅을 울리기도 한다. 전투 방면을 보면, 바람·구름·눈·얼음·서리·해·달·별·쇠·나무·물·불·흙·천둥·번개·빛·자석 등에 모두 정령이 있기 때문에 이를 거두어 불가사의한 위력을 지닌 각종 무기로 만들 수도 있다.

『촉산검협전』이야기의 토대는 이같이 선불과 요마, 새와 벌레, 물고기와 짐승들이 한데 어우러진 혼돈의 세계에 놓여 있다. 이 세계에서는 사람이 신선이 될 수도 있고, 새나 짐승 또는 벌레조차 도를 깨닫거나 아니면 요물이 될 수 있다. 도가 깊고 높은 요마는 원신元神, 영혼을 육신에서 떼어내 따로 존재하게 할 수 있다. 심지어는 제2, 제3의 원신, 나아가서는 제9 원신까지 있을 수 있다. 만약 겁난을 당하게 되면 아홉 개의 원신 중에서 하나만 빠져나와도 다시 새롭게 재생할 수도 있다.

다이내믹하고 황당무계하며 상상을 초월하는 이 작품은 확실히 『서유기』나 『봉신연의封神演義』를 뛰어넘는다. 당시 이 작품이 엄청난 마력으로 독자들에게 다가섰던 것도 우연은 아니었다. 당초 작가가 이 작품을 쓰기 시작했을 때는 일반 무협소설과 마찬가지로 무술에 초식도 있고 작품 속의 인물들은 음식을 먹고 살았다. 그러다 시간이 흐를수록 신이해져 무협은 검협으로, 무공은 법술로 변하여 '신검합일身劍合一'이라든가 '원신출규元神出竅'라든가 '차시부활借屍復活' 같은 것들이 속속 등장하기 시작했다. 선불요마仙佛妖魔의 법술 싸움도 지상으로부터 땅속과 하늘로 장소를 옮겼다. 환주루주 자신도 "앞 몇 권은 그다지 마음에 들지 않았다"고 고백했듯이 초반 몇 권은 일반 무협소설의 공식에 매여 자신의 장점을 발휘하지 못했다. 즉, 신마가 종횡으로 법술을 다투는 기묘한 경지에 들어서지 못했던 것이다.

『촉산검협전』은 기이한 스토리 전개로 독자들을 사로잡은 점 외에도 그 중후한 표현의 맛도 독자들을 혹하게 만드는 요인이 되었다. 환주루주가 신선과 요마가 싸우는 장면을 묘사한 것을 보면, 원고지 위의 붓이 환상적으로 정신없이 여기저기를 날아다니며, 변화무쌍하게 무궁무진한 법보를 만들어내고, 때로는 흉측하고 기절초풍할 요물들을 빚어낸다. 그 묘사가 어찌나 생생한지 연신 감탄사가 절로 나오게 만든다.

환주루주는 풍경 묘사에 특히 뛰어났다. 아미산峨眉山과 삼협三峽은 그가 오래전에 머물러 놀던 곳이어서 그 풍경을 아주 생생하고도 오묘하게 그려내고 있다. 그리고 신선의 경지에 대한 묘사는 더욱 유쾌하게 마음을 트이게 하여 마치 세상을 벗어난 듯한 느낌을 준다. 백발용녀白髮龍女 최오고崔五姑가 바다 한가운데 있는 신산神山인 천봉산天蓬山 봉우리의 영교궁靈蟜宮에서 본 선경에 관한 대목을 한번 엿보기로 하자.

앞사람들을 따라가던 오고는 주위를 둘러보았다. 도를 이룬 이래 실로 처음 보는 선경이 아닐 수 없었다. 산 위는 널찍한 평지로 양쪽으로 풀과 나무가 무성하고 꽃들은 마치 수를 놓은 것 같았다. 옥과 돌로 깔아놓은 길은 넓기도 하고 길기도 한 것이 표면은 거울과 같이 반들거렸다. 산을 등지고 호수가 있는 그 앞으로 수십만 평에 달하는 정원이 눈에 들어왔다. 전각들은 번쩍번쩍 빛이 나듯 웅장하고 휘황찬란했으며, 누각은 날아갈 듯한 자태로 영험 어린 산봉우리와 아름다운 수목 그리고 하얀 돌이 맑은 물 사이사이에 그림자를 드리우고 있었다. 한 아름이 넘는 수목들의 가지가지에는 기이한 꽃들이 활짝 피어 있는데 비단으로 수를 놓은 듯 찬란했다. 대부분 이름을 알 수 없는 꽃들이었다. 시원한 바람이 살랑살랑 불어오면 그 바람을 타고 묘한 향기가 코를 찔러 왔다. 수많은 꽃과 나무들 사이로 백학과 사슴이 떼를 지어 즐겁게 뛰어놀고 있었다. 고개를 드니 푸른 창공이 끝없이 펼쳐지고 구름은 아득하게 그 위를 노닐고 있었다. 그 아래는 아름답기 그지없는 수많은 구슬 누각과 옥으로 만든 전각이 눈을 어지럽혔다. 구름처럼 하얀 기둥이 허공을 떠받치고 맑은 샘물은 지면에서 솟아나고 있는 가운데 티끌은 한 점도 찾아볼 수 없었다. 봄날같이 따뜻하며 맑고 신령스러운 기운이 감도는 선경은 끝없이 펼쳐져 있었다.

최오고 등이 영교궁을 떠나 구름을 타고 날아갈 때도 또 다른 선경이 펼쳐진다.

오색구름이 천봉산 선계를 떠나 중천층中天層 아래로 산뜻하게 날아갈 듯이 내려온다. 그 속도가 빠를 뿐만 아니라 조금도 힘들어 보이지 않는다. 위는 푸른 창공이 아득하고, 아래는 십만의 유사流沙가 일망무제로 펼쳐진다. 섬들은 하늘의 별처럼 바다를 수놓고 있었으며 파도는 그 위를 장엄하게 몰아친다. 청천벽해가 서로를 삼키고 토해내며, 한 조각 오색구름이 아홉 명의 남녀 선인을 싣고 구름 사이를 가로질러 건너간다. 층층이 겹쳐진 구름 사이를 뚫고 지나가는데 속도가 빠르고 그 기세가 등등했기 때문에 마치 산과 바다를 부수고 나가는 것 같았다. 지나가는 곳마다 그 사방으로 하얀 구름이 쉴 새 없이 요동을 치며 흩어지다가 작은 솜뭉치처럼 하나하나 떨어져 나와 허공을 가득 메우며 춤을 춘다. 다시 햇빛이 돌아 나오며 오색구름을 비추면 만 길이나 되는 구름이 파도처럼 창공에 부딪혀 안개처럼 자욱하게 하늘로 흩어져간다. 오색구름을 뒤로 감아 날아오르는 그 아름다움이란 이루 비길 데가 없었다.

이런 장면을 읽고 있노라면 자신이 정말로 구천 신선계를 날아다니는 것처럼 상쾌함을 느낀다.

앞 두 장면에 나타난 신선 세계의 묘사에서 환주루주의 필력이 과연 어떠한가를 넉넉히 엿볼 수 있지만, 자연현상에 대한 묘사에서는 그보다 더욱 놀라운 역량을 과시한다. 지진·눈사태·해일·화산 폭발·빙산 충돌·벼락 등에 대한 묘사에서 그는 활활 타오르는 불꽃과도 같은 필치와, 산을 밀어내고 바다를 뒤엎는 것 같은 기세로 읽는 이의 혼을 쏙 빼놓는다. 안락도安樂島란 섬이 화산에 의해 폭발하며 일으키는 지진과 해일에 대한 묘사를 한번 보자.

……놀라움이 채 가시기도 전에 천지가 요동치는 소리가 들려왔다. 발아래의 지각이 뒤흔들렸다. 동수冬秀가 먼저 쓰러졌다. 이봉二鳳이 그녀를 억지로 일으켜 세우려 했으나 제대로 자세를 잡을 수 없었다. 커다란 파도가 일시에 몰려오더니 깎아지른 듯한 산의 한쪽 면을 강타했다. 세 여자는 더 이상 버티지 못하고 함께 쓰러졌다. 간신히 몸을 일으켜 뒤뚱거리며 뒤로 물러났지만, 으르렁거리는 폭발음이 끊임없이 귀를 멍멍하게 만들었다. 세 여자가 몇 걸음 채 물러서기도 전에 평지가 푹 꺼지고 야자수가 잇달아 부러져 공중으로 어지럽게 날아올랐다. 번갯불이 번쩍거릴 때마다 들짐승과 벌레, 뱀들의 그림자가 분분히 부러진 나무 틈 사이로 숨어드는 것이 보였다. 이때, 천둥과 비바람이 교대로 몰아치면서 산을 무너뜨리고 땅을 찢어발기는 소리를 내며 짐승들의 울부짖는 소리를 삼켜버렸다. 수많은 눈빛들이 파랗고 붉은 빛을 내며 여기저기서 나타났다가는 이내 사라졌다. 해안에는 부러진 나무와 깨진 돌조각들이 바람에 둘둘 말리듯 날면서 놀라 달아나는 짐승들의 머리통을 강타하니 깨진 머리통에서 허연 뇌수가 흘러나오는 광경도 보였다.

……얼마나 지났을까? 이번에는 섬에 있는 화산이 갑자기 하늘로 푸른 연기를 내뿜기 시작한다. 마치 불꽃을 쏘아 올리는 것처럼 무수한

푸른빛의 불똥이 폭발하며 사방으로 흩어진다. 이어서 파도가 해일로 변하여 밀어닥치기 시작한다. 그 소리는 집어삼킬 듯 갈수록 커지고 있었다. 이때 이봉은 동수를 부축한 채 바다를 헤엄치고 있었다. 그녀는 숨을 크게 들이쉬고는 바다 밑으로 잠수했다. 바다 밑으로 얼마나 내려왔을까? 본디 고요하던 깊은 바닷속이 진흙탕으로 뒤덮이면서 솥에서 물이 끓듯 부글거리며 무수한 물방울이 역류하여 꽃잎처럼 솟아올라 재주를 피웠다. 이봉은 이 바다 밑조차도 화산 폭발의 영향을 받는 것이 아닌가 하는 의심이 들어 즉시 앞으로 나가던 몸을 멈추었다. 만약 이 뜨거운 물방울들에 사로잡히기라도 한다면 산 채로 삶겨버리고 말 것이니…….

놀랍지 않은가? 이 묘사는 분명 허구지만 환주루주가 그려내는 장면 하나하나는 너무도 생생하여 마치 화산과 지진이 일어나는 현장에 와 있는 듯한 느낌마저 든다.

환주루주는 화산과 지진의 묘사에서는 타오르는 불꽃과도 같은 열정적인 붓을 휘두르고 있지만, 북극의 풍경을 묘사할 때는 싸늘한 붓놀림을 보여준다. 그 한 대목을 보자.

……길을 따라가면 갈수록 얼음덩이들이 점차 커졌다. 형태도 기이해지고 어떤 것은 산봉우리를 쑥 뽑아다 박아놓은 것 같고, 어떤 것은 용·뱀·사자·코끼리의 모양을 하고 있다. 그런가 하면 어떤 것은 거령巨靈이 바다를 건너는 것 같았고, 어떤 것은 선녀가 파도를 헤쳐나가는 모습을 하고 있었다. 칼이나 검같이 생긴 산과 나무들이 귀신들처

럼 빽빽하게 들어서 금방이라도 날아 춤출 것 같다. 그러자 파도가 한 바탕 몰아쳐 오더니 이것들을 단숨에 잠재워버린다. 망망대해는 아무리 둘러봐도 거기가 거기다.

날씨는 점점 추워져만 간다. 위로는 태양이 빛을 잃은 채 암울하게 뒤뚱거리며 어둡고 혼미한 가운데 간혹 둥근 테두리의 하얀 그림자를 번득이고, 아래로는 번쩍이는 빙산과 물 위에 언뜻언뜻 비치는 눈이 앞서거니 뒤서거니 하며 서로를 비추어보는 이의 눈을 부시게 한다. 부딪히는 횟수가 잦아질수록 흩어지는 얼음조각도 많아진다. 거대하기 짝이 없는 빙산이 갑자기 두 동강이 나며 서로 부딪혀 가루가 되어 흩날리기도 한다. '우르릉 꽝꽝' 하는 소리와 '딩동댕동' 하는 소리가 때로는 작게 때로는 크게, 혹은 멀리서 혹은 가까이서 서로 화답을 하며 합주를 하는 것 같다. 실로 다양하고 기이한 모습들이 쉴 새 없이 변화하면서 눈코 뜰 새 없게 만든다.

환주루주의 '영혼'이 북극에서 떠돌다 오지 않고서야 어떻게 이런 묘사가 가능한가? 당시 잡지에 코딱지만큼 소개되는 북극의 풍경만을 가지고 어떻게 이렇듯 생생한 문장을 써낼 수 있단 말인가. 바다와 같은 환주루주의 재능을 여기서도 가늠해볼 수 있다.

자연현상에 대한 위 몇 장면에서 우리는 환주루주란 작가가 과학적인 두뇌의 소유자임을 알 수 있었다. 허구의 문장이지만 그 내용은 사실과 들어맞는다. 작가는 또 과학적 예언성을 가진 많은 법보를 만들어내고 있다. 비디오의 녹화 기능을 가진 마교魔敎의 정구시영晶球視影이라는 수정구, 소리를 모았다 전하는 녹음기와 같은 흡성신잠, 컴퓨터와 같은 통제 기능을 갖추고 자동으로 변화하는 복마기문伏魔旗門, 오래된 나무로 만든 로봇과 같은 집역선동執役仙童, 핵폭탄과 같이 엄청난 살상력을 가진 구자음뢰와 혼원일기구混元一炁球, 오늘날의 레이더와 비슷한 효과를 내는 '영광회영靈光迴影'이란 법술, 미사일과 잠수함 기능을 가진 구천십지벽마신사 등등 이루 헤아릴 수 없이 많다.

『촉산검협전』은 항일전쟁 전후로 쓰여진 작품이고, 그 당시에는 텔레비전·핵폭탄·미사일 등이 아직 알려지지 않은 때였다. 그러나 환주루주는 이런 앞선 법보들을 작품 속에서 그려냈으니, 비상한 두뇌에 놀라운 상상력을 가진 사람임이 분명하다. 이런 점에서『촉산검협전』은 불후의 명작이 될 수 있었다.

『촉산검협전』은 작가의 기발한 상상력으로 하늘과 바다, 천당과 지옥을 자유자재로 넘나든다. 작가의 붓이 닿는 곳마다 비바람이 일고, 천둥과 번개가 번쩍이며, 해와 달이 빛을 잃기도 하고, 눈과 빙하가 날리는 등 실로 우주를 종횡무진으로 날아다닌다. 동서고금에 이런 놀라운 작품은 없었다. 근세의 일대 걸작이라 할 수밖에 없다.

『촉산검협전』은 신마검협소설이지만 후세 신파 무협소설에 적지 않은 영향을 미쳤다. 신파 무협소설에 나오는 무공심법, 이를테면 건곤대나이·천마해체대법·천둔전음·금강불괴신법 등이 모두『촉산검협전』에서 나왔다. 이름만 빌리고 그 내용은 바꾸었지만 그 뿌리는 역시『촉산검협전』에 두고 있다.

『촉산검협전』은 그 분량이 워낙 방대하고 또 한 잡지에 연재한 것이 아니라 여러 잡지에 연재했기 때문에 소홀한 구석과 모순된 부분이 있는 것도 사실이다. 이제 『촉산검협전』의 단점을 열거해보자. 묘일진인妙一眞人의 아들 제금선齊金蟬은 작품 첫머리에서 전생의 본명이 이승기李承基로 나오는데, 일찍 장가들어 아들까지 낳은 것으로 그려진다. 그런데 뒤에 가면 여러 차례 그를 총각이라고 하여 어리둥절하게 만든다. 만묘선고萬妙仙姑 허비낭許飛娘은 어느 부분에서는 혼원조사混元祖師의 사매로 나오다가 어떤 부분에서는 제자로 나오고 있어 앞뒤가 통일되어 있지 않다. 그리고 소신승小神僧 아동阿童은 당초 그 전신이 위일공韋一公이라고 해놓고는 몇 장 넘기지 않아 전부 위팔공韋八公으로 바뀌어 나온다. 이런 예들 중에서도 가장 황당한 것이 신타을휴의 아내 한선자韓仙子의 경우다. 그녀는 작품 첫머리에 '비둘기 형상에 얼굴은 까마귀 같은' 아주 추한 모습이라고 묘사해놓고 뒤에 가서는 '생김새가 수려하다'며 엉뚱한 소리를 하고 있다. 성형수술이라도 했단 말인가? 입가에 웃음을 감돌게 한다.

환주루주의 문장은 일사천리로 장강이 흐르는 것 같다. 이것이 그의 큰 장점이다. 그러나 이렇게 양양하게 붓을 휘두르다 보면 구성이 완만해지기 쉽다. 간혹 엉뚱한 얘기가 불쑥불쑥 튀어나오는 것도 이 때문이다. 고삐 풀린 야생마처럼 일단 이런 엉뚱한 대목이 튀어나오면 수습하기가 여간 어려운 게 아니다. 청라욕靑螺峪을 대파한 후 괴규화릉혼怪叫化凌渾은 제자 유천劉泉 등에게 하산하여 외공을 쌓은 뒤 다시 모여 원강元江으로 가서 법보를 가져오라고 명령한다. 그런데 유천 등이 와운촌臥雲村에 도착한 뒤부터 이야기는 엉뚱하게 소일蕭逸·구양상歐陽霜·황원추黃晼秋 세 사람의 애정 문제로 튀어버린다. 이 삼각관계 애정은 무려 22회 약 20만 자에 달하는 분량으로 이어진다. 기본 줄거리와는 전혀 관계없을 뿐만 아니라 사실 전혀 필요 없는 부분이다. 이와 비슷한 대목이 또 있다. 기본 줄거리와는 동떨어진 이런 지루한 내용들을 삭제해버리면 스토리는 더욱 긴장감을 갖게 되고, 따라서 보다 많은 독자들을 끌어들일 수 있지 않나 생각된다.

이와는 대조적으로 잘라내서는 안 되는 부분도 있다. 엄인영嚴人英은 '삼영이운三英二雲' 중에서 유일한 남자다. '삼영이운은 아미파의 인재들' 중에서도 뛰어난 인재들로 당연히 상세하게 소개해야 했다. 그런데 여성은 중요하고 남자는 별 볼 일 없다는 생각에서인지, 여자 네 사람은 상세히 소개하면서도 유독 엄인영에 대해서는 그저 그런 인물로 대충 처리하고 만다. 중요한 인물을 이처럼 가볍게 처리한 것은 환주루주의 큰 실수로 보인다.

장미진인長眉眞人과 묘일진인에 대한 기묘한 배치가 너무 지나치게 강조되고 있는 점도 아쉬운 대목이다. 아미파 사람들의 길흉화복이나 신마와의 결투에서 승패는 진작부터 이 두 사람의 계산에 따라 좌우되고 있다. 중요한 고비가 되면 장미진인이 남긴 법보와 묘인진인의 비검전서飛劍傳書가 나타나 위기를 타개하고 마귀들을 제거한다. 아미파 사람들은 이런 배치에 따라 차례차례 진기한 법보들을 얻는다. 이런 내용이 중복되다 보니 지루하고 심지어는 아미파가 너무 설치는 게 아닌가 하는 반감마저 생긴다. 좋은 일은 전부 아미파에게 돌아가고, 아미파 사람들은 자기 멋대로 일을 저질

러놓고도 전혀 반성하지 않는다. 그러면서도 다른 사람에게는 벌을 받아야 마땅하다 하니, 이것이 어디 설득력 있는 말인가?

사마나 요물이 출현할 때는 어김없이 지저분한 묘사가 뒤따르는 것도 불쾌하다. 요마가 사법을 행할 때면 남녀를 불문하고 대개가 벌거벗고 나와 미친 듯 춤을 추며 온갖 음란한 작태를 연출한다. 그리고 요물들이 수련을 할 때도 왕왕 음란한 행동을 동반한다. 이런 것들은 '미성년자 관람불가'에 속하는 내용들로, 사실상 없어도 되는 부분이 아닐까.

이 밖에 분량이 너무 긴 것도 『촉산검협전』의 결점이 아닐 수 없다. 환주루주는 보충 설명을 늘어놓길 아주 좋아한다. 한번 늘어놓았다 하면 줄줄이 정신없이 늘어놓는데, 독자들을 지나치게 배려한 결과가 아닌가 싶다. 그는 제삼자의 말을 간접 인용할 때 자주 '따위와 같은 말(等語)'이라는 표현을 즐겨 쓴다. 그러나 그 인용문이 너무 길다 보니 간접 인용문이 어느새 직접 인용문으로 둔갑해버린다. 이런 대목이 많이 쌓이다 보면 짜증이 날 수밖에 없다.

『촉산검협전』은 초특급 장편대작으로 만리장강을 도도하게 흐르는 강물과 같다. 몰아치는 거센 파도처럼 기세가 번득이고 천차만별의 기이한 형상들은 독자의 눈을 현란하게 만든다. 일사천리로 뻗다 보면 자연히 조그마한 오점이 없지 않을 수 없지만, 이 점은 말하지 않아도 독자들도 너그러이 이해해주리라 생각한다.

조직❶

무림의 문파와 방회

방회幫會는 과거 민간의 비밀 조직이다. 하층 민중은 삶의 길을 찾아 비밀 조직을 일으켜 서로서로를 도우며 함께 행동했다. 청나라 때의 유명한 방회로 알려진 '천지회天地會'[64]는 하늘을 아비처럼 숭배하며 땅을 어미처럼 떠받들며, 청을 무너뜨리고 명을 다시 세운다는 반청복명反淸復明의 큰 뜻을 가지고 있었던 방회였다. 회원(즉, 방도幫徒)은 대부분 농민·수공업자·도시 노동자와 유랑민 등이었다. 이 방회의 각 분회는 여러 차례 무장봉기를 일으키거나 거기에 참가했다. 그러나 이런 비밀 단체는 신해혁명 이후 날로 몰락해갔고, 심지어는 불순한 동기를 가진 인간들에게 이용당해 건달과 부

---

64 임청하, 주성치 주연의 영화로도 상영된 김용 원작의 〈녹정기〉를 보면 '천지회'의 모습이 잘 그려져 있다.

랑자들이 주체가 된 지하 암흑 조직이 되었다. 청방青幇과 홍방紅幇 등이 악한 세력 집단으로 변한 대표적인 예였다.

무협소설 속에 나타나는 무림 방회를 보면 대부분 과거의 방회 조직과 당대 암흑 조직의 그림자를 엿볼 수 있는데, 간혹 이 둘이 섞여 있기도 한다.

방회를 세우고 그것을 튼튼하게 발전시키기 위해서는 '이익'과 '의리' 그리고 '가법家法'을 떠나서는 생각할 수 없다. 이익은 방회 조직의 중요한 기초가 되고, 의리는 방회 회원을 안으로 결속시키는 힘이 된다. 그리고 가법은 방회 조직원의 행동을 통제하는 강력한 힘이 된다. 이 셋 중 어느 하나라도 없어서는 안 된다. 물론 '이익'은 방회 집단 내부의 이익이다. '의리'도 자기 방회의 이익을 지키는 데 필요한 명분일 뿐이다. 다른 방회에 대해서는 이 의리는 씨도 먹히지 않는다. 심지어 어떤 때는 서로 이익 때문에 죽고 죽이는 싸움도 마다않는다.

각 방회는 나름대로 엄밀히 조직한 완비된 가법을 갖추고 있는데, 이는 방회 구성원에 대해 강력한 구속력으로 작용한다.

'개향당開香堂'은 방회 회원을 받아들일 때 거행하는 중요하고도 거창한 의식이다. 홍방을 예로 들어보자. 홍방에 가입하려는 자는 반드시 방회 조직의 발전을 위해 일하고 있는 두목에게 가서 이름을 알리고 명부에 이름을 올려야 한다. 수십 명 또는 수백 명 이상의 사람이 모이면 산주山主, 홍방 조직은 일반적으로 무슨 무슨 산이라고 부른다는 두목 한 사람을 파견하여 개향당 일을 진행시키게 하는데, 이 인물은 큰형님이란 뜻의 '노대老大(라오따)'라 부른다.

노대는 명을 받으면 한적하고 조용한 묘당을 골라 필요한 준비를 갖춘다. 향당 가운데에는 제위帝位를 설치하고 그 위에는 '충의당忠義堂'이란 액자를 건다. 그리고 제위와 편액 사이에다 3층으로 된 탁자에 조사들의 위패를 놓는다. 위패들은 각각 붉은색 종이 아니면 황색 종이에 쓴다. 당에는 크고 네모 난 단을 설치하며, 그 오른쪽으로는 대편자大片子라 부르는 큰 칼을, 왼쪽으로는 소분통小噴筒 또는 수창手槍이라 부르는 것을 갖추어놓는다. 그리고 한가운데에는 향로와 촛불 하나, 단 앞에는 선향線香 한 묶음도 갖춘다. 이밖에 바깥으로 세 개, 가운데로 여덟 개, 안으로 스물하나의 층으로 된 등잔을 갖춘 홍등紅燈도 갖추어놓는데, 그 숫자는 '洪'이란 글자가 삼수변의 '3'에 '21'을 나타내는 윗부분과 '8'을 나타내는 아랫부분으로 이루어져 있기 때문이다.

향당 배치가 끝나면 신입 회원들을 들게 하고 아울러 산주 자격을 갖춘 비중 있는 어른(이를 대야大爺라 부른다)들을 모셔 모임을 빛내는데, 이를 '부반도赴蟠桃'라 부른다. 그런 다음 산문을 단단히 걸어 닫고 새로운 회원들로 하여금 조사들의 위패 앞에서 세 번 무릎을 꿇고 아홉 번 머리를 조아리는 '삼궤구고三跪九叩'의 예를 올리게 한다. 이 예가 끝나면 방회의 어른 하나가 신입 회원들에게 방회의 규칙을 읽어 내려가며 조목조목 상세히 설명을 해준다.

이어서 단 앞에 마련되어 있는 선향을 왼손에, 단 위의 대편자를 오른 손에 쥐고는 노기를 띤 눈으로 회원들을 둘러본 다음 "오늘 이후 너희들 중 만약 산주의 명령에 따르지 않고 방규幫規를 지키지 않는 자가 있다면 이렇게 될 것이다!"라고 선언하면서 대편자를

◑ '청대 천지회의 개향당 때 향당의 설치 모습

높이 쳐들어 선향을 단칼에 두 동강 내버린다. 향을 자르는 행위가
끝나면 자른 향을 일일이 신입 회원들에게 기념으로 나누어주는
데, 경계의 뜻이 내포되어 있다.

　이것이 끝나면 회원들은 둥글게 모여 어른이 낭송하는 입회시를
듣는다. 그러고는 다시 의식에 따라 각각 예를 올린다. 예가 끝나면
입회에 따른 문답이 시작된다. 문답이 끝나면 각자에게 '표포票布'
를 나누어주는데, 잘 보관해야 한다. 이렇게 해서 개향당의 절차는
모두 끝난다.

　방회에 가입하고 나면 방회의 가법이라 할 수 있는 방규를 철저
하게 지켜야 한다. 회원들이 만에 하나 방규를 어기거나 두목에게

죄를 지으면 가혹한 처벌을 받는다. 죄가 무거우면 능지처참을 당하기도 한다. 청방의 경우에는 10개 조항의 가법이 있다. 그것은 방규를 어긴 자, 부모에게 불효한 자, 스승의 가르침에 따르지 않은 자, 연장자를 공경하지 않은 자, 방회의 재물을 가로챈 자, 방회의 늙은이나 어린이를 때린 자, 자신의 일에 전력을 다하지 않은 자, 도적질을 하거나 음란한 일을 저지른 자 등을 법에 따라 징계하는 내용이다.

표면적으로 보아 이런 가법은 권선징악을 내세우고 있지만, 실제로는 방회 중의 '두목'들이 일반 회원들을 기만하고 통제하는 수단이 된다. 그들의 '향당'은 사실은 개인이 설치한 '공당公堂'이며, '가법'은 바로 사형私刑이었다. 두목들은 이것을 이용하여 회원들을 좌지우지했다.

과거 강소江蘇성 홍방 조직인 춘보산春保山에서 다음과 같은 사건이 발생한 적이 있다. 한 소두목이 20여 명의 회원을 이끌고 연안에서 사사로이 소금을 사들이다가 개인 선박에게 포위당해 싸움이 벌어져 10여 명만 간신히 살아 도망쳤다. 배에 있던 소금과 돈을 모두 잃어버렸기 때문에 산으로 돌아가 감히 보고할 수가 없었던 모양이다. 그래서 급기야는 양자강의 배 위에서 도둑질을 하기에 이르렀다. 그 후 방회에서 파견한 감시인에게 발각되어 방회로 잡혀 왔다. 방회는 가법에 따라 모두 능지처참을 한 후 멍석에 말아 강에 내던져버렸다. 그러고는 이 일을 전체 방회 회원들에게 알려 경고했다.

위에서 말한 청방이나 홍방의 '개향당' 및 '가법'의 집행에 관한 이야기와 비슷한 것이 무협소설에서도 적지 않게 발견된다. 무협소설 속에 나오는 무림의 문파 역시 엄격한 조직과 연락 '절구切口'(암호 비슷한 각 방파의 은밀한 연락어)를 갖추고 있으며, 또 일정한 법규와 나름대로의 기반도 갖추고 있다. 『의천도룡기』에는 방파의 인물이 서로 만나는 장면이 그럴듯하게 묘사되고 있다.

천응교天應敎 소속의 누군가가 배 위에서 고함을 지르는 소리가 들렸다.
"정식으로 거래가 있을 테니 상관없는 객들은 자리를 피하라!"
그러자 은은한 목소리가 들려왔다.
"해와 달이 밝게 비치니 천응天鷹이 날개를 펴고, 성스러운 불길이 고우니 두루 세상 사람에게 은혜를 베풀도다. 여기는 총타總舵의 당주다. 어느 단에서 향을 피우려 하는가?"
그녀가 방금 한 말은 천응교의 절구였다. 배 위의 그자는 즉각 공손한 태도로 말했다.
"천시당天市堂의 이李 당주입니다. 청룡단靑龍壇의 정程 단주와 신사단神蛇壇의 봉封 단주도 여기에 있습니다. 천미당天微堂의 은殷 당주도 오셨습니까?"
천응교 교주 백미응왕白眉鷹王 은천정殷天正의 휘하에는 내삼당內三堂과 외오단外五壇이 있는데, 그는 교도들을 두 체계로 나누어 통솔하고 있었다. 내삼당은 천미天微·자미紫微·천시天市 3당이고, 외오단은 청룡靑龍·백호白虎·현무玄武·주작朱雀·신사神蛇 5단이었다.

『소오강호』에 나오는 화산파에는 해서는 안 되는 다음과 같은 7조의 계율이 있었다.

제1계: 스승을 속이고 조사를 무시하며 어른을 공경하지 않는 일.

제2계: 강함을 믿고 약한 자를 능멸하며 무고한 사람을 함부로 상하게 하는 일.

제3계: 간음하거나 호색하여 부녀자를 희롱하는 일.

제4계: 동문 간에 질투하거나 서로를 죽이는 일.

제5계: 이익을 위해 의리를 잊고 재물을 훔치는 일.

제6계: 스스로 교만방자하여 동도들에게 죄를 짓는 일.

제7계: 도적과 요사한 무리와 몰래 교류하거나 결탁하는 일.

화산파의 이 7대 계율은 청방의 가법 10조와 비슷한 점이 있다. 이런 계율들은 그 아래 무리들을 묶어두는 수단으로 사용될 뿐, 화산파의 장문인 악불군조차 청방의 두목들과 마찬가지로 이 계율을 준수하지 않고 있다. 악불군은 '눈앞의 이익을 보자 의를 잊고는'(제5계), 사제의 '벽사검보'를 훔쳤을 뿐만 아니라, '동도에게 죄를 짓고'(제6계), '무고한 사람을 함부로 상하게'(제2계) 하는 죄보다 더 악랄한 수단으로 항산파恒山派의 두 태사太師를 몰래 죽였다. 명실상부하게 간악한 자가 아닐 수 없다.

무협소설에 등장하는 큰 방파는 흔히 총타總舵와 분타分舵로 구분되고 있음을 볼 수 있다. 각 방과 각 파는 각기 자기들의 기반을 갖추고 있는데, 때로는 한 지방을 완전히 장악하여 그 세력이 몇 개 성에 미치는 패주가 되기도 한다.

방파의 일반 무리들은 방파 내의 대소 두목들에게 절대 복종해야 한다. 거기에는 한 치의 어긋남도 있을 수 없었다. 반면 두목들은 무리들에 대한 생사여탈권을 가지고 있어 언제든지 '반역'이란 편리한 죄목으로 회원들을 처단할 수 있다. 방파 내에는 형법과 법정, 그리고 취조실과 형장이 갖추어져 있다. 무림의 방파는 주도면밀하여 그야말로 바늘 하나 들어갈 구멍이 없고, 물샐 틈 없는 독립왕국이나 마찬가지다. 『소오강호』에서 향문천向問天이 마교 교주 동방불패東方不敗를 떠받들지 않는다는 구실로 동방불패는 그를 죽이고자 네 명의 살수를 파견한다. 전임 교주 임아행을 감금시키는 책임을 맡았던 매장사우梅莊四友는 향문천이 임아행을 구해 달아나는 바람에 마교의 4장로로부터 문책을 당한다. 한편 임아행은 마교를 효율적으로 통제하기 위해 부하들에게 '삼시뇌신단三屍腦神丹'이란 독극물을 복용시킨다. 이 독은 때가 되면 발작을 일으키는 작용을 한다. 이런 점들은 방파의 두령들이 그 무리들을 통제하고 징벌하기 위해 지독한 방법을 사용했음을 말해주는 예들이다.

무협소설 속의 무림 문파는 늘 가족·사문·지역·행회行會·교파와 밀접한 관련을 맺고 있다. 하남河南 진가陳家의 태극권, 사천四川 당가唐家의 암기, 대리국大理國 단가段家의 일양지一陽指 등은 모두 가족과 관계가 있다. 반면에 소림·무당 양파는 사조로 달마達摩와 장삼풍을 떠받들고 있어 사문과의 연관성을 보여준다. 그러나 소설가들은 산으로써 무림의 문파를 나누는 데 묘한 취미를 가지고 있다. 그래서 명산의 이름이 곧 무림의 문파가 된다. 태산·화산·항산·숭산·형산의 5악 외에도 아미·곤륜·종남終南·오대五台·황산黃山·천산天山·장백산長白山 등 수많은 문파들이 명산의 이름과 직결된다.

행회 세력으로 무림의 한 문파를 형성한 것 중 가장 유명한 것이 개방丐幫이다. 김용의 소설 속에서 그려지는 개방은 녹옥죽장綠玉竹杖이라는 지팡이 한 자루가 방주의 신표가 되고 있다. 개방 외에도 크고 작은 여러 방회들이 많은데, 육상에는 청죽방靑竹幫·철선방鐵扇幫·흑호방黑虎幫이니 하는 따위가 있고, 수상에는 금룡방金龍幫·해사방海沙幫·거경방巨鯨幫 등이 있다. 왕왕 어떤 방의 방주가 동시에 한 파의 수령으로 등장하기도 한다. 교파도 무림 방파의 하나로 등장한다. 『의천도룡기』에 나오는 명교 교주는 무림 맹주다. 『벽혈검碧血劍』에서 독을 잘 쓰는 운남오독교雲南五毒敎의 교주도 한 파의 무림 종사로 이름을 떨친다.

무림 방파들 간의 투쟁은 안팎으로 두 가지 양상으로 표현된다. 방파 내의 투쟁은 방주 또는 장문인 자리를 놓고 벌이는 알력을 주로 표현하고 있고, 방파 밖에서 벌어지는 투쟁은 지존무상인 무림 맹주의 명예를 놓고 벌이는 혈전의 형태로 나타나는 것이 일반적이다. 이런 지고무상한 자리를 차지하기 위해, 또는 절세의 무공비급을 차지하기 위해 이름난 많은 협객들이 음모와 살육의 복마전에 가담하게 된다.

『소오강호』에 나오는 숭산파의 장문인 좌랭선과 화산파의 장문인 악불군은 간악하기 짝이 없는 수단을 서슴없이 사용하는데, 그 중에서도 악불군은 더욱 음험하다. 오악파는 본래 각각 나름의 파를 이루고 있었으나, 훗날 좌랭선이 오악검파로 합치자는 제안을 내놓은 이후 좌랭선과 악불군 두 사람이 오악검파의 수령 자리를 놓고 싸우게 된다. 좌랭선은 자신의 세력이 강하기 때문에 그 힘을 휘두르며 은밀히 승부를 조종한다. 형산파의 유정풍劉正風 일가를 암살하고 항산파 정정사태定靜師太 등을 습격하여 살해하는 좌랭선의 모습에서 우리는 그의 잔인하고 독한 면을 발견한다. 그런가 하면 열세에 있는 악불군은 진면목을 감춘 채 은밀히 일을 진행시킨다. 그는 '군자검'이란 가면을 쓰고 있으나 실은 위선자의 전형이었다. 항산파의 정한定閒·정일定逸, 두 사태師太를 은밀히 살해하고 『벽사검보』를 탈취해 오는 악불군의 비열한 행동에서 암흑 조직의 깡패 두목들과 조금도 다름없는 음험하고 악독한 위선자의 이면을 발견하게 된다.

물론 무림 방파 중에는 의협을 근본으로 삼는 인물도 적지 않다. 홍화회의 여러 영웅들이 황하의 재난을 구하려 애쓴 일, 개방 사람들이 곽정을 양양襄陽까지 호위한 일, 장단풍이 사직을 구하기 위해 고비사막에서 강남까지 동분서주 뛰어다닌 일, 소봉이 민족의 모순을 해결하기 위해 장렬하게 자신의 몸을 던진 일, 호비가 가난하고 고통 받는 농민의 복수를 위해 악당을 뒤쫓아 다닌 일 등등이 모두 강호 호걸의 영웅본색을 실천한 행동이었다. 그들은 나라를 걱정하고, 외척의 침략에 대항하며, 강자를 물리치고 약자를 도우며, 정의의 가치를 높이고, 무고한 사람을 함부로 죽이지 않는 진정한 협의의 영웅호걸이라고 할 수 있다. 그들의 의로운 행동은 좌랭선이나 악불군 따위의 비열한 행위와는 근본적으로 다른 것이었다.

무기 ❶

기발한 법보와 요물들

『촉산검협전』은 기발한 상상력이 돋보이는 작품이다. 그래서인지 작품에 등장하는 법보들은 신기하면서도 아름답다. 반면 요물들은 무시무시하고 잔인하며 괴이함 속에 또 괴이함이 번득이는 등 상상을 초월한다. 동서고금을 통틀어 전대미문의 작품이라 할 수 있다.

　『촉산검협전』에는 흔히 볼 수 있는 도검 외에도 눈부실 정도로 진기한 많은 법보들이 총동원된다. 검劍으로는 장미진인이 남긴 자영紫郢·청삭青索이라는 두 보검이 가장 위력적이다. 게다가 두 검을 합치면 그 위력은 더욱 커진다. '일구남명이화검一口南明離火劍'은 소림사의 달마대사가 양자강을 건너기 전에 만든 것이라 전하는데, 그 위력이 자영검이나 청삭검 못지않다. 도刀로는 홍발노조紅髮老祖가 사용하는 '화혈신도化血神刀'가 자못 신이하다. 흉악하기 그지없는 녹포노조도 이 도를 당해내질 못했다. 이 밖에 영모英姆

가 번승番僧에게서 빼앗은 '구구수라도九九修羅刀'는 그녀가 도술을 연마한 후 아주 사악한 요물로 변해버리게 만들 정도니 그 위력이 가히 천하무적이라 할 수 있다. 도나 검 외에도 구구鉤(갈고리)·과戈(창)·부斧(도끼)·월鉞(큰도끼)·노弩(쇠뇌)·전箭(화살)·침鏨(끌, 정)·찬鑽(송곳)·추錘(철퇴)·전剪(화살)·환環(고리)·권圈(술잔, 바리때)·정釘(못)·저杵(공이)·쇄鎖(쇠사슬)·륜輪(바퀴)·병瓶·경鏡(거울)·척尺(자)·반盤(소반, 쟁반)·침針(침, 바늘)·사梭(베틀 북)·쟁箏·소簫(퉁소)·등燈·종鐘·주珠(구슬)·구球(공처럼 둥근 것)·잠簪(비녀)·규圭(홀)·산傘(우산)·정鼎(솥)·망網(그물)·조罩(보쌈)·라羅(그물)·금錦(비단)·사沙(모래)·석石(돌)에서부터 화염火焰·청연靑煙(연기)·광선光綫(빛줄기)·성음聲音 등까지 다양한 것들이 법보가 되어 신묘한 위력을 발휘하고 있다.

법보의 이름들도 각양각색으로 묘하고도 괴이하다. 그중에서 구슬과 거울에 속하는 보주寶珠와 보경寶鏡을 예로 들어보면, 설혼주雪魂珠·화령주火靈珠·모니주牟尼珠·한벽주寒碧珠·가람주伽藍珠·음린신화주陰燐神火珠·천둔경天遁鏡·태허신경太虛神鏡(일명 호천보감昊天寶鑑)·가섭금광경迦葉金光鏡·양의천담경兩儀天曇鏡 등등이다. 놀라운 폭발력을 가진 법보로는 태을신뢰太乙神雷·오행신뢰五行神雷·천강뢰주天罡雷珠·토목신뢰土木神雷·석화신뢰石火神雷·계수뢰주癸水雷珠·한염신뢰寒焰神雷·건천일원신뢰乾天一元神雷(일명 벽력자霹靂子)·제천십지여의신뢰諸天十地如意神雷 등이 있다. 그리고 무음신뢰無音神雷라는 법보는 터질 때 소리가 전혀 나지 않는 것으로 오늘날 소음총과 비슷하다. 혼원일기구와 구자음뢰는 핵폭탄과 같은 엄청난 살상력을 갖고 있다. 구자음뢰의 폭발력이 어떠한 지 그 한 대목을 훔쳐보자.

구자음뢰는 작은 술잔 정도 크기지만, 사용하는 사람이 마음먹기에 따라 엄청난 위력을 발휘할 수 있다. 손에서 발사될 때는 그 빛이 결 코 강렬하지 않다. 검보라와 짙은 남색이 번갈아가면서 번쩍이는데 뭐 그다지 기이한 구석이라고는 없는 것처럼 보인다. 그러나 위력이 발휘되면, 기광奇光이 터지면서 화염이 위로는 하늘 저편까지 만 길 이나 치솟고 아래로는 물속 깊이 꿰뚫고 들어간다. 삽시간에 사방 천 리 안에 살아 있는 모든 생명체가 새까맣게 변해버린다. 이 음뢰의 폭 발로 인해 날리는 재와 먼지는 하늘까지 닿는다. 그 가운데 포함되어 있는 모래와 돌들이 서로 마찰을 일으켜 수없이 많은 불똥이 날아다 니며, 돌이 녹아 용암처럼 흘러내리기도 한다. 천리 밖 먼 곳에서 이 광경을 지켜보면 마치 무지갯빛의 불기둥이 하늘을 떠받치고 있는 것 같은데, 한 달이 지나도 흩어지지 않고……

1940년대에 쓰여진 이 장면은 마치 오늘날 핵폭탄이 터지는 모습 과 흡사하여 실로 믿기 어려울 정도로 놀랍다.

한편, 환주루주의 붓끝에서 빚어지는 법보는 먼 고대로부터 전 해 내려온 진기한 보물로서 항마降魔에 강력한 힘을 가지기도 한 다. 전설시대의 황제黃帝가 주조했다는 태허신경과 구의정九疑鼎, 우 임금이 홍수를 다스리면서 사용했다는 우정禹鼎이라는 솥과 신 우령神禹令, 고대의 신선 광성자廣成子가 남긴 천둔경과 구천원양척

九天元陽尺 등등 이루 다 헤아리기 힘들다. 제하아齊霞兒가 안탕산雁蕩山 안호雁湖에서 우정을 가지고 요괴 곤鯤을 없애는 장면은 아주 절묘하다.

우정은 우 임금이 홍수를 다스릴 때 사용한 17개의 보물 중 하나로 안호 바닥에 가라앉아 있었다. 그 표면에는 이매망량魑魅魍魎과 어룡사귀魚龍蛇鬼, 그리고 산천의 정령과 요괴 등이 무수히 새겨져 있는데, 요괴 곤이 법술을 부려 이 괴물들이 물을 뚫고 나오게 한다. 이 괴물들의 크기는 한 아름 되는 것도 있고, 어떤 것은 몇 자 되지 않는다. 몸이 세 개에 머리가 둘인 비둘기 몸뚱어리에 호랑이 얼굴을 한 것도 있고, 몸이 둘에 머리가 아홉인 사자 몸체에 용의 발톱을 한 것도 있다. 강시僵屍 같은 모습을 한 것은 발이 하나에 괴이한 소리를 내기도 한다. 교룡蛟龍의 몸뚱어리에 뿔이 여덟 개나 돋은 것도 있는 등 별의별 괴물이 다 있다.

그중에서도 이리 머리에 코끼리 코를 하고 용의 눈에 매의 부리를 한 괴물이 가장 놀랍다. 이 괴물은 이빨을 밖으로 드러내고 있는데, 이빨의 길이가 자그마치 한 길 가까이 되며 위아래로 수십 개가 빽빽하게 나 있다. 입을 한 번 벌리면 10여 장의 불꽃이 뿜어져 나온다. 열 길 길이의 머리와 등에는 14~15장丈의 두 날개를 달고 있다. 머리 아래는 더욱 길고 커서 70~80장이나 된다. 몸에는 물고기 비늘이 번쩍번쩍 빛나는데 한 조각이 몇 자씩 된다. 이 엄청난 괴물은 원래 우정에 새겨져 있는 이리 머리에 두 날개를 단 용 같은 그 괴물이다. 우정은 이 괴물의 본 몸체이자 붙어 사는 장소이기도 하다. 제하아가 요괴 곤을 죽인 후 주문을 외어 이 법보를 수습한다.

그녀가 이 우두머리 격인 요물을 향해 큰 소리를 지르니, 이 요물은 우정으로 날아오는데 순식간에 크기가 오그라들면서 우정과 하나가 되어버리고 만다. 우정 위에서는 한 가닥 빛이 피어올랐다. 이 요물이 우정으로 복귀하자 나머지 요물들도 앞을 다투어 우정으로 날아들어 이내 크기가 줄어들면서 사라졌다. 이 장면은 실로 생기 발랄하며 환상적이어서 읽는 이의 눈을 황홀하게 만든다.

숱하게 많고 많은 법보들 중에서도 역정과 역진 형제가 여러 차례 사용하는 천십지벽마신사天十地辟魔神梭는 신기하고도 특이하다. 이 베틀 북은 역씨 형제의 할아버지인 역주易周가 바닷속에서 천년정철千年精鐵을 캐다가 북극의 만년현빙萬年玄冰에 갈아서 완성한 것인데, 순양純陽의 불기운은 한 점도 사용한 적이 없었다. 그 형태는 베를 짜는 베틀 북과 같지만, 사용하지 않을 때는 98개의 줄기를 가진 버들잎과 비슷하여 길이는 몇 치 정도에 종잇장처럼 얇은 강철 조각 같았다. 일단 사용하면 버들잎이 세 길 정도로 길어지면서 절로 울타리를 쳐서 사람을 포위하는데 틈이 전혀 없었다. 뿐만 아니라 사용하는 사람이 원하는 대로 자유자재로 움직인다. 사람을 구할 때는 입으로 주문을 외우기만 하면, 베틀 북 중심 일곱 조각의 작은 잎사귀가 벌어지면서 둥근 문을 만들어 사람을 그 안으로 끌어들인다. 상대방이 법보나 검으로 쫓아오면 그 일곱 조각의 잎사귀들이 즉각 날아와 차가운 빛을 내뿜으며 적을 막는다. 하늘을 깨고 땅을 뚫듯이 순식간에 날아간다. 이 베틀 북은 하늘로 올라갈 수도 있고 땅으로 파고들어갈 수도 있고 잠수할 수도 있는 다목적용이다. 오늘날의 우주선이나 잠수함에 비해서도 한결 앞서 있다. 실로 기상천외하다. 당시 무엇이 환주루주로 하여금 이런 기묘한 법보를 생각해내게 했는지 놀라울 뿐이다.

환주루주의 그같이 신기한 필치는 요마와 괴물을 그려내는 데에도 그대로 발휘되었다. 놀랍고도 도를 넘어선 과장을 통해 공포스러운 괴물들이 무수히 양산되었다. 현실 감각이 앞서는 독자라면 이런 괴물들을 절대로 믿지 않겠지만, 환주루주가 작품 속에서 흥미진진하게 풀어놓는 얘기를 듣다 보면 어느새 이런 괴물들의 존재를 인정하지 않을 수 없게 된다.

소화상笑和尙이 천잠령天蠶嶺에서 죽인 문주文蛛는 특히 무섭고도 실감 난다. 이 문주의 정체는 천년 묵은 전갈이다. 무지막지하게 큰 거미와 교합해서 생겨난 괴물이다. 이 괴물은 491개의 알을 낳는데, 알이 떨어질 때면 흙이 움푹 파일 정도로 크고 무거워 천둥 치는 소리를 내며 한 치가량 땅에 파묻힌다. 그리고 장장 365년이 지나면 완전히 자란다. 알의 길이는 한 치하고 두 푼이며, 땅에서 서로를 잡아먹으며 자라난다. 한 번 잡아먹을 때마다 한 치씩 자라나 마지막 하나가 남을 때까지 서로를 잡아먹는다. 이 괴물은 전갈과 거미의 잡종이지만 모습이 비슷하고 몸체는 차라리 두꺼비 같다. 배 아래로 짧은 다리가 나 있고 꼬리는 없다. 앞뒤로 긴 집게가 있는데 그 주위로 한 자가량의 낚싯바늘과 비슷한 가시들이 수두룩하게 돋아 있다. 표면에서는 초록색 빛이 번쩍인다. 주둥이도 대가리도 뾰족하고 눈에서는 붉은 빛이 뿜어져 나온다. 입으로는 불과 오색 연기를 내뿜는다. 다 자라면 입에서 내뿜는 연기로 접촉하는 대상을 돌처럼 굳혀버린다. 사람이 되었든 짐승이 되었든 간에 그

연기에 쏘이면 굳어져 죽고 만다. 또 이 괴물은 소리를 내어 사람을 부르는데 누구든지 그 소리에 대답하면 이 괴물과 교감이 이루어지고 결국 괴물은 그 상대를 찾아내어 잡아먹는다. 이 괴물이 몸을 쭉 뻗으면 그 생김새가 꼭 한자의 '文'자 같다. 그래서 문주라고 이름을 붙인 것이다. 환주루주의 생생한 필치는 이 괴물이 정말로 작품 속에서 살아 뛰어다니는 것 같은 착각을 불러일으킨다.

까무러칠 정도로 무시무시한 요물을 들라면 아무래도 '만재한현萬載寒蚿'이란 괴물일 것이다. 작가는 먼저 이 요물이 아름다운 미인으로 변하는 선정적인 장면을 다음과 같이 묘사하고 있다.

몽롱한 가운데 타원형의 침상이 나타나더니 그 위에 요염한 여인이 은은히 내비치는 망사를 입고 비스듬히 누워 조는 듯 향 내음을 풍기고 있다. 피부는 윤기가 자르르 흐르고 한 줌도 안 되는 허리는 버들 잎처럼 하늘거리는데, 한 꺼풀 망사 아래는 눈뜨고 차마 볼 수 없을 정도로 손바닥만 한 천 조각 하나만 가린 적나라한 모습이다. 백설같이 하얀 허벅지, 봉긋한 젖가슴이 안개 속에 잠긴 한 떨기 꽃을 보는 것처럼 그 요염도를 더해주고 있다.

더욱이 옥같이 부드러우면서 윤기가 흐르는 다리, 야들야들하며 빛나는 피부, 서리가 내린 듯 하얀 발, 매끈한 종아리는 아래로 자연스럽게 흘러내리고, 곧 꺾일 것 같은 손가락은 보는 이의 마음을 사로잡는다. 일찍이 이런 고혹스런 모습을 어디서도 본 적이 없었는데…….

천천히 일어나 앉아 별빛 같은 눈망울로 뭇사람들에게 추파를 던지며 옥 같은 팔을 살짝 걷어 올리니 사람들은 만면에 희색을 띠고 너나 할 것 없이 자기도 모르게 몸을 일으켜 이 요염한 여자의 얼굴을 뚫어져라 쳐다보며 10여 걸음 주춤주춤 뒷걸음친다…….

그때! 이 요녀가 문득 몸 뒤쪽에서 금경金鏡을 꺼내 옥 같은 팔뚝과 구름같이 틀어 올린 머리를 향해 좌우로 두 번 비춘다. 자신의 모습을 돌아다보고 가볍게 한숨을 쉬는데 가느다란 눈썹이 그만 끊어질 것 같다. 그러다가 무의식중에 오른쪽 다리를 뻗치니 발끝이 도동道童의 뺨을 툭 건드린다. 도동은 홀연히 흥분되어 몸을 벌떡 일으키더니 양어깨를 한 번 부르르 떨다 몸에 걸친 옷을 모조리 벗어버린다. 순식간에 알몸이 되어, 괴성을 지르면서 그 요녀를 덮쳐간다.

요물의 아름다운 자태를 묘사한 후 작가는 계속해서 안개 속을 꿰뚫어볼 수 있는 능력을 가진 금선金蟬과 석생石生 두 사람의 눈을 통해 이 요물의 본모습을 볼 수 있게 그려낸다.

금선과 석생은 그들의 법안을 바쁘게 굴리며 뚫어져라 그 요녀를 보았다. 그러자 요녀는 모습이 아주 괴이한 요물로 나타났다. 달팽이 같은 몸뚱어리에 머리가 여섯 개고 몸체는 아홉이며 발은 마흔여덟 개나 달린 괴물이었다. 머리는 마음먹은 대로 모양을 바꿀 수 있는데 가운데 두 개가 유별나게 컸고 목도 특히 길었다. 넓적한 큰 입은 피가 뚝뚝 흐르는 쟁반 같았고 이빨은 없었다.

몸 길이는 수십 길이나 되며 머리 둘과 몸통 셋이 침상을 틀고 앉아 있고 나머지는 땅을 향해 축 늘어뜨리고 있는데, 침상 바닥을 거의 반 이상이나 덮었다. 피를 흘리는 입가에는 먹다 남은 도동의 신체 일부가 여전히 꿈틀거리고 있었는데, 여섯 개나 되는 머리가 그 몸뚱이를 가운데 놓고 긴 목을 내밀었다 집어넣었다 하며 쉴 새 없이 잘근잘근 씹어댄다. 그 소리가 마치 듣는 사람의 심장을 갉아 먹는 것같이 끔찍했다. 이 세상 어디에서도 찾아볼 수 없는 흉측한 모습이었다. 교태가 뚝뚝 흐르며 짙은 향내를 풍기는 절세가인의 정체가 이렇게 끔찍한 요물일 줄이야!

참으로 우주를 질식케 하고 하늘을 놀라게 할 정도의 묘사가 아닌가! 『촉산검협전』에서 잔인하기로 말하자면 녹포노조를 따를 것이 없고 음탕하기로 말하면 염시최영艶屍崔盈을 따를 것이 없는데, 이 만재한현은 이 둘을 모두 겸하고 있으니 녹포노조와 염시최영을 한데 합쳐놓은 화신이라 할 수 있다.

환주루주가 창조한 요물들은 각각 모델이 있었다. 환주루주는 1950년대 중반에 한 신문에 왕년에 자기 작품 속에 등장하는 괴물들을 창조한 비결을 공개한 바 있다. 고배율 돋보기로 각종 곤충을 관찰한 다음 그것을 크게 과장한다. 거기에다 손발톱·이빨·뿔·꼬리를 보태어 인간 세상에서 찾아볼 수 없는 기괴한 괴물을 창조해 내는 것이다. 한 예로 개미를 1만 배 정도 확대해 보면 본래 크기 모습과는 전혀 다른 끔찍한 모습으로 변한다. 거기에다 코끼리의 코, 물소의 뿔, 악어 꼬리 등을 갖다 붙여놓고 보라! 무시무시한 괴물이 탄생할 것이 아닌가! 환주루주는 실물을 모델로 해서 특별한 괴물을 창조해내기 때문에 그 과장이 한결 실감나는 모양이다.

『촉산검협전』은 상상을 초월하는 기괴함과 그 누구도 따를 수 없는 상상력으로 신마검협소설 계열에서 전대미문의 최고봉을 차지한다. 우리가 위에서 살펴본 기이한 법보와 기절초풍할 요물들 몇 가지만 봐도 이미 충분하지 않은가.

무기 ❷
18반 무기란 무엇인가

구파 무협소설에서는 누구누구가 18반 무예에 하나같이 능통하다는 대목을 흔히 본다. 이른바 '18반 무예'는 바로 18반 무기를 다룰 줄 아는 무술 기예를 말한다. 이 18반 무기가 무엇인가에 대해서는 여러 사람들의 의견이 일치하지는 않는다.

'18반 무기'라는 말은 송나라 시대의 화본소설인 『사홍조용호군신회史弘肇龍虎君臣會』에 맨 먼저 나온다. 그러나 그저 18반이라고 두루뭉술하게 말하고 있지 그 종류들을 일일이 적시하지는 않았다. 18반 무기의 구체적인 이름들은 『수호전』에 처음 나타난다고 할 수 있다. 『수호전』을 보면 구문룡九紋龍 사진史進이 18반 무예에 정통했다고 묘사하면서 구체적으로 모矛·추鎚·궁弓·노弩·총銃·편鞭·간鐧·검劍·연鏈·과撾·부斧·월鉞·과戈·극戟·패牌·봉棒·창槍·배扒 등 18종의 무기 이름들을 늘어놓고 있다. 그보다 약간 늦게 명나라 사람 사조제謝肇淛는 『오잡조五雜俎』 「인부人部」 중에서 다음과 같이 쓰고 있다.

명나라 황제 영종英宗 기사년己巳年에 일어난 난리 때 천하의 용사들을 모집했다. 산서山西 지방의 이통李通이란 자가 서울로 올라와 그 기예를 선보이는데 18반 무기에 모두 능통하여 적수가 없어 마침내 으뜸으로 뽑혔다. 그런데 그 후 이통은 별다른 공을 세우지 못했으니 무슨 까닭일까? 18반은 1.궁弓 2.노弩 3.창槍 4.도刀 5.검劍 6.모矛 7.순盾 8.부斧 9.월鉞 10.극戟 11.편鞭 12.간鐧 13.과撾 14.수殳 15.차叉 16.파두爬頭 17.면승투삭綿繩套索 18.백타白打이다.

여기에 열거된 18반 무예는 『수호전』에 나오는 것과는 다소 다르다. 그중에서도 '백타'는 맨손으로 싸우는 격투기이므로 무기와는 아무런 관계가 없다.

사조제와 같은 시대 사람인 주국정朱國禎도 『용당소품湧幢小品』의 「병기」 중에서 18반 무예에 대해 기록하고 있는데, 그 이름과 순서는 모두 사조제와 같다. 청나라 사람 저인확楮人穫은 『견호집堅瓠集』의 「18반 무예」에서 『마씨일초馬氏日鈔』를 인용하여 역시 이통에 관한 일을 기록하면서 18반 무예를 열거했지만, 역시 사조제의 기록과 같다.

구舊판 『사해辭海』를 보면 '18반 무예'를 설명하면서 두 가지 견해를 제시하고 있다. 하나는 『견호집』의 견해를 취했고, 다른 하나는 전국시대 손자孫子와 오기吳起가 남긴 기록으로 전해오는 것에

각종 무기와 방어구

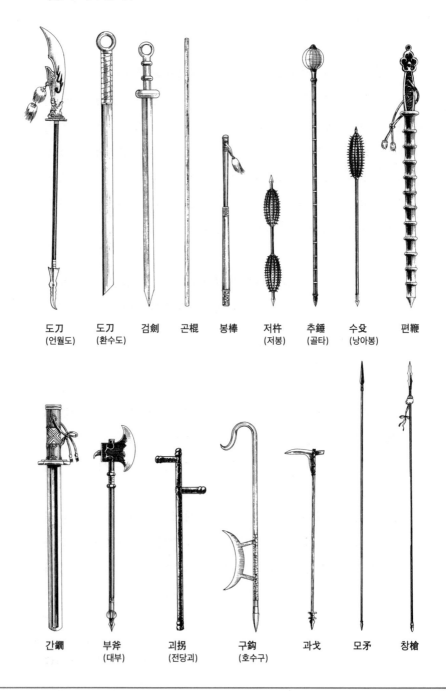

도刀
(언월도)

도刀
(환수도)

검劍

곤棍

봉棒

저杵
(저봉)

추錘
(골타)

수殳
(낭아봉)

편鞭

간鐧

부斧
(대부)

괴拐
(전당괴)

구鉤
(호수구)

과戈

모矛

창槍

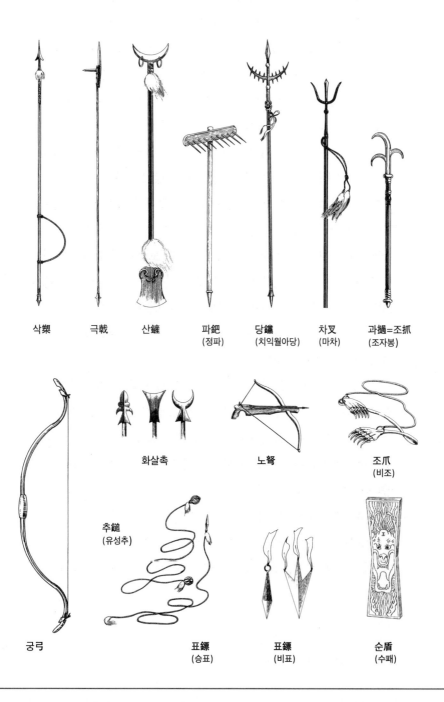

삭槊　　극戟　　산鏟　　파鈀　　당鏜　　차叉　　과撾=조抓
　　　　　　　　　　　　(정파)　(치익월아당)　(마차)　(조자봉)

화살촉　　　　노弩　　　　조爪
　　　　　　　　　　　　　(비조)

추鎚　　　　　　　　　　　　순盾
(유성추)

궁弓　　　표鏢　　　　표鏢　　　　순盾
　　　(승표)　　　(비표)　　　(수패)

서 취했다면서 긴 무기 아홉 종류와 짧은 무기 아홉 종류로 나누고 있다. 긴 무기에는 창槍·극戟·곤棍·월鉞·차叉·당钂·구鉤·삭槊·환環 등의 아홉 종류가 있다. 짧은 무기에는 도刀·검劍·괴拐·부斧·편鞭·간鐧·추錘·봉棒·저杵 등의 아홉 종류가 있다. 신판『사해』에서도 이 설을 취했는데, 하나는『견호집』과 같고, 다른 하나는 도刀·창槍·검劍·극戟·곤棍·봉棒·삭槊·당钂·부斧·월鉞·산鏟·파鈀·편鞭·간鐧·추錘·차叉·과戈·모矛 등 18반을 열거하고 있다. 그러나 이 설이 어디에 근거를 둔 것인지는 밝히지 않고 있다.

이상 여러 설을 통해 알 수 있듯이 18반 무기의 이름에 관해서는 견해차가 만만치 않다. 공통적으로 거론하고 있는 무기로는 검劍·창槍·부斧·월鉞·편鞭·간鐧 정도다. 그런데 도刀는 본래 가장 흔한 무기인데도『수호전』에 들어 있지 않으니 무슨 까닭일까? 요컨대 18반 무예는 하나의 총칭이자 범칭이 되어버렸다. 여러 가지 다른 설이 있기 때문에 그 이름들도 어느 것을 가장 옳은 표준으로 삼아야 할지 확정할 길이 없어 보인다.

『수호전』『삼협오의三俠五義』『아녀영웅전』 등과 같은 고대 협의소설에 등장하는 무기는 비교적 단조롭고 종류도 많지 않아 대체로 18반 무기의 종류를 벗어나지 않고 있다. 그러나 1911년 민국 이후 무협소설이 성행하면서 협객의 손에 들려지는 무기는 아주 다양하게 변하기 시작한다.

1960년대 새로운 무협소설이 출현하면서 무기는 더 새로운 단계로 접어든다. 이때가 되면 과거의 18반 무기로는 양이 차지 않게 된다. 신구 양파 무협소설가들은 놀라운 상상력을 발휘하여 독특한 무기들을 계속 창조해냈다. 이런 무기들 가운데 18반 무기를 기본으로 하여 변형시킨 것도 있고, 어떤 것은 소설가가 자기 멋대로 상상해 창작해낸 것도 있으니, 실로 현란하기 짝이 없다. 그중 몇 가지를 말해보자. 안령도雁翎刀·상문검喪門劍·연자창練子槍·상비저象鼻杵·호미곤虎尾棍·청동간青銅鐗·용두괴장龍頭拐杖·열결쌍구列缺雙鉤·태호과太皓戈·유성추流星鎚·도룡도屠龍刀·의천검倚天劍·오성월五星鉞·삼절곤三節琨·호차虎叉·사편蛇鞭·항룡봉降龍棒·개산부開山斧·자모용봉환子母龍鳳環·팔괘자금도八卦紫金刀 따위가 그것이다. 이런 무기들은 18반 무기의 이름을 토대로 그 형태를 본뜬 형용사를 덧붙이는 특징을 가지고 있다. 반면에 장생검長生劍·이별구離別鉤·다정환多情環·절정봉絕情棒 등과 같은 무기는 감정적인 색채가 짙은 단어로 수식되어 있다. 또 판관필判官筆·아미자蛾眉刺·일월륜日月輪 따위는 협객들이 애용하는 짧은 무기들이다. 병장기를 사용할 때 흔히 "한 치가 짧으면 그 한 치만큼 위험하다"고 한다. 그래서인지는 몰라도 이런 짧은 무기를 사용하는 사람들은 대체로 무공이 높다. 빈철선장鑌鐵禪杖이나 독각동인獨脚銅人과 같이 무거운 무기는 내력이 출중하거나 천생의 괴력이 남다른 사람들이 사용한다.

한편, 무협소설가들의 붓끝에서는 일상 생활용품들도 위력이 대단한 무기로 둔갑하곤 한다. 쥘부채·주판·곰방대·허리띠·저울추·멜대·낚싯대·어망·바둑판·불진拂塵·우산·비파·퉁소·금쟁琴箏·바늘·밥솥 등이 모두 무기가 된다. 심지어는 철령패鐵靈牌·곡상봉哭喪棒·조혼번招魂幡과 같은 상서롭지 못한 물건도 왕왕 특수한 무기로 등장한다.

위에서 열거한 것들 중에서도 쥘부채·주판·비파·퉁소 등은 암기가 그 안에 감추어져 있어 수시로 발사되기 때문에 좀처럼 방어하기 어려운 무기가 되기도 한다. 『사조영웅전』에서 서독 구양봉이 사용하는 사장蛇杖은 대단한 위력을 가진 무시무시하고도 괴이한 무기다. 이 무기와 관련된 한 대목을 보자.

이 사장은 머리 부분에 입이 찢어지도록 웃고 있는 사람 머리가 조각되어 있다. 얼굴은 흉측하고 날카로운 이빨을 밖으로 드러내고 있고 그 위에는 독이 묻어 있다. 사장이 춤추며 움직일 때는 흡사 사람을 향해 물려고 달려드는 귀신 같다. 일단 그 가운데 설치한 기관 부분을 누르기만 하면 사람 머리에서 독을 바른 암기가 격출되어 날아간다. 그보다 더 지독한 것은 이 지팡이의 밑부분을 휘감고 있는 두 마리의 독사다. 이 독사들은 자유자재로 튀어나갔다가 되돌아오는 그야말로 방어하기 힘든 무기라 할 수 있다.

과연 서독의 사장에는 암기와 독사가 한데 집합해 있어 지독함의 극치를 이룬다. 그러나 뭐니 뭐니 해도 무기의 최고 경지는 '무기가 없는' 경지다. 이른바 '무기가 없는' 경지는 사실 어떤 물건도 무기가 될 수 있다는 말과도 통한다. 『신조협려』에서 "대상에 구애됨 없이 풀잎·나뭇가지·대나무·돌이 모두 검이 될 수 있다"고 한 말이 바로 이 뜻이다.

기류氣流와 음성도 신묘한 무기가 된다. 육맥신검과 화염도는 손가락 끝과 손바닥에서 발출되는 기로 적을 죽이기까지 한다. 소리로 상대를 죽이는 것에는 두 가지가 있다. 비파·통소·거문고·피리와 같은 악기 소리로 상대를 발광하게 해서 이성을 잃게 만들기도 하고,『의천도룡기』에 등장하는 사손은 휘파람 소리로 왕반산도王盤山島에 있는 천 명의 사람을 미치게 만들었다.『광릉검』의 장단풍도 '사자후獅子吼'를 사용하여 마두 여항천厲抗天을 혼비백산하게 만들어 결국은 쓸개가 터져 죽게 했다. 눈에는 보이지 않는 이런 무기는 형태를 갖고 있는 칼이나 검보다 훨씬 더 지독하다.

18반 무기에서 궁弓과 노弩는 원거리 무기에 속한다. 그리고 사용하는 데 비교적 손이 많이 가는 무기다. 그래서 구소설에 흔히 나오는 비표飛鏢·수전袖箭·비황석飛蝗石 등과 같이 손으로 언제든지 날릴 수 있는 암기에 비한다면 훨씬 불편하다. 신구 무협소설에 나오는 암기는 훨씬 다양하며 그 용도도 묘하다. 우모침牛毛針·매화침梅花針·교수침蛟鬚針·투골정透骨釘·상문정喪門釘·철련자鐵蓮子·철보리鐵菩提·철질려鐵蒺藜·금전표金錢鏢·호접표蝴蝶鏢·오공표蜈蚣鏢·사추蛇錐·공작령孔雀翎·비어자飛魚刺·천산신망天山神芒·빙백신탄冰魄神彈 등 이루 헤아릴 수 없이 많고, 독이 발린 암기라면 그 위력이 한결 지독하다.

공력이 깊은 무림 고수들은 평범한 돌멩이나 바둑알 따위를 암기로 사용할 수 있을 뿐만 아니라, 꽃잎이나 나뭇잎을 날려 몸을 상하게 하고, 술을 뿜거나 얼음을 날려 적을 죽이기도 한다. 심지어는 지독한 살상력을 가진 가래를 뱉어내기도 하는데, 이쯤 되면 정말 기도 안 찬다. 입안에 조핵정棗核釘이나 독용침毒龍針을 넣어 가지고 있다가 수시로 내뱉어 적을 습격하는 경우도 있는데, 말을 하거나 밥을 먹을 때도 전혀 지장이 없다 하니 신기하다 못해 황당무계할 따름이다.

병기·장식물·법기로서의 검

검은 무협소설에서 가장 흔히 보이는 무기로, 검이 없으면 무협소설도 의미 없다고 말할 수 있다. 무협이란 단어와 가장 가까운 검객 또는 검협이란 단어들은 검이 갖는 중요한 위치를 충분히 나타내준다. 검을 타고 날아다니는 검선劍仙은 더욱 신묘하여 이미 신선의 경지에 들어선 존재를 가리킨다.

검은 기원전 3세기 무렵 중국을 최초로 통일한 진나라 이전에 이미 출현했다. 대체로 청동기가 발전하던 시기에 검은 창끝과 비수로부터 변화되어 나온 것 같다.

현재 발견되고 있는 고고유물로 볼 때 시대가 가장 빠른 검은 기원전 10세기를 전후한 서주 시대의 청동검이다. 그 당시의 검은 아직 완전하지 않아, 검 몸체에 등대가 없고 그저 끝만 뾰족하고 양가에 납작하게 날을 세운 정도였다. 손등을 받쳐주는 손받침(이를

검격劍格이라 한다)이나 손에서 빠지지 않게 손잡이 아랫부분을 대체로 둥글게 만든 검끝(이 부분은 검수劍首라 한다)은 없었고, 아주 짤막한 손잡이(이 부분을 검경劍莖이라 한다) 부분만이 있었다.

그 후 검은 계속 변형되고 개량·발전하여 검 몸체의 가운데에는 등대가 생기고 검경 부분은 길어져 어엿한 검손잡이를 이루게 되었고, 손받침과 검끝 부분도 제대로 모습을 갖추게 되었다. 진짜 검의 모습을 점차 갖추어가는 동시에 차고 다니기 쉽게 검집이 발명되기도 했다.

기원전 8세기 무렵 시작된 춘추시대 이후로는 구리를 녹이고 그것으로 물건을 만드는 주조 기술이 크게 진보했다. 얼마 전 호북湖北성 강릉江陵 망산望山에서 나온 월나라 구천勾踐[65]의 검은 마치 방금 만들어낸 것같이 번쩍거렸고 날도 대단히 예리했다. 또 검 몸체에는 온통 마름모꼴이 음각으로 새겨져 있었다. 화학 분석을 해본 결과 이 검의 기본 조직체는 주석이 섞인 청동이고, 겉에 음각으로 수놓여 있는 무늬는 주석·구리·철 등이 섞인 합금이며, 검 몸체에 적은 양이지만 니켈도 섞여 있음이 밝혀졌다. 당시에 무기를 만드는 기술이 이미 꽤나 높은 수준에 올라 있었음을 알 수 있다.

기원전 5세기에 접어들면서 전개된 전국시대에는 강철검이 만들어져 검의 질이 한층 높아졌다. 전국시대에는 약육강식의 시대로 전쟁이 잦았고 그에 따라 검은 군대에서 보편적으로 사용하는 짧은 무기로 위력을 떨쳤다. 검은 갈수록 예리해졌다. 간장干將·막야

---

65 '와신상담臥薪嘗膽'이란 고사성어와 관련된 월나라의 왕이다.

莫邪·담로湛盧·어장魚腸·태아太阿·용천龍泉 등과 같은 유명한 보검들이 모두 이때 나타났다. 옛 기록에 따르면 이런 보검들은 "땅에서는 말과 소를 자르고, 물 위에서는 고니와 기러기를 벨 수 있다"고 했는데, 무협소설 속에 나오는 보검이 금과 옥을 자르고 철을 마치 진흙을 베듯이 하는 것만은 못하지만 그래도 대단히 날카로웠다고 할 수 있다. 옛날 시나 문장 속에도 보검에 관한 묘사가 많다.

담로검湛盧劍만이 남았나니, 그대에게 바쳐서 우정을 표시하노라.

(이태백의 시 중에서)

님이여, 용천검龍泉劍을 사용하여, 평생 국사의 은혜를 저버리지 말지어다.

(전기錢起의 시 중에서)

어장보검魚腸寶劍에는 교룡의 피가 남아 있고, 압취금鴨嘴金에는 약 냄새가 감도네.

(육유陸游의 시 중에서)

이런 시 구절에는 보검의 이름이 직접 인용되고 있지만, '검'자가 들어가는 단어들은 더욱 많다. 예컨대 '장검仗劍' '안검按劍' '복검伏劍' '괘검掛劍' '서검書劍' '시검試劍' '삼척검三尺劍' '상방검尙方劍' '참사검斬蛇劍' '연릉검延陵劍' '풍훤검馮諼劍' '구야검歐冶劍' 등등 셀 수 없이 많다. 간장·막야·풍호자風胡子·구야자歐冶子 등은 사람 이름으로, 이들은 검을 만드는 걸출한 장인들이었다. 간장과 막야는 부부로서 춘추시대 검을 주조하는 명장이었는데, 훗날 보검의 대명사가 될 정도였다.

검은 진나라 이전에는 상대를 찌르는 무기로 사용된 것 외에도 높은 신분을 상징하는 일종의 장식물이기도 했다. 『사기』의 「오태백세가吳太伯世家」를 보면, 계찰季札이란 인물이 다른 나라로 사신을 나갈 때 검을 차고 나갔다는 기록이 있다. 전국시대 초나라의 유명한 시인 굴원屈原도 「구장九章」에서, "눈부신 긴 칼을 옆에 차고"라는 말로 검을 노래했다.

주나라의 귀족들은 검을 장식하는 데 상당히 신경을 쓴 것 같다. 그래서 검의 손잡이에 금을 상감해 넣기도 하고 지극히 정교한 문양을 수놓기도 했다. 귀족들은 자신들이 차고 다니는 한 자루의 검을 위해 투자를 아끼지 않았다. 그것이 자신들의 고귀한 신분을 드러내는 한 가지 방법이기도 했기 때문이다. 『주례周禮』에 보면, 당시 귀족들이 차고 다니던 검은 사람의 키에 따라 상·중·하, 세 종류로 나누어져 있었고, 길이와 무게도 일정한 규격이 정해져 있었다.

서한 시대에도 검은 그전과 마찬가지로 중요하게 취급되었다. 그래서 "천자로부터 문무백관에 이르기까지 검을 차고 다니지 않은 사람이 없었다"고 하는 『진서晉書』「여복지輿服志」의 기록이 남아 있을 정도였다.

진나라 때가 되면 검의 영광은 서서히 빛이 사그라들기 시작한다. 전투 때 가장 중요한 무기로 사용되던 검은 이제 보조 무기로

격하되었다. 문무 관리들이 차고 다니는 장식물이나 호신용 무기 정도의 역할만 수행할 뿐이었다.

도교가 나타난 이후 검은 다시 도사들이 술법으로 사악한 귀신을 몰아내는 데 중요한 법기가 되었다. 법술을 할 때마다 도사들은 먼저 법단을 설치해야 했으며, 법을 행할 때는 법의를 입고 손에는 법검을 들어야 했다. 그리고 법령法鈴(방울)을 흔들며 부적을 태우고 주문을 외운다. 이렇게 해서 온갖 사악한 귀신들을 몰아내는 것이다.[66] 검을 휘둘러 사악함을 물리치는 모습은 구소설에서 흔히 볼 수 있는 것이었다.

검은 무협소설에서 가장 많이 사용되는 무기다. 협객들이 손에 들고 다니는 검은 흔히 평범한 청동검과 예리하기 짝이 없는 보검의 두 종류로 나눌 수 있다. 소설가의 붓끝에서 나오는 '의천검倚天劍' '응벽검凝碧劍' '유룡검遊龍劍' '청명검靑明劍' '빙백한광검冰魄寒光劍' '엽상추로검葉上秋露劍' 등의 보검들은 고대의 명검인 용천검이나 태아검보다 훨씬 예리하다.

무공이 낮은 인물들이 흔히 이런 보검에 의지해서 자신의 모자라는 힘을 메우기도 한다. 무공이 높은 인물이 이런 보검까지 가지고 있다면 그야말로 호랑이에게 날개를 달아준 격이 될 것이다. 그러나 절세의 무림 고수라면 검이 보검이냐 아니냐에는 신경을 쓰지 않을 것이다. 그의 손에 예리한 검이 들려 있건, 둔한 검이 들려 있

---

66 한때 선풍적인 인기를 누렸던 〈강시〉 영화 시리즈에 나오는 모산파 도사들의 행동을 기억하면 쉽게 이해될 것이다.

건, 아주 무거운 검이 들려 있건, 연검軟劍이 들려 있건, 죽검竹劍이 들려 있건, 목검이木劍 들려 있건, 문제가 되지 않는다. 왜냐하면 내공이 심후하면 '어떤 물건이라도 구애받지 않으니, 풀잎이나 대나무 또는 나무막대, 돌 등이 모두 날카로운 검이 될 수 있고', '무검이 유검을 이긴다'는 신묘한 경지에 접어들 수 있기 때문이다.

독, 극악의 극치

『소오강호』에서 일월신교의 교주 임아행이 만든 '삼시뇌신단'은 그 독성이 지독하기 짝이 없다. 이 독약에 관한 대목을 잠깐 엿보자.

이 '삼시뇌신단' 속에는 시충屍蟲이 들어 있어 평상시에는 발작을 일으키지 않아 별 이상이 없지만, 매년 단오절 정오를 전후해서 이 시충을 억제하는 약물을 복용하지 않으면 약효가 떨어져 시충이 내장을 뚫고 나오게 된다. 그래서 뇌에까지 이르게 되면 그 사람은 요귀와 같은 행동을 하게 된다. 그것은 도저히 예측할 수 없는 행동이어서 일단 이성을 잃으면 부모가 되었든 처자식이 되었든 간에 닥치는 대로 물어뜯는다. 세상에 존재하는 독극물로 이에 비교할 만한 것은 찾아볼 수 없다. 이 독극물은 성분이 각각 다른 약물을 각기 다른 사람이 조제한 단약으로, 배합된 약성이 서로 다르기 때문에 동방교주가 만든

해약으로도 임아행이 만든 이 단약의 독을 완전히 풀지 못했다.

임아행은 서호 매장 지하 감옥에서 탈출한 후, 부하들을 더욱 강력하게 통제하기 위해 포대초鮑大楚 등에게 강제로 이 약을 복용하게 한다. 그러나 진위방秦偉邦은 임아행의 이런 지독한 수단을 받아들이지 않고 끝내 이 독약을 거부한다. 그러자 임아행은 시충의 활동을 억제하는 단약의 껍질을 벗기고 강제로 그의 입안에 쑤셔넣어 신체 내부의 온 내장과 몸이 부서지고 갈리는 듯한 고통을 맛보게 했다. 그 참혹함이란 필설로 다 표현할 수 없다. 사납고 고집스러운 수많은 강호 호걸들이 임아행의 딸 임영영을 '성고聖姑'라 부르며 존경하고 그녀를 위해서라면 뜨거운 물과 타오르는 불길 속이라도 기꺼이 뛰어들고자 한 것도, 그녀가 동방불패에게서 해독약을 구해 고통스러운 '삼시뇌신단'의 독성을 풀어주었기 때문이다.

'삼시뇌신단'에서 '삼시三屍'는 도대체 무엇일까? 도가의 학설에 따르면 사람의 몸속에 숨어있는 세 개의 신을 '삼시신三屍神'이라 한다. 이 삼시는 사람처럼 성을 가지고 있는데 성은 모두 팽彭이고, 이름은 제일 위에 있는 상시上屍가 거躆, 가운데 중시中屍가 질躓, 아래 하시下屍가 교蟜라고 한다. 좀 더 전문적으로 말하자면, 이 삼시가 경신일庚申日에 하늘에다 사람이 지은 죄를 고하면 그 사람은 고민하다가 일찍 죽어버린다. 사람이 죽으면 삼시는 감시인의 통제에서 벗어나 자유자재로 이곳저곳을 떠다니다 인간에게 드리는 제사물이 되어버린다.

『역대신선통감歷代神仙通鑑』에는 다음과 같은 기록이 보인다.

삼시 중에서 청고青姑라고 하는 놈은 사람의 눈을 빼앗아 멀쩡한 눈을 멀게 하고 얼굴을 쭈글쭈글하게 만들 뿐만 아니라, 입에서는 냄새가 나게 하고 치아도 빠지게 만든다. 백고白姑라는 놈은 인간의 오장 속에 파고들어 사람의 마음과 기를 빼앗아 사람으로 하여금 착한 것을 잊고 번민에 빠지게 한다. 혈고血姑라는 것은 위장 기관에 파고들어 배 속을 번뇌로 가득 차게 하고 살과 뼈를 마르게 하여 의지를 꺾고 뜻대로 하지 못하게 한다.

액면 그대로 믿기는 어렵지만, 삼시는 정말 인간에게 여러 가지 고통스러운 병을 가져다주는 근원인 것 같다. 삼시가 수작을 부리기 때문에 인간에게 병과 고통이 발생하는 것이다. 『유양잡조酉陽雜俎』에는 이런 내용도 있다.

이 삼시라는 놈은 한 마리는 머릿속에 살면서 사람으로 하여금 생각과 욕심을 많게 하여 재물을 좋아하게 만드는데, 색깔은 검은색이다. 또 한 마리는 배 속에 살며 사람들로 하여금 음식을 탐하게 만들고 몹시 화를 내게 하는데, 색은 푸른색이다. 나머지 한 놈은 사람의 다리에 사는데, 사람들로 하여금 색을 좋아하게 하고 살인을 즐겨하게 만든다.

이렇게 보면 삼시는 인간에게 나쁜 일을 시키는 교사자教唆者와 같다. 삼시는 삼시충이라고도 한다. 『중황경中黃經』에 보면 이 삼시충에 대해, "상충은 뇌 속에 살고, 중충은 명당(경락의 하나)에 살고,

하충은 위장에 살면서 사람에게 해를 끼친다"고 되어 있다. '삼시뇌신단'에서 사람의 뇌에 침입하여 골을 갉아 먹는 시충은 바로 이런 것들에서 힌트를 얻어 창조된 것으로 짐작된다. 삼시신三屍神의 이름과 위력 및 그 방어책 등과 관련한 각종 서적들의 해설은 각기 달라서 어떤 것은 상세하고 또 어떤 것은 간략하다. 그중에서도 도가 계통의 서적인 『운급칠첨雲笈七籤』의 설이 가장 상세하다. 그 책의 해당 대목을 살펴보도록 하자.

사람의 몸에는 삼시신, 다시 말해 삼충이 있다. 상시는 이름이 팽거彭倨 호는 청고靑姑라 한다. 보물을 좋아하는 놈으로 사람의 마음을 흐리게 만든다. 중시는 팽질彭質 호는 백고白姑라 한다. 다섯 가지 맛을 좋아하고 기쁨과 노여움을 증진시키는 반면 선량한 마음은 줄여 사람의 지각을 흐리게 만든다. 하시는 팽교彭矯 호는 혈고血姑라고 하는 놈이다. 색욕을 좋아하여 사람을 몽롱하게 만든다. 삼시는 사람의 수명을 단축시키는 놈들로 사악한 마귀다. 늘 경신일이 되면 위로는 천조天曹에, 아래로는 지부地府에다 사람의 잘못을 고하기 때문에, 밖으로 나오지 못하도록 지켜야 하는 것이다.

도가에서 이르기를, 경신일마다 이 삼시신은 사람이 잠을 자고 있을 때를 이용하여 하늘에 올라가 인간의 잘못을 고자질하여 징벌을 받게 만들기 때문에 신선이 될 수 없다고 한다. 인간이 이때 잠을 자지 않으면 이놈은 사람의 몸에서 떨어져 나갈 수 없다. 그래서 삼시를 꼭 묶어두기 위해서는 경신일을 지켜 이놈이 하늘에 고

해바칠 기회를 주지 말아야 한다는 것이다. 여러 차례 이놈을 묶어 두면 삼시는 기회를 잃고 저절로 없어진다. 『유양잡조』에서 "경신일에 삼시신을 묶어두는 걸 일곱 번 하면 삼시가 없어지고, 세 번 하면 삼시가 잠복한다"는 말은 바로 이 뜻이다.

김용은 이 삼시충에서 아이디어를 얻어 '삼시뇌신단'이라는, 강호 협객들이 듣기만 해도 몸서리를 치는 독약을 창조해냈으니, 작가로서 그의 별난 장인정신이 빚어낸 결과라 하겠다. 그의 붓끝 아래에서는 기발하고 기묘하며 지독하기 짝이 없는 독약이 아주 많이 만들어져 나오고, 또 독을 능수능란하게 사용하는 사람도 적지 않다. 그러나 '삼시뇌신단'과 같은 독약은 쉽게 찾아보기 힘들다. '삼시뇌신단'은 극독劇毒이긴 하지만 순식간에 사람의 목숨을 앗아가는 독약은 아니다. 그러나 독성이 정기적으로 발작하기 때문에 때맞추어 해독약을 먹어야만 한다. 이 독약이 부하들을 통제하는 데 강력한 위력을 발휘하는 것도 이 때문이리라. '삼시뇌신단'을 먹은 포대초가 담담하게 내뱉은 다음과 같은 말에서 우리는 이 독약의 위력을 더욱 절감하게 된다.

교주의 뇌신단을 복용한 후 죽을 때까지 영원히 교주의 명령을 따르겠습니다. 그렇지 않으면 단약 속에 숨어 있는 시충이 뚫고 나와 활동을 하게 되는데, 몸을 뚫고 뇌에 들어가 골을 파먹게 되는 그 고통이야말로 말해서 뭣하겠습니까. 더군다나 그렇게 되면 미친 개 이상으로 발광하게 되는데. ……속하屬下는 지금 이후로는 영원히 교주에게 누마음을 품지 않고 충성하겠습니다. 이 뇌신단이 아무리 지독하다

해도 속하에게는 결코 해를 끼치지 않겠지요.

『천룡팔부』에 나오는 영취궁주靈鷲宮主 천산동모가 펼친 암기인 '생사부生死符'도 가히 지독하다고 할 만하다. 일단 사람의 몸에 달라붙으면 도저히 참을 수 없도록 가렵게 만든다. 차라리 죽는 게 낫다는 생각을 하게 만들지만 죽고 싶어도 죽지 못한다. 역시 때맞추어 해독약을 먹어야만 1년 동안 발작이 중지된다고 하니 그 효과가 '삼시뇌신단'과 쌍벽을 이룬다고 하겠다.

'삼시뇌신단'은 잠복기를 가진 특수한 독약으로 부하들을 통제하는 데 아주 적절한 것이다. 그래서 교파나 방회의 수령들은 이런 것들을 즐겨 쓴다. 추종자들은 이런 약을 복용하고, 교주나 방주들은 그 해독약을 가지고 있어야만, 그들이 몰래 모의하거나 반발할 염려가 없을 것 아닌가.

韋靑 編,『梁羽生及其武俠小說』, 韋靑書店, 1980.

余英時,『士與中國文化』, 上海人民出版社, 1987.

蔡少卿,『中國近代會黨史硏究』, 中華書局, 1987.

魏紹昌 編,『鴛鴦蝴蝶派硏究資料』, 上海文藝出版社, 1984.

芮和師等 編,『鴛鴦蝴蝶派文學資料』, 福建人民出版社, 1984.

崔奉源,『中國古典短篇俠義小說硏究』, 聯經出事業公司, 1986.

王海林,『中國武俠小說史略』, 北岳文藝出版社, 1988.

倪匡,『我看金庸小說』, 遠流出版公司, 1987.

梁啓超,『中國之式士道』, 廣智書局, 1904.

梁羽生,『梁羽生及其武俠小說』, 香港偉靑書店, 1980.

田毓英,『西班牙騎士與中國俠』, 臺灣商務印書館, 1983.

孫鐵剛,『秦漢時代士和俠的式徽』, 國立臺灣大學歷史學系學報, 1975-2.

司馬中原,『遊俠風雲』, 臺北號角出版社, 1982.

陳平原,『千古文人俠客夢』, 北京人民出版社, 1992.

무협소설의 근본을 세워주는 책

"무협소설은 어떻게 써야 하는가?"

무협작가를 꿈꾸며 이것저것 공부하고 고민하는 사람이라면 먼저 던지게 되는 질문이다. 하지만 나는 이보다 앞세워야 할 더 근본적인 물음이 있다고 생각한다.

"사람들은 왜 무협소설을 읽는가?" "누가 무협소설을 읽는가?" 그리고 "나는 왜 무협소설을 쓰는가?"

이 책은 현대 무협소설의 비조이자 귀재들로 일컬어지는 환주루주, 양우생, 김용, 고룡 등을 초대하여 그들의 작품과 발언을 통해 답을 찾아내고자 한다. 세부 각론에 대한 당장의 처방을 내놓기보다는 넓게, 그러면서도 결코 얕지 않게 무협소설의 세계를 들여다보는 총론 격 입문서라 할 수 있다. 무협소설이 어떻게 진화해왔는지 그 궤적을 더듬으며 무협의 근본을 들춰내고, 이로부터 각 작품의 스토리가 어떻게 가지를 뻗어나갔는지 조망한다는 점에서, 이 책은 무협작가들이 창작 내공을 다지기 위해 반드시 챙겨 봐야 할 책이라 하겠다.

무협소설은 근대에 창조된 문학 장르가 아니다. 놀랍게도 무협소설의 역사는 1,500년을 훌쩍 뛰어넘는다. 멀리는 사마천의 『사기』에 연원을 두었고, 이후 당나라 전기傳奇소설에서 출발하여 송나라의 화본話本과 필기筆記소설, 명나라의 백화白話 무협소설, 청나라의 협의공안俠義公案소설 등을 거치고, 근대의 구파 무협소설이 세련화하며 오늘날 김용 등의 신파 무협소설로 이어지게 되었다. 그 뒤로도 무협소설은 다양한 장르의 포섭을 통해 진화해왔고, 앞으로도 발전 가능성이 무궁한 콘텐츠의 생산 원천으로서 중요한 자리를 차지하고 있다.

무협소설이 어지러운 역사적 굴곡 속에서도 변함없이 사람들의 곁을 지켜온 이유는 무엇일까? 무엇보다도 무협소설은 현실에서 채워지지 않은 갈망을 달래주기 때문이다. 인생의 풍상과 고통을 겪은 노년에게는 지나온 회한을 풀어주고, 혈기 왕성한 청소년들에게는 협사영웅을 벗으로 안겨주며, 생활에 지친 사람들에게는 저녁식사 후 더할 나위 없이 재미난 소일거리가 되어준다. 부조리한 세상살이를 어찌해볼 도리가 없는 보통 사람들에게 무협소설 속의 협객들은 속 시원한 문제 해결사들이다. 약한 자를 괴롭히는 악의 무리, 부패한 탐관오리, 서민늘의 삶을 힘들게 하는 권력자들을 통쾌하게 혼내주는 그들은 답답한 삶에 희망을 선사하는 빛과 같은 존재들이다.

그러나 민중의 본능적 욕구에 조응하는 이 같은 특성 때문에, 도리어 무협소설은 손리孫犁와 같은 이들로부터 맹렬한 비판을 받기도 했다. "무협소설은 우리 민족의 봉건적이고 비과학적이며 심지어는 우매함을 거듭 찬양하는 것으로, 늘 틀에 박힌 소리만 일삼으며 국내외의 저질 취미와 기호에 영합한다." 이런 류의 비판이 배타적이고 편협한 기준에 서 있음은 본문에서도 누차 지적하거니와, 북경대학에서 무협소설을 전문적으로 연구하고 있는 진평원陳平原 교수의 견해도 이러한 비판의 근거가 얼마나 취약한지를 뚜렷이 보여준다. 그는 무협소설이 여러 문화층의 독자들에게 널리 읽히는 이유와 무협소설 읽기의 의미 그리고 그 사회적 가치를 진단하여 다음과 같이 말했다.

무협소설은 각종 문화심리를 융합해 여러 가지 해석을 가능케 하는 일종의 종합 문화상품이다. 독자들은 칼과 검이 번쩍이는 장면을 읽기도 하며, 각 장·절의 편성에 관심을 갖고 읽기도 한다. 그런가 하면 혹자는 인생의 깨달음을 읽어내기도 하며, 또 혹자는 그 속에서 철학을 발견하기도 한다. 모두가 '장님 코끼리 만지기' 식일 가능성이 없지 않지만, 각자가 나름대로 취하고 있는 책읽기 방식은 이미 그들로 하여금 '놀이에 빠져 집에 들어가는 것조차 잊게' 만들기에 충분하다. 그런데도, 비평가들은 무슨 이유로, 무슨 근거로 무협소설 읽기를 조롱한단 말인가?

……감상이란, 가치판단상 높낮이를 구별하지 않는 것과 꼭 일치하지 않는다. 여기에서 독자의 선택과 이중구조는 중요한 관건이 된다. 그 사람을 함께 놓고 문학작품에 등급을 매긴다는 것은 특정한 생존 상태하에 있는 독자들의 작품에 대한 해석을 절실하게 고려하지 못한 소치일 따름이다.

독자들의 흥미와 취향을 함부로 낮게 평가하지 말라는 뜻이다. 구체적인 생존 상태하에 놓여 있는 독자들의 기대는 곧 그 시대상의 반영이다. 무협소설이 천시당할 수 없는 이유가 여기에 있다. 물론 작품의 완성도를 높이는 데 관심이 없는, 오로지 말초적인 쾌락에만 소구하려는 이른바 싸구려 무협소설들은 논외로 쳐야 하겠지만.

최근 온라인상의 창작 게시물을 비롯해 여러 매체에서 다시금 무협소설의 열기가 살아나고 있음을 볼 수 있다. 작품의 질에 대한 평가는 젖혀두더라도, 많은 사람들이 무협소설 창작에 관심을 기울이는 것은 시대가 문화 콘텐츠의 개발을 요구하기 때문이리라는 점은 분명해 보인다. 무협소설의 출발지인 중국에서도 전통문화를 접맥·재창조하여 풍부한 문화 상품을 선보이는 사례가 날이 갈수록 두드러지고 있다. 우리나라에서도, 특히 젊은 세대가 새로운 감각으로 무협소설을 연구하고 창작에 임한다면, 기존의 작품보다 진일보한 색다른 콘텐츠들이 창조될 수 있으리라 믿어 의심치 않는다.

이 책은 한국에서 세 번째로 재출간되는 타이틀이다. 1993년 서지원에서 『무림백과』라는 제목으로, 그 11년 뒤인 2004년 김영사에서 『강호를 건너 무협의 숲을 거닐다』라는 제목으로 출간되었다가, 다시 13년이 지나 도서출판 들녘에서 『무협 작가를 위한 무림세계 구축교전』으로 재단장하여 선보이게 되었다. 저자인 량셔우중이 들녘판 표지에 대해 만족을 표하고 제목에 대해서도 아주 재미있다고 했다니, 옮긴이로서도 기분 좋은 일이 아닐 수 없다.

이 책이 〈크리에이터스 라이브러리〉 시리즈에 맞게 원문의 내용은 그대로 살리되 무협 애호가들이 더욱 용이하게 이용할 수 있도록 구성을 달리했다는 점을 말씀드린다. 또 하나 고백할 것은, 기존 판에서 발견된 오자와 탈자가 너무 많아 부끄럽기 짝이 없었고, 번역도 성이 차지 않았다는 점이다. 이번 판에서는 오류를 바로잡기 위해 최대한 노력했지만, 혹시라도 미처 눈에 잡히지 않은 잘못이 나올까 봐 두려운 마음이 앞선다. 독자 여러분의 애정 어린 질정을 기다리며, 무협 작가와 무협 애호가들에게 조금이라도 도움이 되었기를 바란다.

'협객몽'이 소용없는 세상을 꿈꾸면서
2017년의 송년을 앞에 두고
김영수

무협소설 주요 용어 해설

* 이하에 기술한 용어들은 여러 사이트에 무협 애호가들께서 올려주신 내용들을 세밀히 검토하여 재정리한 것입니다. 필요한 검증과 승낙 절차를 밟고자 노력했으나 사전 논의에서 놓친 부분이 있다면 추후 합당한 절차를 거쳐 바로잡도록 하겠습니다. 이 책이 나오는 데 큰 도움이 되어주신 여러분께 깊은 감사의 말씀 드립니다.

- **가부좌**跏趺坐 결가부좌結跏趺坐의 약어. 양다리를 좌우로 교차시키고 발을 허벅지 위에 얹어 양반다리로 앉는 자세. 오른쪽 발을 왼쪽 허벅지 위에 얹은 다음 왼쪽 발을 오른쪽 위에 얹으면 항마좌降魔坐, 반대로 하면 길상좌吉祥坐라고 한다.

- **가의신공**嫁衣神功 『절대쌍교』에 나오는 무공. 가의의 뜻은 "남에게 옷을 만들어 입힌다"는 것으로, 이 심법을 익히면 진기가 맹렬히 변하기 때문에 수련자가 고통을 견디다 못해 내공을 남에게 넘겨주게 된다고 한다.

- **간장**干將·**막야**莫耶 전설에 등장하는 한 쌍의 부부검을 통칭하기도 하고, 명검을 만든 부부의 이름 자체를 가리키기도 한다.

- **갑자**甲子 60년간 내공을 쌓았을 때 1갑자 내공을 가졌다고 표현되

며, 무공의 정도를 객관적 수치로 나타낼 때 쓰인다.

- **강시**殭屍 죽어서 굳은 시체. 또는 얼어 죽은 시체도 강시 또는 동시凍屍라고 부른다. 전쟁터나 객지에서 죽은 시체들을 고향으로 옮겨 묻어주기 위해 영환술사 혹은 영환도사들이 부적을 붙여 움직일 수 있게 만들어놓은 시체다. 서양의 좀비와 비슷하다.

- **건곤대나이**乾坤大挪移 『의천도룡기』에 나오는 심법이자 내공이다. 건곤대나이신공이라고도 부른다.

- **검강**劍罡 검기를 더 날카롭고 견고한 형태로 만든 것. 검기의 순도와 양을 늘려나가면 기 자체가 유형화되어 무기를 감싸면서 강력한 힘이 발산된다.

- **검기**劍氣 내공을 검에 밀어 넣는 기술. 검의 절삭력과 내구도가 대폭 상승한다.

- **검기점혈**劍氣點穴 검기를 이용해서 상대방 혈도나 경락을 제압하는 상승의 점혈법.

- **검환**劍丸 검강의 상위 응용기술. 검강을 압축하여 둥글게 뭉친 것으로, 마치 구슬처럼 생겼다. 날려서 터트리는 식으로 사용한다.

- **경공**輕功 빠르게 달리고, 벽을 오르고, 도약력을 높이고, 불안정한 장소에서 균형을 잡는 등의 단련법을 말한다.

- **고묘파**古墓派 『신조협려』에 등장하는 문파. 전진교의 본산인 종남산 한가운데 있는 활사인묘에 자리 잡고 있다.

- **고형척영**孤形隻影 『신조협려』의 암연소혼장 초식 중 하나. 홀로 있

는 그림자가 더욱 외롭게 보인다는 뜻으로, 소용녀가 없는 양과의 외로운 모습으로부터 나오는 초식이다.

- **곤륜파**崑崙派 구파일방의 하나. 서역의 곤륜산맥에 위치하고 있다. 화산파와 함께 검법으로 이름난 문파로, 검초가 곤륜산의 기세처럼 기이하고 공세가 날카롭기로 유명하다. 운룡대팔식(또는 운룡대구식)이라는 절세의 경신법을 가지고 있다. 『의천도룡기』에서는 곤륜삼성崑崙三聖 하족도의 사형인 영보도장靈寶道長이 창시했다고 설정돼 있다.

- **공동파**崆峒派 구파일방의 하나로 꼽힌다. 감숙성에 있는 공동산에 소재하고 있다. 공동산이 도교의 요람인 까닭에, 흔히 도가 문파로 나오지만 속가나 불가 문파로 나올 때도 있다. 복마검법伏魔劍法이 문파의 주요 절초다.

- **공명권**空明拳 『사조영웅전』에 등장하는 무공. 주백통이 도화도에서 15년간 동굴에 갇혀 있는 동안 개발한 권법이다. 강함에 강함으로 맞서는 것이 아니라 부드러움과 허실을 통하여 맞서는 원리를 지닌 상승의 무공이다.

- **구양신공**九陽神功 『의천도룡기』에 등장하는 무공. 이 신공은 달마대사가 9년 면벽 끝에 깨달은 무학의 묘리를 〈능가경〉에 기술했다고 알려져 있었지만, 사실은 왕중양과 술내기를 벌여 이긴 대가로 '구음진경'을 빌려본 어떤 이인異人의 작업에서부터 유래한다. 그 이인은 '구음진경'이 비록 천하에 다시없을 무학의 진수지만, 원리가 도가적인 묘리에 치우쳐 있다고 생각했다. 그래서 음양이 상호 보완

하는 원리에 초점을 두고 내공 수행법 및 무학의 근본 원리를 정리한 것이 바로 '구양신공'이다. 자신의 이름을 남기기 싫어 무학의 상징과도 같은 달마대사의 이름을 차용했다고 전한다.

- **구양진경**九陽眞經 '구양진경'의 저자는 자신의 성명이나 출신 내력에 대해 한마디도 적지 않았으나, 후기에 경전으로 쓰게 된 경위를 간략하게 밝혀두었다. 그는 유가의 선비였으나 도가의 수도자로 떠돌다가 만년에 승려의 몸이 되었다. 왕중양과 평소 술벗으로 사귀던 사이였는데, 내기에서 이겨 '구음진경'을 빌려보고는 그것에 담긴 상승무학에 깊이 탄복한다. 하지만 '구음진경'이 오로지 노자사상 일변도로 치우쳤기에, 부드러움으로 굳셈을 극복하고, 음으로 양을 이겨내는 이론에만 치중했을 뿐, 음양이 서로 돕고 보완하는 묘리에는 미치지 못하고 있다는 것을 간파한다. 이에 저자는 소림사로 돌아온 후에 범어판 〈능가경〉의 행간을 빌려 자신이 깨달은 상승무학의 원리를 저술하고 이름을 '구양진경'이라고 붙였다. 그 내용은 순음純陰 일변도인 구음진경이나 순양純陽을 추구하는 소림무학과 달리, 음과 양이 서로 조화를 이루고 굳셈과 부드러움이 서로 보완하는 중화中和의 도리를 갖춘, 새로운 형태의 무학이었다.

- **구음백골조**九陰白骨爪 『사조영웅전』『신조협려』『의천도룡기』에 나오는 무공이다. 강철 같은 손가락으로 할퀴듯 공격하여 상대의 머리통에 다섯 개의 구멍을 내는 것이 특기다. 매초풍과 진현풍 부부가 산 사람을 수련 대상으로 삼아 그들을 죽이는 수련을 하고 구멍 난 해골 아홉 개를 사방에 쌓아두는 식으로 묘사되고 있다.

- **구음진경**九陰眞經 김용의 '사조삼부곡'에 등장하는 무공비급이다. 특히 『사조영웅전』에서는 모두가 탐내는 비급으로 나온다.

- **구파일방**九派一幫 정파에 속하는 문파들 중 가장 명망이 높은 열 개의 문파를 가리킨다. 작가의 설정에 따라 편차가 있지만, 일반적 으로 소림사·무당파·화산파·개방 정도가 빠지지 않고 등장하며, 곤륜파·점창파·공동파·청성파·아미파·종남파가 대표 구파들로, 그 외에 형산파·황산파·해남파 등이 들어간다. 전진교·천산파·설 산파·태산파·항산파·숭산파·장백파·모산파·보타문·하오문 등 을 넣기도 한다.

- **구화옥로환**九花玉露丸 『사조영웅전』『신조협려』에 등장하는 영약. 황약사가 제조한 붉은 환약으로, 상쾌한 향기가 나는 것이 특징이 다. 해독 효과가 있으며 무예가 증진되고 수명 연장에 도움이 된다.

- **군자검**君子劍 『신조협려』에 등장하는 검. 숙녀검과 한 쌍을 이룬다. 까맣고 광택이 없어서 마치 시커먼 나무토막 같은 모양이다. 쇠도 잘라낼 수 있다. 숙녀검과 함께 절정곡의 검방劍房에 숨겨져 있다가, 주백통이 불을 지른 탓에 그림 뒤에 숨겨져 있던 것이 드러나게 된 다. 양과와 소용녀가 공손지와 대결할 때 무기로 고르게 되었고, 이 후 양과가 사용하게 된다. 숙녀검과 함께 의천검을 만드는 재료로 쓰인다.

- **궁도말로**窮途末路 『신조협려』에 등장하는 암연소혼장의 초식 중 하나. 낭떠러지 앞에 궁한 사람이라는 뜻으로, 절정곡 단장애 앞에 선 양과의 모습을 묘사한다.

- **금강불괴**金剛不壞 불교에서 나온 말이다. 외공이 최고의 경지에 이르러 몸이 금강석처럼 단단해지는 경지를 가리킨다. 단순히 겉만 단단한 게 아니라 도검을 맨몸으로 막을 만큼 단단하면서도 인체의 유연함과 부드러움을 함께 겸비한 외공의 완전체를 상징한다.

- **금안공**金雁功 『사조영웅전』『신조협려』에 나온다. 전진교의 경신술로, 미끄러워 올라가기 어려운 돌산을 별 문제 없이 훨훨 날아오르듯 올라갈 수 있는 보법이다.

- **금잠고독**金蠶蠱毒 『의천도룡기』에 등장하는 독약. 형체도 빛깔도 냄새도 없는 독으로, 중독된 사람은 예외 없이 수천만 마리의 독벌레가 온몸을 물어뜯는 끔찍한 고통을 받게 된다. 중독되면 7일 밤낮을 고통에 시달리다가 죽는데, 힘이 완전 고갈되어 자결하고 싶어도 자결할 수조차 없게 만드는 극독이다. 묘족 마을의 어느 여인이 기르던 것을 화산파의 선우통이 훔쳐 몰래 사용했지만, 장무기와 대결하다가 그 자신이 도리어 금잠고독에 중독되고 만다.

- **금창약**金瘡藥 금상산, 금창산이라고도 불린다. 금창이라는 말 그대로 칼이나 창 등 날붙이에 의해 입은 상처에 쓰는 약이다. 석회가 주요 성분이다.

- **기인우천**杞人憂天 『신조협려』에 등장하는 암연소혼장의 초식 중 하나. 하늘이 무너질까 근심한다는 뜻이다. 양과는 소용녀에 대한 생각을 해봐야 소용없다는 것을 드러내듯 머리 위에서부터 일장을 내뻗어, 비스듬히 활 모양으로 휘어서 내린다.

- **낙영신검장**落英神劍掌 『사조영웅전』에 나온다. 동사 황약사가 검법

의 초식을 변환하여 창안한 장법으로, 딸인 황용에게 전수했다. 변화와 허초가 많으며 공력이 높으면 장력이 마치 검처럼 날카로워진다고 한다.

- **난화불혈수**蘭花拂穴手 『사조영웅전』에서 동사 황약사가 창시한 무공으로, 황용도 전수받았다. 이 무공을 익히면 손가락의 움직임이 정묘하고 가벼워져 내공조차 있는 듯 없는 듯 부드럽게 놀릴 수 있다.

- **내공**內功 주로 단전에 심법으로 기를 쌓는 것. '몇 년 내공'이라는 표현을 쓰며, 1갑자 내공은 엄청난 고수를 상징한다.

- **내상**內傷 내공이 모이는 단전이 손상되거나 기가 흐르는 기맥이 망가지는 것을 말한다. 내상은 내단이나 영약, 혹은 절정고수가 불어넣어주는 내력으로 치료하거나 자신만의 고유한 내공으로 자가 치료하기도 한다.

- **녹림**綠林 산적이나 수적 또는 도시의 폭력단체들을 일컫는다. 무협물에 등장하는 엄연한 무력 단체지만, 세력이 약하고 짧은 역사만큼이나 무술의 깊이도 얕게 나오는 경우가 대부분이다. 녹림칠십이채나 장강십팔채처럼 '~채'라는 이름이 주로 붙는다. 흔히 표국의 존립을 위한 필요악으로 설정된다.

- **능파미보**凌波微步 『천룡팔부』에 등장하는 최강의 회피력을 지닌 경공술. 원래는 소요파逍遙派의 무공인데, 단예가 중원을 방황하던 중 우연히 신선곡에 들러 선녀석상 앞에서 천배 절을 하다가 깔고 앉았던 방석이 찢어지면서 그 안에 있던 무공비급을 통해 연마하게 된 무공이다.

- **담로**湛盧 월나라의 명인 구야자가 월왕 윤상의 명에 따라 만든 명검 중 하나로 희광에게 전해진 세 자루 중 하나. 잠로潛盧라고도 불리며, 잠잠하고 검푸른 빛을 띠고 있는 것을 보고 희광이 이런 이름을 붙였다고 한다.

- **대수인**大手印 내공의 힘으로 손을 크게 부풀려 손바닥으로 타격하는 장법이다. 밀종대수인密宗大手印, 대수인신공大手印神功이라고도 한다. 일반적으로 새외무림의 포달랍궁(포타라궁), 소뢰음사 등에 소속된 서장 라마승의 절기로 등장한다.

- **도행역시**倒行逆施 『신조협려』의 암연소혼장 초식 중 하나. 순서를 바꿔 행하는 것으로, 양과가 소용녀와 함께 있지 못하는 것 자체가 맞지 않음을 뜻한다. 구양봉의 역구음진경을 응용한 것이다. 물구나무를 서서 머리로 땅을 딛고 일장을 내미는 것이 37가지 변화 중 하나다. 역逆 가운데 정正이 있어 정반正反이 상충하여 모순을 일으키며 서로를 제어한다.

- **독고구검**獨孤九劍 『소오강호』에 나오는 무공으로, 검마劍魔 독고구패가 천하를 돌며 사용하던 검술이다. 화산파 검종劍宗인 풍청양이 체득했으며 영호충이 그로부터 전수받는다. 독고구검은 방어 초식이 일절 없는 검술로, 오로지 공격을 통해 적을 압도한다. 적이 강하면 강할수록 더 강해진다.

- **동귀검법**同歸劍法 『사조영웅전』에 나온다. 동귀어진에서 따온 이름으로, 상대방과 죽음을 같이하려는 검법이다. 공격만 있고 방어는 없으며, 적이 너무 강해 어쩔 수 없을 때 사용하는 결사적인 검법이다.

- **동귀어진**同歸於盡 상대와의 전력 차가 커서 어찌할 수 없거나 극한 상황에 몰렸을 때, 상대와 함께 죽으려고 쓰는 최후의 수법이다.

- **동자공**童子功 이성과의 접촉을 일절 금하면서 강력하고 순수한 양기의 내공을 쌓아가는 심법이다. 육체나 정신에 큰 부작용을 끼치지 않고 빠르게 배울 수 있으며, 내공심법 중 순수한 양기를 중요시하는 심법, 혹은 외공 계통과 접합하여 쓸 수 있다. 단, 이성과 동침을 하거나 동정이 깨지는 순간 동자공으로 쌓아 올린 내공은 상실되고 만다.

- **두전성이**斗轉星移 북두칠성을 옮긴다는 뜻의 무공. 『천룡팔부』에서 모용가의 가전무공으로 등장하며, 외부의 그 어떤 힘이든, 즉 상대방의 어떤 무공이든 마음먹은 방향대로 돌려버리는 효용을 지니고 있다.

- **마공**魔功 정파의 무공과 달리 익히는 데 위험한 방식의 수련을 요구하거나, 성취가 빠르지만 그만큼 큰 부작용이 발행할 수 있는 무공을 말한다.

- **만년한철**萬年寒鐵 만 년간 묵은 한철. 무협소설에 흔히 등장하는 귀한 재료.

- **만독불침**萬毒不侵 어떤 독에도 죽지 않는다는 전설의 경지.

- **만류귀종**萬流歸宗 어디에서 출발하든 도를 깨달으면 결국 모든 것의 근본이 같다는 말. 정파의 신공에서 시작해 극에 이르면 사파나 마도의 극에 이르는 것과 같다거나, 반대로 마공의 극에 이른 마인이 정파 신공으로 극을 이룬 것과 같다는 식으로 나온다.

- **만병지왕**萬兵之王 모든 병기의 으뜸을 뜻하는 말. 대부분의 무협소설에는 검을 만병지왕이라 칭하지만 드물게 창을 최고로 치는 작품도 있다.

- **만천화우**滿天花雨 오대세가의 일원인 사천당가 최고의 암기술이다. '하늘에 꽃비가 가득하다'는 말처럼 무수한 암기를 던져 전 방위 공격을 하는 가공할 무공이다.

- **매약목계**呆若木鷄 『신조협려』에 나오는 암연소혼장의 하나. 나무로 깎아놓은 닭처럼 멍하니 있다는 뜻이다. 소용녀를 그리워하며 멍하게 있는 양과의 모습에서 나온 초식이다.

- **면무인색**面無人色 『신조협려』에 나오는 암연소혼장의 하나. 얼굴에 인간의 색이 없다는 의미. 소용녀와 이별한 뒤 사람 같지 않은 양과의 모습을 표현하며, 제1초식이다. 초식 내에는 많은 변화가 있어 얼굴에 희로애락의 표정을 드러내면 상대방은 그것을 보고 자제하지 못하게 된다. 기뻐하면 기뻐하고 슬퍼하면 슬퍼하여 명령에 따라 움직이게 되어, 아무 소리도, 힘도 주지 않고 적을 제압하게 된다. 구음진경의 이혼대법을 변형시킨 것이다.

- **무당파**武當派 중국 호북성 무당산을 근거로 삼는 문파. 장삼봉이 창설한 도가 문파로, 그 문인은 전부 도사라는 명칭으로 묘사된다. 검법이 특히 유명하며, 김용의 『의천도룡기』로부터 영향을 받은 탓인지, 이후의 소설들에서는 그 공식적인 무공의 대표가 태극검과 태극권으로 되어 있다.

- **무중생유**無中生有 『신조협려』의 암연소혼장에 나오는 초식으로,

홀연히 생각나는 것을 뜻함. 이별 후 양과가 늘 소용녀에 대한 생각에 잠기는 것을 은유한다. 방어 초식을 갖추지 않았어도 적의 초식이 가까이 왔을 때 갑자기 왼손과 오른쪽 소매, 양쪽 발과 머리, 팔꿈치와 무릎, 엉덩이와 어깨, 심지어 가슴과 등의 온몸에서 초식을 격출하여 위협적인 공격을 가한다.

- **무형검**無形劍 물질적인 검을 들지 않고도 검술을 구사할 수 있는 경지.

- **미녀권법**美女拳法 『신조협려』에 등장한다. 고묘파 무공의 정수라고 할 수 있는 권법이다. 고대로부터 이름난 여인들의 변화무쌍한 자태와 심리를 무공 초식에 담은 것으로, 각 초식에는 여인에 얽힌 고사가 담겨 있다.

- **반로환동**返老還童 노인이 높은 깨달음을 이루어 젊은 몸으로 되돌아가는 것을 말한다. 단지 주안술처럼 겉만 젊은 모습으로 바뀌는 게 아니라, 육체 자체가 젊어져 전성기의 힘을 발휘할 수 있다.

- **반박귀진**返璞歸眞 지극히 높은 무공을 이루어, 무공을 익혔음에도 평범한 사람처럼 보이게 되는 경지.

- **반선지경**半仙之境 반쯤 신선이 된 경지. 무공을 통해 신선이 되는 것을 궁극의 도달점으로 여기는 작품들에서 반선지경은 환골탈태보다 상위의 경지에 놓인다.

- **배회공곡**徘徊空谷 『신조협려』의 암연소혼장 초식 중 하나. 절정곡을 배회한다는 뜻을 암시하며, 소용녀와 이별한 뒤 혹시나 소용녀가 돌아오지 않았을까 배회하는 양과의 모습이 초식으로 연결된다.

- **백보신권**百步神拳 소림사의 무공. 백 보 밖에 있는 비석조차 가루로 만든다는 권법상의 절정 경지를 가리킨다.

- **벽력뇌화탄**霹靂雷火彈 『의천도룡기』에 나오는 일종의 폭탄. 염주 알 크기의 탄환에 강력한 화약을 장전하고, 용수철로 발사하여 적을 공격한다.

- **벽사검법**辟邪劍法 『소오강호』에 등장하는 무공. 복위표국에서 임씨 일가에게 대대로 이어져오는 검술이다. 무공 자체는 범용하지만 임진남의 조부이자 복위표국을 건립한 임원도는 이 검술로 천하에 이름을 떨치고 청성파의 장청자를 쓰러뜨렸다.

- **복마검법**伏魔劍法 주로 공동파의 무공으로 등장한다. 세외 세력과 마주하는 공동파의 특성상 정파의 검법답지 않게 살초가 발달했고 초식의 흐름도 과격하다.

- **부골침**附骨針 『사조영웅전』에서 황약사가 만든 독문의 암기. 뼈의 관절 사이로 파고드는 독침이다. 독은 천천히 발작하여 매일 여섯 차례 혈관을 타고 흐르면서 통증을 안기며, 죽을 때까지 1, 2년이 걸린다.

- **북명신공**北冥神功 『천룡팔부』에 처음 등장하는 내공심법. 북명은 어두운 북해를 뜻하는 말이다. 다른 사람의 내공을 흡수하여 자신의 내공으로 만드는 기술이다.

- **분근착골**分筋錯骨 『사조영웅전』에서 곽정과 완안강이 대결하는 장면에서 처음 등장한다. 상대의 관절 쪽 혈도를 노리는 무공이지만, 묘수서생 주총이 매초풍을 상대하기 위해 이를 변형하여 상대의

관절 자체를 부수는 형태의 무공으로 만들어 곽정에게 가르쳤다.

- **비급**祕笈 무공이 적혀 있는 물건. 영물의 내단을 비롯한 영약, 신병 이기(무기)와 함께 무림인들이 눈에 불을 켜고 쫓는 무림의 3대 보물 류로 설정된다.

- **비룡재천**飛龍在天 항룡십팔장 초식 중의 하나. 허공으로 몸을 띄워 높은 위치를 차지한 다음 아래로 공격하는 초식.

- **빙백은침**氷魄銀針 『신조협려』에서 이막수가 사용한다. 옥봉침과 함께 임조영이 만든 두 개의 암기 중 하나로, 강력한 독침 때문에 손에 들기만 해도 중독된다.

- **사자후**獅子吼 사법邪法을 깨뜨리는 불교 계통의 무공이지만, 적을 살상하는 일종의 음파병기다. 『사조영웅전』에서 삼선노괴 양자옹도 사자후를 쓴다. 『의천도룡기』에 등장하는 금모사왕 사손의 사자후는 듣는 인간을 미쳐버리게 할 정도의 효과를 보인다.

- **사파**邪派 정파正派와는 반대되는 개념으로 사악한 길을 걷는 무리를 가리킨다. 흑도黑道라 부르기도 한다. 구무협에서는 흔히 기이하고 사악한 무공을 쓰는 악역으로 등장했으나, 신무협에서는 종종 사파에 대해 "자유롭고 세상에 얽매임이 없는 대인배들"이라는 이미지도 덧붙이게 된다.

- **산호금**珊瑚金 깊은 바다 속에서 수천수만 년 동안 굳어져 화석이 된 물질. 보통의 쇠붙이나 암석 따위가 산호금과 맞부딪치면 두부처럼 썰려 나간다. 『의천도룡기』에서 금화파파가 이 산호금으로 만든 시팡이를 무기로 쓴다. 그러나 멸절사태가 의천검을 휘두르사 단

번에 잘려나갔다.

- **삼매진화**三昧眞火 기를 이용해 물건을 태우는 수법.

- **상입비비**想入非非 『신조협려』의 암연소혼장 초식 중 하나. 허황되고 터무니없는 생각이라는 뜻으로, 양과가 혹시라도 소용녀가 이미 죽은 것은 아닐까라는 생각을 해보지만 그것을 부정하며 다시 소용녀를 그리워한다는 것에서 나온 초식이다.

- **새외무림**塞外武林 중원을 벗어난 외지의 무림 세력을 가리킨다. 관외關外, 방외方外, 변황邊荒이라고도 부른다.

- **생사부**生死符 『천룡팔부』에서 천산동모의 절기 중 하나였으나, 그 뒤를 이어 영취궁주가 된 허죽에게 전수되었다. 천산동모가 수하의 인물들을 중독 시킨 일종의 독으로 보인다. 발작하면 엄청난 고통과 간지러움에 시달리게 되는데, 부모 형제도 알아보지 못하고 물어뜯으며 짐승처럼 날뛰거나 발작 후유증으로 평생 말더듬이가 되어버린다고 한다.

- **선천공**先天功 『사조영웅전』에 직접 등장하지는 않고 중신통 왕중양의 절기로서 이름만 나온다.

- **선천진기**先天眞氣 태어날 때부터 갖는 진기로, 일반적인 내공보다 훨씬 강력하고 정순하다. 하지만 근원적 생명력인 까닭에 일반 내공처럼 심법을 통해 보충되지 않고, 전부 쓰면 죽게 된다. 선천진기를 쓴다는 것은 곧 동귀어진의 수법을 펼치는 것과 마찬가지라 할 수 있다.

- **성화령**聖火令 명교의 신물이지만, 명교 교주에게 대대로 전해져 내려오다가 31대 석石교주 때 개방 제자들에게 빼앗겼다. 이후 강호를

굴러다니던 것을 페르시아의 상인이 사들여 페르시아 명교로 흘러 들어갔다. 이것을 해독하여 페르시아 명교에서 성화령 신공을 얻었다. 강도가 상상을 초월할 정도로 뛰어나서, 도룡도나 의천검으로도 손상시킬 수 없다.

- **소요유**逍遙遊 『사조영웅전』에 등장한다. 『장자』의 동일 편명에서 따온 이름이며, 총 36초식으로 이루어진 홍칠공의 권법이다. 몸을 움직이는 신법이 극도로 날렵하고 빠른 것이 특징이다. 홍칠공은 이 무공을 목염자에게 약간 전수해주었고, 나중에 황용에게 완전히 전수해준다.

- **숙녀검**淑女劍 『신조협려』에 등장하는 검. 군자검과 한 쌍을 이룬다. 군자검과 같이 절정곡에 보관되어 있었으며, 소용녀가 사용하게 된다. 나중에 군자검과 함께 의천검을 만드는 재료로 쓰인다.

- **신검합일**身劍合一 사람이 검이 되고 검이 사람이 되는 검술의 경지.

- **신룡파미**神龍擺尾 항룡십팔장 초식 중 하나. 손을 뒤로 뻗어 내리쳐 공격한다. 『역경』의 이履괘에서 나온 것으로, 항룡십팔장의 창시자는 범의 등을 공격하는 것을 비유하여 이호미履虎尾라 이름 지었다, 한 발로 범의 꼬리를 밟으면 범이 고개를 돌려 달려드는 태세를 취해 그 기세가 맹렬할 수밖에 없는데, 이를 '신룡파미'로 불렀다. 위력도 강하고 등 뒤의 기습을 막아낼 수 있는 장점이 있으나, 등 뒤로밖에 쓸 수 없다는 단점이 있다.

- **심검**心劍 검을 의지만으로 자유자재로 조종하는 검술. 무형검無形劍 또는 심즉살心卽殺과도 동일시되는 최고 경지의 검술이다.

- **심경육도**心驚肉跳 『신조협려』의 암연소혼장 초식 중 하나. 마음이 놀라고 살이 뛴다는 뜻. 소용녀 없는 양과의 불안정한 상태를 드러내는 제13초식이다. 먼 곳을 응시하며 팔을 뒤로 돌리고 발을 단단히 붙이지 않고 모든 허를 드러낸다. 일부러 가슴으로 공격을 받아내, 북부의 근육으로 가슴을 안으로 움츠렸다가 튕겨내면서 상대의 초수를 받아낸다.

- **심마**心魔 마음속 깊은 곳에 자리하고 있는 마魔. 평상시에는 그 존재를 알지 못하다가 도를 닦아 깨달음에 이르기 전에 시련으로 나타난다. 신체와 정신의 건전한 합일이 요구되는 무공 수련에는 당연히 치명적이다.

- **심즉살**心卽殺 살기를 내뿜는 것만으로도 사람을 죽일 수 있는 경지. 이야기 구도상 가공의 여지가 지나치게 큰 탓에, 마공서가 아닌 대부분의 소설에서는 당연히 현실적인 제한을 둔다.

- **십팔나한진**十八羅漢陳·**백팔나한진**百八羅漢陳 소림사의 절진으로, 나한승이라 불리는 고수들이 힘을 합쳐 한 명 혹은 소수의 절대 고수를 협공하는 기술이다.

- **십향연근산**十香軟筋散 『의천도룡기』에 등장하는 약물. 빛깔도 냄새도 없고, 맛도 없어서 음식에 넣으면 가려내기가 거의 불가능하다. 이 독약이 발작하면 전신의 뼈마디와 근육이 나른하게 풀리고, 며칠 뒤에는 여느 때와 다름없이 행동할 수는 있어도 몸속의 내력은 끌어 올릴 수 없게 된다.

- **쌍수호박**雙手互搏 『사조영웅전』에서 처음 등장하는 무공. 양손을

따로 사용하여 한 사람이 두 가지 패턴의 공격을 펼치는 것이다. 공력 자체가 두 배로 늘어나는 것은 아니지만 동시에 두 번, 각기 다른 두 종류의 공격을 할 수 있어 승부를 유리한 방향으로 이끌어낼 수 있다.

- **아미파**峨嵋派 사천성 아미산, 그중에서도 주봉인 금정봉金頂峰에 세워진 사찰 복호사伏虎寺를 주 근거지로 한다. 불교계 문파로, 흔히 여자들만 있는 문파로 나오는 경우가 많다. 세는 그리 크지 않지만 구파일방에 거의 빠짐없이 편입되는 유명 문파다.

- **암연소혼장**黯然銷魂掌 『신조협려』에 등장하는 무공. 소용녀와 절정곡 단장애에서 이별한 후 무공이 절정에 달한 양과가 평생 동안 익힌 여러 계파의 무학을 조합하여 독자적으로 만들어낸 장법이다. 한 팔을 잃은 양과가 창안한 무공이기에 초수가 기이하다 못해 괴이할 지경이다. 그 진정한 위력이 심경의 움직임으로부터 나온다는, 천하에 유례를 찾기 어려운 기묘한 장법이다. 총 17초식으로 구성돼 있다.

- **양가창법**楊家槍法 창을 사용하는 무술. 양가창으로 줄여 부르기도 하고 이화창梨花槍이라고도 부른다. 『사조영웅전』에서 양가창법의 창시자는 남송의 명장인 악비 장군의 심복인 양재홍楊再興이다. 양재홍은 3백 명의 송나라 군사를 이끌고 소상교小商橋에서 4만의 금군을 상대로 2천의 군대를 해치웠으나 아깝게도 중과부적으로 장렬하게 전사했다. 하지만 이 전투로 금나라 군대도 양가창법을 존중하게 되었고, 중원에서도 양가창법의 명성이 널리 퍼지게 되었다고 한다.

- **어검술**馭劍術, 御劍術 심검보다 아래지만 검강과 위력이 엇비슷한 검술의 최고 경지 중 하나. 손을 벗어난 검이 자유자재로 움직여 적을 공격하는 기술 또는 경지.

- **어장**魚腸 구야자가 월왕 윤상의 명에 따라 만든 다섯 개의 검 중 하나. 그 다섯 개의 검은 각각 담로, 어장, 순균純鉤, 거궐巨闕, 승사勝邪라 한다.

- **역불종심**力不從心 『신조협려』의 암연소혼장 초식 중 하나. 할 마음은 있으나 힘이 미치지 못한다는 뜻으로, 양과가 남해신니를 따라갔다는 소용녀를 찾고 싶지만 불가능하다는 것을 반영한다.

- **연위갑**軟蝟甲 도화도의 보물로, 무림에도 널리 알려져 있다. 겉옷 안에 입고도 문제없이 움직일 수 있는 가벼운 갑옷이지만, 튼튼해서 창칼을 막아낼 수 있고 특히 고슴도치의 가시 같은 것이 잔뜩 박혀 있어 이 옷을 입은 사람을 손발로 때리면 오히려 공격 당사자가 상처를 입게 된다.

- **영사권**靈蛇拳 『사조영웅전』에 등장한다. 서독 구양봉이 만든 무공으로, 구양극에게도 전수했다. 독사의 움직임을 보고 만든 권법이다. 마치 두 팔이 뱀처럼 휘어지게 보이는 것이 특징이다.

- **오호단문도**五虎斷門刀 실존하는 무술로, 소림사의 병기술인 소림팔법에 속한다. 김용의 『천룡팔부』에서는 모용복이 익힌 도법 중 하나로 나온다. 여기서 오호단문도는 운주雲州 진가채秦家寨의 진채 절학으로, 본래 64초로 이루어졌으나 전래되는 과정에서 5초가 유실된 것으로 되어 있다. 유실된 5초는 백호도간白虎跳澗, 일소풍생

一嘯風生, 전박자여剪扑自如, 웅패군산雄霸群山, 복상승사伏象勝獅다. 『녹정기』에서는 모십팔이 익히고 있는 도법으로 나오며, 『백발마녀전』 등 양우생의 작품 속에서도 자주 등장한다.

- **옥봉침**玉蜂針. 『신조협려』에 나온다. 옥봉의 독을 바른 암기로, 침이 매우 가늘어서 피하기 어렵다. 찔리면 엄청나게 가려운데, 옥봉의 꿀을 마셔야만 해독할 수 있다. 빙백은침과 함께 임조영이 개발한 2대 암기이며, 소용녀와 양과가 주로 사용했다.

- **외공**外功 내공과는 다르게 몸의 육체적 강함, 즉 근력이나 뼈를 단련하는 것을 의미한다.

- **요동야호권법**遼東野狐拳法 『사조영웅전』에서 양자옹이 장기로 삼는 권법. 장백산에서 삼을 캘 때 사냥개의 눈을 현혹하는 여우의 움직임을 보고 수개월 동안 산에 틀어박혀 연구한 끝에 야호권법을 만들었다. 영靈, 섬閃, 박撲, 질跌 네 글자를 요결로 하여, 자기보다 강한 적을 상대하는 데 적합하다.

- **용상반야공**龍象般若功 『신조협려』에 나오는 무공으로, 13층으로 나뉘어 있다. 서장 밀교 금강종金剛宗의 호법 신공이다.

- **용전어야**龍戰於野 항룡십팔장에서 가장 오묘한 무공. 왼팔을 휘둘러 허초를 전개하는 동시에 오른손의 장을 뻗는다.

- **용조수**龍爪手 실제로도 존재하는 무공으로, 소림의 72종 절예 중 하나다. 『의천도룡기』에서는 소림사의 비전절기로 등장한다. 총 36초로 이루어져 있으며, 초식 하나하나가 매섭고 사나운 살초이므로 굳이 빈집한 변화를 추구할 필요가 없을 징도라 한다.

- **운기조식**運氣調息 호흡을 통해 기를 생성하고 흐름을 조절하는 행위.

- **월녀검법**越女劍法 출전은 『사조영웅전』. 월나라 소녀가 구사한 검법이 전해져 내려와 월녀검법이라는 이름을 얻었다. 당나라 말기에 함형주라는 검술의 명인이 월녀검법을 보완해 강호에 널리 알렸고, 강남칠괴의 한소영은 이 검법을 연마해 월녀검이라는 별호를 얻었다. 속도가 빠른 것이 특징이다.

- **육맥신검**六脈神劍 『천룡팔부』에 나오는 무공. 일양지와 함께 대리단씨의 가전무공 중 최상급의 무공이다. '신검'이라고 하지만 실제로 검을 들고 휘두르는 검법이 아니라 일양지에서 파생된 지공指功에 가깝다.

- **응사생사박**鷹蛇生死搏 『의천도룡기』에 나온다. 오른손에 독사의 대가리처럼 만든 송곳 끄트머리를 들고서 찍고 쑤시고 찌름과 동시에, 왼손으로는 매 발톱 형태를 취해 금나수법을 사용한다. 총 72로의 초식으로 이루어져 있다. 독사와 새매가 싸우는 자세를 본떠 만든 것으로, 새매의 날렵함과 독사의 기민한 동작을 한 초식에 동시에 드러나게 하여 신속함과 민첩성, 모질고도 사나운 공격성을 겸비하게 한다.

- **용인자요**庸人自擾 『신조협려』의 암연소혼장 초식 중 하나. 어리석은 사람들은 스스로 문제를 야기한다는 뜻으로, 양과가 자신의 어리석음 때문에 소용녀와 헤어지게 되었다고 생각하는 데서 나온 것이다.

- **육신불안**六神不安 『신조협려』의 암연소혼장 초식 중 하나. 온몸이

불안한 것을 뜻하며, 소용녀를 잃고 언제나 불안한 양과의 심리 상태를 반영한다.

- **음한탄성**飮恨呑聲 『신조협려』의 암연소혼장 초식 중 하나. 원망을 마시며 울음을 삼킨다는 뜻으로, 양과가 소용녀를 잃었는데 원망해야 할 대상도 없고 소리 지를 대상도 없기 때문에 답답하다는 것을 뜻한다.

- **이십사수매화검법**二十四手梅花劍法 보통 화산파의 무공으로 등장한다. 검끝을 흔들어 상대를 속이는 환검幻劍이나 복수의 급소를 동시에 공격하는 산검散劍으로 묘사된다. 극에 달하면 검끝에서 수십 개의 검화劍花가 폭죽처럼 상대방에게 쇄도한다.

- **이십팔수진**二十八宿陣 『신조협려』에 등장하는 진법. 황약사가 만들어낸 것으로, 오행의 원리를 따르며 변화가 복잡 무쌍하다.

- **이화접목**移花接木 꽃이 핀 나무를 다른 나무에 접붙인다는 의미로, 교묘한 수단을 써서 남몰래 뒤바꾸는 것을 나타낼 때 사용된다. 무협에서의 이화접목은 공격한 상대가 모르게 적의 힘을 이용해 또 다른 적을 치는 수법을 말한다.

- **이화접옥신공**移花接玉神功 『절대쌍교』에 나오며, 공격자의 기공 운행을 미리 파악하여 그 흐름을 제어함으로써 공격을 되돌리거나 방어하는 무공이다.

- **인피면구**人皮面具 인간의 얼굴 가죽을 가공해서 만든 가면. 덮어쓰면 얼굴이 바뀌어 남들이 알아보지 못하며, 따라서 아예 다른 사람으로 변장하는 것도 가능하다.

- **일양지**一陽指 『천룡팔부』『사조영웅전』『신조협려』『의천도룡기』에 나오는 무공. 이름 그대로 손가락을 사용하는 지법指法이다. 주로 혈도를 공격하는데 그 수법이 매우 오묘하여 일양지로 막힌 혈도는 일반적인 방법으로는 풀기가 힘들다.

- **자하신공**紫霞神功 『소오강호』에서 화산파의 내공심법으로 등장한다. 극양의 속성을 띤 내공이다. 자하신공을 발휘할 때는 몸이 자주색으로 물든다.

- **잠룡물용**潛龍勿用 항룡십팔장 초식 중의 하나. 오른손을 뻗는 동시에 왼손을 갈퀴로 낚아채서 적이 피하기 어렵게 한다.

- **전음입밀**傳音入密 멀리 떨어진 상대에게 남이 알아듣지 못하게 목소리를 전달하는 기술. 줄여서 전음이나 전음술로 부른다.

- **절맥증**絶脈症 선천적인 질병이자 불치병이다. 주로 음기가 너무 강해 혈맥을 틀어막아 제대로 기의 순환이 이루어지지 않아 시름시름 앓다 사망한다. 이 절맥을 치료하기 위해서는 특정한 기운을 띠는 영약, 혹은 영물의 내단이 필요하다. 일례로 구음절맥九陰絶脈은 선천적으로 강렬한 음기 때문에 단명을 부르는 불치병인데, 태양화리太陽火鯉 같은 강력한 양기의 영물을 섭취하면 나을 수 있다.

- **절정단**絶情丹 『신조협려』에 등장하는 단약. 정화의 독을 해독할 수 있는 유일한 약이다.

- **정수불검하수**井水不犯河水 '관부무림이원설'로도 표현되며, 관부와 무림 간의 불가침을 가리키는 경우에 사용된다. 이러한 상호 불간섭 설정은 와룡생의 작품에서부터 유래한 것으로 보인다.

- **정파**正派　올바른 행위를 하거나 그런 행동을 요구받는 문파를 가리킨다. 사파邪派의 반대 개념. 문파 내외를 막론하고 예절과 도덕을 강조하는 분위기가 있으며, 이에 따른 위계질서를 매우 중시하는 경향이 있다. 이 때문에 주로 정파는 국가와 식자층에게서 높은 존중과 대접을 받는 무인이 창설한 사례가 많으며, 그에 따라 역사도 오래된 문파가 많다.

- **정화**情花　『신조협려』에 등장하는 식물. 절정곡에 피어 있는 꽃이다. 가시에 찔리면 독이 올라 열두 시진 내에는 사랑하는 사람을 떠올리면 안 된다. 사랑하는 사람을 생각하면 가슴에 강한 통증을 느끼게 된다.

- **제운종**梯雲縱　구름을 밟고 오른다는 뜻의 경신법. 『의천도룡기』에서는 무당파 고유의 경신법으로 등장한다.

- **주화입마**走火入魔　운기조식할 때 외부에서 충격을 받거나 수련을 잘못된 방식으로 행했을 때, 심마 같은 마음의 큰 동요가 있을 때, 혹은 감당할 수 없을 만큼 과하게 영약을 복용했을 때 몸 안에 도는 기를 통제하지 못하여 내공이 역류하거나 폭주하는 현상.

- **진법**陣法　무공의 조합을 통한 협동 공격의 방법론이라 할 수 있다. 대규모 진으로는 소림의 백팔나한진百八羅漢陣, 오백대나한진五百大羅漢陣, 무당의 태선혼돈검진太仙混沌劍陣, 개방의 멸성타구진滅成打狗陣, 전진의 천강북두진天剛北斗陣, 곤륜의 삼십육한매검진三十六寒梅劍陣, 화산의 구궁매화경검진九宮梅花痙劍陣, 남궁세가의 대창궁무애검진大蒼穹無涯劍陣, 하북팽가의 연환패왕진連環覇王陣

등이 있고, 중소규모의 진으로는 소림의 십팔나한진十八羅漢陣, 십
팔번승十八番僧의 금강진金剛陣, 청해삼검靑海三劍의 해익삼재검진
海翼三才劍陣, 무당파의 진무칠절진眞武七截陣, 절정곡絶情谷의 무해
어망진無害漁網陣, 황용黃蓉의 단강난석진丹鋼亂石陣 등이 있다. 또
한 자연물이나 철제 기계물을 바탕으로 한 산공진법인 기문진법奇
門陣法으로는 서막의 수상요석정水上妖釋丁, 배교의 몽혼천리행夢魂
千理行, 청성의 대라산수大羅山水, 무당의 팔괘건화진八卦建火陣, 소
림의 불타광영세佛陀光永世, 마교의 굉겁사황마라광진轟劫死皇魔羅
光陣, 천외천天外天의 우주광휘宇宙光輝-천극락天極樂 등이 있다.

- **채음보양**採陰補陽 · **채양보음**採陽補陰　방중술의 하나. 채음보양은
  남성이 여성과 성관계를 하면서 음기陰氣를 흡수하여 자신의 양기
  陽氣를 강화하거나 또는 폭주하는 양기를 다스리는 기술을 말하고,
  그 반대로 여성이 양기를 흡수하여 음기를 보강하는 것이 채양보
  음이다.

- **천강북두진**天罡北斗陣　『사조영웅전』과 『신조협려』에 등장하는 진
  법. 왕중양이 북두칠성의 원리를 응용하여 개발한 것이다. 전진칠
  자가 처음으로 사용했고 나중에 전진교의 제자들도 배워 사용하게
  된다.

- **천둔검법**天遁劍法　도교 팔선 중 한 명인 여동빈이 체득했다는 전설
  상의 검법. 천둔이란 하늘로부터 스스로를 감춘다는 의미로, 신검
  합일의 경지를 가리킨다.

- **천라지망세**天羅地網勢　『신조협려』에 나온다. 유강세柔綱勢와 요교

공벽天橋空碧을 익힌 후에 배우는 무공이다. 유강세는 81마리의 참새를 풀고 장법으로 그중 한 마리도 달아나지 못하게 막는 식으로 수련하는 장법이다. 요교공벽은 하늘로 날아간 참새들을 장풍으로 한 마리도 남기지 않고 떨어뜨리는 식으로 수련한다.

- **천잠사**天蠶絲 특수한 영기를 가진 '천잠'이라는 종의 누에에서 뽑은 비단실. 어지간한 인간의 힘으로는 끊거나 잘라낼 수 없으며 물과 불에 강하고 모체의 특수한 영기를 그대로 물려받아 이 실로 비단옷을 짜면 방어력이 매우 높은 옷이 된다.

- **천주만독수**千蛛萬毒手 『의천도룡기』에 나온다. 독거미를 잡아 금합에 넣고 다니면서, 양손의 검지를 넣어 손끝을 물게 하여 내력을 자신의 핏줄로 끌어들인다. 독이 스며들면 지법의 위력이 매우 강해지지만, 그 대신에 체내에 독이 쌓여 얼굴에 독종이 돋아 점점 보기 흉하게 바뀐다. 최소한 100마리의 독을 흡수해야 하는데, 깊은 수준에 도달하려면 수천 마리의 독을 흡수해야 한다.

- **최심장**摧心掌 『사조영웅전』에 등장하는 무공. 진현풍이 황약사에게서 훔친 반쪽짜리 구음진경에서 구음백골조와 함께 만들어냈으며, 매초풍도 진현풍에게 배워서 사용한다.

- **칠공분혈**七孔噴血 머리의 일곱 개 구멍에서 피를 분출하는 상태를 이르는 말. 극심한 내상을 입었을 때 이런 현상을 보인다.

- **칠상권**七傷拳 『의천도룡기』에 등장하는 무공. 본래 공동파崆峒派의 무공으로 문파 내부에 〈칠상권보七傷拳譜〉가 보전되어 있었으나, 금모사왕 사손이 탈취하여 수행했다. 일격을 날려도 외부에는 하나도

변함이 없지만, 내부의 근맥은 형체도 없이 부서져버리는 무공이다. 일 권에 서로 다른 속성을 지닌 일곱 줄기의 힘이 담겨 있기 때문에, 한 줄기는 막아내도 다른 줄기는 막아내기 어려워 방어가 몹시 곤란하다.

- **칠절금**七節金 『사조영웅전』에서 영고가 단지흥의 일양지를 제압하기 위해 만든 암기. 수를 놓는 도중에 생각해낸 것으로, 오른손 식지 끝에 작은 금반지를 끼고 반지에 금침 하나를 꽂아두고 침에 극독을 발라 사용한다.

- **타구봉법**打狗棒法 『사조영웅전』『신조협려』에 등장하는 무공. 개방의 조사가 만든 것으로, 대대로 방주에게만 전수하고 다른 사람에게 전수하지 않는 것이 규칙이다. 개방의 3대 방주가 무공이 조사보다 강해, 기존의 타구봉법에 기묘한 변화를 가미했다. 개방이 어려운 일에 부딪힐 때마다 역대 방주가 타구봉법으로 적을 물리쳤다. 총 36가지 초식이 있으며, "개를 때린다"는 이름과 달리 극히 오묘한 초식의 변화를 자랑하는 봉법이다.

- **타구진**打狗陣 『의천도룡기』에서 개방 거지들이 사나운 동네 개를 때려잡을 때 쓰는 포위진법이다. 적을 포위한 채로 거지타령, 신음, 미치광이 울음, 통곡, 구걸하는 시늉 같은 소리를 내면서 적의 심신을 교란한다. 언뜻 난장판처럼 보이지만, 실제로는 전후좌우 진퇴가 엄격하고 질서를 갖춘 절도 있는 보법으로 움직인다.

- **타니대수**拖泥帶水 『신조협려』의 암연소혼장 초식 중 하나. 말과 행동이 굼뜬 것을 뜻한다. 소용녀와 이별한 뒤 아무것도 손에 잡히지

않는 심정이 이런 초식으로 전화했다. 오른쪽 소매를 흐르는 물처럼 휘두르고, 왼쪽 손을 느릿하니 끌면서 수천 근의 진흙을 끄는 것 같이 한다. 소매는 북방 계수癸水의 형상이고, 오른쪽은 중앙 술토戌土의 형상이다. 가볍고 변화무쌍한 것과 무겁고 강한 것이 함께 어우러지면서 강력한 힘을 발휘한다. 금륜법왕을 끝장낸 초식이다.

- **탄지신통**彈指神通 『사조영웅전』『신조협려』에 등장하는 무공. 동사 황약사의 절기로, 기본적으로는 원거리에서 손가락을 튕겨 암기를 쏘는 수법으로 알려져 있다. 또한 암기가 없이도 단순히 손가락을 튕기는 순간 발생하는 충격만으로 어느 정도 떨어져 있는 상대에게 타격을 주거나 혹은 근접해 있는 상대의 무기를 쳐내는 등 다양한 용도로 활용할 수도 있다.

- **태극검**太極劍 『의천도룡기』에서 장삼봉이 만들어낸 총 54초의 검법. 장삼봉이 무당파의 안마당에서 여러 사람이 지켜보는 가운데 장무기에게 처음 공개적으로 전수함으로써 세상에 나오게 된다.

- **팔황육합유아독존공**八荒六合唯我獨尊功 『천룡팔부』에서 소요파 3대 신공 중의 하나로 등장하며, 천산동모가 극성으로 익혔다. 이를 익히면 하늘과 땅의 기운을 받아 몸이 재구성되게 되는데, 30년마다 뱀이 허물을 벗어 더욱 강해지듯 기존의 내공을 잃는 대신 반로환동을 하게 된다.

- **폐침망식**廢寢忘食 『신조협려』의 암연소혼장 초식 중 하나. 자는 것도 물리치고 먹는 것도 잊어버렸다는 뜻이다. 소용녀가 없는 생활이 양과에게 의미가 없다는 데서 나온 초식이다.

- **표국**鏢局　운송과 경비, 그에 더하여 손실에 대한 보험까지를 겸하는 업체로, 청나라 시대에 융성했다. 표국에서 일하는 경비원을 보표保鏢, 표사, 표객이라 부르는데, 이들은 대체로 일정 수준 이상의 무술을 갖추었다고 한다.

- **한옥침상**寒玉寢床　『신조협려』에 나오는 고묘파의 보물. 임조영이 7년에 걸쳐 북쪽 한랭 지방에서 어렵게 구한 한옥으로 만든 침상이다. 여기서 1년을 수련하면 10년을 수련하는 것과 같은 정도의 공력을 얻는다.

- **한철**寒鐵　철의 강도를 나타낼 때 쓰이는 개념 중 하나. 강철 위에 현철玄鐵이 있고, 그 위에 백련정강百鍊精鋼이 있으며, 그 위에 다시 한철이 있다는 식으로 등급을 매긴다. 한철 중에서 최상의 등급을 만년한철이라 한다.

- **합마공**蛤蟆功　『사조영웅전』에 등장하는 구양봉의 대표적인 기술이다. 두꺼비처럼 웅크려 힘을 모은 뒤 단번에 힘을 분출하는 기술로서, 정으로 동을 제압한다.

- **항룡십팔장**降龍十八掌　『천룡팔부』『사조영웅전』『신조협려』에 등장하는 무공으로, 18개 초식으로 이루어져 있다.

- **항룡유회**亢龍有悔　항룡십팔장 초식 중의 하나. 한쪽 다리를 살짝 굽히고 손으로 원을 그리며 장력을 뿜는다. 가볍게 미는 듯이 보이지만 생나무를 일격에 두 동강 낼 정도로 엄청난 위력을 지닌 장법이다. 이 장법의 정수는 '회悔'자에 있다. 공력의 출입을 자유자재로 다루는 수련을 거쳐, 재빨리 장력을 날렸다가 즉시 거두어들임으로

써 힘을 분산시키지 않고 단번에 위력을 올린다.

- **행시주육**行屍走肉 『신조협려』의 암연소혼장 초식 중 하나. 걸어 다니는 시체이자 달리는 고깃덩이로 자신을 표현하며, 소용녀와 이별한 뒤 양과의 삶이 아무 의미 없음을 암시한다.

- **허공섭물**虛空攝物 능공섭물凌空攝物이라고도 한다. 기로써 멀리 떨어진 사물을 움직이는 기예로, 염동력과 비슷한 개념이다.

- **현명신장**玄冥神掌 『의천도룡기』에 나온다. 백손도인百損道人이 죽은 후 실전된 줄 알았으나 현명이로가 사용하고 있었다. 음기를 사용하는 무공으로, 맞으면 한독이 몸 안에 스며든다.

- **현철중검**玄鐵重劍 『신조협려』에 등장하는 검. 검마 독고구패가 사용하던 검으로, 검총劍塚에 묻어둔 것을 양과가 신조의 인도로 얻게 된다.

- **혈도**穴道 몸에서 기가 흐르는 길. 인체에는 365개의 혈도가 있다고 한다.

- **호신강기**護身罡氣 몸 주위에 강기罡氣의 장벽을 치거나 강기를 갑옷처럼 둘러 공격을 막는 일종의 방어막.

- **화공대법**化功大法 『천룡팔부』에 등장하는 성숙노괴 정춘추의 무공. 북명신공처럼 상대의 내공을 빼앗는 채기법採氣法의 성질을 지니고 있는데 거기에다 독공의 성질을 더했다. 상대의 내공을 빼앗아 자신의 것으로 만드는 데 그치지 않고, 자신이 지닌 독공을 이용해 상대가 더 이상 내공을 쓸 수 없도록 만들어버린다.

- **화산논검**華山論劍 『사조영웅전』과 『신조협려』에 나오는 천하제일을 결정하기 위한 무림 대회. '구음진경'을 서로 빼앗느라 무림이 혈투의 장이 되는 것을 중단시키기 위해 왕중양이 개최했다. 당대의 으뜸으로 꼽히는 고수들이 화산에서 무예를 겨루었는데, 참가자는 중신통 왕중양, 동사 황약사, 서독 구양봉, 남제 단지흥, 북개 홍칠공의 다섯 명이었다. 7일 밤낮의 대결 끝에 왕중양이 모두의 인정을 받으며 천하제일의 자리에 올라 '구음진경'을 차지했다.

- **화산파**華山派 섬서성 화음현의 화산 서쪽에 있는 연화봉 정상에 위치하고 있다. 기본적으로 도가 계통의 문파지만, 작품에 따라서는 도교와 상관없는 속가 문파로도 나온다. 『소오강호』에서도 화산파는 도문으로서의 면모를 드러내지 않는다. 화산파는 검에 치중하는 경향이 강하다. 이런 성향은 같은 정파 계열인 곤륜파와 닮았으며, 화산파 제자가 검이 아닌 다른 절기를 쓰는 것은 보기가 힘들다. 검법은 초식이 매우 화려하고 우아하여 강호에서 독보적인 것으로 평가받고 있다.

- **환검탈태**換骨奪胎 고수가 고도의 내공과 깨달음을 얻으면 그 깨달음과 내공을 소화하기 위해 몸 자체가 무공을 익히기 적합한 육체로 변하는 것.

- **환음지**幻陰指 『의천도룡기』에 등장하는 무공. 성곤이 익힌 절기다. 상대의 몸에 아주 가늘고 음한한 진기를 침투시켜 내력을 끌어올리지 못하게 만든다.

- **회광반조**回光返照 해가 지기 직전에 일시적으로 햇살이 강하게 비

추어 하늘이 밝아지는 현상을 뜻하는 말이다. 무협에서는 흔히 '촛불이 마지막에 화려하게 타오르듯이'와 같은 표현을 쓰는데, 주인공의 사부나 그와 비슷한 위치에 해당하는 사람이 회광반조를 보이는 경우가 많다. 노환이나 암습 등의 이유로 죽어가는 인물이 마지막 힘을 다해 유언이나 중대한 단서를 전하거나 혹은 필생의 심득, 절기, 내공 등을 전수하는 등 무협 특유의 묘사라 할 수 있다.

- **흡성대법**吸星大法 『소오강호』에서 상대의 기를 흡수하는 기공으로 나온다. 일월신교 교주 임아행과 주인공 영호충이 사용한다. 채기법採氣法을 익혀 상대의 내공을 모조리 흡수해버리는 무서운 무공이다. 흡성요법吸星妖法으로 불리기도 한다.

〔찾아보기〕

* '찾아보기'의 각 항목들은 량서우중이 서술한 본문 내용 중에서 뽑아낸 것들이며, '부록'이
  나 '옮긴이의 말'에는 해당되지 않습니다.